거북이 마음이다

거북이 마음이다

크게 보려면 느리게 생각하라
Hare Brain Tortoise Mind

가이 클랙스턴 지음 | **안인희** 옮김

황금거북

모든 것은 임신이고 출산이다. 각각의 인상이나 감정의 씨앗이 제 안에서 온전히 완성되기를 기다리는 것, 지성의 한계를 넘는 어둠과 표현할 수 없음과 무의식 속에서, 마침내 새로운 명료함이 나타나기까지 탄생의 시간을 겸허하고 참을성 있게 기다리는 것, 그것이 바로 예술가의 삶이다. 예술가가 된다는 것은 헤아리고 계산하는 일이 아니라 성숙해지는 일이다. 수액을 억지로 끌어올리지 않고, 봄의 폭풍 속에서도 여름이 오지 않을까봐 두려워하지 않고 꿋꿋이 서 있는 나무처럼. 여름은 온다. 다만 제 앞에 영원함이 존재하기라도 하는 양, 태평스럽게 고요하고 인내심 많은 사람에게만 찾아온다.

라이너 마리아 릴케(독일 시인)

차례

1장

생각의 속도
: 토끼 두뇌, 거북이 마음

◇◇◇

거북이는 제 생각을 소중한 알처럼 모래 속에 파묻고 태양이 알을 비추게 한다. 거북
이와 토끼의 옛이야기를 보라. 그리고 당신이 거북이 편이 되고 싶은지 결정하라.

미국 원주민 주술 카드*

---

* Native American Medicine Cards. 전통적인 아메리카 원주민 사회에서는 주술사(Medicine Man)
가 질병치료를 맡았다. 의료 카드, 또는 주술 카드는 치료의 힘을 지닌 동물의 모습을 그리고 각 동
물의 치유력을 적은 카드. 삶의 전반적인 문제에 대한 답으로 해석될 수도 있다.

옛 폴란드 속담에 이런 것이 있다. "얼른 자고 얼른 일어나라. 베개 좀 쓰게." 이 말은 서둘러서 되지 않는 일이 있다는 것을 일러준다. 일정한 시간이 필요한 일들 말이다. 회의에 늦었다면 서두를 수가 있다. 구이감자가 천천히 구워지면 오븐 속 감자를 뒤집어놓을 수 있다. 하지만 계란과자를 구우면서 온도를 높이면 과자가 타버린다. 마요네즈를 만들면서 참을성 없이 기름을 너무 빨리 떨어뜨리면 엉겨서 못쓰게 된다. 뒤엉킨 낚싯줄을 마구 잡아당기면 엉킨 매듭만 더 단단해질 뿐이다.

마음도 여러 가지 속도로 작동한다. 몇몇 기능은 빛의 속도로 진행된다. 그러나 어떤 기능은 몇 초, 몇 분, 몇 시간, 며칠, 심지어 몇 해가 걸려서야 완성된다. 낱말 퀴즈 풀이나 암산처럼, 일부는 속도를 높일 수 있다. 하지만 서두를 수 없는 것도 있다. 만일 서두른다면 마요네즈나 뒤엉킨 낚싯줄처럼 망가지고 만다. "빨리 생각해, 결론이 필요하니까" 라는 말은 이따금 무의미한 말이 된다. 또는 밤의 휴식을 절반으로 줄이는 경우처럼 역효과를 내기도 한다. "망설이면 진다"라는 격언과 "뛰기 전에 먼저 살펴라"라는 격언이 있다. 둘 다 맞는 말이다.

거칠게 말하면 마음의 과정은 서로 다른 세 가지 속도로 이루어진다. 첫째는 생각보다 더 빠르다. 어떤 상황은 자의식 없이 순간적인 반응을 요구한다. 몇 해 전에 내가 탄 오토바이가 젖은 맨홀 뚜껑에서 미끄러졌을 때, 내 두뇌와 몸은 즉각적으로 나를 위해 복잡하고도 효율적인 동작을 연출하여 내가 안장에 꼭 붙어 있게 해주었다. 내 의식과 감정은 이미 모든 일이 다 끝나고 나서야 사태를 파악하기 시작했다. 그런 상황에서는 아무리 훌륭한 피아니스트나 올림픽 펜싱 선수라도 다음 순간 어떻게 해야 할지 알아낼 시간이 없다. 그러니까 생각보다 더 빠르게 작동하는 '지성'의 종류가 있다는 말이다. 이렇듯 빠른 육체적 지성을 우리는 '위트'라고 부를 수 있을 것이다(옛날에는 다섯 가지 감각을 '다섯 가지 위트'라고 불렀다).

다음으로는 생각이 있다. 상황을 파악하고, 찬반의 이유를 헤아려보고, 주장을 만들고, 문제를 해결하는 등의 일을 하는 종류의 지성이다. 자동차 시동이 걸리지 않는 이유를 밝혀내려는 정비공, 여러 전단지를 앞에 놓고 이번 여름휴가에 어디 갈지를 상의하는 가족, 까다로운 실험결과를 해석하려고 애쓰는 과학자, 시험문제를 붙잡고 씨름하는 학생을 보자. 모두 이성과 논리, 꼼꼼한 의식적 사유에 바탕을 둔 작업을 하고 있다. 우리는 이런 종류의 지성을 '지력'이라고 부른다. 아이디어를 더욱 정밀하게 다듬는 것으로서 이 책에서는 이것을 'd모드'라고 부르기로 하자. 이때 'd'는 '숙고(deliberation)'를 뜻한다. 이런 종류의 문제 풀이에 능숙한 사람을 두고 우리는 '명석한' 또는 '영리한' 사람이라고 한다.

하지만 이 아래로 이보다 더욱 느리게 진행되는 또 다른 정신영역이 있다. 그것은 보통 덜 목적 지향적이고, 덜 뚜렷하다. 장난스럽고 느릿한, 어렴풋한 과정이다. 이 상태에서 우리는 사태를 곰곰이 되새기고 거듭 되짚어본다. 명상적인 사색의 상태가 되는 것이다. 문제를 해결하려고 진지하게 노력하기보다는 문제를 이리저리 살피거나, 그냥 게으르게 세상 흘러가는 꼴을 바라본다. 이럴 때 마음에서 진행되는 일은 상당히 파편적일 수 있다. 생각하는 내용도 그리 의미 있는 것이 아닐 수 있다. 또는 많은 것을 아예 의식조차 못할 수도 있다. 옛날 영국 촌놈이 "난 이따금 앉아서 이런저런 생각을 하기도 하지만 대개는 그냥 멍하니 앉아있어"라고 말했다고 전해진다. 바닷가 바위에 앉아 파도소리와 움직임에 넋을 놓고 있을 때, 잠들기 전이나 잠에서 깨어나는 아슴푸레한 상태에서 우리는 식사계획을 세우거나 편지를 쓸 때와는 전혀 다른 상태에 놓인다. 나른하고, 언뜻 보기에 아무 목적도 없는 이런 체험이나 앎의 방식도 다른 지성과 똑같이 '지성'에 속한다. 마음이 갈피없이 이리저리 흔들리는 시간을 갖는 것은 사치가 아니다. 사는 게 힘들거나 하는 일이 버겁다고 해서 그만둬도 되는 일이 아니라는 말이다. 오히려 느리게 생각하기는 인지분야의 여러 설비 중에 없어서는 안 되는 필수부품이다. 토끼 두뇌만큼이나 거북이 마음도 우리에게 꼭 필요하다.

살면서 어려움을 만났을 때, 어떤 일은 느린 마음으로 접근해야 더 효과적으로 대응할 수 있다. 일부 수수께끼는 탐색하지 않는 느긋한 마음이어야 더 잘 꿰뚫어볼 수 있다. 어떤 종류의 깨달음은 간절히 바라면 오히려 나타나지 않는다. 『도덕경』에는 다음과 같이 표현되어 있다.

> 진실은 간절한 그리움으로 뒤덮이지 않은 눈길을 기다린다.
> 욕망에 붙잡힌 사람은 오로지 겉모습만을 보는 법이니.

최근의 과학적 증거들은 지나치게 진지하지 않고 참을성 있는 마음상태가 까다롭고 어렴풋한, 불분명한 상황을 파악하기에 더 적합하다는 사실을 분명히 보여준다. 현재 마주한 문제가 무엇인지 쉽게 파악되는 경우에는 신중하게 생각하기, 곧 d-모드에서 잘 해결될 수 있다. 휴가를 어디서 보낼지 결정하려고 할 때는 제한요소가 매우 분명하다. 돈을 얼마나 쓸 수 있나, 언제 출발할 수 있나, 어떤 일을 하고 싶나 따위다. 하지만 무엇을 계산에 넣어야 하는지 잘 모르거나 심지어 어떤 질문에 부딪히게 될지도 알 수 없을 때, 문제가 너무 까다로워서 의식적 사고방식으로는 도저히 파악할 수 없을 때는 거북이 마음에 의지해야 한다. 터키로 갈 것이냐 그리스로 갈 것이냐가 아니라, 어떻게 하면 깐깐한 사람들이 서로 힘을 합쳐 일을 잘하게 만드느냐, 언제 매니저 일을 완전히 때려치우고 교사훈련을 받을 것이냐 같은 문제라면, 설명과 해결방법을 이리저리 찾기보다는 조용히 앉아 생각에 잠기는 편이 더 나을 것이다. 이런 세 번째 방식의 지성은 우리가 창의력 또는 '지혜'라고 부르는 것에 더 어울린다.

예로부터 시인들은 의식적 사색의 한계를 잘 알고서 느리고 신비로운 앎의 길을 걸으려고 노력해 왔다. 스피노자와 라이프니츠부터 마르틴 하이데거와 수전 랭어에 이르기까지 철학자들은, 의식적 지성 너머와 그 아래에 놓인 마음영역에 대한 글을 썼다. 심리치료사들은 '무의식'이 단순히 개인적인 문제의 원천만이 아니라는 사실을 알고 있다. 무의식과의 **관계**를 개선하는 것은 '치료'의 한 부분이기도 하다. 여러 종교전통에 속한 현인과 신비주의자 들도, 마이스터 에크하르트(Meister Eckhart)의 '신성神性'이든 일본의 선사禪師 방케이의 '태어나지 않은 것'이든 간에, 정신적 삶의 핵심에 있는 '비인격적인 신비'를 끌어안을 때 저절로 변화가 나타난다고 증언한다. 심지어 과학자들조차, 적어도 가장 창의적인 과학자들은 자신이 거의 통제하지 못하는 마음의 층위에서 깨달음이 찾아온다는 것을 인정한다(심지어는 그냥 단순히 '자신에게 나타난' 깨달음에서 개인적인 명성을 얻었다고, 어쩐지 부당이익을 얻은 것 같다는 느낌마저 가질지 모른다).[1]

하지만 최근에 이르러서야 과학자들은 느리고 덜 진지한 방식의 앎을 직접적으로 탐색하기 시작했다. 뇌과학과 철학, 인공지능, 실험심리학 등을 결합해 만든 '인지과학'은, 인간의 무의식 영역에 **넉넉한 시간이 주어지기만 하면,** 수많은 흥미롭고 중요하고 특이한 일을 성공적으로 해낸다는 사실을 밝혀주었다. 무의식의 영역은 정상적인 의식이 알아채지 못할 정도로 섬세한 패턴을 익히고, 너무 복잡해서 분석할 수 없는 상황에서 의미를 찾아낸다. 탐구하는 지성보다 훨씬 더 성공적으로 일부 어려운 문제의 밑바탕에 도달한다. 문학과 예술의 의미뿐만 아니라, 명확하게 규정할 수 없는 관계의 의미를 찾아내고 그에 반응하기도 한다.

내가 이 책을 쓰는 주요목적 가운데 하나가 바로 이런 매혹적인 연구를 널리 대중에게 알리려는 것이다. 이는 우리 마음과 작동법에 대한 일상의 관점에 깊고도 건강하게 도전하는 일이기도 하다. 이런 실험결과를 보여주는 것은 단순한 흥미 이상으로 중요하다. 내 주장은 느린 방식의 앎이 그저 존재할 뿐만 아니라 퍽 쓸모 있다는 것이기 때문이다. 그동안 서구문화는 이런 앎을 무시하거나 얕잡아보고, 대수롭지 않은 흥밋거리로만 여기려는 경향을 보여 왔다. 그럼으로써 우리에게 꼭 필요한 심리적 자원의 영역을 배제했다. 서양의 정신은 앎의 여러 방식 가운데, 컴퓨터로 치면 '디폴트 모드'만을 유일한 앎의 방식으로 여긴 것이다. 이 또한 'd-모드'다(여기서 'd'는 숙고만이 아니라 '디폴트(default)값'을 나타낸다).＊

＊ 컴퓨터 용어에서 디폴트값, 또는 내정값은 이용자가 값을 지정하지 않는 경우 자동으로 선택되는 값을 가리킨다. 여기서는 어떤 상황에서 별다른 선택이 없으면 자동으로 작동되는 마음상태라는

느린 생각이 사라진 두세 가지 이유

서구의 개인과 사회는 묵상이나 관조와의 연결을 잃어버리고 적극적인 사색만을 생산적인 사색으로 받아들였다. 멍하니 앉아 사무실 벽이나 교실 유리창 밖을 내다보는 것은 가치 없는 일이다. 하지만 우리 사회가 창의력과 지혜의 아이콘으로 삼는 사람 가운데 상당수가 꽤 많은 시간을 아무 것도 하지 않으면서 보냈다. 미국의 물리학자 앨버트 아인슈타인은 툭하면 프린스턴대학교 사무실에 앉아 우주공간(허공)을 바라보곤 했다고 한다. 달라이라마는 매일 여러 시간을 명상으로 보낸다. 꿰뚫어보는 통찰력의 모범으로 꼽히는 셜록 홈즈도, 작가에 따르면 "꿈결처럼 텅 빈 눈길"로 명상상태에 빠지곤 했다.

느린 앎(slow knowing)이 쓸모없는 것으로 여겨지는 데는 몇 가지 이유가 있다. 부분적으로는 시간을 대하는 관념이나 태도가 달라진 탓이다. 17세기 이전에는 유럽에서도 느슨하게 재미처럼 사색하는 일이 매우 흔했고, 다른 문화권에서는 아직도 그렇다. 뉴질랜드 마오리족의 모임인 '마라에(marae)'에서는 모든 참석자가 사안을 받아들이고 의견을 말하고 합의를 이루기까지 여러 날이 걸리기도 한다. 하지만 시간이 넉넉하다고 생각하는 태도는 오늘날 지구상 많은 곳에서 우스꽝스러울 정도로 구식이고 방종한 일로 여겨진다.

스웨덴 인류학자 헬레나 노르베리 호지는, 인도 북서부 라다크 지역의 전통사회에 서구문화가 도입되면서 삶의 속도를 과격하게 바꾼 방식을 기록했다.[2] 10년 전까지만 해도 라다크의 결혼식은 2주 동안 계속

뜻으로 읽힌다.

되었다. 하지만 '일을 줄이는' 몇 가지 간단한 변화만으로 그들의 생활 방식은 급격히 달라졌다. 농사일을 더 빠르고 쉽게 해주는 경운기, 몇 가지 농작물, 암소 같은 가축이 들어온 것만으로도 그랬다. 전통적인 가축 야크에 비해 젖소는 가족에게 필요한 양보다 더 많은 우유를 생산한다. 남는 우유로 치즈를 만들어 팔면 돈을 벌게 된다. 삶을 조금 더 편하게 만들고 가족이 약간의 '부'를 축적하는 것은 전혀 해로운 일이 아니지만, 불행히도 언뜻 매우 유익해 보이는 이런 일괄원조가 라다크 사회에 새로운 시간관을 가져다주었다. 시간이 부족해진 것이다. 경운기와 암소가 더 많은 여유를 만들어내는 대신 여유시간을 줄여버렸다. 현대인은 옛사람보다 바쁘다. 부를 생산하고 '시간을 아끼느라' 바쁜 것이다. 오늘날 라다크 결혼식은 영국 결혼식처럼 하루도 채 걸리지 않는다. 서양의 사고에서 시간은 자원이다. 그래서 피할 수 없이 생겨난 결과가 "더 빨리 생각하라"라고 강요당하는 일이다. 재빨리 문제를 해결하고 결론을 만들어내라는 말이다.

느린 생각이 줄어드는 일은 또한 미국 사회비평가 닐 포스트먼이 말하는 '테크노폴리(technopoly, 기술의 인간지배)'의 증가와도 관계가 있다. 테크노폴리는 널리 퍼진 다음과 같은 관점을 뜻한다. 까다로운 문제는 모두 해결할 수 있다, 해결책은 기술이 발전하면서 주어지는데, 기술 발전은 명료하고 목적의식이 뚜렷하며 잘 훈련된 사고에서 생겨난다, 문제는 빨리 해결할수록 더 좋다, 등등. 그러니까 라다크 사람들은 '시간은 기술에 맞서는 적수이며 결국 기술이 승리한다'라는 우리의 관점에 합류한 셈이다. 포스트먼에 따르면 테크노폴리는 다음과 같은 신념에 바탕을 둔다.

인간의 노동과 사유에서 유일한 목표는 아니라도 가장 우선시되는 목표는 능률이다. 기술적 계산은 모든 점에서 인간의 판단보다 더 뛰어나다. 인간의 판단은 정말 믿을 수 없는데, 흔히 느슨함, 모호함, 불필요한 복잡함 등에 오염돼 있기 때문이다. 주관성은 명료한 생각을 방해한다. 측정되지 않는 것은 아예 존재하지 않거나 아무 가치가 없다. 또한 '전문가'의 안내와 지휘를 받아야만 시민의 일이 가장 잘 해결될 수 있다.[3]

이런 문화권에서 문제를 탐색하느라 시간을 보내는 일은, 그것이 분명히 문제를 해결하는 방향으로 나아가는 한에만 정당성을 얻는다. 이 질문이 혹시 더 깊은 질문으로 이끌어가는 게 아닌지 알아보려고, 그냥 질문을 살피면서 시간을 보내는 일은 비능률이며 방종이나 도착으로 보인다.

오늘날 서구사회(실제로는 지구 전체)에서는 속도와 압박, 통제욕구 등의 심리적 문화를 만들어내는 듯이 보인다. 이는 능률과 생산성의 외피로써, 이런 문화권에서는 더 느린 방식으로 움직이는 마음과의 연결을 잃어버린다. 사람들은 얼른 알려고 하고, 얼른 답변을 구하고, 얼른 설명하고 해결하려 든다. 우리는 서둘러 결혼의 불행부터 우주의 기원에 이르기까지, 모든 것을 설명해줄 '모든 것의 이론'을 찾는다. 더 많은 자료, 더 많은 생각을 원한다. 무엇을 해야 할지 더 빨리, 분명하게 알려고, 그것도 조금만 생각하고 알아내려고 한다.

우리는 몇 가지 근본적인 차이에 대한 관점을 잃어버린 문화, 특히 교육체계 속에 살고 있다. 이를테면 '지혜롭다와 영리하다, 스스로에 대한 '감각'을 갖고 있다'와 그냥 '풍부한 정보를 갖고 있다'와의 차이를 구분하지 못한다. 모르는 사이 우리는 정보수집과 지성, 참을성 없음이 특징인 단일 모드 마음에 빠져들었다. 이것은 당신을 겉으로 분명히 드러내주는, 목적의식이 분명한, 그러니까 "당신이 일한다는 것을 보여주는" 모드다. 그래서 우리는 빠르게 작동하는 정신적 풍토에서만 기능하는 종류의 지식에 헌신하는 동시에 한정된다. 대개 언어나 다른 상징체계를 매체로만, 사고를 방법으로만 이용하는 지식이다. 그 결과 우리가 이루어낸 문화는 분석적·기술적 문제를 해결하는 데 매우 뛰어나다. 다만 문제는 시간이 흐를수록 점점 더 우리는, 모든 난관이 다 이런 종류이기라도 한 것처럼 인간이 지닌 문제를 다루려 한다는 것이다. 앞서 말한 정신적 도구에 잘 들어맞지 않는 문제에 대해서도 그렇다. 그래서 끈기와 직관, 성찰을 지녀야만 제대로 다룰 수 있는 문제에도 영리함과 집중, 생각 등으로 접근한다.

느긋한 방식의 앎으로 들어서려면 기다릴 줄 알아야 한다. 앎은 모름에서 나오는 것이고, 모름에 대한 응답이기도 하다. 배움, 즉 알아가는 과정은 불확실성에서 나온다. 배움은 양면적인 일인데, 낯선 것을 친근한 것으로 바꾸어 불확실성을 줄여나가는 과정이자, 아이디어가 생기고 반응이 만들어지는 데 묘판역할을 하는 불확실성을 참아내는 과정이다. 배움에 들어있는 두 양상 중 어느 한 편만 두드러지면 마음의 균형이 일그러진다. 모름을 소극적으로 받아들이는 태도가 의미와 통제를 찾으려는 적극적 탐색을 압도해버리면 숙명론과 의존성에 빠질지 모른다. 반면, 확실성에 대한 욕구가 너무 강해서 혼란을 참아내는 능력이 없어지면 선전이나 도그마에 혹하기 쉽다.

d-모드의 특징

느린 앎이 줄어드는 가장 근본적인 이유는 아마도 우리 문화가, 끈기 있는 마음의 방식을 통해서만 접근할 수 있는 **무의식적 지성**의 감각을 잃었기 때문일 것이다. 이에 대해서는 전통적으로 프랑스 철학자 르네 데카르트가 비난을 받는다. 분주하고 의식적인 마음이 통제할 수 있는 시야 바깥의 [무의식적] 원천에서 오는 어떤 것을 조용히 침묵하면서 기다려야 한다면, 적어도 그런 원천이 있다는 사실을 인정해야할 것이다. 현대 서구문화가 지적인 무의식, 즉 **심층마음(undermind)**을 무시했기 때문에 우리는 그런 걸 가지고 있다는 사실을 알지 못하고, 그게 대체 어디에 쓸모 있는지도 기억하지 못한다. 우리가 꼭 필요할 때 찾아낼 수 없게 된 것이다.[4] 우리는 무의식을 가치 있는 자원으로 생각하지 않는다. 혹여 무의식에 대해 생각한다손 치더라도, 이성과 통제력을 위협하는 사납고 제멋대로인 '것'으로, 오스트리아 정신의학자 지그문트 프로이트가 말하는 위험한 마음의 지하 감옥에 사는 것으로 여긴다.[5] 대신에 우리는 오로지 신중하고 목적을 지향하는 의식적인 사고, 즉 d-모드만을 믿는다. d-모드는 엄격한 논리나 과학적 이유를 비롯해 몇 가지 특징적인 면모를 지니고 있다.

d-모드는 질문을 검토하는 일보다 해답과 해결책을 찾는 일에 훨씬 더 많은 관심을 가진다. 테크노폴리의 일등 도구이며, 따라서 삶에서 예상치 못하거나 불편한 조건이 나타나면 마치 정비해야 할 '장애'이기라도 한 것처럼 다룬다. 성욕감퇴나 거래액 감소가 기술적인 기능장애이기라도 한 것처럼, 그래서 스스로 해결하거나 상담사나 시장분석가 같은 '전문가'의 도움을 받아 정상으로 되돌려야 할 일처럼 취급한다.

d-모드는 우리의 감각인식 능력이 전혀 문제가 없다고 여긴다. 그래서 어떤 상황이든 겉으로 보이는 모습 그대로이며, 진단은 늘 올바르다고 여긴다. 상황을 인식하는 방식이나 '틀'에 잘못이 있을지 모른다는 생각, 더 자세히 살펴보면 많은 것이 전혀 다르게 보일지 모른다는 생각은 아예 하지 않는다.

d-모드는 말로 표현된 의식적인 이해를 행동의 핵심 기반으로 삼는 동시에 핵심적인 문제해결 도구로 여긴다. d-모드에서 활동은 정신적인 장악 또는 문제파악이다. 방정식과 흐름도, 기술적 용어를 동원한 표준적인 과학자의 비난의 여지없는 합리성이 아마도 여기 포함될 것이다. 또는 더 평범한 종류의 생각도 여기 포함된다. 친구와 이런저런 이야기를 나누는 것, 편지봉투에 생각을 끼적이거나 명단을 적는 것, 저녁식사에 대해 논의하는 것, 가족 간의 일을 의논하는 것, 영업상의 대화 같은 것 말이다. 물론 마지막 종류의 생각은 직업 철학자나 수학자의 표준에 잘 들어맞지 않고, 따라서 미처 알아채지 못한 허점이 잔뜩 들어있겠지만, 그래도 그 형태와 의도를 보자면 '준 합리적'이거나 '전형적으로 합리적'인 활동이다.

d-모드는 관찰보다 설명을 중요하게 여기며 '무엇' 보다는 '어째서'에 더 많은 관심을 갖는다. 때로는 문제를 파악하자마자 곧바로 행동지점에 닿도록 고안되어 있다. 하지만 보통은 수단 아니면 자체 목적으로서의 이해나 설명을 탐색한다. 정신적으로 장악하려는 욕구, 다른 사람이 아니면 하다못해 자신에게라도 납득 되는 답변을 내놓기를 바라는

욕구는 d-모드에서 필수다. 놀이터에 갔다 온 어린이에게 어른이 묻는다. "이제 너는 뭐 할 거야?" "이것 재미있겠다. 이거 해봤어?" 그러면 아이는 자기가 무슨 일을 하려는지, 무엇을 성취하려고 애쓰는지 알아야 한다는 생각을 갖게 된다. 다른 사람에게 자신에 대해, 즉 자신의 행동과 동기에 대해 변명이나 설명을 할 줄 알아야 한다는 것도 배운다. 아이는 부모나 교사와 똑같이, 늘 의도가 분명하고 적절한 설명을 내놓을 수 있어야 한다는 확신을 갖게 되는 것이다. 이 자체는 아무 문제도 없을 뿐더러, 심지어 매우 쓸모 있는 능력이다. 하지만 목적을 의식한, 변명을 위한, '나의 활동을 언제나 보여주는' 태도가 마음을 주도하는 d-모드의 일부가 되면, 앎의 다른 방식이 억눌리고, 즉석에서 '핵심'이 무엇인지 의식적으로 밝히지 못하는 다른 모든 활동에 대해 회의적인 태도를 갖게 될 것이다.

d-모드는 설명을 좋아하고, 직관보다는 '합리적'이고 정당화할 수 있는 일을 계획한다. 아이디어와 함께 언제나 이유나 설명도 내놓으라고 요구하다보면, 풍부한 결실을 맺지만 유래나 출처를 모르는 다른 생각을 쉽사리 거부할 수 있다. 설명이 잘되는 것을 위해 생산적인 직관을 그대로 놓칠 수도 있다는 말이다. 문제와 행동계획 사이에 설명을 꼭 필요한 중개자로 여긴다면, 다시 말해 의식적인 이유나 설명 없이는 행동할 수 없다고 느낀다면, 지름길이나 빛나는 아이디어를 놓칠 수 있다. 의식적인 이해가 부족하다는 뜻에서의 의심은, 도움이 아니라 멍청한 것, 도약대가 아니라 다리를 붙잡는 덫으로 보이게 된다.

d-모드는 명료함을 좋아한다. 혼동은 좋아하지도, 가치를 인정하지도 않는다. 정당성에 주목하기 때문에 가능한 많이 이해력을 유지하면서, 문제에서 해결에 이르기까지 조명이 잘 된 길을 따라가기를 좋아한다. d-모드는 발을 물에 적시지 않고 디딤돌에서 디딤돌로 껑충껑충 건너뛰는 학습을 좋아한다. 수학적 증명이나 '문제—명확한 분석—설득력 있는 해결책—행동계획'이라는 과정을 다룬, 매끄럽게 다듬어진 보고서 같은 것 말이다. 어떤 학습은 이렇게 핵심에서 핵심으로 넘어가는 방식으로 잘 진행될 수 있지만, 다른 많은 학습은 그렇지 않다. 학습은 보통 훨씬 완만하고 전체적인 방식으로 나타난다. 마치 냄새를 놓친 그레이하운드 떼처럼, 방향감각을 잃은 채 한동안 서성거리고 나서야 비로소 모습을 드러내는 것이다. 고요한 삶을 작곡하는 예술가, 심리치료를 받는 환자, 심지어는 난관을 돌파하기 직전의 과학자조차, 그 누구도 d-모드로 기능하지 않는다(는 것을 앞으로 보게 될 것이다). 이런 종류의 느린 학습을 위해서는 한동안 '어찌할 바 모른 채' 있는 것을 편하게 여길 줄 알아야 한다.

d-모드는 긴급함과 초조함으로 작업을 수행한다. 시간이 충분치 않다는 막연하고 때로는 심각한 느낌을 수반한다. 부족한 것을 얼른 채워야 한다는 느낌, 결정이 충분히 빠르지 않으면 화가 나는 느낌. 우리는 이런 긴급한 감정으로 가득 채워진 채 점점 더 빨리 살아간다. 비행기든 노트북이든 전자 레인지든 모뎀이든, 기술은 이 욕구를 따라가는 한편으로 빠한 일상을 만들어내고 상황을 악화시킨다. 텔레비전 뉴스나 내일자 신문을 기다리고, 월스트리트 루머나 페루의 작은 지진소식을

들으려는 것만으로도 당신은 진짜 노는 사람이 아니다. 정보가 늦는 것만으로도 불만을 느끼는 참을성 없음이 우리가 온갖 역경을 만날 때 갖는 마음상태가 된다.

d-모드는 재미를 찾기보다는 분명한 목적의식을 지닌, 노력하는 태도다. 문제해결을 지향하고, 참을성 없음과 함께 정신적 긴장감도 드러낸다. 이는 저절로 답이 나타나지 않거나, 충분히 분명하고 빠르지 않을 때 답을 독촉하는 긴장감이다. d-모드에서는 희미하게나 뚜렷하게나 늘 시간에 쫓긴다는 느낌, 목적을 의식하는 의도적 탐색의 느낌이 있다. 이것은 생산 라인의 차질에 관한 것이든 삶의 의미에 관한 것이든, 이미 주어진 질문의 답을 찾으려는 욕구다. 이런 분주한 활동성이 우리의 유일한 행동방식이 되면, 즉 디폴트 모드가 되면, 우리는 **느긋한 인지력**이 가져오는 열매를 놓친다.

d-모드는 정교하다. 명확하게 정의된 상징으로 이루어진 계획에 따라 일하려고 하며, 수학과 과학의 초정밀 언어를 선호한다. 수학과 과학 영역에서 모든 용어는 투명하고 완벽하며 모든 것을 수치로 내놓는다. 따라서 수치로 표시되지 않는 것을 모조리 배제한 채 정밀한 컴퓨터 프로그램으로 제시되는 국민경제 모델은, 인간 본성에서 나온 더 풍부한 관점을 포함하지만 덜 분명하고 덜 확실한 모델보다 더 진지하게 받아들여진다. 이를테면, 과학적 심리학의 역사는 기억이 어떻게 작동하는가에 대한 정밀한 이론으로 넘쳐 난다. 이 이론은 실험실에서 진행되는 비밀스러운 작업에 대해 양적인 예측을 하면서, 정작 사람들이 기억능

력에 대해 흥미롭게 여기는 것을 거의 모조리 무시한다. 박사논문을 쓰
려고 기억력에 대해 공부하고 있을 때, 나는 파티에서 사람들과 이와
관련된 이야기를 하지 않았다. 사람들은 온갖 흥미로운 질문을 던지는
데, 내 상세한 지식은 그런 질문에 전혀 쓸모가 없었기 때문이다(다행히
도 지난 25년 동안 기억력 연구는 상당히 개선되었다).

d-모드는 문자 그대로를 뜻하는 분명해 보이는 언어에 의존하고, 은
유나 비유처럼 까다롭고 감정적인 세계라고 생각되는 것을 의심하는
경향이 있다. 무언가 이해될 수 있다면, 그것은 모호하지 않고 분명하게
이해된다고 지성은 말한다. 명확하게 드러나지 않거나 암시적으로 가
려져 있는 것은, d-모드에서는 불분명한 이해에 불과하다. 더 명확하게
밝히라고 강요받거나 경멸당하는 종류의 이해인 것이다. 시詩는 궁극적
으로 보다 분명하고 훨씬 나은 산문이 되지 못한 것으로, 수사학은 합
리적인 설명의 '가난한 사촌' 정도로 취급된다.

d-모드는 개념과 일반화를 동원해 일한다. 가능한 곳에서는 언제
나 '규칙'과 '원칙'을 적용하기 좋아한다. d-모드는 특별함보다는 추상
을 선호한다. 일반적이고 원형적인 것을 다루면서 '노동력' '합리적 소
비자' '전형적 교사' '환경' '휴일' '감정' 등에 대해 이야기한다. 심지
어는 개인마저도 특성과 기질을 합쳐 일반화시켜 다룬다. 영국 정치인
'존 메이저'와 미국 팝 가수 '셰어'는 '국가채무'나 '웨일스 럭비 주州'와
똑같이 추상적인 존재다. 단일 대상에 대해 아무생각 없이 자세히 오래
관찰해서, 어떤 종류의 진리를 이끌어낼 수 있다는 생각은 d-모드에는

낯설다.

언어는 인지를 위해 필연적으로 일정한 속도, 특정한 시간틀을 부과한다. 따라서 **d-모드는 언어를 수용하고 만들어내고 진행하는 것과 같은 속도로 일하지 않으면 안 된다.** 당신이 말하기 속도를 높이면 d-모드는 금방 이해를 못한다. 특정 정도 이상 느리게 말해도 의미를 놓친다(구식 '분당 45 회전음반'을 분당 33회전이나 78회전으로 돌려보면 이 현상을 아주 잘 이해할 수 있다). 어떤 때는 매우 느리게, 어떤 때는 매우 빠르게 작동하는 마음의 모드는, 단어나 문장이라는 친숙한 도구로는 움직이지 않는다. 마음은 전혀 다른 내용과 요소를 요구한다. 가끔은 의식의 요소를 전혀 요구하지 않을 수도 있다. 의식이라는 스크린을 가로지르는 일정한 속도의 친숙한 낱말 테이프가 없다면, 예측력과 통제력을 상실했다는 당혹감이 나타날지도 모른다. 따라서 d-모드는 임의적이고 제멋대로의 느낌보다는 **통제되고 신중한 생각을 유지한다.**

d-모드는 이름 붙일 수 있는 부분들의 집합처럼 다룰 수 있는 문제와 씨름할 때 잘 작동한다. 이는 나누고 분석하는 언어의 본성에 들어 있는 특성이다. 언어를 통해 바라본 세계는 절취선이 있어서, 산뜻하게 잘라 개념으로 바꿀 수 있다. 그런 개념은 대부분 자명하게 '현실적'이거나 '자연스러운' 것으로 보이고, 각 개념 사이의 관계를 이용해 분석된다. 전통적인 과학 대부분이 이런 종류의 세계를 다루었기에 그토록 정밀할 수 있었다. 그러나 마음이 생태나 '인체에 영향을 주는' 상황에 주목하면 너무 까다로워서 심각한 오류진술 없이는 이런 방식으로 분

해되지 않으며, 따라서 재빨리 d-모드의 언어적·분석적 접근법의 한계에 도달하게 된다. 기계적이라기보다 생태적인 것에 더 가까울수록 언어로 분석되지 않기 십상이다. d-모드가 날씨나 자연환경에서 동물의 행동처럼 설명하기 복잡한 체계의 작업에는 **원칙적으로** 어울리지 않는다는 것을 깨달으면서 나타난 반응 하나가, 카오스와 복잡성에 대한 새로운 '과학'이다. 이와 함께 느린 방식의 앎에 대한 재평가도 이루어져야 한다. 이성의 본질적인 보충물인 직관도 마찬가지다.

언어가 어느 정도까지만 복잡한 것을 다룰 수 있다는 사실은 간단히 보여줄 수 있다. 다음 문장을 예로 들어보자.

"생태론자는 회계사를 싫어했다."

쉽게 이해가 간다. 그러면 다음 문장을 보자.

"생태론자가 싫어한 회계사는 웨이터를 괴롭혔다."

아직은 완전히 이해할 수 있다. 문법적으로 정확한 또 다른 절을 더 끼워 넣어 보자.

"생태론자가 싫어한 회계사가 괴롭힌 웨이터는 대주교를 좋아했다."

이해가 슬슬 힘들어지기 시작한다. 여기에 다른 말을 덧붙여보자.

"생태론자가 싫어한 회계사가 괴롭힌 웨이터가 좋아한 대주교는 그 음모에 가담했다."

상당히 노력해야 이해가 된다. 여기서 드러나는 이해와 기억의 한계를 극복하려면 도표 같은 일종의 인지적 보조물이 필요해지기 시작한다. 준비 없이 누가 누구를 괴롭혔는지 알아내려면, 꽤나 신중한 독해과정이 필요하다. 한계에 도달한 d-모드는 부담스럽고 부적합한 것이 된다.

완전히 문법적이지만 실제로는 이해할 수 없는 예 두 개를 더 들어 보겠다.

'명제형식 Y에서 변수를 대신해 질문으로 된 명제형식의 이름을 사용함으로써 나타난 명제를 증명할 수 없다'라는 명제형식에서 변수를 대신해 질문으로 된 명제형식의 이름을 사용함으로써 나타난 명제를 증명할 수 없다.

둘 다 어느 편에도 좋아할 만한 것이 아니다(Both is preferable to neither). 하지만 물론 둘 다와 어느 편도 아닌 둘 모두가 둘 다에게나 그 어느 편에나 좋아할 만한 것이 아니다. 물론 둘 모두와 어느 편도 아닌 둘 모두와 어느 편도 아닌 둘 모두가 둘 모두에게나 그 어느 편에도 좋아할 만한 것이 아닌 둘 모두와 그 어느 편에나 좋아할 만한 것이 아니다. 하지만 물론 둘 모두와 그 어느 편도 아닌 둘 모두와 그 어느 편도 아닌 둘 모두와 그 어느 편도 아닌 둘 모두가 둘 모두에게나 그 어느 편에나 좋아할 만한 것이 아닌 둘 모두와 그 어느 편에나 좋아할 만한 것이 아닌 둘 모두와 그 어느 편에나 좋아할 만한 것이 아니다.

이와 같은 명제에 익숙해지기까지 여러 해를 보내지 않으면 d-모드는 여기서 그대로 포기해야 한다. 논리학 교수라면 추상의 정글을 뚫고 길을 찾을 수 있을지 모르지만, d-모드가 여러 수준의 전문지식을 허용한다는 점 때문에 본래의 한계를 눈감아줘서는 안 된다. 언어와 논리도 우리가 놓아주면 곧바로 통제를 벗어나버린다. 그러므로 다른 방식으로 더 잘 다룰 수 있는 복잡성의 종류와 정도가 있는 게 아닐까 하는 열린 질문이 나타나는 것이다.

덜 부지런해질 때 더 지적인 이유

d-모드를 지성의 유일한 형태라고 생각하면, d-모드가 실패할 경우 우리는 아주 '영리한' 사람이 아니거나, 매우 '열심히' 고민하지 않았거나, 자료가 '충분하지' 않다고밖에 말할 수 없다. 그런 실패에서 우리가 배우는 교훈은 좀 더 나은 모델을 개발해야 한다, 더 많은 정보를 수집해야 한다, 더 조심스럽게 생각해야 한다는 것이다. 여기서 배우지 못하는 것은, 어쩌면 우리가 그동안 **잘못된 방식**으로 생각해 왔는지도 모른다는 점이다. 이런 인식론적 관점이 눈에 보이지 않고 따라서 도전받지 않는 한, 개인적·사회적·정치적·환경적 어려움을 해결할 더 나은 답을 찾는 일은 의식적 생각이라는 빛의 안내를 받아야 한다. 이러한 노력은, 다른 데서 자동차 열쇠를 잃어버리고 자기가 **볼 수** 있는 곳이 여기뿐이라는 이유로 가로등 아래서 열쇠를 찾는 사람의 노력과 같다. 그래서 과학자, 연구원, 지식인, 경제동향을 예측하려고 복잡한 공식을 이용해 컴퓨터 프로그램을 만드는 사람은, 사실상 그들이 희망을 안겨주어야 하는 보통 사람을 어려움과 불확실성 속에 버려둔다. 일반적으로 전문가는 가장 훌륭하고 분명한 모델과, 가장 많은 정보와, 가장 뛰어난 사고기술을 갖고 있다. 우리는 그들을 믿는다. 전문가 말고 다른 어디서 안내를 기대할 수 있다는 말인가?

'느린 앎의 방식'에는 대체로 d-모드 특성의 일부 혹은 전부가 빠져 있다. 느린 앎의 방식은 특정한 질문 뒤에 무엇이 감춰져 있을까를 알아내느라 시간을 보낸다. 서둘러 개념화하지 않으며, 무엇을 해야 할까 결정하기에 앞서 상황을 충분히 탐구하기를 좋아한다. 특수성에 다가가기를 좋아하는 것이다. 희미한, 재빨리 흘러가는, 덧없는, 변두리의, 모호한 정보에도 너그럽다. 무엇을 '고치지' 않고, 의미를 즉시 파악하지 못하는 정보에 머물러 있기를 좋아한다. 그런 방식들은 느긋하고 여유롭고 장난스럽다. 무엇을 찾는지도 모른 채 탐색을 계속한다. 무지와 혼란을 이해가 솟아나는 원천으로 여긴다. 상상력, 신화, 꿈이라는 풍부하고 암시적인 수단을 이용한다. 행동으로 나서기보다는 받아들이는 쪽이다. 마음이 임의로 택하는 방향에 대한 통제력을 기꺼이 포기한다. 미리 준비된 합리적인 사고훈련도 없이 '불쑥' 끼어든 아이디어를 진지하게 받아들일 각오가 되어있다. 이어지는 장에서 탐색하려는 것은 바로 이런 마음의 방식이다. 그 본성과 가치를 밝히기 위해서, 그리고 어쩌면 그런 방식이 다시 권리를 찾을 방법을 알아내기 위해서다.

느린 방식의 앎을 복권하려면 마음을 하나의 전체로 여기고, 덜 분명하고 덜 의식적이고 덜 예측적인 앎의 원천을 포함하는 다른 관점에서 받아들여야 한다. 심층마음은 느린 앎이 기반으로 삼는 주요 자원이다. 그리고 우리는 의식과 무의식의 관계를 조명하기 위해 새로운 은유와 이미지를 필요로 한다. 데카르트와 프로이트가 각기 다른 측면에서 부여한 양극화에서 벗어나기 위해서다. 마음의 새로운 모델이라는 조명을 받아야만 우리는 더욱 끈기 있고 수용적인 앎의 방식의 핵심과 가능성을 보게 된다. 그리고 그런 앎이 요구하는 조건을 배양하고 견딜 수 있게 된다.

이렇게 회복하는 데 가장 중요한 한 걸음은 브레인스토밍, 시각화, 기억술 등 새로운 심리기술을 습득하는 것이 아니라, 인간의 마음을 다른 각도에서 이해하는 일이다. 의식이라는 밝은 빛보다는 오히려 어두운 그림자나라에서 살아온 마음의 삶으로 들어가 즐길 각오를 하는 것이다. 똑똑한 심리기술—두뇌 '오른쪽 반구'에서 자원을 얻으려고 맥주통 다루듯이 뇌의 '마개를 따는' 장치—은 질문하고 쉴 줄 모르는 마음의 태도가 없어지면 금방 핵심을 놓쳐버린다. '창조경영'이나 '체험학습'처럼 마음을 훈련하는 수많은 과정이 있지만, 그것은 **변해봤자 그게 그거고, 변하면 변할수록 같은 것**이 되고 만다. 기껏해야 문제를 '논의'하는 대신 '브레인스토밍' 한다고 말하고, 크레파스로 그림을 그리게 하는 정도다. 하지만 결과를 내놓으라는 압력이나 밑바탕에 놓인 초조함은 그대로다. 심층마음으로 들어가는 열쇠는 기술의 껍질층이 아니라 과격하게 새로운 개념이다. 마음이 느긋해지면 다른 방식의 앎이 저절로 나타난다. 이런 마음상태로 접어들면 지금까지와는 다른 전략을 지닌 사고가 쓸모 있는 것이 되고, 느긋한 마음상태가 끝나면 이런 사고도 쓸모없는 것이 된다. 매번 새로운, 과잉 선전된 심리기법에 대한 세간의 열광이 그토록 실망스럽게 수그러드는 이유다.[6]

느린 방식의 앎을 발견하는 또 다른 한 걸음은, 이러한 인지형태가 특별한 사람에게만 주어진 것이 아니라는 사실을 깨닫는 일이다. 그러니까 느린 앎은 시인, 신비주의자, 성인에게만 주어진 것도 아니고, 특별한 기회에만 나타나는 것도 아니다. 때때로 이들은 '뮤즈'의 작업이라느니, 위대한 선물이라느니, 특별한 은총의 상태라느니 하는 말로 자신의 깨달음을 신비화시키곤 한다. 이런 말들은 느린 앎을 대단히 멋지고 불가해한 것으로 보이게 만든다. 이런 마음의 방식이 보통사람의 한계 너머에 있다거나, 현대적 삶의 세속적인 현실과는 별 상관이 없다는 식의 어떤 위협을 만들어낸다. 그러나 이는 도움이 되지 않는 잘못된 인상이다. '시적인 방식의 앎'은 낱말을 특별한 방식으로 이어붙이는 사람에게만 주어진 특전이 아니다. 그것은 누구에게나 열려있는 가치고, 훈련하거나 가르치거나 정교하게 다듬을 수는 없으나 누구든 익힐 수 있는 보편적인 것이다.

『거북이 마음이다』는, 어째서 이따금 '정보슈퍼고속도로'를 밀쳐내고 '정보슈퍼게으름'에 빠지는 것이 좋은가를 다루는 책이다. 더 많은 자료, 더 나은 해결책 찾기를 중단하고 잠시 쉬는 것 말이다. 그리하여 이 책은 덜 부지런해지는 것이 이따금 더 지적이 되는 이유를 설명한다. 성실하고 목적 지향적인 인지로는 접근할 수 없고 게으름부리기를 통해서만 접근할 수 있는 정신 영역이 있다는 것을 증명한다. 나아가 인간의 마음이 타고난 자연스러운 재능이 20세기 서구문화에서 무시되었고, 이 문화권이 그것을 놓치고는 병 들었다는 사실을 보여줄 것이다.

2장

기본 지성
: 서서히 스며드는 배움

자기가 무슨 일을 하고 있는지 생각하는 습관을 길러야 한다는 말은, 유명한 사람의 연설이나 이런저런 책에서 흔히 볼 수 있지만 실은 매우 잘못된 상식이다. 정확히 그 반대가 맞다. 문명은 우리가 무슨 일을 하는지 생각하지 않고도 수행할 수 있는 중요한 작업을 점차 늘림으로써 발전한다. 생각이라는 작업은 전투에 기병을 투입하는 것과 같다. 기병은 엄격히 수가 제한되어 있고, 지치지 않은 튼튼한 말(horse)을 필요로 하며, 결정적인 순간에만 투입해야 한다.

A. N. 화이트헤드(영국 수학자이자 철학자)

뉴질랜드에서 2월은 여름이다. 나는 북섬 서쪽 해변, 서퍼들 말로는 남반구 최고의 왼쪽 꺾기 지점을 굽어보는 곳에 자리한 집에 컴퓨터만 들고 꼭 틀어박힌다. 사방이 온통 파리 투성이다. 놈들이, 특히 커다란 갈색 파리가 하도 방해가 되기에 나는 불교 성향인데도 놈들을 때려잡는다. 거미도 몇 마리 있다. 나는 다리가 길고 몸통이 작은 이 녀석들을 좋아한다. 아침에 막 잡은 파리 한 마리를 거미줄 위에 올려놓았다. 그러고는 한 20분 동안 거미가 내가 올려놓은 지점에서 파리를 약 12센티미터 정도 떨어진 식사구역으로 옮기는 것을 넋이 빠져서 구경했다. 먼저 거미는 파리를 확실하게 붙잡기 위해 거미줄로 둥글게 감싼다. 그런 다음 파리를 지탱하고 있던 거미줄 몇 가닥을 신중하게 잘라내고 겨우 몇 줄만 남긴다. 두 다리는 위에 있는 줄을 잡고 나머지 다리로 파리를 감싸고 목적지를 향해 약 0.5센티미터 가량 잡아당겨서 다른 줄과 연결한다. 그러고는 지금 파리를 붙잡고 있는 나머지 줄을 끊어서 파리가 목적지 가까운 쪽에 대롱대롱 매달리게 한다. 몇 가닥 줄을 더 만들어 파리를 새로운 위치에 고정한다. 다시 대각선으로 자리를 잡고는 제가 받은 선물을 옆으로 당겨서 매달고, 그때까지 파리를 지탱하던 줄을 끊는다. 이런 식으로 계속 일해서 녀석의 점심식사는 마침내 원하는 자리로 운반되었다.

거미를 나로 바꿔 생각해보니 장비라고는 튼튼하고 탄력 있는 갈고리 몇 개와 잘 드는 칼만 들고서, 흰긴수염고래 한 마리를 한 손으로 잡고 바닥도 없는 낭떠러지를 120미터나 운반하는 꼴이었다. 이 끔찍한 작업은 계속되는 위험에 맞서기 위해 엄청난 생각과 계산을 요구하는 일이 될 것이다. 한 번이라도 잘못 움직이거나 엉뚱한 순간에 엉뚱한

줄을 끊기라도 했다가는, 분명 고래와 나는 함께 허공으로 떨어지고 말 것이다. 그러나 몸길이가 고작 2밀리미터밖에 되지 않는 거미는 작은 두뇌로도 전혀 잘못을 저지르지 않았다. 나는 깊은 인상을 받았다. 거미가 의식을 가졌다고 생각한 건 아니지만 어쨌든 그 지성에 경탄했다.

'지성'에 대한 관심이 오늘날 다시 유행한다. d-모드가 인간이 지닌 인지의 본질이자 전체라는 가정에 점점 더 불만을 느끼면서 관심이 커진 것이다. 하버드대학교 하워드 가드너는 '여러 지성'이 있으며 자신이 그 중에서 여덟 개 반을 확인했다고 하는데, 전통적인 교과목과 상당히 비슷하다.[1] 미국 심리학자 대니얼 골먼은 '감성지능(EQ)'이라는 개념으로 이성과 감정의 화해를 주장했다.[2] 하지만 지성의 여러 면모를 어떻게 융합할 것이냐를 더욱 광범위하게 이해하려면, 지성이 가장 중요한 것이라고 미리 전제하지 않는 접근법을 찾아내야 한다.

가장 기본적인 의미에서 지성은, 유기체가 만나는 온갖 까다로운 난관 사이에서 가능한 한 성공적으로 자신의 목적과 관심사를 이룰 수 있게 하는 능력이다. 내 방의 거미는 진화를 통해 자신의 세계에서 가장 도전적인 과제를 능률적이고도 복잡한 방식으로 수행할 수 있게 되었다. 지적 적응이라는 이런 기적은 동물의 왕국에는 흔한 일이며, 그 중 많은 내용이 내 거미보다 더 체계적으로 이미 기록돼 있다. 평소 먹던 음식과 낯선 음식을 함께 먹고 나서 병에 걸린 쥐는 앞으로 새로운 음식을 기피할 것이다.[3] 내 생각에 이것은 지성적이다.

인간 지성의 상당 부분도 d-모드와 별 상관이 없다. 아기는 희망에 찬 미소를 엄마에게 지어보이거나, 불쑥 나타난 물체를 피해 머리를 돌릴 때 지성적이다. 십대 청소년은 학교에서 남의 눈에 안 띄는 곳으로 파고들거나, 상대방을 웃길만한 이야기를 만들어내서 다른 아이들과 잘 어울리는 법을 배울 때 지성적이다. 시인은 올바른 문장을 놓고 변형할 방법을 이리저리 헤아려볼 때 지성적이다. 수학자가 복잡한 문제의 해답을 찾아내려고 애쓸 때, 그의 예리하게 연마된 지적 능력은 지성의 여러 변형 가운데 하나일 뿐이다. 물론 특별하고 날카로운 지성이다. 지성은 말, 논리적 주장, 명쾌한 생각의 훈련이나 잘 구분된 설명 등과 잘 어울릴 수 있지만, 그렇지 않기도 하다. 기본적으로 지성은 인간을 포함한 모든 동물의 생존을 돕는다.

아메바부터 대주교에 이르기까지 온갖 층위의 생명체에 공통되는 가장 기본적인 이런 전략은, 대부분 생존에 유리한 조건을 가까이하거나 유지하고, 불리한 조건을 피하거나 도망치도록 하는 타고난 성향이다. 우리는 유리한 조건을 '욕구', 불리한 조건을 '위협'이라고 부른다. 진화는 모든 동물에게 위험요소를 최소화하고 쾌적한 삶을 증진하는 일련의 방식을 장착해 주었다. 거미는 거미줄을 치고 먹이를 꾀어 들이고, 대기가 어지럽게 요동치면 꼼짝도 안 한다. 나나니벌은 부화한 유충이 먹을 수 있도록 마비된 귀뚜라미를 알 옆에 남겨두곤 하는데, 굴 속 안전을 점검하는 동안 귀뚜라미를 굴 밖에 놓아두었다가 점검이 끝난 다음에야 안으로 끌어들인다.[4] 이런 반사행동에는 잠재적인 위협도 고려되어 있다.

하지만 위협에 대해 유전적으로 주어진 "싸워라, 도망쳐라, 꼼짝 마라, 점검하라"라는 반응은 쓸모 있기는 하지만 실수가 없는 것은 절대 아니다. 거미는 하얀 욕조에 위험할 정도로 강렬한 조명을 해놓아도 여전히 그쪽으로 다가갈 수 있다. 나나니벌이 굴 속 안전을 점검하러 내려갈 때마다 관찰하던 생태학자가 귀뚜라미를 치워도, 나나니벌은 바뀐 상황에 적응하지 못한다. 이 새로운 세계에서는 귀뚜라미를 아예 처음부터 아래로 끌고 내려가는 쪽이 훨씬 낫다는 사실을 절대로 깨닫지 못하는 것이다. 아기는 불쑥 나타난 물체가, 실제로는 빠른 속도로 부풀어 오르는 풍선이고 위험한 발사체가 아니더라도 매번 스트레스 반응을 보일 것이다. 반사행동은 지성적이긴 해도 전례 없는 사건, 즉 진화가 미처 대비할 시간을 갖지 못한 사건으로 인해 혼란스러워질 것이다. 반사행동은 생존지성의 가장 초보적인 장비를 제공하지만, 제한된 처음의 반응에 다른 것을 덧붙일 능력이 없다면 동물은 변화에 극히 취약해진다.

서서히 스며드는 배움

그래서 지성의 진화에서 다음 단계는 **학습**이다. 지식을 모으고 전문기술을 발전시키는 것은 생존전략이다. 친숙하지 않은 상황에서 동물은 위험에 처한다. 무슨 일이 일어날지 예측하거나 통제할 수 없다. 가능한 구조의 원천이 아직 인지되지 않았을 수도 있다. 어쩌면 너무 늦어버린 순간에야 진짜 위협을 인지할 수도 있다. 불확실성은 언제나 위험을 감추고 있을지도 모른다. 불확실성을 줄이고 낯설음을 앎으로 바꾸는 능력은 진화에서 강력한 이점을 제공한다. 인간이 가진 온갖 종류의 배움과 앎의 방식은, 아무리 복잡한 것이라도 결과적으로는 생물학적 명령에서 나온 것이다. 거칠게 말하자면 '앎'은 세상에서 쓸모 있는 유형이 등록돼 있어서 미래 행동을 안내하는 데 쓰일 수 있는 상태라고 말할 수 있다. '배움'은 이런 유형을 검출하는 활동이다. 그리고 이 층위에서 '지성'은 배움과 앎을 가능케 하는 자원과 관련돼 있다.

자신의 특수한 환경을 이루는 여러 관계유형을 검색하고 기록하고 이용하는 능력은 동물세계에 널리 퍼져 있다. 망둑어를 예로 들어보자. 어떤 종류의 망둑어는 썰물 때 드러난 바위 위로 뛰어올라 이쪽 물웅덩이에서 저쪽 물웅덩이로 갈 수 있다. 이런 방식의 도약은 사실 매우 위험한 행동이다. 잘못하면 망둑어는 궁지에 몰리거나 상처를 입게 된다. 그러나 실제로 망둑어는 실수 없이 뛰어오른다. 연구결과에 따르면 망둑어가 반사나 냄새 따위의 감각적 단서를 이용할 가능성은 배제되었다. 이들은 낯선 물웅덩이에서는 도약 하지 않는다. 이 놀라운 능력을 설명해줄 유일한 가능성은, 망둑어가 밀물 때 바다 밑바닥 틈과 구멍 주위로 헤엄쳐 다니면서 그 일대의 상세한 지형을 기억해 두었다가, 썰물로 웅덩이에 '갇혔을 때' 활용한다는 것이다.[5]

마찬가지로, 아기도 머지않아 공과 풍선, 얼굴의 차이를 알뿐만 아니라 엄마와 아빠의 얼굴도 구분하고 그에 따라 반응을 바꾼다. 아기의 두뇌는 순응성이 있다. 망둑어처럼 아기도 조상의 체험만이 아니라 자기 경험의 특이성에 따라 두뇌를 만들어간다. 두뇌는 형성력을 갖는다. 모름을 능력으로 바꾸는데, 그것도 극히 능숙하게 바꾼다. 특수한 경험에서 범주와 개념이 만들어지고, 자동적인 유추과정을 거쳐 '다음에 무엇을 할 것인가'를 위해 '전에 무슨 일이 있었나' 기록을 뒤져 알아내는 것이다. 과거의 잘못은 피하고 새로운 잘못을 하면서 행운의 도움을 받아, 커다란 개와 [풍선이] 뻥하고 터지는 소리, 화난 얼굴과 새로운 교사 등을 구별하고 다루는 능률적인 방식을 터득하고, 자신감도 쌓는다. 이런 식으로 세상을 알아가고, 그 패턴을 기록하고, 능숙한 반응을 발전시키고 조정하는 일이야말로 정교한 신경체계, 즉 '두뇌-마음(brain-mind)'이 하는 일이다. 두뇌-마음은 정보의 일정한 주파대에 스스로를 맞추고, 이런 주파대가 두뇌-마음의 점차 커지는 능력과 조화를 이루게 만든다.

앎의 진화에서 적응력 다음으로 위대한 발전이 **호기심**이다. 동물은 단순히 불확실성에 반응하면서만 배우지 않고 상황을 앞서서 주도하는 능력이 있다. 즉 탐색하고 모험하고 놀이하는 능력이다. 긴급한 욕구가 당신의 주의력을 사로잡지 않을 때면, 주의력은 곧바로 지식을 확장하는 방향으로 향한다. 밖으로 나가 적극적인 탐색을 통해 수행능력과 안전을 확장하는 것이다. 이것이 퍽 쓸모가 있기에 진화는 많은 종에게 호기심을 기본충동으로 심어놓았다. 미로에 완전히 익숙해진 쥐는, 처음 미로에서만 먹을 것을 받을지라도 새로 덧붙여진 미로를 재빨리 탐색한다. 상자 속에 갇힌 원숭이는 무거운 문을 계속 밀어 열고는 바깥에서 무슨 일이 빌어지는지 살펴본다. 그리고는 아무런 보상이 없는 기계적인 수수께끼를 푸느라 많은 시간을 보낸다. '감각박탈' 실험에 자발적으로 참여한 사람도 마찬가지다. 이 실험에서 하루에 40달러를 받고 그들이 할 일이라고는, 아무 자극도 없이 방안에 머물러 있는 것뿐이다. 그들은 자신의 마음에 공급할 무언가를 갈망하게 되고, 거듭해서 버튼을 누르고는 지나간 주식시세를 알려주는 목소리에 귀를 기울인다.[6]

받아들이고 주의를 기울이고 시험하고 능력을 확장하고 불확실성을 줄이려고 애쓰는 것은, 탐색하는 두뇌-마음의 설계기능이다. 이 뛰어난 기능을 실현하는 데 의식적인 의도나 노력, 숙고, 명료한 표현 같은 특별한 격려나 기율은 필요 없다. 애초에 학습은 의식적 근거가 만들어 낸 것을 포함하지 않는다. 뿌리를 보면 앎은 내재적이고 실용적이고 직관적이다. 두뇌는 패턴을 찾아내고 반응을 조율한다. 두뇌는 경험에 의해 프로그램 되지만, 이런 프로그램을 만드는 일은 신경세포에 수백만 개의 미세한 기능변화로 기록되고 전체 유기체의 행동방식으로 표현된다.

진화에서 이런 무의식적 지성에 우선권이 주어진다면, 다시 말해 **지식**보다 **노하우**가 먼저라면, 무의식적 앎의 방식과 의식적 앎의 방식의 핵심적인 차이는 무엇일까?[7] 우선, 무의식적 방식이 의식적인 방식보다 더 튼튼하고, 탄력 있고, 방해에도 더 잘 버틴다. 손상된 두뇌의 신경세포 연구가 보여주는 것이 바로 이것이다. 기억이나 지각, 또는 행동통제력이 떨어지면 의식적 측면이 먼저 사라지고 무의식적으로 제어되는 능력이 남는다.[8]

무의식적 능력이 보다 원초적이고, 문화보다는 진화의 산물이라면, 의식적 숙고보다 개인차가 덜할 것이다. 특히 직관적인 노하우는 아이큐 같은 '의식적 지성'의 수치와 큰 관련이 없을 것이다. 실제로 사람들이 매일 삶에서 필요한 기술을 익히는 능력, 미국 심리학자 로버트 스턴버그의 용어를 빌자면 그들의 '실용적 지성'은, 그들의 지적인 능력이나 언어능력과 무관하다. 브라질의 '거리의 아이들'은 자기사업에 꼭 필요한 암산이라면 제아무리 복잡하더라도 틀림없이 해낸다. 학교시험을 보면 수학을 잘 못하는데도 그렇다. 미국 경마장에서 핸디캡 계원으로 일하는 사람들은 서로 다른 일곱 개 변수를 포함하는 매우 까다로운 모델에 근거한 계산을 할 수 있는데, 이런 능력은 그들의 지능지수와는

전혀 상관이 없다.[9]

아직 미성숙한 아이의 마음은 의식적 작동보다는 무의식적 작동에 더 많이 기대기 마련이다. 아기는 자기 삶에서 중요한 사람을 차츰 알아보고 목욕과 수유, 수면 같은 복잡한 가족생활 의례에 점점 동참하게 되는데, 이는 자기가 무엇을 하는지 말하거나 이해하기 훨씬 전에 할수 있는 일이다. 그리고 엄청난 시행착오를 거쳐 걷기를 배운다. 그로부터 차츰 어깨와 몸통, 다리근육 사이에 서툰 상호작용이 나타난다. 시각과 촉각, 균형감각도 발달한다. 아이는 문법에 대한 아무 지식 없이 자기가 속한 문화의 언어를 서서히 배운다. 그 어떤 교과서에 기대지 않고도 관계의 방식을 익힌다. 더 나이가 들면 자전거타기, 바이올린 켜기, 공차기, 모임에 참석하기, 식사준비 하기, 물건 사기, 비행기타기, 사랑나누기 등을 배우는데, 대개는 자기가 어떻게 그 일을 하게 되었는지, 혹은 어떻게 배웠는지 잘 설명하지 못한다.

살면서 익히는 쓸모 있는 이해 대부분은 분명하게 드러난 지식이 아니라, 별 말 없이 이루어지는 노하우다. 기본적으로 우리에게 중요한 것은, 우리가 하는 것에 대해 말할 줄 아는 능력이 아니라 그냥 그것을 하는 능력이다. 별다른 노력 없이 능숙하게, 대체로 무의식적으로 아무 생각 없이 하는 것 말이다. 노하우를 알려주는 배움, 즉 **서서히 스며드는 배움**에 대한 욕구는 자라면 잃어버리는 것이 아니다. 경험에서 섬세한 규칙을 검출하고, 그 규칙을 능률적인 행동의 발달과 전개지침으로 삼는 두뇌-마음의 능력은 생물학적으로 타고난 권리다. 더 발전된 전략이 진화하면서 이 기본능력을 보강하지만 그렇다고 버리지는 않는다. 동물과 어린이에게 언어로 된, 의식적인 지성으로 덧씌워지지 않은 무의식적 지성이 있다는 사실은 매우 분명하지만, 나이가 들면서 차츰 무의식적 지성에서 벗어난다고 가정하는 것은 잘못이다.

그런데도 이런 잘못이 행해진다. 부분적으로는 스위스의 저명한 발달심리학자 장 피아제 탓이다. 피아제는 삶의 직관적 힘을 터득하는 능력을 '감각운동 지성'이라고 이름붙이고, 이것이 생애 처음 2년 동안은 매우 중요하지만, 그 후에는 더 강력하고 추상적인, 점점 더 지적인 학습에 밀리고 변화한다고 주장했다. 사회적으로 엄청난 영향을 미친 '발달단계 이론'에서 피아제는 d-모드가 지성의 최고형식이라는 문화적 억측을 은연중에 받아들였다. 그의 이론은 여러 세대에 걸쳐 교육자들에게 수용되어 각 학교에서, 심지어는 초등학교와 유치원에서도 아이들이 감각과 직관에 기대는 버릇을 없애는 대신 가능한 한 빨리 숙고와 설명을 하도록 독려하게 만들었다.

피투성이 보병의 잠재력

주변세계에 대한 쓸모 있는 지도地圖와 모델을 일상 경험에서 뽑아내는 능력은 매우 실용적이다. 그것은 대개 매우 일상적이어서 인지능력 목록에서는 별다른 찬양을 받지 못하는 영웅이다. 우리는 자동적으로, 전혀 의식하지 않고 계속 이런 일을 행하기 때문에, 그 능력이 얼마나 가치 있는지, 얼마나 '지적인' 일인지 쉽게 놓치곤 한다. 서서히 스며드는 배움은 마음의 '불쌍한 피투성이 보병'이다. 화려하게 등장하는 기병인 의식적 생각에 비하면 훨씬 초라하지만, '위트'를 더욱 연마하고 가다듬기를 소홀히 하거나 하찮게 여기는 것은 목숨을 위태롭게 하는 일이다. d-모드로는 익히지 못하는, 말없이 느리게 이루어지는 과정을 통해 우리가 배우는 것이 많다는 사실이 밝혀지고 있다. d-모드를 지나치게 열성적으로 사용하면, 서서히 스며드는 배움의 방식과 간섭현상을 일으킬 수 있다. 인간의 의식적 지성은 서서히 스며드는 배움의 어깨 위에 서 있다. d-모드는 진화와 문화에서 벼락출세한 능력이다. 그 진화적 토대를 보지 않고는 그 본성이나 한계를 제대로 되짚어 평가할 수 없다.

우리는 유형을 익히고 그에 따라 행동을 조정하는, 찬양받지 못하는 이런 능력을 평생 동안 사용한다. 자기가 배운 것이 무엇인지, 대체 무언가 배우기는 했는지조차 말하지 못하면서 말이다. 당신이 어떤 작곡가의 음악에 귀 기울이기 시작하면, 당신의 마음은 악기를 사용하는 온갖 특징과 화음, 리듬 등을 검색하기 시작한다. 그래서 나중에 같은 작곡가의 새로운 곡을 듣자마자 "이거 브루크너 아니야?"라고 말할 수 있게 된다. 하지만 당신이 음악을 공부한 학자가 아니라면 대체 그걸 어떻게 알 수 있는지 설명할 수 없을지도 모른다. 탐정소설을 잔뜩 읽은 사람은 무의식적으로 이 장르에 익숙해져서, 별 생각 없이도 2장에 우연히 등장한 인물이 살인자라는 사실을 안다. 새로 직장을 얻으면 우리는 동료들의 진면목과 일터에서의 태도를 무의식적으로, 가능한 한 많이 수집한다. 그리고 처음 며칠, 몇 주 동안 아주 많은 것을 자동으로 익힌다. 사람들이 아침에 서로 어떻게 인사하나, 바쁘지 않은데 어떻게 바쁜 척하나, 어떤 종류의 농담이 '재미있고' 어떤 것이 '거칠며' 무엇이 '성차별주의자'가 되는 길인가 따위다. 승진할 때, 안정적인 관계를 구축할 때, 아이가 생겼을 때, 사별했을 때, 사람들이 피부 숨구멍을 통해 그에 맞는 방법을 빨아들이는 능력의 쓸모는 여전히 사라지지 않는다.

최근 영국과 미국에서 진행되는 심리학연구는 이런 암묵적인 배움의 중요성을 다시 확인하고, 그것이 시간을 두고 어떻게 서서히 더 발전하는지 보여주었다. 한 도시에서 버스 대수와 유료주차장의 보급 및 비용에 맞춰 교통흐름 조절하기, 학교 경비관리, 공장이나 발전소의 생산량 같은 복잡한 산업과정의 전문적인 문제를 예로 들어보자. 이 연구는 옥스퍼드대학교 다이앤 베리와 도널드 브로드벤트가 수행한 것이다.[10] 우선 공장의 생산량 문제를 생각해보자. 노동력, 재정적 인센티브 규모 등 다양한 인자의 수준과 생산량 수준을 연동시켜 모니터에서 '컴퓨터 게임'처럼 모의실험을 해볼 수 있다. '게이머'들이 할 일은 입력변수를 조정해서 생산을 안정시키는 일이다. 각 변수의 효과는 게이머들이 모르는 상당히 복잡한 방정식에 따라 실질적으로 결정된다.

'관리자가 되기 위한 훈련생' 역할을 하는 게이머들은 일정한 시간이 지난 다음에는 여러 조정을 거쳐 생산량을 요구 수준까지 높일 수 있지만, 자신이 무슨 일을 하는지 말하거나 어째서 그런 일이 일어나는지 설명하지는 못한다. 어떤 '변화'에 대해 그 이유를 대라고 요구받으면, 그들은 고작 '감을 잡았다'라거나 '그것이 옳다고 느꼈다'라고만 말한다. 완전히 올바른 변화를 주면서도 자기는 그냥 추측하는 것뿐이라고 말할지도 모른다. 과제가 매우 어려울 때 여러 날에 걸쳐 그들이 하는 일을 관찰해보면, 실제로 방법을 익히는 것과 말로 표현한 지식은 놀랄 만큼 다른 수준으로 발전한다. 자기 일을 수행하는 능력이 상대적으로 빠르게 발전하는데, 일부는 상당히 과격하게 발전한다. 하지만 그 지식을 말로 표현하는 능력은 훨씬 느리게 나타나거나 아예 나타나지 않는다.

브로드벤트와 베리의 실험결과는 일상생활에서도 심심치 않게 볼 수 있다. 운동선수와 음악가 들은 높은 수준의 전문기술을 갖고 있지만, 그것을 분석하거나 설명하기는 힘들어한다. 교사는 어떤 주제를 가르치거나 학급 상황을 조정할 때 순간적인 결정을 내릴 수 있지만, 자기가 취한 행동의 이유를 설명하지 못할 수도 있다. 미국 심리치료사 폴 와츨라윅과 동료들은『문제 형성과 문제 해결의 원칙』서문에서, 이 책이 나오게 된 경위를 다음과 같이 서술한다. 여러 해 동안 함께 연구하면서 그들은 '인간의 문제 상황에 개입하기'라는 강력하고 새로운 방법을 발전시켰다. 분명한 어려움을 헤치고 바람직한 변화를 가져오는 방법이었다. 하지만 그들은 설명과 훈련과정을 통해 자기들의 방법에 관심을 많이 가질수록, 당혹스럽게도 그 방법이 그토록 성공적인 이유를 설명할 길이 없다는 사실을 깨달았다. "아주 천천히 우리는 우리의 접근법을 개념화할 수 있었다"라고 그들은 썼다. 즉 그들이 그 접근법을 표현한 것은 또 다른 차원의 일이었던 것이다.[11]

털사대학교 폴 르위키와 동료들은 이런 '말로 표현되지 못하는 배움'의 다른 양상을 탐색했다.[12] 오랜 기간에 걸쳐 진행된 그들의 실험 일부가, 비록 도식적이긴 해도 이 실험의 많은 것을 밝혀준다. 영국의 연구자들처럼 그들도 수백 개 예시 속에 감춰진 미세한 패턴을 알아내면 과제를 더 잘 수행하게 되는 학습종류를 탐색했다. 다만 실험 설계는 상당히 달랐다. 이 실험에서 참가자들은 컴퓨터 화면 앞에 앉게 되는데, 화면은 넷으로 나뉘어 있다. 네 구역에는 무작위로 보이는 숫자 배열이 제멋대로 나타난다. 그들의 과제는 미리 지정된 숫자, 이를테면

6이 나타난 화면을 찾아서 자기들 앞에 놓인 네 개의 버튼 중 하나를 누르는 것이었다. 컴퓨터는 자동으로 참가자가 표적을 찾아내기까지 걸린 시간과 올바른 답을 골랐는지를 기록했다. 잠깐 멈추었다가 다음 문제가 나타나고 참가자들은 다시 6을 찾아낸다. 이런 '문제'가 한참 계속된다. 각 문제 사이에 짧은 단락을 둔 일곱 문제가 한 세트를 이룬다.

예상대로 실험결과는, 사람들은 익숙해지고 연습이 많아질수록 더 빨리 답을 찾아낸다는 것이다. 하지만 그 다음에 비틀기가 나타난다. 실험 참가자들에게는 6이 아무 자리에나 나타나는 것처럼 보이지만 실은 미세한 패턴이 있다. 특히 한 세트의 첫째, 셋째, 넷째, 여섯째 문제에서 표적의 위치를 알아낼 수 있다면 일곱째 문제에서 어느 면에 답이 나날지를 이론적으로 예측할 수 있게 돼있다. 예를 들어 1번 문제에서 6이 왼쪽 위에, 3번에서는 오른쪽 아래, 4번에서 오른쪽 위에, 6번에서는 왼쪽 아래 나타난다면 7번에서는 오른쪽 아래에 나타난다. 당신이 일곱 개 그룹에서 1, 3, 4, 6번 문제의 위치를 기록한다고 치자. 그래도 쓸모 있는 정보를 얻지는 못한다. 물론 참가자들은 이런 희미한 패턴에 대해서는 전혀 모른다. 질문은 이것이다. 그럼에도 그들은 이 패턴을 알아내 이용할 것인가? 만일 그렇다면 일곱 번째 문제에 대한 답변시간이 다른 여섯 문제에 걸린 시간보다 훨씬 짧아지는 것을 통해 알 수 있을 것이다. 이 차이는 연습과 친숙함이라는 일반적인 효과만으로는 설명할 수 없다.

이런 문제를 계속 풀다 보니 일곱 번째 문제에 대한 사람들의 반응은 다른 여섯 개 문제에 대한 반응보다 차츰 빨라졌다. 분명히 사람들은 그 패턴을 알아내 이용하고 있었다. 하지만 르위키가 결과를 보여

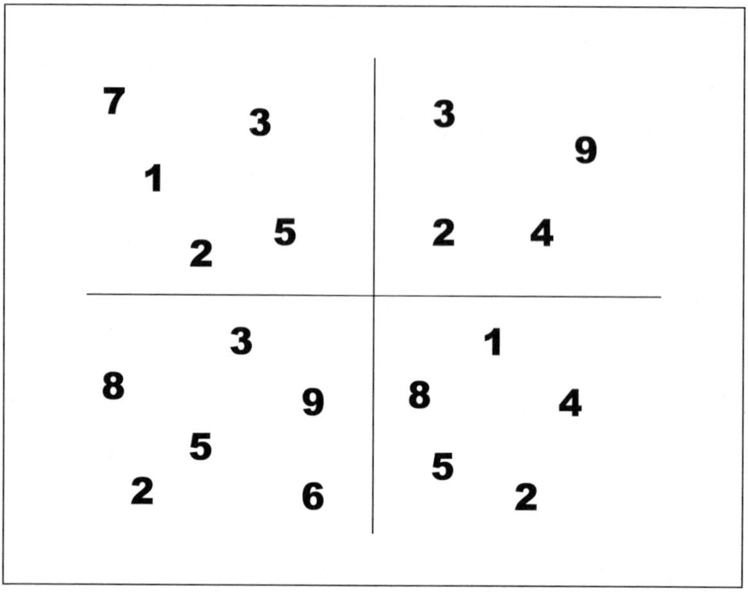

그림 1. "숫자 6은 어디에 있나?" 폴 르위키 실험에 사용된 숫자배열의 예

주자 참가자들은 '일곱 번째 문제' 효과에 깜짝 놀랐다. 그들은 자기가 특별히 여기서만 더 빨라진다는 사실을 알아채지 못했고, 자신이 이용한 정보가 무엇인지에 대한 의식적인 생각도 물론 없었다. 만일 실험을 계속해서 그들에게 일곱 번째 문제를 의식적으로 예측하게 한다 해도, 4분의 1이라는 원래의 기회보다 더 나은 성과를 낼 수는 없을 것이다.

르위키는 참가자들이 상황을 의식적으로 깨닫게 하려고 매우 애썼다. 몇몇 연구의 마지막에 그는 참가자들에게, 그들이 사용한 패턴이 있다는 사실을 알려주고 모든 숫자 배열을 탐구할 시간을 무제한으로 주면서, 만일 누군가가 르위키가 사용한 진짜 패턴과 비슷한 답을 내놓는다면 일정한 상금을 주겠다고 제안했다. 하지만 아무도 그것이 어떤 패턴인지 말하지 못했다. 다음으로 그는 털사대학교 심리학부에서 일하는 동료들을 실험참가자 그룹으로 삼았다. 모두 르위키가 어떤 연구를 하는지 알고 있었고, 누군가 어떻게 된 일인지 알아낼 수 있다면 그들이야말로 그럴 사람이었다. 하지만 그들도 의식적으로 패턴을 찾아내지 못했다. 실제로 그들이 각 그룹의 마지막 문제에서 다르게 반응했다는 사실을 알려주는 데이터를 보여주자, 몇몇은 르위키가 자기들에게 속도를 높이거나 늦추도록 잠재의식 메시지를 사용했다고 확신에 찬 비난을 퍼부었다. 르위키가 잠재의식 메시지를 언급하자 그들은 화면 배열에서 뭔가 '수상쩍은' 것을 분명히 보았노라고 말했다. 하지만 수상쩍은 것은 전혀 없었다. 의식적인 마음만으로 볼 수 있는 것이 있었다면, 그것은 완벽하게 눈에 보이는 패턴이었을 것이다.

"공부하지 말고 익숙해져라"

이런 연구에서 나온 증거는 분명하다. 우리는 신중한 의식적 사유로는 보지 못하고, 유리한 조건 아래서 겨우 알아내어 기억하는 까다로운 정보의 유형을 무의식중에 찾아내 배우고 이용할 수 있다는 것이다. 르위키의 패턴은 1장에서 예로 든 이해할 수 없는 명제들처럼 d-모드에서 다루기에는 너무 복잡했다. 하지만 의식적 이해라는 토끼는 아이디어가 바닥나도, 거북이 마음은 계속 작동했다. 상황에 대해 생각하지 않은 채 단지 상황에 동참하고 반응함으로써 사람들은 쓸모 있는 정보의 복합적인 패턴을 끌어낼 수 있다. 물론 무의식적인 두뇌-마음의 관찰력과 검증능력에는 한계가 있다. 이 세상에는 심층마음으로도 검출하기 어려울 정도로 희미하거나 섬세한 정보, 잠정적으로 소중한 정보가 잔뜩 있을 게 분명하다. 하지만 우리는 무의식적인 힘을 무시해버리고, 희미하고 섬세한 정보를 덧없는 것으로 취급하는 사회의 지식을 문제 삼을 수 있다. 무엇보다 의식적이고 지적인 지성이라는 단 하나의 형식만 지속적으로 우대하는 교육체계를 말이다.

교육을 언급했으니 말인데, 지적인 이해도 숨구멍을 통해 빨아들이는 이런 느린 접근법의 혜택을 매우 자주 입고 있다는 사실을 기억해야 한다. 실제로 어떤 주제에 대해 '두뇌가 이리저리 살펴보게 하는 것'은 정신적으로 분주한 것보다 훨씬 느린 '숙고'와 '궁리' 과정에 기댄 것으로 보인다. 하지만 많은 교육자는 사람들이 d-모드를 통해, 즉 의도적인 학습과 '노력'을 통해 지식의 몸통 전체를 습득할 수 있고, 또 그래야만 한다고 믿는 것 같다. 무의식적 학습연구의 '아버지', 브루클린대학교 아서 리버는 이 분야에 대한 최근의 개관에서, 자기가 처음에 어떻게 이 문제에 관심을 갖게 되었는지를 다음과 같이 썼다.

암묵적 학습이 나에게는 언제나 복잡한 문제를 파악하는 가장 자연스러운 길로 여겨졌기에 나는 그리로 끌려들어 갔다. 수많은 표준적 학습을 특징짓는, 순차적이고도 분명한 투쟁이 편하게 느껴진 적은 한 번도 없었다. ……이런 관점을 지녔으니 나는 특별히 훌륭한 '표준적인' 학생은 아니었다. ……내가 '학습'에서 얻는 가장 큰 만족은 우리가 흔히 '삼투'라고 부르는 것을 통해 이루어졌다. 그러니까 스스로 자료 속에 완전히 잠기는 것, 자주 통제되지 않는 방식으로 거기 빠져들어서 시간을 두고 마법처럼 이해가 나타나도록 하는 일이었다. 그 결과 나타나는 지식의 종류는 그렇게 쉽게

말로 표현되는 것이 아니었다. 그리고 가장 흥미로운 것은, **그 과정 자체가
진짜로 내가 배운 것을 배우려는 노력이 없는 가운데 이루어진 것처럼** 보
였다는 점이다.[13](강조는 필자)

브로드벤트와 베리, 르위키 등의 연구는, 서서히 스며드는 배움이
무엇이고 어떤 가치가 있으며, 작동하는 데 필요한 조건이 무엇인지 분
명히 보여준다. 이런 배움은 시공간 속 다양한 상황에 흩어져 있는 중
요한 패턴과 우연성, 관계를 찾아낸다. 그리고 이런 정보에 느슨하지만
정확한, 비언어적인 방식으로 주목한다. 정당화나 판단 같은 정확한 비
평이나, 언어로 의식적·정신적 파악을 하려는 집착 없이 말이다. 서서
히 스며드는 배움은 "공부하지 말고 익숙해져라"라는 일본 속담의 통
찰에도 들어있다. 이런 배움은 분명하게 분석하거나 정의를 내릴 수 없
는 복잡한 상황에서, 설명을 찾기보다는 실질적인 익숙함을 목표로 삼
는 곳에서 잘 작동한다. 표면적으로 다른 다양한 체험 안에 잠복한 패
턴을 찾아내려면 시간이 필요하다. 우리의 동물조상에게 물려받은 이
런 종류의 기본적 지성은, 방해받지 않는 한 삶을 통해 계속 활동하고
가치를 발휘한다. 그것은 느린 배움의 첫걸음이자 가장 기본적인 방법
이다. 그러나 불행히도 d-모드에 의해 너무 쉽게 무시당하고 가려진다.

3장

너무 이른 표현
: 생각하기가 학습의 길로 들어서는 방식

만일 우리가 그것을 마음으로 가져와 철저히 알아야 한다면, 우리의 가장 단순한 행동, 가장 친숙한 몸짓은 이루어질 수 없을 것이고, 우리의 최소한의 능력은 우리에게 오히려 방해가 될 것이다. 거북이가 공간과 시간에 대해 명상한다면 아킬레스도 거북이를 이길 수 없다.

폴 발레리(프랑스 시인)

10년쯤 전에 나는 교사지망생의 학습을 돕고 있었다. 학교 과학실험실 뒤편에 앉아서 제자 한 명이 광합성 수업을 진행하는 것을 관찰하던 일이 기억난다. 열두 살짜리 학생들이 실습 중이었고, 교생이 실험실 여기저기를 돌아다니며 학생들의 질문에 답을 해주고 있었다. 모든 것이 잘 진행되었다. 그런데 내 앞에 두 여학생이 나란히 앉아 실험을 하다가 꽉 막혀버렸다. 그들은 조용히 이야기를 하고 있었는데, 한 명이 손을 쳐들고는 교생이 자기를 발견하고 도와주기를 끈질기게 기다렸다. 손을 든 소녀는 당시 유행하던 루빅큐브를 갖고 있었다.

한 손을 쳐든 채 이 소녀는 다른 손으로는 큐브를 잡고 이로 면을 돌리고 있었는데, 그러면서도 짝꿍과 계속 이야기를 나누었다. 큐브를 움직이는 데는 최소한의 관심만 기울이는 듯 보였다. 그런데도 보고 있자니 어느 정도 진전이 있었다. 그럴 때마다 소녀는 지난 몇 번의 동작을 되돌리고는 큐브를 또 다르게 움직였다. 나는 그 아이들에게 가서 지금 큐브를 가지고 뭘 하느냐고 물었다. 두 아이는 깜짝 놀라 나를 바라보았다. 특히 큐브를 갖고 있던 소녀는 교사들이 이따금 그러듯이 내가 자기를 야단치는 것으로 여겼기에 더욱 놀랐다. 하지만 또한 자기가 지금까지 무슨 짓을 하는지 알아채지 못하고 있었기 때문이기도 했다. 그 아이는 자기 손에 큐브가 들려있다는 사실에 놀라는 것 같았다.

소녀는 내가 얼굴을 '찌푸리고' 있는지 살펴보고 내가 순수하게 궁금해 한다는 것을 확인하고는, 내 생각에 자기가 할 수 있는 한 최선의 답변을 했다. 아이는 이렇게 말했다. "아무 것도 아닌데. 그냥 장난이에요."

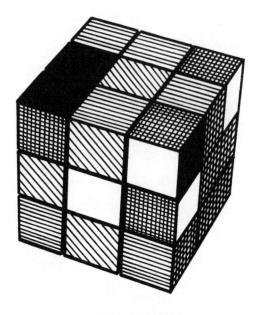

그림 2. 루빅큐브

　나를 비롯한 어른들은 이 '멍청한 큐브' 맞추기를 하다가 실망하거나 화를 내곤 한다. 아이들이, 심지어 아주 '똑똑한' 아이가 아닌데도 손쉽게 큐브를 맞추는 것을 보고 당혹하거나 부당하다고 느낀다.[1] 우리는 어떻게 하면 되는지 이해하지 못하고, 잠깐 그것을 만지작거린 다음 큐브를 꼬마에게 돌려준다. 마치 그걸로 시간을 보내기에는 너무 하찮은 것이라는 듯이 말이다. 그리고 손상된 자존심을 보상할 다른 일을 찾아보려고 한다. 문제는 우리 어른들이 즉각적으로 d-모드로 들어가 그것을 **알아내려** 한다는 것이다. 큐브의 경우 이것은 올바른 모드가 아니다. 그러기에는 너무 복잡하다. 큐브는 르위키 패턴이나 이해할 수 없는 문장처럼 정상적인 정도를 넘어서는 논리력과 기억력을 요구한다. 큐브를 맞출 때 필요한 것은, 되풀이되는 여러 패턴을 보고 그에 따라 적절히 큐브를 움직이는 능력을 천천히 기르는 것이다. 앞서 논의했던 지적이지 않은 관찰과 실험과정을 통해 위트를 날카롭게 다듬는 일이다. 이것은 열두 살짜리 과학자가 '장난'을 통해 잘할 수 있는 종류의 '앎'이다. 그 아이는 이렇게 무심하고도 우연한 학습기술을 아직 잃어버리지 않았다. 게다가 그 결과를 말로 표현할 수 없어도 별로 마음 쓰지 않는 것 같았다. 이미 오래 전부터 d-모드에 중독된 나는 물론 그런 기술을 잃어버렸다.

실용적 지성인 말없는 노하우와 d-모드가 전하는 말로 표현된 이해 사이에는 어떤 관계가 있는가? 교육은 물론이고 다른 분야에서도 의식적인 이해, 즉 말로 표현하고 설명할 수 있는 이해가 이롭다고 널리 인정되고 있다. 어떤 일을 어떻게, 왜 하는가를 이해하는 것이 행동하는 데 도움을 준다는 것이다. 하지만 정말로 그런가? 큐브게임에 대한 어른들의 반응을 보면 이해해보려는 습득된 **요구**가 있는 것 같은데, 이것이 실은 비지성적인 앎의 방식을 이용하는 일을 방해하는지도 모른다. 우리는 그런 방식을 잊었거나 더는 '믿지' 않는다. 이 생각이 근거가 있다는 훌륭한 증거가 있다.

'멍청한 큐브' 효과는 브로드벤트와 베리의 연구에서 드러났다. 공장 생산량을 통제하는 직관적인 능력이 자기가 무엇을 하는지 설명하는 능력보다 훨씬 먼저 발전했다는 것뿐만이 아니다. 능력에 대한 **자신감**은 실용적인 노하우보다는 표현된 지식에 좌우되는 경향을 보였다. 사람들은 자기가 하는 일을 설명하지 못하면, 자신이 그 일을 얼마나 잘하는지를 아주 심각하게 평가절하 했다. 실제로는 아주 잘하고 있는

데도 그냥 자기가 추측하는 것뿐이라 느끼고는 다른 사람에게 바보처럼 보일까봐 두려워서, 만약 선택권이 있다면 차라리 게임을 그만두고 싶어 했다. 그런데도 과제를 계속하는 이유는 중간에 그만두면 더 바보처럼 보일까봐서 였다. 실험 참가자들은 d-모드를 자신이 얼마나 많이 아는지에 대한 표시기(indicator)로 여기도록 배워온 것이다. 그래서 적어도 처음에는 (아직) 의식적인 설명으로 정리되지 못한 매우 효율적인 지식을 믿지 못했다.

모든 사람은 이론가 아니면 실천가다

두 종류의 앎, 즉 말없는 앎과 말로 표현된 앎 사이에 긍정적인 연결이 있다는 상상을 해볼 수 있을 것이다. 사람들이 자기가 하는 일에 대해 의식적인 통제력을 갖는다는 느낌이, 그들이 실제로 그 일을 얼마나 잘 수행하는가와 연관되어 있다고 말이다. 비행기 조종사와 의과대학 학부생 들은 수행능력시험과 함께 필기시험도 치른다. 우리는 대개 이 시험에서 중요한 무언가를 평가할 거라고 생각한다. 그러나 불행히도 항상 그렇지만은 않다. 브로드벤트와 베리 유형의 몇몇 조사에 따르면, 사람들이 결정을 내리는 데 근거가 된다고 여기는 규칙을 말로 설명하는 능력은, 그들의 실제 수행능력과 **부정적으로** 연관되어 있다.[2] 상황을 더 잘 통제하는 사람은 자기가 하는 일에 대한 설명을 더 못했다. 또한 어떤 상황에서는 자기가 하는 일에 대해 잘 안다고 생각할수록 실제로는 일을 더 못하고 있었다. 결국 사람은 이론가 아니면 실천가, 둘 중 하나에 속하며, 언제나 그 두 가지를 같은 정도로 잘할 수 있는 것은 아니다.

전문기술과 설명 사이의 이런 엇갈림이 가장 강하게 나타나는 경우는 새롭고 복잡하고 어느 정도 반ₓ직관적인 상황이었다. 즉 발견해야 할 타당한 패턴이 '상식', 다시 말해 d-모드가 기반으로 삼는 '합리적 추정'과 차이가 있을 때였다.[3] 비교적 소수 인자들이 예측 가능한 방식으로 상호작용하는 상황, 또 이런 상호작용이 '설득력을 갖거나 분명한' 것과 잘 어울릴 때는 d-모드가 일을 잘한다. 이 경우에 무슨 일이 벌어지는지 알면 오래 질질 끌며 '만지작거리던' 일을 성공적으로 짧게 줄일 수가 있다. 하지만 이런 조건이 들어맞지 않을 때 d-모드는 방해가 된다. d-모드는 그 일에 적절한 도구가 아닌 것이다. d-모드를 계속 잘못 사용하면, 그러니까 기대치가 분명히 잘못되었는데도 기대에 상황을 억지로 끼워 맞추면서 d-모드로 일을 계속하면, 그 일을 성공적으로 마치기는커녕 오히려 문제해결을 가로막을 뿐이다.

런던대학교 피터 웨이슨의 고전적인 실험을 보자. 그는 학부생들에게 2, 4, 6이라는 숫자를 보여주면서 이 숫자들이 자기가 마음속에 품고 있는 규칙에 잘 맞는다고 말한다.[4] 학생들이 할 일은 또 다른 숫자 세 개를 만들어내는 것이다. 이에 대해 웨이슨이 그 숫자들이 규칙에 들어맞는지 여부를 말해주면, 학생들은 또다시 숫자 세 개를 만든다. 이 과정을 계속하다가 마침내 학생들이 규칙을 알아냈다고 생각하면 이를 말하는 것이다. 흔히 다음과 같은 대화가 오간다.

학생: 3, 5, 7?

교수: 맞아.

학생: 10, 12, 14?

교수: 맞아.

학생: 97, 99, 101?

교수: 맞아.

학생: 알았다. 규칙은 숫자 n, n+2, n+4입니다.

교수: 아니, 틀려.

학생: (매우 당황하며) 어? 하지만 분명히 이건데!

문제는 학생들이 처음부터 규칙이 분명하다고 생각했다는 데 있다. 그들은 자신이 이미 안다고 생각하는 것을 확인하려는 의도만으로 숫자를 만들어냈다. 그들의 추정이 맞는다면, 그들이 문제를 공략한 방식은 논리적이고 경제적이었을 것이다. 하지만 그들이 옳다고 여긴 것이 여기 없다면, 이런 방식의 문제풀이는 불쾌한 충격을 겪게 된다. 웨이슨의 규칙은 실은 매우 광범위해서, '어떤 숫자라도 커지기만 하면 된다'라는 것이었다. 그러니까 '2, 4, 128'이 훨씬 더 유용한 결합이었을 것이다. 물론 규칙을 안다고 여기는 사람에게는 '바보처럼' 보이겠지만 말이다.

이렇듯 당혹스러운 일을 겪으면 d-모드는 종종 더욱 더 열심히 시도하는 것으로 상황에 대응한다. 바보같은 추측이 흥미로운 정보를 가져다줄 수도 있는 가벼운 놀이 모드로 뛰어드는 대신, 더 괴이쩍은 해결책을 궁리하기 시작한다. 학생들은 대략 다음과 같이 생각한다. "아하, 어쩌면 규칙은 가운데 오는 숫자가 처음과 세 번째 숫자 사이의 중간이어야 하나보다. 그렇다면 2, 5, 8과 이어서 10, 15, 20으로 해보자." 웨이슨이 이 숫자들이 규칙에 맞는다고 대답하면 그들은 안도의 한숨을 쉬

지만, 자신이 방금 깨달은 규칙을 말했다가 아니라는 답을 들으면 다
시 쩔쩔 매게 된다. 심지어는 더욱 기발한 발상으로 원래의 가설로 되
돌아가, 분명 답이 아니라는 말을 들었는데도 그것을 재음미할지 모른
다. "좋아, 만일 n, n+2, n+4가 아니라면 어떤 숫자를 취하고, 거기에 4
를 더한 것이 세 번째 숫자가 된다. 그런 다음 첫 번째 숫자와 세 번째
숫자를 더한 값을 둘로 나누면 중간 숫자가 나오는 거네." 물론 이것도
정답이 아니다. 잘못된 계산을 분명히 표현함으로써 사람들은, 원하는
지식에 도달하기 위해 단순한 시행착오의 능력, 그냥 '장난질'해보는
능력을 이용하기보다는 처음의 잘못된 지도를 계속 과제풀이에 이용한
다. **시스템이 실제로 어떻게 작동하는지 관찰하는 쪽에서, 행동의 기반
으로 삼기 위해 무슨 일인지 알아내려 애쓰고 이런 억지 설명을 이용하
는 쪽으로** 관심이 바뀐 것이다.

브로드벤트와 베리의 과제에 쓸모 있을지 모르는 힌트나 제안의 형
태로 몇 가지 가르침을 준다면 어떻게 될까? 이런 가르침이 학습자에게
'먼저 출발하는' 이점을 줄까, 오히려 방해가 될까? 전통적인 교육은 전
자를 강력하게 지지할 것이다. 하지만 연구결과는 또 한 번 일이 그렇
게 단순하지만은 않다는 사실을 알려준다. 의식적인 정보가 항상 유용
한 것은 아니다. 특히 그런 정보가 일찌감치 학습과정을 향하거나, 상황
의 특성으로 직접 주의력을 이끌어가는 것이라면 더 그렇다. 따로 떼어
놓고 보면 올바를 수 있지만 실제로 그 상황이 작동하는 방식과는 그다
지 직접적인 연관이 없거나, 다른 특성과 예상치 못한 방식으로 상호작
용 할 경우에 말이다.

예를 들어 공장을 과제로 삼을 때 내가 당신에게 **노동자의 나이**에

주목해 보라는 힌트를 주면, 이 정보가 오히려 헛된 시도를 하게 만들지도 모른다. 이 가상의 공장에서는 일을 너무 빨리 하거나 너무 느리게 하지 않는 것이 중요한데, 이런 작업속도가 나이와 상관이 있다면, 그러니까 30대와 40대가 (너무 빠른) 20대나 (너무 느린) 50대보다 이 속도에 더 잘 맞는 경우라면 그렇다. 이런 상관관계는 아마 절대로 당신의 마음에 떠오르지 않을 것이고, 내가 준 힌트는 당신이 불운한 시도를 하게 만들 것이다. 그러니까 당신은 이번에도 나이가 어떻게 중요한지 이해하느라 실제로 일어나는 일을 있는 그대로 바라보지 못한다. 사람들은 자신이 얻은 정보가 쓸모 있을 거라고, 그래서 그걸 이용하는게 최선이 아닌 경우에도 반드시 이용해야 한다고 추정하는 경향이 있다. 그렇게 함으로써 그들은 무의식적인 두뇌-마음의 효능을 좌우하는 풍부한 지각자료를 효과적으로 없애는 것인지도 모른다. 어떤 가르침이 실용적으로 유리하게 작용**할 수 있는** 시점은 훨씬 뒤다. 배우는 사람이 직접경험의 견고한 실체를 만들어낼 충분한 시간을 갖고 난 다음, 말로 된 정보를 그것과 연관시킬 수 있을 때다.

체육 코치와 음악선생, 직업적 기술훈련 트레이너 들은 전문가를 양성할 때 가르침이나 충고가 얼마나 어려운 일인지 잘 알고 있다. 이 분야에서 배움을 전달하는 핵심수단은 지식이 아니라 관찰과 연습이다. 힌트나 요령, 설명 같은 가르침은 배우는 사람이 숙달되는 과정 속에 천천히 녹아들어야 한다. 지도를 받는 사람은 자기 경험에 비춰 가르침을 이해하고 실천하면서 기술을 흡수해야 하는데, 그런 일은 시간이 걸린다. 이런 기술을 가르치는 일은 앞서 든 예를 이용하자면 마요네즈를 만드는 일과 비슷하다. 충고를 기름처럼 매우 조심스럽게 떨어뜨려야 한다. 너무 서둘렀다가는 마음이 쪼개지고 개념적 지식이 실천적인 지식에서 분리되어, 기술을 실천하는 사람이 아니라 이론가를 키우게 된다.

이런 결과를 통해, 서서히 스며드는 배움이 어울리는 상황에서는 의식적으로 의미를 알아내려는 노력을 포기할 경우 더 잘 배울 것이라는 추론이 나온다. 당신이 d-모드를 포기했다면 d-모드는 방해가 되지 않는다. 미들섹스대학교 마크 콜슨의 최근 실험이 이를 증명한다.[5] 그는 '공장'임무에서 두 변수를 이용했다. 하나는 실험참가자들의 반응과 시스템 작동 사이의 관계가 '논리적'인 것이고, 다른 것은 그렇지 않았다. 두 번째 '비논리적' 실험에서는 시스템이 현재 문항이 아니라 한두 문항 이전 문제에 대한 참가자의 답변에 반응하도록 프로그램 되었다. 이것은 대체로 직관적 의미를 만들어내지 않는 관계였다(이 실험은 술래가 예/아니오 답이 나오는 질문을 해서 다른 사람들이 모두 동의한 '꿈'의 본성을 알아내는 파티 게임과 비슷하다. 사람들은 술래 몰래 질문이 자음/모음으로 끝나면 예/아니오 답을 내놓기로 합의했다. 재미있는 사실은, 그런데도 이 규칙이 '꿈'에 대한 몇 가지 상당히 기묘한 정보를 내놓기 시작한다는 것이다. 술래가 이 정보의 합리적 의미를 파악하려 할수록 '꿈'은 낯설게 되지만, 그런 시도를 덜할수록 '트릭'을 찾아낼 가능성이 높아진다).

비슷한 연구들이 논리적 임무에는 d-모드 접근법이 어울리지만 비논리적 임무는 그렇지 않다는 것을 보여주었다. 위의 꿈 게임처럼 비논리적 임무에서는 질문과 답변 사이의 상관관계가 분명치 않아서, 의미 있는 생각의 선을 따라가며 지금 벌어지는 일에 대해 합리적인 가설을 세우려고 할수록 상관관계를 밝혀내기가 어렵다. 효과적인 유일한 전략은, 가능한 한 전제를 줄이고 무슨 일이 벌어지는지 그저 관찰하는 것이다. 그러므로 참가자가 시작하기 전에 d-모드를 포기하기로 마음먹을 경우에 비논리적 임무를 더 잘 수행하게 된다. 반대로 논리적 임무에서 d-모드를 버렸다가는 성적이 떨어진다.

콜슨의 연구에서 참가자들은 '논리적' 임무나 '비논리적' 임무의 어느 한편에만 참가했다. 그들의 과제는 이전처럼 몇 세트의 문항을 거쳐 생산과정을 통제하는 법을 배우는 것이었다. 하지만 각 임무에서 참가자 절반이 사전'연습'을 했고, 여기서 컴퓨터의 반응이 **완전히 제멋대로** 나왔다. 콜슨의 설명으로는, 이것은 d-모드에 대한 실험 참가자들의 신뢰를 약화시키는 체험이었다. 똑똑한 생각을 총동원해도 존재하지 않는 패턴을 찾아낼 수는 없었다. 전체적으로 참가자들은 논리적 임무보다 비논리적 임무를 배우는 데 시간이 더 걸렸지만, '멋대로'의 경험을 먼저 한 그룹은 그렇지 않은 사람들보다 비논리적 임무를 더 빨리 배웠다. 그러나 한편으로 '멋대로'의 경험을 한 사람들은 논리적 임무에서 학습속도가 더 느렸다. 콜슨은 이 결과를 멋대로 나타나는 임무를 먼저 겪어본 경험이 혼란을 가져와서, 중심과제가 나타나자 참가자들은 d-모드를 버리고 서서히 스며드는 배움이라는 접근법을 향했다고 보았다. 만약 중심과제가 정말로 비논리적인 것이라면 이런 태도는 당신에게 유리하다. 스며드는 배움이 지성의 방해를 받지 않는 것이다. 하지만 중심과제가 이해를 요구하는 것이라면 d-모드를 버린 사람에게 불리해진다. 토끼를 믿느냐 거북이를 믿느냐는 주로 상황의 특성에 달렸다. 상황이 복잡하고 낯설거나 예상 밖의 반응이 나타난다면 거북이 마음이 더 낫다. 하지만 말끔하게 논리적인 퍼즐이라면 토끼 두뇌를 먼저 시험해보라.

실제로 d-모드가 올바른 도구인 경우가 많고, 그런 상황에서는 토끼가 반드시 이긴다. 당신이 8×8 칸으로 나뉜 일반적인 장기판을 갖고 있다고 치자. 그리고 대각선 양쪽 구석에 놓인 두 개 칸을 지워 없앴다고 치자(총 62칸이 남는다. 66쪽 그림 3을 보라). 당신은 이 장기판 위의 네모 칸 두 개씩을 덮는 도미노 모양의 판지 서른한 개를 만든다. 이렇게 변형된 장기판과 서른한 장의 카드를 주면서, 서른한 장의 카드를 자르거나 구부리거나 겹치지 않고 장기판의 예순두 개 칸을 모두 메울 수 있느냐고 내게 묻는다. 그럼 나는 어떻게 하나?

내 맨 처음 생각은, 물론 그럴 수 있다는 것이다. 서른한 개의 도미노카드가 제각기 두 칸을 덮는다. 31×2=62. 끝. 하지만 수수께끼 같은 당신의 얼굴은 문제가 그리 간단치 않다고 말한다. 그렇다면 다음에 내가 하는 일은 도미노카드를 판 위에 늘어놓는 것이다……. 하지만 할 때마다 장기판 반대편에 한 칸이 남는 것을 보게 된다. 분명 모조리 덮을 수 있다고 마음 깊이 확신하고 있기에 나는 희망에 차서 도미노카드를 다시 늘어놓는다. 하지만 결국 나는 해결책을 찾을 수 없다고 고백하지 않으면 안 된다. 엄청난 시간과 감정적 에너지를 투자한 다음에 말이다.

그런 다음 당신이 장기판 **색**을 생각해보라고 말한다. 특히 잘려나간 칸의 색을 보라고 말이다. 나는 이 문제에서 색깔은 중요하지 않다고 암묵적으로 결정했고, 그래서 그 방향으로는 생각하지 않았던 탓에 당신이 무슨 말을 하는지 어리둥절하다. 그런 다음에야 양쪽 구석 칸이 같은 색이 될 수밖에 없다는 것, 둘 다 검정이든지 흰색이 될 수밖에 없다는 사실을 깨닫는다. 흰 칸 두 개를 지웠다면 흰 칸이 서른 개, 검은

칸이 서른두 개가 남는다. 즉 다른 숫자가 된다. 하지만 도미노카드는 모두 두 개의 연이은 칸, 곧 검정 칸과 흰 칸으로 되어 있다. 그러므로 이 수수께끼를 풀려면 칸 수가 아니라, 정확한 수의 검정과 흰색이 필요했던 것이다. 이건 분명히 풀 수 없는 과제였다(장기판이 2x2로 되어 있다면 답은 아주 간단하다). 처음부터 곧바로 생각하기 시작했더라면 나는 시간과 에너지를 절약할 수 있었을 것이다.

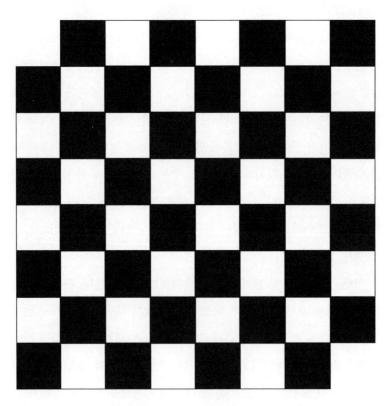

그림 3. 일부를 잘라낸 장기판

'슬픈 눈' '비열한 입'의 무능력

폴 르위키와 동료들은 노하우와 지식이 미묘하게 다른 양상을 연구했다. 두 가지가 자동으로 함께 변하는가, 아니면 어느 한쪽에 영향을 주는 배움이 다른 쪽에는 변화를 주지 않는가, 하는 것이었다. 연구자들은 우리가 어린 시절부터 발전시켜 왔기에 상당히 전문가라고 할 수 있는 특정한 패턴에 초점을 맞추었다. 즉 사람의 겉모습을 보고 그들의 반응을 예측하는 패턴이다. 가장 분명한 것은 우리가 사람의 얼굴을 보고 그들의 기분과 개성을 파악한다는 것이다. 이런 지식의 상당수가 말로 표현되지 않은 것이지만, 우리는 대인관계의 경험법칙에 대한 의식적인 깨달음을 발전시켜 이를 이용하곤 한다. 예를 들어 안경잡이는 학구파일 가능성이 크다는 식이다. 눈을 맞추지 않는 사람은 수줍음을 타거나 정직하지 않다. 눈동자가 큰 사람은 작은 사람보다 마음이 따뜻하고 친절하다. 걱정이 될 정도로 고개를 축 늘어뜨리고 있는 사람은 아마도 케임브리지대학교 교수는 아닐 것이다. 누구나 색다른 진단 세트를 갖고 있다. 우리는 '슬픈 눈' '비열한 입' '사업가다운 콧수염' 따위를 알아볼 수 있다고 생각한다.

르위키는 먼저 실험 참가자들에게서 개인적인 연상을 가능한 한 많이 이끌어냈다. 그런 다음 그들에게 낯선 사람의 사진을 연속으로 보여주면서, 각 사진 속 인물의 특성이 어떨지 예측하도록 했다. 사진이 지나간 다음 참가자들은 매번 자신의 예측이 얼마나 정확했는지 '피드백'을 받았다. 실험 참가자들은 몰랐지만 르위키는 얼굴 생김새의 미묘한 결합 몇 가지를 바탕으로 사진에 나오는 각 인물의 특성을 정해둠으로써 다시 '속임수를' 썼다. 2장에서 설명한 실험에서도 그랬듯이, 참가자들은 차츰 분명히 더 나은 예측을 했다. 얼굴 생김새와 그에 따른 특성 사이의 연결성에 대해 의식적인 지식이 전혀 없는데도 그랬다.

하지만 여기에도 비틀기가 있다. 르위키는 사진 속 인물의 특성을 조작해서 각각의 참가자에게 얼굴과 특성 사이의 연결 일부가 그들이 일상생활에서 흔히 이용한다고 고백한 내용과 정반대가 되게 만들었다. 그런 탓에 실험 패턴을 익히기 위해서 그들은 평소에 갖고 있던 생각에 맞서야 했다. 이것이 어떤 효과가 있을까? 참가자들이 실험 패턴을 익히는 속도에 영향을 줄 것인가, 아니면 미리 갖고 있던 경험법칙의 강도強度에 영향을 줄 것인가? 이렇게 어울리지 않는 짝짓기가 새로운 학습의 속도를 늦출 것인가, 아니면 의식적으로 알고 있던 것에 어떤 변화를 만들어낼 것인가? 사람들의 자기 확신이 그들이 실제 현실을 대하는 방식을 정확하게 반영한다는 상식적인 추측을 하고 있다면, 당신은 아마 그렇다고 생각할 것이다.

르위키의 발견은 다음과 같다. 참가자들이 미리 가지고 있던 의식적인 믿음은 a) 경험을 통해 정반대의 연상聯想을 익히는 속도나 능률에 전혀 영향을 주지 않았다. b) 그런 믿음은 여기서 얻은 무의식적 학습에 아무런 영향도 받지 않았다. 심층마음은 의식이 모르는 지식을 습득하고, 스스로는 변하지 않은 채 그 지식을 이용하여 행동방식에 영향을 준다. 결과적으로 사람들이 자기 자신에 대해 안다고 여기는 것과, 무의식적으로 그들의 지각과 반응을 이끌어가는 정보 사이에 분열이 나타난다. 그들이 **지지하는** 관점과 실제 행동으로 **옮기는** 관점이 늘 들어맞지 않는 것이다.

이 작은 실험은 우리 모두 잘 알면서도 흔히 그냥 무시해버리는 '분열된 인격' 현상을 잘 보여준다. 즉, 우리 마음에는 제2의 작동 센터가 있으며, 이것은 의식의 '본부'가 흔히 말하는 것과 아무런 말썽도 빚지 않은 채 제 길을 갈 수 있다. 그리고 의식은 그것의 존재를 알아채지 못한다는 간단한 방책으로 이런 모순에 전혀 흔들리지 않고 남아있을 수 있다. 이 실험에 대한 개관 말미에서 폴 르위키는 다음과 같이 결론 내린다. "우리의 비非의식적 정보처리 시스템은 전반적으로, 의식적으로 통제된 방식으로 생각하거나 의미를 확인하는 우리의 능력보다 더 빠르고 '더 똑똑한' 것으로 보인다. (마음의) '실질적 작업' 대부분은 우리의 의식이 접근할 길이 없는 층위에서 이루어진다." 인지과학이라는 고집스러운 세계에서 보면 이것은 대단히 뛰어난 결론이다. 물론 조심스럽게 통제된 실험결과가 보여주는 내용이지만 말이다.

지금까지 살펴본 연구들이 보여주는 것은, 말로 표현되어야 한다는 충동이 학습에 나타날 경우 그것은 축복이자 저주라는 사실이다. 같은 말을 할 수 있는 삶의 다른 영역도 있다. 예를 들어 이미 배운 기술을 실행하는 일은 어떤가? 자기가 가진 전문기술을 말로 표현할 수 있느냐 없느냐는 정말로 어떤 차이를 만들어낼까? 「지식, 신경, 노하우」라는 논문에서 요크대학교 R. S. 매스터스는, 자기가 무슨 일을 하고 있는지 명확하게 말할 수 있는 사람이 압력을 받으면 직관적인 기술만 가진 사람보다 더 많이 무너질 수 있다는 사실을 보여주었다.[7] 그는 골프를 배우는 사람들을 연구했는데, 특히 퍼팅 기술에 중점을 두었다. 한 그룹은 퍼팅 방법을 '말로' 배웠다. 그들에게 매우 상세한 가르침을 주고, 가능한 한 정확히 그대로 따라하라고 요구했다. 다른 그룹 사람들은 아무 가르침 없이 그저 연습만 했고, 심지어는 연습할 때 퍼팅에 대해 생각하지 말라는 과제까지 받았다. 연습을 마친 다음 두 그룹의 사람들은 전에 만난 적이 없는 '골프 전문가'에게 퍼팅 능력을 평가받았다. 그들이 얼마나 잘 하느냐에 따라 상금과 벌금까지 주어졌다. '전문가'와 돈은 이 테스트에 스트레스를 덧붙이기 위해 고안된 것이었다.

매스터스는 직관적으로 배운 사람들의 퍼팅 능력이 말로 가르침을 받은 사람들보다 훨씬 낮다는 사실을 발견했다. 그에 따르면, 압력을 받는 상황에서 능력이 무너지는 것, 운동선수들 사이에서 '숨막힘' 또는 '불안증'이라고 불리는 것은, 가르침을 따른 사람들이 d-모드로 들어가서 단순히 퍼팅을 하기보다는 자기가 배운 가르침을 기억해 따르려고 노력하는 탓이었다. 직관적으로 배운 사람들은 기댈 만한 분명한 지식이 없으니 그렇게 할 수 없었다. 그들은 그냥 평소처럼 해야만 했고, 바로 이것이 그들에게 오히려 더 유리하게 작용했다. 당신이 무슨 일을 하고 있는지 생각하는 것은, 매끈하게 진행되는 실천과정에 방해가 되는 일종의 분석적인 자기의식을 불러들일 수 있다. 이것은 지네에게 어떤 발을 먼저 움직이느냐고 묻자, 지네가 그만 그 자리에 얼어붙었다는 유명한 이야기를 생각나게 하는 효과다.

이미 살펴보았듯이 노하우는 말로 된 지식과는 다른 방식으로 습득된다. 게다가 그것은 말로 된 지식과는 다른 방식으로 '포맷'되고 다른 종류의 목적에 쓰인다. 예를 들어 우리가 학교에서 배운 유클리드 기하학은 이상화된 형태를 서술하는 데 극히 정교하고 강력한 도구다. 평면위에 직선과 수학적인 곡선을 이용해 그린 여러 형태와 구체, 육면체, 원뿔 같은 3차원 물체들 말이다. 이 비밀스러운 우주에서는 온갖 종류

의 이상하고 아름다운 특성이 나타나고, 정확한 계산이 이루어질 수 있
다. 예를 들어 원과 평행사변형의 면적은 몇몇 공식의 도움으로 정밀하
게 계산된다. 하지만 방정식으로 서술되지 않는, 그렇게 **말끔하지 않은**
모양의 영역에 대해 물으면 기하학은 즉시 힘과 정밀함을 잃는다. 울퉁
불퉁한 현실세계는 너무 기묘하고 다루기 힘들기 때문에, 계산에 앞서
먼저 기하학의 공리가 요구하는 방식으로 정리할 필요가 있다. 유클리
드 기하학으로 프랑스의 면적을 계산하려면, 우리는 아마도 고르지 않
은 육각형으로 영토를 취급하든지, 그 위에 작은 사각형들로 된 격자를
겹쳐놓아야 할 것이다. **선험적인** 형태와 범주로 바꾸지 않는다면 우리
의 강력한 일반화 방식을 적용할 수 없다.

　반대로 정극 플래니미터라는 간단한 기구를 생각해보자. 정극 플래
니미터는 1854년 독일의 기계공 야콥 암슬러가 고안한 것으로,[8] 막대
두 개를 숫자 4 모양이 되도록 느슨하게 연결한 것이다. 세로막대 끝은
테이블에 고정시킨다. 가로막대 왼쪽 끝에는 작은 바퀴가 붙어있는데,
이 바퀴는 돌아가거나 옆으로 밀면 미끄러진다. 가로막대의 오른쪽 끝
에는 책상 위에 닿도록 바늘이 붙어있다. 이 간단한 도구의 교묘한 특
성은, 당신이 이 바늘을 잡고 어떤 형태든 상관없이 윤곽을 따라 그리
면 그 형태의 전체 영역에 비례하여 바퀴가 돌아간다는 점이다. 당신이
할 일이라고는 형태를 따라 그려서 바퀴의 눈금을 잘 아는 영역으로,
이를테면 5제곱센티미터로 계산하는 일이다. 그렇게 해서 당신은 이 정
극 플래니미터를 이용해 어떤 모양이든 상관없이 모든 지역, 모든 형태
를 측정할 수 있다.

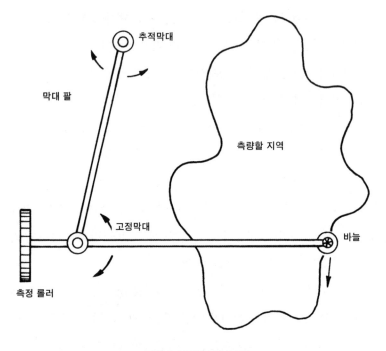

그림 4. 정극 플래니미터

d-모드가 만들어내는 지식, d-모드가 기반으로 삼는 지식은 유클리드 기하학과 비슷하다. 그것은 보편적이고 추상적이고 강력하다. 그것을 특수한 경우에 적용하려면 실제 현실보다 세상을 더 매끈하게 정리해야 할 때가 많다. 반면 플래니미터는 '노하우'에 해당한다. 그것은 진기한 현실에 영리하게 올라타고 '재주'를 부려서 기하학에서는 당혹스러울 정도로 어려운 것을 쉽고 간결하게 해결해버린다. 기하학은 플래니미터가 하지 못하는 많은 일을 할 수 있지만, 일정한 크기 안에서 불규칙한 지형을 측정하는 일에서는 플래니미터가 훨씬 더 정교하고 능

률적이다. 어떻게 그렇게 되는지는 나도, 암슬러도 설명할 수 없지만, 그것이 제대로 작동하는 한 설명이 부족하다는 것은 별 상관이 없다. 이탈리아 화가 지오토는 맨손으로 원을 그릴 수 있었는데, 그런 원을 카드(cards)라고 부르곤 했다. 그가 원에 대한 대수공식을 알았을지, 원 둘레 계산법을 알았을지 의문이다. 하지만 기하학 과정이 그의 기술을 더 발전시켰을 것 같지는 않고 오히려 방해가 되었을 것같다.

노하우와 지식의 서로 다른 본성

노하우는 전반적으로 영리하고 기회주의적인 특성을 갖는다. 마음의 노하우 영역은 의회도서관보다는 자주 사용하는 부엌처럼 정돈된다. 편리성이 계속 논리를 밀어낸다. 나는 누구라도 내 부엌에 들어와서 제1원칙을 통해 토바스코소스가 어디 있는지 즉각 알아내도록 합리적으로 부엌을 만들지 않는다. 만일 부엌을 그렇게 논리적으로 배치한다면 내가 하고 싶고, 또 자주 하는 요리를 하기가 편치 않을 것이다. 그러니까 앞에서 말했듯이 노하우는 지식과는 다른 방식으로 포맷되어 있고, 따라서 논리적 이해보다는 서서히 스며드는 방식을 통해 더 잘하게된다. 추상적 개념보다는 전문적 기술이라는 특수영역에서 잘 드러난다. 제1원칙보다는 뜻밖의 발견을 이용한다. 체계적이라기보다 특이한 방식으로 조직된다. 그러므로 노하우를 이용하고 만들어내는 앎의 방식의 시간적인 특성이 d-모드와 전혀 다르다는 것은 놀랍지 않다.

서구문화가 d-모드에 지나치게 의존하는 것은 지식과 노하우 사이의 이런 근본적 차이를 제대로 이해하지 못한 탓에 생겨난 일이다. 원래는 단지 학문상의 오류에 지나지 않던 것을 사회 전체가 만들어내는 경향을 보인다. 프랑스 사회학자 피에르 부르디외가 **학자의 오류**(scholastic fallacy)라고 부르는 종류의 것이다. "이런 오류는 ……삶에서 행동하고 실천하는 당사자들이, 생각할 여유가 있는 누군가가 생각하고 알고 바라보는 방식에 따라 삶에서 생각하고 알고 바라본다고 여기게 만든다."[9] 지식과 노하우가 서로 비슷하다고 추정함으로써 우리는 노하우가 지식을 통해 얻을 수 있다고, 또는 습득되어야 한다고 생각하고, 지식을 한 번 얻으면 저절로 노하우로 바뀐다고 생각하게 되었다. 관리자를 5일짜리 단기 '리더십 코스'에 파견하고는, 다음 월요일에 출근하면 즉시 전체를 지휘할 수 있을 거라고 믿는 식이다. 비즈니스 세계나 그 밖의 다른 영역에서 단기 코스에 실망하고 비웃는 일이 만연하는 까닭은 참가자의 열성이 부족해서도, 강사의 기술이 부족해서도 아니다. 그것은 우리가 배움과 앎의 본성을 깊이 혼동하고 있다는 사실을 보여준다.

이런 혼동이 우리에게 '책에서 배우기'와 학교교육(및 훈련)을 모든 배움의 적합한 수단으로 여기도록 부추겼다. 어른들은 새 컴퓨터를 사면 심각하게 매뉴얼을 탐구하면서, 컴퓨터의 작동방식과 뭘 해야 하는지 알아내기 전까지 전원을 연결하는 걸 두려워한다. 하지만 그 사이에 아이들은 '그냥 만지작거림'으로써 가장 복잡한 단계까지도 어떻게 다루는지 다 알아낸다. 옛날 예비 산파들은 경험이 풍부한 스승을 보조하면서 수백 번의 출산을 경험했다. 오늘날에는 학위를 따야 한다. 심지어는 남녀 커플이 아이를 갖기 전에 '부모 되기 기술'이라는 일련의 세미나에 참석해야 한다고 주장하는 사람도 있다. 비극은 오늘날에는 이렇게 하는 것이 어느 정도 의미가 있어 보인다는 점이다. 지성이 우리가 가진 유일한 모드, 또는 우리에게 필요한 유일한 모드라는 신념이 다른 방식의 앎의 길을 효과적으로 차단해왔다면, 이런 신념은 현실이 된다. d-모드는 그것이 실제 직업현장에서 얼마나 제한적이고 부실하든 상관없이 학습에 이르는 유일한 길을 제공하게 된 것이다.

1996년 학습태도에 대해 실시한 모리(MORI, Market and Opinion Research International) 여론조사에 따르면 세 사람 중 두 명이 '책에서 배우기를 선호'하고, 나머지 19퍼센트는 CD-롬과 컴퓨터로 배우기를 좋아한다. 그러니까 어느 누구도 그냥 만지작거림으로써 서서히 스며드는, 아니면 그냥 바라보고 배우기를 좋아한다고 말하지 않았다. 배움은 이제 특별한 장소에서 특별한 장비를 가지고 전문가의 가르침을 받아 신중하고 의식적인 지성을 사용해 행하는 일이 된 것이다. 다른 어떤 가능성도 만족을 줄 수 없어 보인다. 어떤 복잡성에 부딪힐 때 서서히 스며드는 배움이 d-모드보다 더 똑똑한 선택이라면, 이런 현실은 어쨌든 딱한 일이다.

하지만 서서히 스며드는 배움도 d-모드처럼 한계를 갖는다. 조금만 논리적으로 생각해도 시간을 줄일 수 있는 일을, 오래 끄는 시행착오의 과정으로 데려갈 수 있다는 것뿐만이 아니다. 서서히 스며드는 배움은 아예 말로 소통하지 못하거나 아주 거칠게만 소통한다. 이것은 결정적으로 불리한 조건이다. 내가 열두 살짜리 사촌과 처음 스케이트를 타러 갔을 때다. 나는 스케이트를 신은 채 불안하게 앞뒤로 미끄러지는 두 발로 링크 가장자리에 서 있었다. 내 주변에서 십여 명의 사람들이 하는 일을 나는 할 수가 없었다. 나는 자존심을 꾹 누르고 사촌에게 어떻게 하는 거냐고 물었다. 사촌이 대답했다. "쉬워. 잘 봐." 그러고는 잽싸게 얼음판으로 달려 나갔다. 사촌이 돌아왔을 때 나는 신경질이 나기 시작했다. "네가 할 수 있다는 건 알아. 하지만 어떻게 하는 거냐고." "쉬워. 잘 봐." 그런 다음 사촌은 다시 달려 나갔다.

사촌의 노하우는 전혀 말로 된 것이 아니었던 만큼, 그 애는 쓸모 있는 요령을 설명해줄 수 없었다. 기술을 익히려면 기술에 대해 지나치게 많이 생각하지 않는 것이 최선일지 모른다. 하지만 코치가 되는 것은 전혀 다른 일이다. 제 분야의 거장이라도 교사가 되고자 한다면 전혀 새로운 배움의 과정을 거쳐야 할지도 모른다. 흠잡을 데 없는 자신의 기술을 힘들게 풀어내서, 다른 사람의 배움에 도움이 되도록 적절히 통제된 서술과 설명으로 바꾸어야 하기 때문이다.

노하우의 가장 핵심적인 한계는 상대적으로 유연하지 못하다는 것이다. 생각하지 않고 익힌 실용적인 지식은 원래 영역에서는 매끈하고 유려하게 작동할지 모른다. 하지만 작업의 겉모습이 바뀌면, 아주 조금만 바뀌고 바탕에 깔린 논리가 완전히 똑같을지라도 잘 적응하지 못한다는 사실을 여러 심리학 연구들이 보여주었다. 공장의 작업과정을 통제하는 법을 완전히 익힌 사람이라도, 실제로 같은 문제가 '교통흐름' 통제로 나타나면 생초보보다 나을 것 없는 정도의 기능만 보일지도 모른다. 플래니미터는 삼차원 물체의 부피를 계산하는 데는 쓸모가 없는 반면, 유클리드 기하학은 아주 쉽게 확장될 수 있다. 노하우는 지각知覺 및 행동하기와 서로 밀접하게 짜인 한 덩어리를 이룬다.

진화의 관점에서 당신의 세계가 먹이 찾기, 털 고르기, 짝짓기, 잠자기, 포식자 피하기, 자식 키우기 같은 서로 구분된 몇 개의 시나리오로 이루어져 있다면, 노하우 덩어리는 전혀 문제될 게 없다. 당신의 삶이 그렇게 깔끔하게 분리된 몇 가지 일들로 이루어진 것이라면, 감각을 날카롭게 유지하는 것 이외의 핵심문제는 당신이 지금 어떤 시나리오 안에 있는지, 어떤 시나리오로 넘어가야 하는지를 아는 것뿐이다. 각각의 방향으로 조직된 몇 가지 방법만을 갖는 것이 경제적이고 능률적이다. 하지만 당신의 세계가 더 복잡하고, 당신이 동참하는 시나리오 수가 더 많아지면 그것들은 서로 뒤엉키기 시작한다. 당신이 속한 공동체에 있는 똑같은 개체들이라도 다른 대본에서는 다른 역할을 하게 될지도 모른다. 검은과부거미나 사마귀 수컷이라면 당신의 짝이 갑자기 사형집행자로 돌변한다.

삶이 더욱 복잡해지면 상황을 친숙한 부분들로 해체하여, 다른 대본에 나타나는 다른 면면을 서로 합쳐서 복합적인 상황에 대응하는 능력을 갖추는 것이 죽느냐 사느냐의 문제가 된다. 예를 들어 파티는 우리가 상당히 다른 종류의 관계를 맺는 친구와 가족을 한데 합치고, 개개인의 여러 측면을 서로 마주치게 하기 때문에 스트레스를 잔뜩 만들어낼 수 있다. 만일 당신이 모든 파티에서 '기존의 맥락에 따라' 대응한다면, 그리고 단 하나의 파티 '대본'만 갖고 있다면, 이렇게 뒤얽힌 사회적 문제를 해결할 방법을 모를 것이다. 하지만 당신이 친구들이 평소 맥락과는 어딘지 다르다는 것을 느낄 수 있다면, 당신은 전혀 다른 '조각그림 맞추기 퍼즐'에서 나온 여러 조각을 이용해 적절한 새 그림을 만들어낼 수 있을 것이다.

언어의 양면성

이렇게 여러 시나리오를 새로이 조합 가능한 '개념들'로 분할하는 것은 근본적으로 언어가, 그리고 d-모드가 가져다주는 능력이다. 이해가 '명료하게 표현'되었다면, 그것은 단지 말로 바뀐 것만이 아니다. 명료하게 표현된다는 것은 '서로 독립적으로 움직이던 별개 부분을 조합'한다는 뜻이기도 하다. 노하우는 둘 중 어느 쪽 의미로도 표현되지 않는다. 그것은 기술이 무너지거나 조건이 변할 때 서로 나뉘거나, 바뀐 조건에 반응하거나, 새로운 방식으로 결합되지 못한다. 오로지 서서히 스며드는 배움에 따라 천천히 바뀔 수 있을 뿐이다. 게다가 그에 대해 토론이 이루어질 수도 없으므로, 다른 사람이 말하거나 알려주는 것에 쉽게 영향을 받지도 않는다. 능숙한 노하우는 **마음 없이** 이루어진다는 위험, 마음의 서로 다른 하위영역에 보존되는 그 어떤 사색이나 정보도 무시하는 방식으로 이루어진다는 위험을 갖는다. 당신이 어떤 상황에서 익힌 것이, 언뜻 매우 다르게 보이는 다른 상황에서도 의미가 있다는 걸 알아보는 능력은 매우 가치 있는 것이다. 그리고 몇몇 실험을 통해 의식적인 반성을 이용하면 이런 능력이 더욱 커질 수 있다는 사실이 드러났다.

'기능의 고정성'에 관한 어떤 고전적인 연구에서, 실험 참가자들은 친숙한 물건을 낯선 방식으로 사용할 수 있다는 걸 알아채야만 해결되는 문제를 만났다. 천장에 매달린 밧줄 두 개를 묶는 것이 과제였는데, 문제는 두 밧줄이 서로 너무 멀리 떨어져서 동시에 두 개를 다 잡을 수 없다는 점이었다. 실험 방에는 펜치를 비롯해 일상적인 여러 물건이 놓여있다. 이 펜치를 진자의 추로 이용할 수 있다는 사실을 알아채면 문제는 해결된다. 펜치를 밧줄 하나의 끝에 묶은 다음 그것을 움직이게 하고, 그 사이 다른 밧줄을 잡으면 앞의 움직이는 밧줄을 손으로 잡을 수 있다. 실험 참가자들을 그대로 내버려두면 매우 많은 사람이 문제를 해결하지 못한다. 하지만 그들이 앞뒤가 꽉 막혀서 멍해질 때까지 기다렸다가 실험자가 "생각하세요! 생각!" 하고 외치기만 해도 많은 사람이 즉시 해결책을 알아챈다.

d-모드 없이도 하등동물은 영리하지만 일정한 한계 안에서만 영리하다. 거미, 조롱박벌, 나나니벌, 심지어는 망둑어조차도 진화를 통해 잘할 수 있도록 만들어진 일을 훌륭하게 해낸다. 이런 동물들은 분명한 지성으로 수많은 도전을 감당하지만, 세계가 전혀 다른 종류의 도전을 내놓으면 그들의 부족함을 볼 수 있다. 동물들은 자기가 이미 '알고' 있는 것을 새롭고 적합한 방식으로 재구성하지 못한다. 자기 능력과 지각을 분할하지 못하고, 이전에 없던 새로운 상황에 맞게 그것을 재조립할 수도 없다. 동물들의 무의식적 지성은 어느 정도 고정되어 있다. 그들에게는 이 능력을 여러 개로 나누어 재조합하는 능력이 없다.

아이들도 처음에는 이와 같지만, 머지않아 제한을 넘어선다. 아이들은 자라면서 자기가 동참하는 시나리오의 범위와 복잡성을 극적으로 확장하기 시작한다. 놀이터에 가고, 학교에 가면서 전혀 다른 과제를 가진 전혀 다른 종류의 어른을 만난다. 부모와 맺었던 것과는 전혀 다른 종류의 관계를 그들과 맺게 된다. 아이들은 다양한 크기와 구성의 사회적 모임에 참가한다. 다른 종류의 배워야 할 일을 만나고, 그것을 배우는 새로운 방식도 알아내기 시작한다. 그 과정에서 아이들은 선택을 하게 된다. 분리된 정신적 시나리오 수를 계속 늘릴 것인가, 아니면 이렇게 서로 다른 대본을 더욱 높은 수준에서 통합·비교·결합하는 능력을 배우려고 노력할 것인가. 전자를 선택한다면 그들의 정신적 풍경은 아는 것을 공유할 수 없는, 서로 다른 노하우에 들어있는 '부분집합'의 연합으로 펼쳐진다. 후자를 선택한다면 새로운 형식의 배움을 계발해야 하는데, 이는 자신의 경험을 곰곰이 되새기는 배움이다. 소가 되새김질 하듯이 따로따로 삼킨 것을 거듭 곱씹어서 균일하게 만든다. 새로운 도전을 하나씩 만나는 것만이 아니라, 분할과 통합지점을 능동적으로 찾아보는 것에도 관심을 갖게 될 것이다.

아이들은 학교에 갈 나이가 될 때쯤 이렇게 되새김질하는 능력을 발전시키기 시작한다. 런던 의학연구심의회 소속 인지발달팀 아네트 카밀로프-스미스는, 그녀의 용어로 '성공을 넘어서는 배움'이라는 맥락에서 되새김질의 시작을 보여주었다. 전혀 다른 종류의 과제를 교차하면서 그녀는, 아이들이 처음에는 '올바르게 하기'를 배운 다음, 기회가 주어지면 한동안 자신의 통제력과 능력을 떨어뜨리는 방식으로 이 상황을 가지고 '놀이'를 계속한다는 사실을 발견했다. 말 배우기를 예로 들면, 어린이는 보통 정확하게 '갔다(went)'라고 말하다가 '규칙변화'인 (하지만 틀린) 'goed'를 사용하는 단계를 통과하고 나서야 마침내 'went' 로 넘어간다는 것이다. 아니면 지레받침에 있는 여러 모양의 눈금을 이용해 균형을 잘 맞추다가, 이어서 실수를 거듭한 끝에 다시 올바르게 사용하는 법을 배운다.

카밀로프-스미스는 수행능력이 이처럼 급강하하는 것이, 앞서 말한 결합과 개념화를 향한 탐색의 징후라고 본다. 도전거리를 만나면 아이들은 그에 대응하고자 무엇이든 손 가까이 잡히는 것을 이용한다. 이것은 마치 배가 부서지면 누구든 손에 잡히는 대로 물건을 잡아 급하게 뗏목을 만드는 것과 같다. 하지만 폭풍이 지나고 약간 여유가 생기면 좀 더 생각하는 모드로 들어가서, 임시변통으로 만든 것을 다시 조각내 무슨 일이 생기는지 보려고 실험을 한다. 이전부터 갖고 있던 노하우 주머니 어디에다 이것을 끌어다 붙이면 또 다른 상황에 성공적으로 대처할 수 있는지, 어떻게 자신의 노하우를 더 정교하고 통합되고 강력한 것으로 만들 수 있을지 보기 위해서다.

언어와 언어가 제공하는 앎의 방식은 우리를 해방시켜 준다. 하지만 언어도 그 안에 함정을 지니고 있다. 언어는 우리가 다른 사람의 경험에서 배울 수 있게 하고, 우리의 지식을 새로운 방식으로 나누고 재조립하게 해주지만, 다른 종류의 완강함을 만들어내기도 한다. 영국 작가 올더스 헉슬리는 이렇게 말했다. "모든 개인은 자기가 태어난 곳에서 그 언어전통의 수혜자이자 희생자다. 언어가 다른 사람의 누적된 경험의 기록에 접근하게 해준다는 의미에서 그는 수혜자다. 그러나 언어가 그의 현실감각을 헷갈리게 해서 자신이 얻은 개념을 데이터로, 자신의 말을 실제 사물로 여기려는 경향이 너무 뚜렷해진다는 점에서 그는 희생자다."[10] 노하우는 특정한 영역 및 목적에 묶여 있지만, 이 경계에서 세밀하고 정확하며 능률적이고 융통성이 있다. d-모드는 특정한 맥락을 넘어서는 고차원의 지식을 만들어내지만 그런 이유에서 더 추상적이고, 게다가 이 고차원의 지식이 기반으로 삼고 있는 움직이는 경험의 층위에서 분리되려는 성향을 지닌다. 르위키 실험이 보여주듯이, 이런 분리가 일어나면 노하우는 융통성 있게 경험의 새로운 긴급사태에 대응할 수 있지만, 지식은 돌에 새긴 듯 변하지 않고 남아있다.

언어는 지식을 적는 내부 암호일 뿐만 아니라, 공적인 구분체계에 의존하며 그 체계를 소중히 모신다. 한 언어는 세상이 분할되는 방식과 사물이 통합되는 방식을 결정하고, 그에 대해 이야기하며, 지각하는 방식까지 결정하는 한 사회의 합의를 나타낸다. 언어와 '현실'의 관계에 대해서는 이미 많은 글이 쓰였지만, 여기서 지적하고 넘어갈 점은 다음과 같다. 즉 우리는 우리가 선택하지 않았고, 우리의 체험에 대해 가장 마음에 맞는, 가장 정확한 서술매체가 아닐 수도 있는 용어로 우리의 노하우를 표현할 수밖에 없다는 점이다. 경험을 말로 표현할 때, 우리는 본질적으로 유동적이고 규정하기 힘든 내용을 훨씬 더 윤곽이 분명한, 우리가 만들어내지 않은 언어라는 틀 속에 부어 넣어야 한다. d-모드의 언어는 우리가 자주 만나는 현실보다 더 말끔하고 견고하고 비개인적인, 더 많이 합의된 '현실'을 포함한다. 이것은 근사값이고 세부사항을 잔뜩 무시한 일그러진 것으로, 실제와는 무관한 가상적 요소를 끌어들인다.

d-모드는 지도읽기와 비슷하다. 지도를 들고 우리는 현재 위치와, 한 지역이 다른 지역과 지리적으로 어떻게 연결돼 있는지 알 수 있다. 하지만 지도는 그것이 나타내는 세상보다 더 단순하고 정적이다. 지도는 세상에 대한 해석을 돕지만 '진짜'가 아닌 약속을 포함한다. 산을 오를 때 우리는 정기적으로 등고선을 넘어서는 게 아니다. 잉글랜드에서 웨일스로 넘어갈 때 땅이 분홍색에서 푸른색으로 바뀌는 것도 아니다. 표시가 없다고 못 가는 것도 아니고, 자동차 길이 항상 최선의 길이 아니라는 것도 분명하다. 지도가 좋고 우리가 용례의 뜻을 이해한다면 d-모드는 잘 작동한다. 미국 논리학자 앨프레드 코집스키의[11] 주장대로,

'지도는 영토가 아니'라는 사실을 잊거나, 난제를 해결하려고 언어가 제공하는 것보다 더 섬세하거나 더 전체적인 이미지를 필요로 할 때면, 우리는 또 다른 더욱 느린 앎의 길로 궤도를 수정해야 한다. 어떤 문제는 분석과 이성의 도구로는 효율적으로 다루어지지 않는다. 어떤 문제는 전문적인 기술로는 해결되지 않는다. 그런 난제를 다루려면 되새김질 혹은 명상이라고 부르는 느린 방식의 앎에 접근할 필요가 있다. 이것은 **창의력**과 **직관**의 형식을 가져다주는 정신적 모드다.

4장

생각보다 더 많은 앎
: 직관과 창의력

"그 노래 만들었니?

"응, 뭐 만든 셈이지." 푸우가 말했다. "머리가 한 건 아니고 ……이따금 그게 나한테 오거든."

"아." 토끼가 말했다. 토끼는 절대로 무언가가 자기에게 오도록 내버려두지 않고 언제나 자기가 다가가 낚아채는 유형이었다.

앨런 알렉산더 밀른, 『푸우 모퉁이의 집』

19세기 영국 철학자 허버트 스펜서는 자서전에서 메리 앤 에반스, 즉 소설가 조지 엘리엇과 나눈 대화를 들려준다. 두 사람은 스펜서가 최근에 펴낸 『사회적 정역학』이라는 책을 놓고 이야기 하는 중이었는데, 조지 엘리엇이 갑자기 스펜서가 했을 생각의 총량을 고려하면 그의 이마가 주름하나 없이 놀랄 만큼 매끈하다는 사실을 관찰했다. "내 생각에 그건, 내가 수수께끼에 내몰려 당황한 적이 없었기 때문인 것 같은데" 하고 스펜서가 대꾸했다. 그에 대해 엘리엇은, 이해가 가는 일이지만 지금까지 자기가 들은 가장 오만한 대답이었다고 말했다. 스펜서는 자신의 답변을 옹호하고자 설명을 계속했다.

> 내 생각의 모드는 흔히 눈썹에 주름을 만드는 종류의 집중된 노력을 포함하지 않는다. 내가 이따금 찾아낸 결론은 뜻밖의 순간에 나타났다. 씨앗에서 느리게 자라난 생각의 몸통이 마침내 드러나는 것이다. ……조금씩, 별로 강압적이지 않은 방식으로 의식적인 의도나 분명한 노력 없이, 명석하고 잘 조직된 이론이 자라나곤 했다. 습관적인 이 과정은 강제적이지 않은 느린 발전과정이었고, 자주 그렇듯이 여러 해가 걸렸다. 그래서 생각은 이렇게 느릿한, 거의 자동적인 방식으로 특별한 긴장 없이 계속되었던 것 같고, 덕분에 에반스 양이 말한 생각의 주름이 생기지 않았다.

스펜서의 의견에서 "위에 서술한 방식으로 얻은 해답은, 해답을 찾으려는 단호한 노력을 통해 얻은 해답보다 올바를 가능성이 더 크다. **단호한 노력은 생각을 꼬이게 만들 수 있다.** ……어떤 문제에 대한 대답을 즉시 얻으려는 노력은 왜곡인자로 작용해서 의식에 오류를 만들어내지만, 이따금 한 번씩 문제를 조용히 생각해보는 일은 자기도 모르는 사이 아마도 경험에서 비롯된 생각의 성향이 스스로를 알아채게 만들고, 또 마음을 이끌어 올바른 결론에 도달하게 한다."[1](강조는 필자)

아기 곰 푸우와 허버트 스펜서 모두가 잘 알고 있는 앎의 길은 여러 가지 점에서 d-모드와는 사뭇 다르다. 가장 분명한 것은 이런 방법이 시간을 필요로 하고, 그래서 끈기가 필요하다는 점이다. 느긋하고 서두르지 않는, 초조하지 않은 접근법이다. 이런 점에서 이것은 '서서히 스며드는 배움'과 닮았지만 그렇다고 똑같지는 않다. 서서히 스며드는 배움에서는 심층마음이 바탕에 놓인 패턴을 차츰 찾아내거나, 경험의 너른 다양성이 이리저리 스며들게 한다. 노하우는 수많은 특수한 예시와 사건의 찌꺼기에서 증류된 것이다.

하지만 사회조직에 대한 스펜서의 통찰은 의심할 여지없이 훨씬 이전의 생각과 관찰에 의한 것으로, 그가 언급한 과정은 무의식적 증류를 넘어선다. 이 과정은 새로운 정보를 습득한 것이 아니라, 이미 갖고 있던 정보 안에서 시간을 두고 새로운 패턴이나 의미를 발견하는 마음의 능력을 반영한 것으로 보인다. 그리고 의식에서 이 새로운 패턴이나 의미를 **통찰** 또는 **직관**이라고 여기는 것 같다. 경험이 데이터를 주기는 하지만 이는 습득과정이 아니라 되새김질 과정이다. 토끼의 질문을 유발한 푸우의 노래는 더 작은 규모로 같은 과정을 보여준다. 푸우는 새로운 일반화인 귀납적인 발견을 선언하지 않고, 그냥 '갑자기' 나타난 무언가를 만드는 과정을 설명한다.

직관의 맨얼굴

d-모드가 우리가 지닌 가장 강력한 사고유형이라는 억측이 널리 퍼져 있다. 덕분에 우리는 다급하게 문제를 해결해야할 때 d-모드를 불러들이거나 그리로 되돌아가곤 한다. 그러나 사실 우리의 아이디어, 그것도 가장 훌륭하고 창의적인 아이디어는 보통 흠잡을 데 없이 연속적인 이성적 사고의 결과로 나타나는 것이 아니다. 그런 아이디어는 우리에게 그냥 '나타나는' 것이다. 우리 머릿속으로 펑하고 '들어'오는, 갑자기 하늘에서 뚝 떨어지는 것이다. 좋아하는 음식점에 대해 이야기할 때 우리는 보통 구체적인 이유를 제시하지 않는다. 그냥 이렇게 말한다. "나는 타이 음식이 끌려." 우리는 스스로에게 분명한 이유를 제시하지 않은 채 기꺼이 느낌과 충동에 이끌린다. 하지만 회의에서 '곤란한 질문'에 부딪치거나 '해결'을 요구하는 다급한 '문제'와 만나면, 이런 식의 자극은 약하고 신뢰할 수 없거나 무시할 만하다고 느낄 것이다. 우리는 직관이 심사숙고 하는 일에 적합하지 않고 그다지 무게를 둘 수 없는 것이라고 느낀다. 하지만 직관이 우리 생각보다 더 가치 있고 믿을만한 것임을 보여주는 연구가 있다. '일하는 중'에 직관을 무시했다가는 결국 실질적인 손실을 입는다.

우리는 직관의 본성과 위치에 대해 더 정확하게 이해할 필요가 있다. 얕잡아보지도 지나치게 우러러 보지도 않는 이해 말이다. 직관을 얕보는 사람은, 직관이 단순한 이성보다 '더 높은' 지식의 형태이고 심지어는 잘못을 범하지 않는다는 과장된 주장에 대해 자기도 모르게 저항한다. 사전의 정의도 이렇게 부풀려진 관점을 얼마간 포함한다. 체임버스사전에는 직관이 "숙고나 분석 없이 **즉석에서 사물의 진실을 지각하**

는 마음의 힘"이라고 되어 있다. 작은 옥스퍼드사전은 더 시적으로 부풀린다. "예언이나 지식과 같은 존재인 천사나 영적 존재의 덕으로 주어진 즉각적인 지식."[2] 훨씬 조심스럽게 연마해야 얻을 수 있는 직관, 질적으로 전혀 다른 종류의 지식에 접근하게 해주는 특별한 직관이 있겠지만, 일상의 직관은 사전에 나오는 이런 이상과는 전혀 다르다. 우리의 직감은 그야말로 잘못을 범하기 쉽다. 이직에 대한 것이든 삶의 반려자에 대한 것이든, 표지를 보고 잘못 판단한 책이든 '후각'이 분명 이게 지름길이라고 알려준 새 길로 갔다가 잘못된 경우든, 어쨌든 우리는 계속 헤맬 뿐이다.

그러나 직관이 틀릴 수 있다고 해서 무가치하다는 뜻은 아니다. 적절하게 보자면 직관은 '좋은 추측'이라고 해야 할 것이다. 심층마음이 던져준 직감이나 가설은 신중하게 고려해야 하며 비판 없이 받아들여서는 안 된다. 아직은 이성에 의한 분석이 아니라 그냥 암시나 이미지로 나타나며, 어떤 상황에서는 전체적인 '이익'을 가져다준다. 막후에서 심층마음이 또 다른 사유의 주체를 뚜렷한 자극 안으로 끌어들여 통합한 것인지도 모른다. 의식적인 마음이 한 번도 알아채지 못했지만, 과거 경험이나 현재 상황의 어떤 양상에 대한 유추를 포함하는 사유 말이다. 이런 통합은 사전적 정의에서처럼 '즉시' 이루어질 수도 있고, 스펜서처럼 여러 해가 걸릴 수도 있다. 하지만 그것이 '펑하고 들어오면' 그 결과는 언제나 잠정적이다. 이것은 무의식이 제공한 푸딩으로, 맛은 먹어봐야 안다. 시식은 푸우 방식의 순간적인 재치에 대한 청중의 반응일 수도 있고, 논리적으로 함축된 의미를 진지하게 검토하는 일이 될 수도 있으며, 독창적인 시나 예술의 주제에서 뽑은 세밀한 작업일 수도 있다.

'즉석 판단' '재빠른 반응' 같은 직관은 동물에게 그렇듯이 인간에게
도 매우 중요하다. 현재 마주한 사건이 친숙한 주제를 약간 변형한 거
라면, 이를 분류하여 습관적인 방식으로 반응할 수 있다. 별로 중요하
지도 않은 정보를 놓고 궁리하느라 시간을 보내는 것은, 이따금 대단한
낭비이거나 목숨이 위태로운 일일 수도 있다. 버스가 당신을 덮친다면
번호판을 볼 필요는 없다. 하지만 새로운 상황이 과거에 경험한 것과
비슷해 보이지만 실제로는 다를 경우, 이런 반응은 우리에게 손해가 된
다. 이럴 때는 우선순위의 균형이 바뀌면서, 빠르고 정형화된 반응이 오
히려 해롭고, 놀이 같은 사고가 이익을 가져올 수 있다.

빠른 사고에서 느린 사고로 전환하는 일의 중요성은 1950년대 이
미 미국의 심리학자 에이브러햄 루친스와 에디스 루친스의 실험실에
서 분명히 드러났다. 두 사람은 사람들에게 다음과 같은 수수께끼를 냈
다. "당신이 호숫가에 서 있다고 치자. 당신은 서로 다른 크기의 빈 병
세 개를 받는다. 첫째는 17파인트, 둘째는 37파인트, 셋째는 6파인트들
이 병이다. 당신이 할 일은 병 세 개를 이용해서 정확하게 8파인트의 물
을 담아내는 것이다." 조금 생각한 후에 (아마 상당히 논리적인) 대부분의
사람은 가장 큰 병에 8파인트의 물을 담을 수 있게 된다. 그런 다음 그
들은 같은 유형의 또 다른 문제를 받는다. 이번에 받은 병은 각기 31.
61, 4파인트가 들어가고 목표량은 22파인트다. 그 다음에는 10, 39, 4파
인트들이 병에 목표량은 21파인트다(답은 379쪽에 있다).[3] 문제를 풀다보
면 세 문제에 같은 전략이 이용된다는 사실을 알게 될 것이다. 하지만
이제 중요한 변화가 나타난다. 이어서 사람들은 23, 49, 3파인트들이 병
으로 20파인트를 만들라는 문제를 받는다. 당신이 생각을 멈춘 채 방금

발견한 규칙을 아무 생각 없이 적용한다면 문제를 풀 수 있다. 하지만 당신은 훨씬 더 간단한 해결책이 있다는 사실을 알아채지 못할 것이다. 문제는 같아 보이지만 이번 것은 해결책이 **두 개**고, 그 중 하나는 다른 쪽보다 더 정밀하고 경제적이다.

우리는 회사나 단체가 같은 덫에 빠지는 것을 쉽게 상상할 수 있다. 회사와 단체는 문제가 나타나면 그에 대해 '생각하고 있다고 생각'할 것이다. 하지만 **새롭게** 생각하지 못한다면, 상황이 바뀌어 새로운 가능성이 나타나도 여전히 같은 종류의 해답을 내놓을 것이다. 새로운 길을 찾는 일을 가로막는 가장 강력한 힘은 빨리 생각하는 버릇이다. 상황에 대한 맨 처음 직관적 평가를 확정된 것으로 받아들이고는, 멈추어 다시 한 번 살펴보지 않는 버릇 말이다. 미국 사회학자 밀턴 로키치는, 루친스의 병을 사용해서 사람들이 새로운 문제에 속도를 늦추게 하는 방식으로 이 가설을 시험해 보았다. 정해진 시간 안에 '해답'을 내놓도록 하면 대부분의 사람은 고민 없이 이전에 잘 듣던 규칙을 적용했다. 하지만 1분 동안 답을 쓰지 못하게 했더니 몇몇 사람은 더 자세히 문제를 살펴보고 새로운 해결책을 찾아낼 수 있었다.

이런 이점은 지연된 시간 동안 새로운 문제를 자세히 살펴본 사람에게만 생기는 것이다. 실험에 참가한 많은 사람은, 재빨리 답을 정한 다음 남은 시간 동안 문제와 관계없는 온갖 종류의 일을 생각했다고 한다. '토요일 밤 파티 계획' '써야 할 편지' '천장 타일에 난 구멍 헤아리기' 따위였다. 여분으로 주어진 시간이 그들의 창의력을 높이는 작용을 하지 않았던 것이다. 하지만 그보다 더 흥미로운 것은 새로운 해결책을 찾아낸 사람들의 정신활동이었다. 그들도 성실하게 답을 찾거나 종이 여백에 계산을 하거나 하지는 않았다. 그들은 훨씬 일반적인 방식으로 어떤 종류의 질문이 나오는가, 실험자가 무슨 결정권을 갖는가 따위를 생각하고 있었다. 어떤 사람은 이렇게 말했다. "나는 이 실험이 무엇을 증명하려는 건지 궁금했다." 또 다른 사람은 "나는 결과가 무엇을 가리키는지 생각했다"라고 말했다. 훈련받은 응용이 아니라 이런 종류의 '고차원' 질문이 통찰로 이끌었다.

이보다 약간 더 복잡한 예에서 도움을 받아 직관이 작동하는 방법을 설명해보기로 하자. 우연히도 오스트리아 철학자 루드비히 비트겐슈타인이 철학 세미나에서 사용하던 것이다. 지구가 매끈한 공이라고 생각하고 적도 둘레를 탄력성 없는 끈으로 꼭 맞게 묶었다고 치자. 이제 이 끈을 풀고 거기에 2미터를 덧붙인 다음, 끈과 지구 표면 사이에 전체적으로 똑같은 틈이 생기도록 한다. 이렇게 만들어진 틈새는 얼마나 클까? 끈 아래로 머리카락 한 올을 밀어 넣을 수 있을까? 동전은? 문고판 책은? 내가 그 아래로 기어들어 갈 수 있을까? 대부분의 사람은 강한 직관으로, 이 틈이 아주 좁아서 넓어봤자 1~2밀리미터 정도일 거라고 여긴다. 하지만 실제로는 약 32센티미터 정도라는 것을 수학적으로 쉽게 증명할 수 있다(궁금한 사람들을 위해 주석에 증명을 붙여 놓았다).[4] 이상한 것은 이 틈의 넓이가 구체의 크기와 상관없다는 점이다. 다른 원으로 해도 마찬가지다. 이 문제는 본질적으로 3차원 문제가 아니기 때문이다. 그러므로 테니스공이든, 원형 서커스 무대든, 우주든 차이 없이 같은 크기의 틈이 생긴다. 하지만 대부분의 직관은 물체가 크면 클수록 2미터 길어진 끈이 더 적은 차이를 만들어낼 것이라고 믿는다. 다시 말해, 틈새가 더 좁아진다고 믿는다.

여기서 직관이 틀렸는데, 이 상황이 언뜻 비슷해 보이는 다른 상황, 즉 "대상이 클수록 변화는 작다"라는 규칙이 적용되는 다른 상황과 비슷하다는 무의식적 전제에 기반을 두었기 때문이다. 문제를 살짝 바꿔 이렇게 말해보자. "바닷물을 거대한 실린더에 담았다고 치고, 거기에 물 20리터를 더 부으면 높이가 얼마나 올라갈까?" 여기서 답은 "거의 올라가지 않는다"가 될 것이다. 이 경우, 원래의 양이 많을수록 높이 차이가 적어진다는 추정이 옳다. 작은 풀장에서라면 물 20리터는 훨씬 큰 높이차를 만들어낼 것이다. 그러나 이 그럴싸한 추측은 실린더의 높이에는 맞지만 원의 반지름에는 맞지 않는다. 그러니까 어떤 경우에는 잘 들어맞고 다른 경우에는 들어맞지 않는 그럴싸한 추측이다. 빠른 직관은 심층마음에 기초하는데, 심층마음은 상황을 재빨리 살피고 이해와 예측을 제공하는 것으로 보이는 유사점을 찾아낸다. 이 무의식적 유추를 우리는 직관이라고 부른다. 유추의 옳고 그름은 그것이 얼마나 '직관적'이냐가 아니라, 바탕에 깔린 유사성이 얼마나 적합하냐에 달려 있다. 우리는 종종 절대적으로 옳다. 하지만 이따금 심층마음은 겉모습에 속아서 우리를 엉뚱한 방향으로 이끈다.

방금 든 예는 당신이 이용하는 앎의 방식이 같은 질문에 얼마나 다른 대답을 줄 수 있느냐를 잘 보여준다. d-모드와 직관은 서로 다른 과정으로 이끌 수 있으며, 그리하여 서로 대립하는 해결책을 내놓을 수 있다. 당신이 주석에 적힌 수학풀이를 보았다면 이성적으로는 그 틈이 1피트라는 사실을 납득했을 테지만 직관적으로는 여전히 틈이 아주 좁다고 믿는다. 수면 아래서 일부 추측은 하나의 답에 도달한다. 수면 위에서는 다른 전제들이 또 다른 답에 도달하는 것으로 보인다. 이 경우에 '이성적'인 대답이 올바른 것으로 드러났다. 다른 경우, 이를테면 당신의 직관이 저기 문 앞에서 성금을 모으는 세련된 여자가 수상쩍다고 말하지만 이성이 스스로를 '어리석다'고 설득하는 경우에는, 어쩌면 직관이 옳고 이성이 틀릴 수도 있다. 이것은 경험의 문제다.[5]

어떤 마음 상태가 개입하느냐, 따라서 어떤 답변을 얻느냐 하는 것은 질문이 나타났을 때 당신이 마침 어떤 방식으로 생각하고 있었느냐에 달린 것인지도 모른다. 아니면 매우 우연히 일어난 상황의 특성에 달린 것인지도 모르겠다. 어느 날 밤 당신이 한 술집에서 물리학부 학생을 붙잡고, 공을 던지면 어째서 포물선을 이루며 날아가는지 묻는다면, 그/녀는 당신이 공을 던졌을 때 공에 가한 '힘'이니 '운동량'이니 하는 이야기를 할 것이다. 이런 힘이 공기저항과 중력을 물리친다는 것도 말할 것이다. 일정한 수준에 이르러 위로 향한 '활력'이 다해 중력이 '이기기' 시작하면, 공은 절정에 이르렀다가 떨어지기 시작한다. 하지만 당신이 그/녀에게 이것이 물리학 문제라는 사실을 떠올리면, 그/녀는 잠깐 멈칫했다가 직관 모드에서 물리학자의 d-모드로 옮겨가느라 이렇게 말할 것이다. "이런, 나도 참 바보지. 당신이 공을 던질 때 공에다 어떤 '활력'을 넣는 건 아니죠. 유일한 힘은 중력과 공기저항이죠."[6] 그/녀의 첫 '반응'은 일상의 직관적 반응이다. 두 번째 반응은 그/녀를 전혀 다른 준거 틀에 밀어 넣고 전혀 다른 데이터베이스와 전혀 다른 사고방식에 접근하게 만든다. 이 질문이 시험지에 있었다면 그/녀는 자동적으로 d-모드를 선택했을 것이다.

사람들을 이쪽이 아니라 저쪽의 앎의 방식으로 몰아넣는, 논리적으로 같은 문제에 대해 상당히 다른 반응을 만들어내는 맥락의 힘은 널리 퍼져 있고 또 매우 강력한 것이다. 예를 들어 1985년 심리학자 스티븐 세시와 유리 브론펜브레너가 열 살짜리들에게 행한 연구를 보자. 아이들이 컴퓨터 화면을 바라보는데, 화면 한 가운데에 기하학 모형 하나가 정기적으로 나타난다.[7] 아이들이 할 일은 마우스로 커서를 옮겨서 그 모형이 어떤 방향으로, 얼마나 멀리 '뛰어오를'지 예측하는 일이었다. 모형은 각기 어두운 색과 밝은 색의 크고 작은 원, 네모, 세모였다. 이론적으로는 아이들이 모양에 기초해 점프를 예측할 수 있었다. 네모는 항상 오른쪽으로, 원은 왼쪽으로, 세모는 가운데 머물렀기 때문이다. 어두운 색깔은 위로, 밝은 색깔은 아래로 내려갔다. 큰 것은 짧은 거리, 작은 것은 먼 거리를 점프했다. 750번이나 시험을 하고 난 다음에도 아이들은 실질적으로 아무 것도 배우지 못했다.

하지만 여기에 **논리적 난이도에는 전혀 효과를 미치지 않는** 변화를 약간 주자 사태가 완전히 달라졌다. 실험자들이 한 일이라고는 세 가지 기하학 모형을 새, 꿀벌, 나비로 바꾸고 일반적인 컴퓨터 커서를 '그물' 모양으로 바꾼 것뿐이었다. 여기에 몇 가지 소리 효과를 덧붙였다. 그리고 아이들에게 이것은 움직이는 동물을 잡는 게임이라고 일러주었다. 750번의 절반 정도가 지나자 아이들은 모두 그물을 거의 완벽히 정확하게 동물을 '잡을' 올바른 자리로 옮겼다. 기하학 모형은 아이들에게 이것이 '학교숙제'라고 말해주었고, 따라서 그들을 자동으로 d-모드로 데려갔다. 아이들은 규칙을 찾아내려고 노력했지만 아무 소용이 없었다. 그래서 발전도 없었다. 다른 방식은 이것을 '비디오 게임'으로 해석하게 만들었고 따라서 아이들을 직관 모드로 데려갔는데, 덕분에 아이들은 필요한 관계를 쉽사리, 무의식적으로 알아낼 수 있었다.[8]

　무엇이 타당하고 무엇이 타당하지 않은지에 대해 정확하지 않은 판단에 근거할 경우 직관은 잘못될 수 있다. 앞서 '잘라낸 장기판'으로 이미 이 사실을 확인했다. 여기 또 다른 예가 있다.

　어떤 도시에 두 병원이 있다. 큰 병원에서는 매일 약 45명의 아기가 태어나고 작은 병원에서는 약 15명이 태어난다. 알다시피 모든 아기의 약 50퍼센트는 사내아이고 50퍼센트는 계집아이다. 자연스러운 일이지만 계집아이의 정확한 퍼센트는 매일 조금씩 다르다. 어떤 날은 50퍼센트가 넘고 어떤 날은 그보다 적다. 이 변수를 알아보기 위해 1년 이상 두 병원에서 태어난 아기의 60퍼센트 이상이 여아인 날짜를 기록했다. 1년이 지나면 어느 병원에 그런 날이 더 많을 거라고 생각하는가? 큰 병원인가, 작은 병원인가? 아니면 양쪽이 비슷한가?

　미국 심리학자 대니얼 카너먼과 에이머스 트버스키가 100여 명에게 이 질문을 던지자 22명이 큰 병원이라고 대답했다. 22퍼센트는 작은 병원, 56퍼센트는 '거의 비슷하다'를 선택했다.[9] 누구도 주저앉아 계산기를 두드리지는 않았으니, 우리는 이 답변을 직관이라고 받아들여야 할 것이다. 하지만 4분의 3 이상이 틀렸다(나는 '거의 비슷하다'라고 대답했다). 잠깐만 생각해도 '작은 병원'이 바른 답이라는 사실을 확인하기에 충분했을 것이다. 표본이 작을수록 퍼센트의 오차가 더 커질 수 있기 때문이다(작은 병원에서 남아 두 명이 여아가 되면 벌써 60퍼센트가 넘는다). 직관적인 답변을 내놓으면서 약 절반의 사람이, 만약 강조돼 있었다면 정확하게 그 타당성을 볼 능력이 있었는데도 '병원 크기'라는 꼭 필요한 정보를 잠자코 무시해버린 것이다. 온갖 종류의 눈에 보이지 않는 영향에 대해 이런 '빠른 직관'이 나타나기 쉬운데, 그 중 일부는 타당하고 삶에 유리한 것이겠지만, 어떤 것은 특별한 경우 잘못된 판단을 부른다.

희미하고 복잡한 상황의 길잡이

언뜻 친숙해 보이지만 실제로는 보이는 것과 다른 문제에 답할 경우 빠른 직관이 이런 약점을 지닌다면, 어떤 상황에서 느린 방식의 앎이 가장 가치가 있을까? 서서히 스며드는 배움처럼, 느린 직관은 여러 영역의 지식 사이에 나타나는 불분명한 관계를 밝히기에 좋다. 언뜻 공통점 없어 보이는 경험을 '연결하는 패턴'을 보기에 좋다는 말이다. 직관은 어렴풋하고 복잡한 상황, 혹은 내용이 정확하게 규정되지 않은 상황에서 진가를 발휘한다. 관심사가 중년의 위기든, 꼬인 관계든, 예술 프로젝트든, 과학적 수수께끼든 상관 없다.

과학에서 직관은, 기존 이론에 맞지 않는 듯 보이면서도 현재로서는 딱히 다른 대안적 설명도 없는 실험결과를 결합해 의미를 만들어내는 은유와 이미지 또는 아이디어를 제공하는 능력이다. 찰스 다윈의 진화 메커니즘과 아인슈타인의 특수상대성 및 일반 상대성이론 이야기는 이런 패턴을 잘 보여준다. 그들은 잔뜩 쌓인 작은 정보를 붙잡아 이론적 구조로 변형시켰고, 이런 이론적 구조는 그 정보에 의미를 부여하고 새로운 발견을 예견했다. 다른 많은 과학적 돌파처럼 이 이론들도 합리적이고 진지하고 겉으로 분명히 드러난 것이 아니라, 끈질기고 장난스럽고 신비로운 앎의 길을 통해 나타났다. 아인슈타인은 자신의 창조과정에 대해 다음과 같은 유명한 말을 했다.

일반적으로 쓰이는 언어의 낱말은 내 생각의 구조에서 그 **어떤 역할도** 하지 못하는 듯 보인다. 생각의 요소로 여겨지는 마음의 실체는 특수한 기호와 어느 정도 분명한 그림이다. ……내 경우에는 시각적인 근육형태다. (이런 요소들이 참가한) 약간 모호한 놀이에서 ……이들은 멋대로 재생되고 결합된다. ……이런 결합하기 놀이가 생산적인 생각의 본질적인 부분인 것 같다. 그런 다음에야 다른 사람과 소통할 수 있는 낱말이나 다른 종류의 기호로 된 논리적 구조와의 연결성이 생긴다. ……낱말이 개입하는 단계에서도 내 경우에 낱말은 순수하게 청각적인 것으로 2차적인 단계에서만 개입한다.(강조는 필자)

허버트 스펜서에게서 보듯이, 우리는 생각의 패턴이 때로는 천천히 형성되는 것을 느낀다. 삼투된 화학용액이 종자種子 수정을 중심으로 거대한 수정결정체를 천천히 만들어내는 것처럼 말이다. 그런가 하면 또 다른 경우에는 이 과정이 무의식적으로 진행되다가, 어느 한 시점에 연결해주는 아이디어가 거의 완성된 모습으로 의식에 나타난다. 예를 들어, 1986년 노벨의학상을 받은 리타 레비-몬탈치니는 이렇게 말했다. "어떤 의지도 없이 오랫동안 무언가를 생각해 왔다. ……그러다 갑자기 문제가 섬광처럼 나타나고 또 갑자기 답변을 보게 된다." 그런가하면 1977년 노벨물리학상을 받은 네빌 모트 경은, d-모드에서 통찰의 갑작스러움과 그것을 표현할 올바른 방법을 찾아내기가 어렵다는 사실을 확인해준다. "갑자기 '분명 이럴 거야'라는 사실을 깨닫게 된다. 다른 누구도 설득하지 못한다면 ……그것은 직관이다. 내가 노벨상을 받은 작업을 하는 동안 분명 이런 일이 일어났다. 내가 다루는 문제를 스스로 이해하기까지 여러 해가 걸렸다."[10]

직관이 자신의 생산품을 어느 정도 결합된, 맥락이 있는 생각의 형태로 의식에 전달한다는 것도 있을 수 있는 일이다. 하지만 다른 경우에, 심지어 과학자들에게도 심층마음은 다양한 다른 목소리로 말한다. 많은 창조자들처럼 아인슈타인에게 직관의 언어는 시각적이면서도 다른 형식의 심상으로 나타났다. 독일의 유기화학자 프리드리히 케쿨레는 처음으로 벤젠 분자의 탄소원자가 고리를 이루고 있다는 사실을 발견했는데, 그는 마음의 눈으로 불꽃이 둥글게 똬리를 틀어 제 꼬리를 문 뱀 모양으로 바뀌는 것을 보았다. 이따금 직관은 거의 미적인 판단으로 나타난다. 1980년 노벨화학상 수상자 폴 버그는 이를 '미각(taste)'이라고 불렀다. "내가 덧붙이고 싶은 또 다른 양상이 있는데, 내 생각에 그것은 미각이다. 미각은 거의 예술적 감각이다. 어떤 개인은 ……정의하기 어려운 방식으로 어떤 스타일이나 등급을 가진 무언가를 직관에 덧붙인다. 어떤 정확성 말이다."

다른 사람들에게 직관은 모호하지만 믿을만한 방향감각, 또는 평가감각으로 나타난다. 몇 가지 탐색방향에서 어느 방향을 따를 것인지, 수많은 실험결과의 어느 것을 진지하게 받아들이고 어느 것을 무시할지를 "그냥 안다." 1985년 노벨의학상을 받은 마이클 브라운은 이렇게 말한다. "일하고 있을 때 이따금 우리는, 우리를 안내하는 손길이 있다고 느낀다. 다음 단계로 나아가야 할 때 어떤 게 올바른 길인지 그냥 알았기 때문이다. 나는 우리가 어떻게 그것을 알았는지 설명할 수 없다." 그런가 하면 1986년 노벨의학상 수상자 스탠리 코언은 비슷하게 애매한 말투로 중요한 일에 대한 '후각'을 발전시키고, 이런 직관적 반응을 소중한 안내자로 여기는 것이 중요하다고 말했다. "나에게 그것은 …… '그래, 난 이 결과를 믿지 않아'라거나 '이건 하찮은 결과야' '이건 중요한 결과야' 그러니 '이 길을 따라가자' 등의 느낌이다. 나는 항상 옳지는 않지만 무엇이 중요한 관찰이고 무엇이 하찮은 것인지 가늠할 감각을 갖고 있다." 코언이 직관의 가치와 오류가능성을 모두 인정하고 있다는 사실에 주목하라. 직관은 잘못된 것일 수 있고 따라서 검토가 필요하다. 하지만 그래도 여전히 주목하고 존중할 만한 안내의 원천이다.

창의적인 예술가와 과학자 들이 들려주는 인내와 감수성의 필요성에 대한 이야기는 많다. 1973년 노벨의학상을 받은 콘라트 로렌츠는 기다림의 중요성을 강조했다. "이 도구는 매우 신비로운 방식으로 깨달음을 주는데, 이미 알고 있는 모든 사실을 계속 허공에 띄워놓고 조각그림 맞추기 퍼즐처럼 그것이 제자리에 알맞게 들어가기를 기다리기 때문이다. 당신이 지식을 그 안에 구겨 넣으려 한다면 아무 것도 얻지 못할 것이다. 당신은 일종의 신비로운 압력을 가하고는 그대로 멈춰야 하는데, 그러면 갑자기 뻥 하고 해답이 나타난다." 영국 수학자이자 철학자 조지 스펜서 브라운은 『형식의 법칙』에서 다음과 같이 말한다.

뉴턴이 알고 실천한 것 같은 가장 단순한 진리에 도달하려면 여러 해 동안 묵상에 잠겨야 한다. 활동이나 궁리나 계산이 아니다. 어떤 종류의 바쁜 태도도 독서도 이야기도 아니며, 노력도 아니고 생각도 아니다. 자기가 알아야 할 것이 무엇인지를 그냥 마음에 지니다.[11]

로렌츠와 스펜서 브라운의 말은, 다루기 힘든 문제를 단념하고 완전히 내버리라는 뜻이 아니다. 이 과정은 그보다 더 섬세하다. 답을 알아내려고 애쓰지는 않지만 여전히 '신비로운 압력'을 가한다. 적극적으로 생각은 안 해도 어떻게든 '문제를 마음에 지니고' 있다. 의도적으로 해답을 구하지는 않지만 문제가 거기 있도록, 계속 의식의 구석에 존재하도록 허용하는 것만 같다. 미국 철학자 넬 노딩스는 찾기와 받아들이기 사이의 이 섬세한 균형을 일상적인 책 읽기라는 맥락에서 이렇게 설명한다.

> 마음은 놀랄 정도로 활동적인 상태로 남아있지만 또는 활동적이어도 되지만, **의도적인 노력은 접어둔다.** 이런 상태에서 우리는 상황에 질서를 부여하려 하지 않고 거기에 있는 질서가 스스로 나타나도록 한다. 그러나 흘러들어오는 것을 받아들이는 과정에서 목적과 목표가 아무 역할도 하지 않는다는 뜻은 물론 아니다. 분명히 목적과 목표는 어떤 역할을 한다. 우리는 평점이나 학위나 직업 따위의 무언가를 이루려고 하기 때문에 수학이나 문학을 붙잡고 앉아 있어도 되지만, 우리가 운이 좋고 자발적이라면, **목표는 사라지고** 우리는 대상에 사로잡힌다.[12] (강조는 필자)

긴 시간을 두고 아이디어가 천천히 형성되고 발전하는 과정, 아마도 가장 작은 첫 지점에서 시작해 의도하지 않은 가운데 불쑥 의식에 나타나기까지의 과정은 예술가는 물론 과학자와 수학자에게도 잘 알려져 있다. 프랑스 극작가 장 콕토는 마음이 게으름 부리게 할 필요성을 열렬히 지지하는 동시에, 참을성 있는 상태에서 튀어나온 '뮤즈'가 마

법적이거나 초자연적인 요소를 갖는다는 생각을 없애려고 열렬히 노력
했다.

대중은 자주 영감靈感에 대해 상당히 잘못된, 거의 종교적 관념이라고 부
를만한 생각을 만들어낸다. 유감이다! 나는 영감이 하늘에서 뚝 떨어진다
고 생각지 않는다. 그것은 오히려 깊은 게으름의 결과이며, 또한 우리가 우
리 내면에 있는 어떤 힘들에게 일을 시키지 못한 무능력의 결과다. 알려지
지 않은 이 힘들은 내면 깊은 곳에서 일상의 삶, 일상의 장면, 그 열정을 동
원해 작동한다. 그리고 우리 안에서, 우리의 방해에도 불구하고 스스로 만
들어진 작품이 마침내 태어나기를 원하면, 우리는 이 작품이 저 건너편에
서 우리에게 왔다고, 신들이 우리에게 주었다고 믿을 수 있다. 화가는 일하
지 않으려고 더 많이 졸고 ……시인은 밤을 마음대로 이용한다. 그의 역할
은 별로 없으니, 집을 깨끗이 치우고 그것이 찾아오기를 기다려야 한다.

역사가 존 리빙스턴 로는 영국 시인 새뮤얼 콜리지가 「늙은 선원의
노래」를 쓰면서 토대로 삼은 출전과 자료를 상세히 연구했는데, 가장
생생한 시련詩聯에 나타나는 낱말과 구절 하나하나와 연결된, 이미 잊
힌 사건을 이 출전에서 일일이 찾아낼 수 있었다.[13] 리빙스턴 로는 분명
히 시인의 마음에서 일어났을 과정을 다음과 같이 요약한다.

이따금 의식적인 회상에서 빠져나가 가라앉아버린 일화들이 표면 아래서,
일상적 요소들의 거의 화학적인 친화력을 통해 모여들었다. ……그의 의식
이 치통이나 하틀리네 아기의 질병, 또는 잉글랜드의 네더 스토이와 알폭

스든 사이를 윌리엄 워즈워스와 함께 즐겁게 돌아다니던 일들 따위로, 또는 이런저런 철학이 꿈꾸는 내용으로 바쁜 동안에, 콜리지의 무의식적 마음속, 그 어둠 속에서는 그를 대신해 항해하는 물고기와 극미 동물과 뱀 모양의 온갖 환영幻影이 움직이면서 연상의 촉수를 밀쳐내고 그 무심함 너머에서 한데 얽혀들었다.[14]

콜리지도 서사시 「쿠블라 칸」의 작업을 이렇게 묘사했다. 콜리지의 표현대로 하자면, 은근히 '불가능함'을 느낀 그는 아편을 먹고 『퍼처스의 순례여행』이라는 책을 계속 읽었다. 그리고 "여기서 쿠블라 칸은 궁전을 지으라고 명령했고, 덧붙여 당당한 정원도 지으라고 했다. 그렇게 해서 10마일에 이르는 비옥한 대지에 성벽이 둘러 쳐졌다"라는 구절을 읽다가 잠깐 졸았다. 세 시간 뒤에 깨어났을 때 "그 어떤 노력의 감각이나 의식도 없이 모든 이미지가 저절로 떠올랐는데 이걸 시작詩作이라 불러도 되는지 모르겠지만, 아무튼 자기가 이 2~300행정도 시행을 썼을 리 없다는 극히 생생한 확신을" 느꼈다. 콜리지는 즉시 펜과 잉크와 종이를 잡고 "여기 [머릿속에] 보존된 행들을 열렬히 써내려갔다."[15]

미국 시인 에이미 로웰은 자신이 부화(incubation)를 믿을만한 기술로 여기고 일부러 사용하는 방식을 이렇게 서술한다. "어떤 아이디어가 특별한 이유 없이 내 머리 속으로 들어온다. 예를 들면 「청동 말」 같은 아이디어다. 나는 말이 시를 위한 좋은 주제임을 명심한다. 그리고 이것을 명심하되 그 문제에 대해 의도적으로 생각하지는 않는다. 하지만 내가 이미 행한 일이 내 잠재의식 속으로 이 주제를 떨어뜨렸다. 마치 편지 한 통을 우체통에 넣은 것처럼 말이다. 6개월 뒤에는 시의 낱말들이 내 머릿속으로 들어오기 시작하고 시는, 내 개인적 용어를 빌자면, 이미 '거기 있다.'"

부화는 몇 달이나 몇 년이 걸리는 과정이지만, 꼭 그렇게 긴 임신기 간에만 가치가 국한되지 않는다. 겨우 며칠 만에 작동할 수도 있고('하 룻밤 자고' 나자 이튿날 아침에 문제가 아주 분명해졌다거나 이미 해결된 것을 알 게 되는 경우), 겨우 몇 분 만에 작동할 수도 있다. 프랑스 수학자 앙리 푸 앵카레는 자신의 창조과정을 성찰한 것으로 유명한데, 이에 대해 다음 과 같이 결론을 맺는다.

어려운 문제를 작업할 때 첫 번째 공략에서 좋은 결과가 나오는 경우는 드 물다. 그러면 먼저 길거나 짧은 휴식을 취하고 새로 일에 달려든다. 처음 반 시간 동안은 이전처럼 아무 것도 나타나지 않지만 갑자기 결정적인 아이디 어가 저절로 마음에 나타난다. ……수학적 발견에서 이런 무의식적 작업의 역할이 내게는 논란의 여지없이 명백한 것으로 여겨지는데, 덜 분명한 다 른 경우에도 그 흔적을 찾아볼 수 있을 것이다.

멈추면 비로소 보이는 것들

이런 생생한 일화들을 확증해줄 실험증거가 있다. 이 실험증거들은 부화가 어떻게 작동하는지 이해하도록 도움을 준다. A&M대학교 스티 븐 스미스와 동료들은 실험실에서 부화를 보여줄 수 있는 일련의 연구 를 수행했다. 물론 그들은 실제 현실에서 아인슈타인이나 콜리지가 겪 은 창의적 경험의 복합성 전체를 재현할 수는 없었다. 이런 경험은 직접 조작되거나 통제될 수 없다는 것이 핵심이다. 심층마음은 명령하지 않는다. 그럼에도 실험결과는 많은 것을 알려준다.

스미스가 실험 참가자들에게 제시한 문제는, 실제 현실에서 발휘되는 통찰력의 핵심요소를 모방해 고안되었다. 바로 상황의 다양한 요소 사이에서 의미심장하지만 분명하지는 않은 연결성을 찾아내는 일이다. 이른바 '수수께끼 그림' 문제는 일상생활에서 사용하는 문장을 나타내는 방식으로 낱말과 이미지를 배치한다. 예를 들면 다음과 같다.

나　그냥　　너

이것은 '그냥 나와 너 사이에서'라는 구절을 공간적으로 재현한 것이다. 또는

TIMING　　　　　　　　TIM　　　ING

이것은 '1초의 몇 분의 1의 시간'이라는 표현을 시각적으로 재미있게 나타낸 것이다.

실험 참가자들에게 이런 퍼즐이 연속적으로 제시되었는데, 처음에는 각 문제풀이에 30초를 주었다. 몇몇 퍼즐에는 도움이 되는 '실마리'(위의 두 번째 예에는 '정밀한')나 도움이 되지 않는 실마리(첫 번째 예에는 '그밖에도')가 주어졌다. 참가자들이 처음에 풀지 못한 문제는 곧바로 다시 주어지거나, 5분이나 15분 뒤에 주어졌다. 풀지 못한 문제를 즉시 받게 되면 참가자들은 처음 시도보다 더 나은 결과를 보이지 못했다. 하

지만 잠깐 쉬고 난 다음에는 수수께끼의 해답을 찾는 비율이 30퍼센트 높아졌다. 긴 휴식(15분)이 짧은 휴식(5분)보다 더 나은 결과를 만들어냈다. 여기서 중요한 것은, 이런 발전이 참가자들이 문제에서 멀어진 시간 동안 그에 대해 생각할 수 있었느냐, 아니면 다른 일에 집중하느라 그럴 수 없었느냐 하는 것과는 상관없다는 사실이다. 그러니까 이 상황에서 부화의 이점은, 의도적으로 더 오랫 동안 생각할 수 있었느냐 여부로는 설명되지 않는다.

또 다른 연구에서 스미스는 '혀끝(TOT, tip of the tongue)' 현상을 이용해 부화효과를 일부러 이끌어냈다. 혀끝현상은 당신이 무언가, 특히 이름을 기억하려고 애쓸 때 답이 '혀끝에서 뱅뱅 도는데' 밖으로는 나오지 않는 것을 말한다. 스미스는 컴퓨터그래픽을 이용해 상상의 동물 그림을 고안했다. 각 동물에는 이름과 습성, 주거지, 식사습관 등을 간략하게 적었다. 실험 참가자들에게 그런 동물 12종을 잠깐씩 보여주고 이름을 기억하게 했다. 앞선 실험에서도 그랬듯이, 기억하지 못한 이름은 곧바로 보여주거나 5분 후에 다시 보여주었다. 이 테스트에서는 실험 참가자들이, 그림을 보고도 여전히 이름이 생각나지 않는다면 그렇다는 것을 밝히고, 그림을 보았을 때 동물의 이름을 알 것 같다고 생각되면 첫 글자가 무엇인지, 이름이 혀끝에서 맴돌고 있는지 아닌지 말하도록 했다. 5분 휴식을 취하고 나자 17~44퍼센트까지 기억력이 증진되었다. 참가자들이 전체 이름을 기억하지 못하더라도 TOT 상태에 있다면 첫 글자에 대한 '추측'은 더욱 정확했다.

스미스는 두 연구에서 공통으로 긍정적 부화효과에 대한 설명이 나타난다고 보았다. 잠깐의 휴식기가 틀린 추측과 맹목적인 방황을 잊을 시간을 주기 때문에, 문제로 되돌아오면 더욱 열린 마음으로 다가서게 된다. 우리는 특정한 접근법이 명백히 잘못된 것인데도 그것에 고착되려는 습성이 있다. 하지만 휴식기는 마음이 잘못 짚는 일을 중단할 기회를 키워준다. "생각하는 사람이 시작을 잘못하면, 모르는 사이 판에 박혀서 순간적으로 거기서 빠져나오지 못한다. 부화기간은 잘못된 생각의 판이 사라질 시간을 주고, 생각하는 사람이 자유롭게 새로운 관점으로 문제에 접근하게 해준다."[16]

생각보다 더 많이 아는 지성

휴식기가 고착에서 벗어나는 것을 돕는다는 생각, 발전을 가로막고 있던 가망 없는 접근법이나 추측을 털어버리도록 해준다는 생각은 분명히 부화의 한 측면이지만 이게 전부는 아니다. 무의식적 지성의 활동을 아직 고려하지 않았기 때문이다. TOT 상태에서 우리가 이름을 보고 그것을 아는지 모르는지 더 정확하게 말할 수 있고, 이따금 맨 처음 글자나 글자 수 같은 다른 특성을 기억할 수 있다는 사실은, 심층마음이 그것이 어떤 낱말인지 어느 정도는 알지만 무슨 이유에서든 완전히 의식으로 나오지 않고 있다는 점을 알려준다.

심리학자 아일런 야니브와 D. E. 메이어는 이런 종류의 잠재지식이 존재한다는 것을 직접 보여주었다. 스미스처럼 두 사람도 TOT 효과를 탐색했다. 야니브와 메이어는 실험 참가자들에게 희귀한 낱말의 뜻을 읽어준 다음, 그들이 기억은 못해도 분명 안다고 느끼는 경우를 모아 보았다. 그런 다음 두 사람은 이 낱말을 이용해 다른 새로운 낱말과 함께 '의미결정 과제'를 만들었다. 문자가 일렬로 컴퓨터스크린 위로 지나가면, 실험 참가자들은 가능한 한 빨리 이 문자 사슬이 진짜 낱말인지 아닌지를 알리는 두 개 키 중 하나를 누른다. 실험을 하기 전 최근에 본 적이 있는 낱말은, 친숙 정도는 같지만 최근에 기억에서 '활성화'되지 않은 낱말보다 더 빨리 진짜 낱말로 인식되었다. 야니브와 메이어는 TOT 낱말이 **의식적으로** 회상된 게 아니라도 여전히 이런 '초벌' 효과를 보여준다는 점을 발견했다. 활성화의 '강도'가 의식의 문지방을 넘을 정도로 크지 않아도, 낱말들은 여전히 기억에서 활성화 되었던 것이다.[17]

이런 부분적 활성화가 발휘하는 효과는, 우연한 사건이 낱말이 의식으로 넘어가는 데 필요한 가벼운 '밀침'이 될 가능성을 높인다는 점이다. 그리고 이것은 부화의 또 다른 길을 제공한다. 당신은 의식적으로는 문제를 해결하는 데 어떤 발전도 하지 못했다고 생각하거나, 심지어는 포기했다고 느낄지도 모른다. 하지만 무의식적으로는 어떤 발전이 이루어졌는지도 모른다. 의식의 기준을 만족시키기에 충분한 것은 아닐지라도 '후보'에게 어떻게든 초벌칠을 해둔 것이다. 일상의 사건이 당신에게 그냥 잠재의식 상태로라도 같은 낱말이나 개념을 연상시킨다면, 그것만으로 이미 충분한 무게가 된다. 이제 당신은 창의성 이야기에 자주 등장하는 느닷없는 통찰을 체험하는 것이다. 많은 사람이 낮동안 귀 너머로 슬쩍 들은 대화의 한 토막 같은 시시한 자극이 충분한 방아쇠가 되어, 지난밤 꿈을 의식으로 불러와 갑자기 기억하는 경험을 했다.

2장에서 우리는 의식적인 마음이 깨닫지 못하는 쓸모 있는 패턴을 심층마음이 찾아내 발전시킬 수 있다는 것을 보았다. 그런 상황에서 우리는, 우리가 안다고 생각하는 것보다 더 많이 알고 있음을 본다. 이번 장에 나온 문제에도 같은 종류의 해결책을 적용할 수 있을까? 우리 생각보다 심층마음이 문제해결에 더 가까이 있다는 점을 직접 보여줄 수 있을까? 실제로 그렇다는 것에 대한 섬세한 실마리나 징후를 조금 더 민감하게 느낄 수 있을까? 그냥 우리 마음에 불쑥 끼어드는 생각을 단순히 체계에 뛰어든 소음으로 여겨 무시하기보다는 조금 더 믿어야 하지 않을까? 워털루대학교 케네스 바우어스와 동료들이 최근에 행한 연구가 이러한 질문에 긍정적인 답변을 해준다.

스미스처럼 바우어스도 직관이 언뜻 분리된 듯 보이는 요소 아래 의미 있는 연관이나 패턴을 잡아내는 능력과 밀접하게 관련돼 있다고 추정하고, 시각적·언어적 자극을 이용해 탐색했다. 의식적이고 신중한 사색이 무슨 일이 벌어지는지 짐작조차 못하는 틈에 심층마음이 그런 패턴을 향하는 방법을 탐색한 것이다. 111쪽 그림 5를 보라.

A나 B 가운데 하나는 실제 사물의 훼손된 이미지다.[18] 다른 그림은 다른 방식으로 배열된 시각적 요소다. 실험 참가자들에게 이런 그림 여러 쌍을 보여주고, 둘 중 하나에 묘사된 사물의 이름을 적도록 한다. 이름을 적을 수 없다면 두 개 중 어느 쪽이 실제 대상을 나타낸 것인지 추측하고, 이런 '추측'에 대한 자신감이 어느 정도인지 표시하게 했다. 결과는 참가자들의 추측이 우연보다 더 낫다는 사실, 심지어 추측에 대한 자신감이 전혀 없을 때에도 그렇다는 사실을 보여주었다. 이때 아무 것도 모르는 참가자들에게 형태 쌍을 보여주고 어느 쪽이 더 '이치에 맞는 것'인지 짐작하게 하여, 진짜 사물의 시각적 조각이 어딘지 더 이치

에 맞게 배열되어 있을 가능성과, 추측에 정보를 주는 것이 다른 무의식적 활동보다 더 감각적인 단서가 될 가능성을 줄였다. 이 판단에서는 실제 사물의 이미지와 멋대로 재배치한 이미지 사이에 어떠한 차이도 없었다. 이로써 혀끝 상태처럼 무의식은 의식이 완벽한 추측이라고 판단하는 형태로, 아직 분명하게 확인되지 않은 경우라도 패턴을 검출하는 어떤 방식을 갖고 있다는 것을 보여준다.

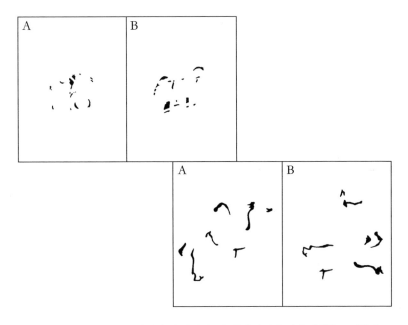

그림 5. 케네스 바우어스의 훼손된 이미지. 각 쌍의 하나만 진짜 대상을 보여준다.
카메라(위)와 낙타(아래)

시각적이라기보다 언어적인 자극으로도 같은 발견이 이루어졌다. 아래 세 개 낱말의 세 쌍이 있다. 각 쌍에서 세 낱말로 이루어진 세트

하나는 아주 분명하지는 않아도 공통의 연상물, 어떤 방식으로든 세 낱말과 연결되는 한 낱말을 갖지만, 다른 세트는 이런 방식으로 결합돼 있지 않다.[19]

	A	B
1	막대기	파티
	밝은	둥근
	생일	표
2	집	요술
	사자	헝겊
	버터	복도
3	물	열여섯
	담배	회전
	선線	부드러운

　그림의 경우처럼 실험 참가자들은 연결을 찾아내라는 요구를 받았고, 만약 못하겠다면 둘 중 어느 쪽이 찾아내지 못한 연결점을 갖고 있을지 표시하게 했다. 그 결과는 시각적 자극과 본질적으로 같았다. 참가자들은 약간 시간이 걸려서라도 자신이 알아내지 못한 패턴이 있다는 것을 찾아낼 수 있었고, 그들의 자신감 정도가 알려주는 것보다 더 올바르게 찾아냈다.

두 번째 탐구를 더욱 독창적으로 다듬는 과정에서 바우어스는 '누적된 실마리 과제'라고 부르는 실험을 고안했다. 방금 말한 것과 비슷한 문제다. 참가자들은 제시된 낱말 여럿과 공통 연상물을 지닌 한 낱말을 찾아내야 했다. 하지만 이번에는 열다섯 개 낱말이 나타났고, 이것을 한꺼번에 보여주는 대신 하나씩 보여주었다.[20]

누적된 실마리 과제

1. 빨간
2. 견과류
3. 그릇
4. 신선한
5. 펀치
6. 컵
7. 바구니
8. 젤리
9. 칵테일
10. 고무
11. 파이
12. 나무
13. 구운
14. 샐러드
15. 파리

맨 처음 낱말을 10초 정도 보여주고 그 동안에 실험 참가자들은 적어도 하나의 연상을 적어야 한다. 그런 다음 두 번째 암시낱말이 나타나고 참가자는 또 다른 답변을 적는다. 이런 식으로 계속된다. 실험 참가자들이 가능한 육감이나 가설을 찾아냈다고 생각하면 그것을 표시하고, 생각을 바꾸거나 원하는 낱말을 찾았다는 확신을 얻을 때까지 답변을 계속한다. 이런 테스트를 몇 번 하고 나면 참가자들은 보통 열 번째 낱말 정도에서 가능성 높은 후보를 찾아내고, 대략 열두 번째 암시낱말을 받은 뒤에는 확정적인 답변을 내놓았다.

무의식이 의식보다 앞선다면 실험 참가자들의 '추측'은 그들이 깨닫기 전에 이미 목표 낱말에 접근하기 시작할 것이다. 이를 확인하고자 참가자들이 설득력 있는 가설을 내놓기 전에 정답을 먼저 판정단에 보여주었다. 참가자들의 답변이 아직 확인되지 않은 목표낱말과 의미 있는 관계를 보이는지 알아보기 위해서였다. 놀랍게도 정말로 의미가 있었다. 판정단은 실험 참가자들이 추측하는 과정에서 목표에 꾸준히 접근하는 패턴을 볼 수 있었는데, 이는 참가자들은 모르는 패턴이었다. 머릿속으로 불쑥 끼어든 아이디어가 우리가 생각하는 것보다 더 큰 타당성을 갖는 것이다. 그러므로 그런 아이디어를 무시하거나 그냥 '순전히 짐작'이라고 여긴다면, 우리는 아주 쓸모 있는 정보를 스스로 없애는 셈이다.

바우어스는 이렇게 정형화된 문제가 실제 삶의 문제를 해결하는 과정을 대변할 수 없는 중요한 이유 하나를 깨달았다. 현실의 '문제' 대부분은 사람들이 미리 무엇이 타당하고 무엇이 타당하지 않은지 알 수 없는 것이다. 사업가와 건축가, 과학자, 교사 등이 부딪치는 문제는, 처음에는 좀체 분명하지 않고 '종잡을 수 없는' 것이다. 문제를 어떻게 개념

화할지, 혹은 이용할 수 있는 정보의 어떤 측면에 주목하고 어떤 측면
은 버려야 할지 알 수가 없다. 초보운전자나 의학부학생은 종종 자료에
짓눌리는 느낌을 갖는다. 경험을 통해 이 자료에서 무엇이 중요하고 무
엇이 중요하지 않은지 알아내지 못한 탓이다. 의식의 최전선에 나타나
야 할 것과 뒤로 물러나도 좋은 것을 구분하지 못하는 것이다. 바우어
스의 수수께끼는 심리학자나 학교에서 커리큘럼을 짜는 사람들이 이용
하는 수수께끼처럼, 사람들 앞에 내놓기 전에 말끔하게 정리된 것이다.
카메라 이미지는 훼손되어 있지만 그 안에 '잡음'은 없다. 그래서 최근
의 실험에서 바우어스는 자신의 문제를 더 지저분하게, 그러니까 더욱
실제 삶과 비슷하게 만들었다. 이제 그의 문제는 타당하고 가치 있는
정보와 함께 무관하거나 방해가 되는 정보도 일부 포함한다. 그런데도
비슷한 결과가 나온다. 예를 들어 실험 참가자들이 자기도 모르는 사이
해답에 다가가면, 문제의 어떤 측면이 실제로 타당한 것인지 더욱 잘
'짐작'하게 된다.

　이로써 우리는 마이클 브라운의 다음 단계로 데려가는 저 신비로운
'안내하는 손길', 스탠리 코언의 어떤 결과를 '믿어야'하고 어떤 것은 의
심해야 하는지 알려주는 그 손길이 정말로 존재한다는 경험적 증거를
갖게 되었다. 다른 말로 하자면, 지적인 무의식인 심층마음이 실제로 의
식적 이해 아래에서, 때에 따라 의식적 이해보다 앞서서 일하고 있다는
증거를 얻었다. 시인과 과학자 들은 언제나 막연한 짐작만 해왔다. 그들
이 정말로 관찰력이 뛰어나다면, 직접적인 체험을 통해 이 사실을 안다.
에이미 로웰은 "어떻게 시가 만들어지는가?"라는 질문을 받았을 때 이
렇게 대답했다. "모르겠다. 방금 그 질문이 내 시에만 한정된 것이라고

해도 전혀 모르겠다. 마찬가지로 나는 다른 사람이 시를 어떻게 만드는지 모른다. 시에 대해 내가 아는 것이라고는 정말로 알아야 할 것의 100만 분의 1에 지나지 않는다. 나는 시가 의식을 건드리는 지점에서 시를 만난다. **그리고 그건 시가 만들어지는 길에서 이미 한참 떨어진 것이다.**"(강조는 필자)

미국 신경생리학자 랠프 월도 제라드는 1946년 『월간 과학』에 기고한 글에서, 뒷날 인지과학이 옳다고 인정해줄 내용을 상당수 미리 예시했다.

경험 과정에서 올바른 응답이 천천히 쌓이면서 배우기(서서히 스며드는 배움), 갑작스럽게 답을 붙잡고 올바른 응답을 실천하기(직관)에서 배우기 등 배움의 현상에 이미 많은 관심이 쏠려 왔다. 이 둘은 다르게 보이지만 …… 근본적으로 매우 비슷한 것일 가능성이 있다. 아니 아마도 그럴 것이다. 둘 다 새로운 기능적 연결이 두뇌에서 확정되어야 한다. 이 과정은, '통찰력'의 경우에 보기보다 훨씬 점진적이고 누적된 것일 수 있다. 상상의 섬광에 앞서 이미 많은 두뇌 작용이 있었기 때문이다. 중력이론은 준비된 마음에 은유적 사과가 떨어졌을 때 나온 것일 수 있다. 다만 그 과정은 어느 정도의 경계치까지 진행되고 나서야 의식적인 통찰로 넘어온다.

5장

아이디어 갖기
: 조용한 정신적 임신

아이를 만들려고 자궁에 들어갈 수는 없다. 아기는 이미 거기 있고, 저절로 자라 차츰 전체가 된다. ……물론 당신은 글쓰기를 그보다는 조금 더 통제한다. 하지만 글쓰기가 당신을 데려가게 하라. 그것이 당신을 길 밖으로 데려가는 것 같아도 되돌리지 마라.

거트루드 스타인(미국 시인)

창작자가 자신의 작업과정을 말할 때 사용하는 여러 은유가 있지만, 임신에 대한 비유보다 더 널리 쓰이는 것은 없다. 좋은 아이디어를 '갖는 것'은 아기를 갖는 것과 비슷하다고 한다. 처음에는 시작할 씨앗 같은 게 필요하다. 다음에는 그것을 안전하게 보호하고 자양분을 공급할 '자궁'이 필요하며, 이 자궁은 아무도 접근할 수 없어야 한다. 임산부는 물론 성장조건을 공급하는 주인이지만 공장주는 아니다. 당신이 아기를 '갖는다'라고 해서 아기를 '만든다'라는 뜻은 아니다. 통찰과 영감도 마찬가지다. 임신은 자체 시간표가 있다. 심리적으로나 생물학적으로 **특히** 서둘러서는 안 되는 과정이다. 게다가 통제되지도 않는다. 과정이 한 번 시작되면 임신은 저절로 이루어지며, 어떤 엄청난 사건이나 개입만 아니라면 마침내 결실을 맺는다.

마음을 이런 식으로 본 것은 낭만주의자들만이 아니다. 심지어는 미국 골수 행동주의 심리학자 버러스 프레더릭 스키너도, 뉴욕 시인협회가 "시를 '갖기'"라는 제목으로 연 강연에서 이런 말을 했다. 스키너는 한창 강연'하기' 중인 지금 이 순간에, 자신의 이야기는 그것을 그려 보이는 진기한 특성을 가졌다는 말로 강연을 시작했다.[1] 그런 다음 그는 이 은유를 더욱 상세하게 전개했다. "어떤 여성이 아기를 '뱄다'고 말할 때 우리는 창조적인 성취라는 뜻으로는 거의 생각하지 않는다. 이 동사는 태아를 만기까지 지닌다는 뜻으로 쓰인다." 그런 다음 여성이 아기에게 탄생을 '주고' 나면—마치 탄생이 내줄 수 있는 일종의 재산이나 선물이기라도 한 것처럼—우리는 그냥 그녀가 아기를 가졌었다고 하는데, 여기서 과거분사 'had'는 '소유하게 되었다'라는 말 이상을 뜻하는 것으로는 보이지 않는다.

어머니의 공로의 본질은 정확하게 무엇인가? 어머니는 아기의 눈이나 피부색을 결정하지 않는다. 아기에게 자신의 유전자를 주기는 하지만, 그녀가 자신의 유전자를 부모에게서 받았고 그들을 통해 자기의지와 완전히 무관한 혈통을 물려받은 것이라면, 그게 진짜 '그녀의 것'인가? 어머니는 분명히 자신이 물려준 담갈색 눈과 적갈색 머리카락에 개인적인 자부심을 많이 가질 수는 없다. 스키너의 말을 들어보자. "생물학자는 아무 어려움 없이 어머니의 역할을 서술할 수 있다. 어머니는 매우 중요한 생물학적 과정이 이루어지는 장소다. 그녀는 온기와 보호, 양분을 공급하지만 그 혜택을 누리는 아기를 디자인한 것은 아니다. 시인도 특별한 유전적·환경적 원인이 함께 일어나는 장소다." 앞서 보았듯이 시인에게 적용되는 말은 과학자와 소설가, 조각가, 상품 디자이너에게도 똑같이 적용된다.

창의성의 조건

창의성의 과정이 기계적이기보다는 본질적으로 생체적인 것이긴 해도, 이런 유사함은 '부화기孵化器'의 본성이 씨앗의 발아에 매우 중요하다는 사실을 일깨워준다. 어머니는 자궁 안 아기의 발전을 설계하지는 않지만, 여전히 생활방식과 감성, 두려움, 식성, 태도, 지나온 역사와 체질 등을 통해 엄청난 영향을 준다. 어머니가 누구냐는 것과 그녀가 살고 있는 물리적·감정적 환경은, 뱃속 생명체에게 제공하는 밀실의 본성과 질에 영향을 미친다. 직관도 이와 비슷한 것 같다. 아이디어의 성장과 탄생에 더 좋거나 덜 좋은 정신적 자궁이 되는 조건이 있다. 각기 다른 사람이 알거나 모르는 가운데, 이에 도움이 되는 조건을 제공하는 여러 가지 길이 있다. 이 조건이 무엇인지 분명하게 알수록, 우리는 그런 조건이 어떻게 조성될 수 있는지 더 잘 볼 수 있게 될 것이다.

첫째, 씨앗을 찾아내야 한다. 창작자에게 이 과정은 호기심, 곧 새로운 수수께끼에 대한 개방적인 마음을 요구한다. 자신이 임신하지 못하는 것도 허용해야 한다. 전통적인 패턴에 적응하기를 고집스럽게 거부하는 어떤 자료나, 아직 해명되지 않은 감정과 어울리는 듯한 우연한 관찰 때문에 화가 나는 게 아니라면, 창조과정을 위해 따로 할 일은 없다. 영국 시인 앨프레드 하우스먼은 진부해진 이미지에 생명을 불어넣으면서 이렇게 말한다. "시를 포함하는 것에 꼭 이름을 붙여야 한다면, 나는 그것을 분비라고 부르겠다. 전나무에서 나오는 수지처럼 자연적인 분비든, 조개 속에 든 진주처럼 병적인 분비든 상관없다. 나는 조개가 하듯이 그렇게 분명하게 자료를 다루지 못할지도 모르지만, 어쨌든 내가 후자라고 생각한다."[2]

설명할 수 없는 정보나 부조화가 과학자들에게는 자주 자극이 된다. 아인슈타인은 십대 때 빛줄기에 올라타면 어떤 기분일까 자주 상상했는데, 그것이 결국 상대성이론으로 꽃필 씨앗이 되었다. 전파망원경에서 나온 약 5미터에 달하는 컴퓨터 인쇄출력물을 점검하는 일상을 통해 케임브리지대학의 한 젊은 천문학도는 몇 가지 수수께끼의 흔적을 보았다. 그 흔적은 쉽사리 무시되거나 소음으로 치부될 수 있는 것이었다. 하지만 엄청난 작업을 계속함으로써 완전히 새로운 종류의 별을 발견했다. 수많은 초파리 가운데 눈이 기형인 놈이 있다. 어떤 생물학자가 어째서 그럴까 계속해서 궁리했다. 5년 뒤 그의 연구는 암세포생성과

관련된 것일 수도 있는 새로운 종류의 수용체 단백질에 도달했다.[3]

비즈니스 세계에서는 언뜻 차질로 보이는 것에서 가능성을 찾거나, 시장의 변덕이 무엇을 뜻하는지 곰곰이 생각할 시간이 있는 임원진이나 상품개발자가 경쟁우위를 차지한다. 예술가들의 이야기도 사소한 것에 대한 날카로운 감수성의 중요성을 보여준다. 영국 작가 헨리 제임스는「포인튼의 전리품」서문에서, 이런 사사로움이 작품에 있어 얼마나 핵심적인지를 설명한다. 어느 크리스마스이브에 헨리 제임스는 친구들과 함께 저녁을 먹고 있었다. 그의 옆자리에 앉은 숙녀가 "내가 언제나 즉시 '싹'이라는 걸 알아보는 중요한 암시를 했다. ……내 손 아래서 형태를 얻는 대부분의 이야기는 그런 ……소중한 입자에서 싹터 나온다. 그것은 건드리면 소설가의 상상력이 날카로운 바늘에 찔린 것처럼 움찔하는 산만한 암시, 이리저리 떠도는 낱말, 공허한 메아리에 대한 흥미로운 진실이다. 바늘처럼 날카로운 특성과 가능한 한 섬세하게 꿰뚫는 힘에 그 가치가 있다."[4]

이런 씨앗은 무의식의 영역에서 이미 준비되어 있는 사람에게만 착상되는 것 같다. 이 문제가 설사 예술적이라기보다 지적인 것이라 해도, 이를 인식하는 것은 개인적이고 감정적이며 심지어 미적이다. 폴 버그가 자신의 작업에서 문제나 접근법을 향한 '미각'이 얼마나 중요한 것인지 설명할 때처럼 말이다. 미국 소설가 도로시 캔필드는 헨리 제임스와 같은 맥락에서『부싯돌과 불꽃』의 핵심사건에 관한 이야기를 들려준다. 그녀는 이웃에 볼 일이 있었는데, 그 집에 가려면 빽빽한 소나무 사이로 난 좁은 오솔길을 통과해야 했다. 오솔길 옆으로는 눈 녹은 물로 불어난 개울이 흘렀다. 숲에서 빠져 나오면서 캔필드는 늙은 사내가 자기 오두막 앞에 조용히 혼자 앉아있는 것을 보았다. 이웃과 일을 마친 다음 그녀는, 시골의 관례를 어기지 않을 셈으로 사내 옆에 앉아 몇 분 동안 이야기를 나누었다.

> 우리가 이웃 사이에 떠도는 시시한 소문 몇 가지를 이야기하고 나자 늙은 사내는 자세를 고치면서 긴 숨을 내쉬고는 이렇게 말했다. "이 시냇물 소리가 올봄처럼 그렇게 크게 들린 적이 없었던 것 같아." 그러자 갑자기 남자의 할아버지가 냇물에 몸을 던져 죽었다는 것이 기억났다. 나는 그 기억과 그의 목소리에 마음이 움직여 조용히 앉아 있었다. ……내 심장이 저항할 길 없이 공감과 맞닥뜨리는 것을 느꼈다. ……이것이 언뜻 들리는 것처럼 그렇게 추하지 않기를 바라는 마음이다. 그 순간에 나는, 내가 이 감정의 격렬한 통증을 이야기로 만들어서 다른 사람들도 함께 느끼게 하리라는 것을 알았다.[5]

영국 시인 스티븐 스펜서는 자신의 영감이 "한 행, 한 구절, 한 낱말, 때로는 아직 모호한 어떤 것, 말의 소나기로 응축되어야 함을 느끼는 아이디어의 희미한 구름"이라고 말했다.

씨앗은 올바른 종류의, 적합한 상태에 있는 '지식의 몸통'과 접촉하기 전에는 싹을 틔우지 않는다. 하지만 '올바른' 종류라니, 그것이 대체 정확히 무엇인가? 시대를 앞선 사람들을 연구한 결과를 보면, 지식의 몸통은 풍부한 체험으로 가득 차야만 가장 비옥한 땅이 된다. 다만, 그 체험이 완전히 제 것이 되고, 지극히 익숙해서 저절로 작동할 수 있을 때까지 기다려야 한다. 분명한 것은 아무도 **진공상태에서는** 창조적일 수 없다는 사실이다. 하지만 문제에 너무 흠뻑 빠져 있으면 생각의 홈이 너무 닳아서 신선한 것을 감지하지 못하고, 다른 아이디어가 뒤섞이는 것도 허용하지 못한다. 물이 든 병으로 했던 실험과 사람들이 재빨리 '자기방식에 젖어'든다는 사실을 기억해 보라. 복잡한 규칙을 많이 경험할수록 간단한 해결책이 나타나도 알아채지 못한다. 창의적인 사람을 연구한 결과를 보면, 전체적으로 창의력과 나이는 뒤집은 U자 곡선을 이룬다. 예를 들어 수학과 물리학에서 가장 독창성을 발휘할 때는 스물다섯에서 서른다섯 살 사이다.[6]

더 특수한 예를 알아보자. 1993년 2월 18일자 뉴욕타임스 1면에, 시험관에 든 인간세포에서 에이즈 바이러스를 제거함으로써 건강한 세포가 감염되는 일을 사전에 차단하는 기술이 최초로 발견되었다는 기사가 실렸다. 이 방법을 고안한 사람은 의학부 대학원생 융강 조(Yung Kang Chow)였다. 아직 학생이라 상대적으로 경험이 부족했던 탓에, 그는 연구자들이 그때까지 무의식적으로 만들어내던 길을 가로막는 추정을 꿰뚫어볼 수 있었다. 조는 이렇게 말한다. "대학원생으로서 아직 의학을 많이 배우지 못한 덕에 나는 문제를 더욱 단순하게 바라보았다." 눈에 보이지 않지만 존재하고 있는 추정을 꿰뚫어보는 것은 자주 창의성의 열쇠가 되는데, 이것은 정보를 보유하되 변형시키지 않은 마음을 요구한다. 홈이 파이기는 했지만, 완전히 틀에 박히지 않은 마음 말이다.[7]

성공적인 직관인 vs. 무모한 짐작인

앞서 보았듯이 직관은 복잡하거나 불분명한 상황에서 가장 잘 작용
하는 경향이 있다. 그런 상황에서 주어진 정보는 너무 개괄적이거나 불
충분하다. 여기서 앞으로 나아가는 일은, 미국 심리학자 제롬 브루너의
유명한 말처럼 '주어진 정보 너머로 갈' 수 있는 사람, 풍부한 직감과 가
설을 개발하는 데 자신의 지식을 이용할 수 있는 사람만이 이룰 수 있
다. 소설가와 과학자는 모두 밖으로 나가 더 많은 '자료'를 수집할 필요
가 있지만, 독창적인 아이디어는 '문제 전문화', 곧 자료를 자신의 경험
및 전문지식 창고와 최대로 접촉시키는 데서 나온다. 이들이 서로 가능
한 한 곧바로 원활하게 공명하게 만들어서 현재의 자료와 과거의 경험
에서 의미와 가능성을 최대한 뽑아내야 한다. 직관력이 좋은 사람은 적
은 것에서 많은 것을 만들어낼 준비가 되어 있고, 그럴 의지와 능력이
있는 사람이다.

당신이 판단을 내리는 데 있어 결함 없는 원천에서 뽑아낸 고품질
의 정보를 고집한다면, 분명히 '잘못'을 범할 기회를 줄일 수 있다. 대신
그보다 덜 눈에 띄는 '누락의 오류'를 범할 것이다. 그렇게 보수적인 태
도를 취함으로써 당신은 무의식이 인정하는 더욱 시험적이고 전체적인
반응을 이용할 수 없게 될지도 모른다. 그러나 만약 당신이 분별력 없
이 그냥 직관적이기만 하다면, 직감을 지극히 약한 변덕으로까지 축소
시킬 가능성이 있다. 그러므로 직관과 관련해서 핵심적인 질문은, 어떻
게 의식과 무의식에 관계하면서 두 종류의 오류를 최소화하느냐이다.
당신은 심층마음의 자극에 마음을 열고, 그 말에 귀를 기울이고 그것을
인정해야 하며, 그러면서도 그것을 너무 존중하거나 분별력을 잃지 않

아야 한다.

사람들은 적절하지 않은 의식적 정보에 근거해 서로 다른 판단과 결정을 내릴까? 만일 그렇다면, 그런 사람 중 몇몇은 다른 사람보다 더 나은 판단과 결정을 내릴까? 바사칼리지 맬콤 웨스트코트의 연구는, 두 질문의 답이 분명히 '그렇다'라는 걸 보여준다. 웨스트코트는 학부생으로 이루어진 실험 참가자들에게 두 낱말 또는 두 숫자 사이 관계를 나타내는 한 예를 보여주었다. 참가자들의 과제는 이 낱말이나 숫자에 올바른 '짝'을 덧붙여서 자기가 관계의 규칙을 찾아냈다는 걸 보여주는 것이다. 이를테면 참가자들에게 '2, 6'을 보여주고 '10'을 덧붙이면 규칙에 맞는가, '생쥐, 쥐'에 이어 '주말'을 덧붙이면 규칙에 맞는가를 묻는 것이다. 이때 참가자들은 봉인된 봉투 안에 든 다른 힌트도 받는데, 그것을 하나씩 열어보고 답할 수 있다. 그들은 대답하기 전에 각자 원하는 만큼 많은 힌트를 볼 수 있다. 실험 참가자들은 답변을 하고나서, 자신의 답이 맞는다고 어느 정도 확신하는가 하는 질문도 받았다. 웨스트코트는 이렇게 해서 각 문제에 대해 세 가지 측정치를 얻었다. 답이 맞는지 틀렸는지, 참가자들이 답을 내놓기 전에 얼마나 많은 힌트를 원하는지, 그들이 얼마나 자신하는지 등이다. 그는 영국과 미국에서 여러 그룹의 참가자들을 대상으로 다양한 종류의 문제로 이 실험을 되풀이했다.

이를 통해 웨스트코트는, 참가자들이 세 가지 측정치에서 모두 지속적이고도 뚜렷하게 구별되며, 따라서 이들을 네 개의 서로 다른 하위 그룹으로 나눌 수 있다는 사실을 알아냈다. 먼저, 대답하기 전에 극히 적은 정보만을 요구하고, 그러면서도 정확한 답을 내놓을 가능성이 높

은 사람들이 있다. 그는 이들을 '성공적인 직관인'이라고 불렀다. 다음
으로는 똑같이 추가정보를 거의 원하지 않지만 틀리는 경향이 높은 사
람들이 있다. 이들은 '무모한 짐작인'이다. 세 번째 그룹은, 답하기 전에
정보를 잔뜩 원하고 전반적으로 성공적인 답을 내놓는 '조심스러운 성
공'을 거두는 사람들이었고, 마지막은 똑같이 정보를 잔뜩 손 위에 올
려놓고도 실수를 많이 하는 '조심스러운 실패'를 겪는 사람들이었다.

웨스트코트는 실험 참가자들에게 다양한 개성 테스트를 해서 성공
적인 직관인들과 다른 그룹이 어떤 특성을 갖는지 볼 수 있었다. 우선,
좋은 직관인들은 '내향성'인 경우가 많았다. 사회적으로 조명 받는 일
을 꺼리지만 자부심이 강하고 자신의 판단력을 신뢰했다. 여러 일에서
스스로 결정 내리기를 좋아하고 다른 사람의 통제를 받는 것에 저항적
이다. 관습적이지 않으며 그런 태도에서 편안함을 느낀다. 사회적인 모
임에서는 '침착'하지만 공감능력이 강력하고, 친밀한 상황이나 혼자 있
을 때 자신의 감정을 드러낸다. 모험을 즐기고, 자신을 비판과 도전에
드러낼 각오가 돼 있다. 비판을 꼭 필요한 것으로 여겨 받아들이거나
거부하며, 스스로 적합하다고 생각하는 방식으로 변화할 준비가 돼 있
다. 좋은 직관인들은 스스로를 '독립적'이고 '예측력'과 '자신감'이 있으
며 '순간적으로 결정하는' 경향이 있다고 서술한다. **불확실성을 탐색하
고, 다른 그룹보다 훨씬 더 많이 의문을 품으며, 그럼에도 두려움 없이
지낸다.**[8]

그에 반해 '무모한 짐작인'은 훨씬 더 사회적 방향을 지향했다. 하
지만 "그들의 상호작용은 상당히 투쟁적인 특성을 지닌다. 그들은 자기
도취적이고 '정서적 투자'는 자기 자신을 향하는 것으로 보인다." 이런

특성은 "강하고 완고한 의견과 함께, 비꼬는 기질이 강하고 극단적이고 불안한 비관습성"으로 나타난다. 그들은 스스로를 '기민하고' '빠른' '냉소적인' 사람이라고 서술한다. 웨스트코트는 이런 사람들이 "현실을 파악하려고 노력하지만 현실은 그들에게 붙잡히지 않으며, 그들은 어딘지 혼란스러운 태도로 [불확실성을 향한] 여러 공격 모드를 시도하는 경향이 있다"라고 촌평했다.

'조심스러운 성공'을 거두는 사람들은 '질서와 확실성, 통제를 몹시 좋아하는 특성'이 두드러지며, 권위를 극히 존경한다. 분명하게 규정된 관심과 가치관이 그들이 속한 문화의 주류에 해당한다는 뜻에서 사회화가 잘 되어 있지만, 자신이 이런 것에 영향 받고 있다는 점을 깨닫지 못한다. 확실성과 질서를 향한 욕망은, 사람 사이의 관계가 불확실한 세계에서는 어떤 사회적 곤경과 두려움으로 그들을 이끌어가는 것으로 보인다. 이들의 감정은 잘 구조화되어 있지 않을 경우 다루기 어려워진다. 그들은 스스로를 '조심스러운' '친절한' '절도 있는' '자신감 있는' 사람이라고 서술한다. 웨스트코트에 따르면, 전체적으로 이 그룹은 "보수적이고 조심스러우며 어딘지 억압된 사람들로, 기대가 잘 들어맞는 상황에서는 기능을 잘한다." 우리 짐작으로는 d-모드 유형의 사람들이다.

마지막으로 '조심스러운 실패'를 겪는 사람들은 "모든 것이 좋아봤자 모험적이라 여기고, 모든 일에 대한 영향력이나 통제력에서 본질적으로 무력하다. 광범위하게 일반화된 수동성, 불의를 다룰 능력이 없으면서도 이를 느끼는 감수성이 있으며, 자신감이 없으면서도 조용하고 안전하게 **현 상태**를 유지하기 바란다. ······그들은 삶 전체를 통해 파도를 일으키지 않고 머리를 수면 위에 띄우느라 이리저리 헤맨다. 그들은 스스로를 '조심스러운' '친절한' '절도 있는' 사람이라고 서술한다."

웨스트코트의 발견에서 가장 의미심장한 점은, 불확실성이나 의심을 지녔으면서도 편안한 사람들이 '그것을 가장 잘 견디고' 자신이 지닌 적합하지 않은 정보를 가장 성공적으로 이용할 수 있는 그룹이라는 사실이다. 그들은 불확실한 상황에서 자신의 무의식적 자료를 이용해 **좋은 추측을** 할 수 있고, 또 그럴 준비도 돼 있다. 이것은 불확실성에서 계속 도망치다보면 일부 수수께끼 상황을 다루기에 적합하지 않은 인지 모드만을 이용하게 될 수 있다는 주장을 뒷받침해줄 강력한 경험적 증거다. 현재까지의 타당한 연구들을 재음미한 다음 웨스트코트는 다음과 같은 결론을 내리는데, 이것도 매우 의미심장하다. "추측이 바탕으로 삼을 정보가 지나치게 복잡하거나 부족하거나 제한돼 있을 때, 데이터를 확실히 조작하기에는 시간이 부족할 때 직관이 나타날 가능성이 많다. ……이 모두가 생각하는 사람이 성숙한 사람이라는, 사회적으로 타당성을 인정받은 논리를 직접 적용할 수 없게 만드는 조건이다."[9] 미국 사회과학자 도널드 숀은 이것이 바로 교사나 법률가 같은 직업군의 사람이 일상적으로 부딪치는 상황이라고 주장했다.[10] 도움이 되는 선례나 격언 같은 게 물론 있지만, 이들은 어떤 규칙도 곧바로 적용하지 않으려고 특별히 독특하고 복합적인 사례를 다루는 데 많은 시간을 보내곤 한다. 그들은 '기술적 합리성'이라는 잘 닦인 고속도로를 멀리하고, 숀의 표현을 빌자면 직업적 현실이라는 '늪지대'를 통과하는 방식을 찾아내려고 노력한다.

데이터와 경험, 지각과 인지가 공명하는 이런 작업은 이따금 재빨리 일어난다. 웨스트코트의 수수께끼는 단순하고 정형화돼 있어서 직관이 매우 빠르게 작동할 수 있도록 만들어졌다. 그러나 많은 경험은 이와는 달리 멀리서라도 비슷한 사례나 은유를 찾아낼 길이 없다. 겉으로 뿔뿔이 흩어져 있는 요소를 연결시킬 그 어떤 섬세한 패턴도 찾아지지 않는다. 그런데도 문제가 더욱 복잡할 때 심층마음은, 자주 특유의 도구들만 지닌 채 그대로 남겨져 있어야 하며, 인내심을 요구한다. 즉 불확실성을 참는 능력, 한동안 모른다는 느낌으로 그대로 있으면서 옆으로 비켜선 채로, 관찰도 지시도 할 수 없는 정신적 과정이 제 길을 갈 수 있도록 기다리는 능력이 무엇보다 중요하다.

불확실성을 못 참는 사람은 창조적 직관이 꼭 필요로 하는 자궁을 제공할 수 없다. 4장에서 보았듯이 밀턴 로키치는, 사람을 억지로 느리게 만들면 창의력이 증진된다는 것을 증명한 다음 이렇게 결론 내린다. "완고한 사람과 덜 완고한 사람의 차이는 ……아마도 시간 이용도에서 나타나는 개성차로 볼 수 있을 것 같다. ……시간의 여유, 즉 느리게 생각할 각오는 더 넓은 인지력과 더 추상적인 생각, ……결과적으로 더 큰 유연성을 만들어낼 수 있다." 나아가 로키치는 이런 차이가 어떻게 일어나는지 설득력 있는 사유를 펼친다. "어떤 사람들은 욕구충족이 지연되는 일을 포함한 좌절경험 때문에 전체적으로 좌절상황을 견디는 능력이 없어진다. 이들은 두려움을 가라앉히려고 새로운 문제에 상대적으로 빨리 반응하는 것을 배운다. ……그래서 도출되는 피할 수 없는 결과가 완고한 행동이다."[11] 따라서 어떤 사람이 좋은 직관인이냐 아니냐 하는 것은 인지적 습관이나 기질문제로 드러난다. 그런데 이런 습관이나 기질은 아마도 매우 깊이 자리 잡은 감정적·개인적 특성에 의해 만들어지는 것 같다. 누군가 무지로 인해 위협받은 경험 때문에 기다리지 못하게 되고, 그 결과 목적 지향적이고 바쁜 인지상태, 곧 d-모드에 의존하게 될지도 모른다. 그것이 언뜻 방향감과 통제력을 주는 듯 보이지만 현재 처한 일에 맞지 않는 도구일지라도 말이다.

사람은 위협이나 압력, 평가나 스트레스를 느끼면 더 정확한, 더 많이 시험되고 입증된, 더 관습적인 사고방식으로 돌아가는 경향이 있다. 한마디로 덜 창의적인 사고방식에 의존하게 된다. 루친스의 물병연구는, 사람이 스트레스를 받으면 더 쉬운 해결책이 나타났을 때도 쓸데없이 복잡한 해법에 고착되는 경향이 높아진다는 사실을 일러준다. 실험 참가자들은 위협을 더 많이 느낄수록, 이미 철지난 해법에 더욱 완강하게 매달리고, 새로운 가능성을 못 알아채는 경향을 보였다.[12]

보다 가벼운 정도의 스트레스도 수행능력을 방해한다. 미국 교육학자 아서 콤스와 찰스 테일러는, 어린이만화책 스파이 이야기에 나오는 단순한 치환암호 방식으로 문장을 암호화하는 과제를 사람들에게 주었다. 몇몇 문장은 '우연히'도 "내 가족은 내 판단을 존중하지 않는다" 같은 개인적인 것이었다. 반면 다른 것들은 중립적이었다("캠퍼스는 겨울이면 생기가 없어졌다"). 중립적인 문제를 암호화할 때 실험 참가자들은 조심스럽게 "조금 더 빨리 할 수 있을까요?"라고 말할 정도로 자신감과 능률을 보였다. 그러나 '개인적인' 문장을 암호화할 때는 더 느리고, 더 많은 오류를 보였다. 가장 나쁜 조건은 시간압력을 동반한 중립적인 문장이었다. 창의력이 극히 적게 요구되는 그토록 직설적인 과제에서도 '서두르라'는 권고는 완전히 역효과를 냈다.[13]

시간압력이 생각의 질에 미치는 해로운 효과는 아리 크루글란스키와 T. 프로인트의 연구에도 나타난다. 두 사람은 학생들에게 가상의 관리직 신청자에 대한 몇 가지 개인적인 정보를 주고, 그가 자리에서 성공할 가능성을 예측하게 했다. 이때 학생 절반에게는 긍정적인 정보를 먼저 준 다음 부정적인 정보를 제시하고, 다른 절반에게는 같은 정보를 반대 순서로 주었다. 그 결과 긍정적인 정보를 먼저 받은 학생이 지원자의 성공을 더 많이 예측했다. 그리고 이런 경향은 학생들에게 시간을 다투어 판단을 내리게 할 경우 더 강해졌다. 우리는 앞으로 나아가면서 상황에 대한 직관적인 그림을 만들어가는데, 이 그림을 '부수고' 다시 시작하기가 힘이 드는 것 같다. 그래서 나중 정보가 지금까지의 그림과 잘 맞지 않는 듯 보이면, 무의식적으로 그림을 새로 만들기보다는 맞지 않는 정보를 재해석하기로 결심하는 듯싶다. 시간압력을 느낄수록 '처음부터 시작하기'라는 투자를 할 가능성이 줄어드는 것이다. 이런 경향은 직관의 상당히 중요한 함정이다. 현실에서 결정을 내릴 때 보통은 모든 정보를 한꺼번에 얻기보다는 하나씩 차례로 얻기 때문이다. 우리가 직관적으로 재빨리 '결정을 내리'면, 뒤에 나타난 정보들은 이미 만들어진 판단을 재확인해주는 게 아니라면 무시되거나 의미를 줄여버린다는 뜻이다.[14]

문제해결 과제와 특별히 관련 없는 압력도 이런 고집스러움을 강화한다. 수술을 기다리는 환자는 로르샤흐 검사*에서 대조집단보다 더 고정된 반응을 보인다. 심지어는 '~처럼 화난(또는 흥미로운, 고통스러운)' 같은 직유법을 완성하는 사고에서도 융통성과 창의력이 줄어든다. 또한 그들은 신체적으로도 더 서툴고 잘 잊어버린다.[15]

---

* Rorschach Test. 스위스 정신의학자 헤르만 로르샤흐가 고안한 것으로, 아무 뜻도 없는 좌우 대칭의 잉크 얼룩이 어떻게 보이는가에 따라 인격장애를 진단하는 검사.

영국 컨설턴트 조지 프린스는 현실에서 직관의 질을 높이는 문제를 가장 열성적으로 탐구한 사람 중 하나로, 윌리엄 고든과 함께 유명한 창의력 증진 프로그램 '창조적 문제해법(Synectics)'을 창안했다. 처음에 프린스는 사람들이 더 나은 아이디어를 더 많이 만들어내는 방법을 훈련해야 한다는 생각에서 출발했다. "나는 사람들이 창의성이 약한 상태로 우리에게 와서 창의성이 좋아진 상태로 떠났다고 확신한다." 그러나 이것이 문제의 핵심이 아니라는 사실을 천천히 확신하게 되었다. 그는 시험적인 아이디어를 여러 사람 사이에서 표현하고 탐색하는 **사색**의 과정이, 작업장에서는 사람들을 더 상처받기 쉽게 만든다는 사실을 알게 되었다. 사람들이 직장에서 진행하는 회의가 그다지 안전하지 않다는 것을 너무나 자주, 여러 방식으로 경험했다는 사실도 알게 되었다.

사색이 진행되는 동안의 예민한 탐색에 동참하겠다는 각오는 경쟁과 판단이 극히 적은 분위기에서도 쉽게 부담을 느낄 수 있다. "아이디어 제안자에게 조금 더 자세히 물어보거나, 누군가의 아이디어에 기분 좋은 농담을 던지거나, 아이디어를 무시하는 것 같은 언뜻 받아들이기 쉬워 보이는 행동—아이디어 제안자에게 방어적인 느낌을 만들어내는 그 어떤 행동—은 그의 사색뿐만 아니라 그룹 내 다른 사람의 사색도 줄이는 경향이 있었다." 프린스의 울적한 결론은, 어른들이 직장에서 생각보다 훨씬 더 '자존심 상하는 느낌'에 예민하다는 것이다. 모든 직종, 모든 직급의 사람이 부서지기 쉬운 자존감을 보존하고 이를 증진하기 위해 경쟁적인 싸움에 참여하고 있다고 느낀다는 잘 알려지지 않은 경향도 확인되었다. 그는 다음과 같이 결론 맺는다. "이런 승패나 경쟁적 태도의 희생자는 다름 아닌 사색이다. 누군가 생각을 하면 그는 이미 공격받기 쉬운 자리에 놓이게 된다. 그런 일은 너무나 쉽게 그를 패배자로 보이게 만든다."[16]

임신부가 임신과 출산을 위해 다른 사람에게는 이상하게 보일 수도 있는 까다로운 음식이나 조건을 요구하는 것처럼, 창작자도 마찬가지다. 그들은 직관에 도움이 되고 편안한 느낌을 만들어내는 개인적인 의식儀式이나 특별한 요구가 있었다고 증언한다. 미국 작가 펄 벅은 책상 위에 싱싱한 꽃이 담긴 꽃병과 함께 뉴잉글랜드의 시골풍경이 보이지 않으면 일을 하지 못했다. 반면에 프랑스 철학자 장폴 사르트르는 시골을 싫어하는 대신, 파리 시내 벽돌과 굴뚝 풍경을 내다봐야 했다. 영국 시인 러디어드 키플링은 연필로는 가치 있는 어떤 글도 쓸 수 없다고 했다. 독일 시인 프리드리히 실러는 책상에 썩은 사과를 올려놓기를 좋아했는데, 그 향기가 자신의 창의력을 자극한다는 주장이었다. 영국 시인 월터 들라 메어와 지그문트 프로이트, 스티븐 스펜서 등은 다른 수많은 이들처럼 글을 쓰는 동안 줄담배를 피워댔다. 창조적 집단사고를 뜻하는 '브레인스토밍'은 새로운 아이디어를 급조하는 데 가치를 발휘하지만, 더 깊은 통찰과 직관을 위한 조건은 대부분 그 어떤 종류의 외부압력에서도 자유롭고 고독한 상태인 것 같다. 미국 철학자 랠프 월도 에머슨은 일정 기간 집과 가족을 떠나 호텔방에서 살고 싶어 했다. 나는 뉴질랜드 바닷가 집에서 2주 휴가를 보내는 동안 석 달은 족히 걸릴 일을 할 수 있었다.

창의력을 줄이는 것이 단순히 해로운 외부환경만은 아니다. 우리의 신념체계가 언뜻 무해해 보이는 아이디어에서 비롯된 예상치 못한 은유 때문에 위협 받는다면, 우리는 직관과 사색을 억누를지도 모른다. 홍

미로운 놀이로 시작한 일이 깊이 파고들수록 삶을 구성하는 방식에 원치 않는 반발을 지닌 것으로 드러날 수도 있다. 그 믿음이 자신에 대한 근본적인 관점일수록 재검토하는 일은 더욱 어려워진다. 이따금 이런 정신적 타성은 분명한 이유를 갖고 있다. 정신적 가재도구를 전체적으로 재구성하는 일은 그리 쉽게 이루어질 수 있는 게 아니다. 누군가가 우리더러 집 안의 가구배치를 다시 하라고 하면 그럴 마음이 생길지도 모른다. 하지만 집을 오른쪽으로 몇 미터 옮기라고 하면 훨씬 더 강한 저항에 부딪칠 것이다. 우리가 지닌 지식의 구조에서 근원적인 변화도 이와 같다.

텔아비브대학교 에프라임 피쉬바인은 이런 점에서 과학의 타성에 대해 언급했는데, 같은 원칙이 비공식적인 일상의 마음에도 똑같이 적용된다.

어떤 가설을 공식화한 과학자는 우연히 그렇게 한 것이 아니다. 그것은 주어진 영역에서 그의 전체 철학에 잘 들어맞으며, 그의 통상적인 해석방식과 지식, 연구방식에도 잘 들어맞는다. 그는 단순히 자신의 이익을 위해서만 처음의 해석을 열성적으로 지키려는 게 아니다. 그것도 물론 중요한 요인이기는 하지만, 이 가설이 자신의 추론의 구조에 가장 잘 들어맞기 때문에 지키려 한다. 그것을 포기하면 개념화 체계 전체를 재평가해야 하기 때문에 처음의 가설을 포기할 생각이 없는 것이다.[17]

따라서 독일 물리학자 막스 플랑크의 이름을 빌어 '플랑크 격언'이라고 불리는 말을 해야겠다. 과학에서 주요한 발전은 기존 관점을 제안한 사람들이 증거의 무게에 따라 자신의 마음을 바꾸었기 때문이 아니라, 그들이 은퇴하거나 죽었기 때문에 이루어진다.

창의력을 부추기는 느긋하고 개방적인 기분을 가로막는 '위협'은 이게 다가 아니다. 당신을 지나치게 열심히 노력하게 만드는 무엇이라도 같은 효과를 낸다. 답을 너무 많이 원하는 것도 임신과정을 방해할 수 있다. 한 연구에서 칼 비스티는 실험 참가자들에게 세 개의 복잡한 패턴 중 어느 것이 짝이 안 맞는지 가려내라고 요구하고, 그런 테스트를 여러 번 거듭하면서 그들의 수행능력이 어느 정도 나아지는지 보았다. 참가자들은 각각의 세트를 충분히 검토할 시간을 얻었다. 그러나 올바른 답에 대해 상당한 보상을 제시받은 참가자들은 작은 보상을 받은 사람보다 수행능력이 떨어졌고, 배우는 것도 적었다. 비스티는 이렇게 결론을 짓는다. "액수와 상관없이 돈으로 하는 보상은 과제를 배우는 수행능력을 별로 높이지 않으며, 그런 보상이 있다는 것만으로도 수행능력을 방해하는 것 같다."[18]

흥미롭게도 이런 보상금 같은 역효과가 동물세계에서도 관찰되었다. 먹이를 얻으려고 기술을 익힌 쥐와 원숭이는, 전체적으로 몹시 배가 고프면 중간 정도 배가 고픈 경우보다 환경을 탐색하는 정도가 줄었다. 목표에 도달하거나 문제를 풀려는 욕구가 절박할수록 동물이나 인간은 자기 세계의 패턴에 관심을 덜 기울이고, 그냥 일을 끝내줄 핵심 몇 개만 잡아내려고 더욱 노력한다. 이것은 어느 정도까지는 적응을 돕는 일이다. 하지만 세상이 변한다면 새로운 일을 찾아내야 하는데, 그런 태도는 시야를 너무 제한적으로 만든다.[19] 격려금이 일상의 생산성을 높이는 것으로 보인다. 하지만 최고의 통찰력과 해결책으로 연결되는 조건을 만들지는 못한다. 당근이 너무 많으면 채찍이 너무 많은 것만큼이나 창의적인 직관에 해롭다.

있는 그대로 바라보기

창의적인 직관을 북돋는 또 다른 특질은 '짜릿함 느끼기'라고 부를 수 있을 것이다. 아이디어의 씨앗이 자라면, 주인은 차츰 내면에서 새로운 창의적 삶의 자율적인 움직임을 의식하게 되는 것 같다. 주인이 이 작은 신호에 얼마나 민감한가, 그것에 얼마나 잘 반응하는가가 창의력 발달에 중요한 영향을 미친다. 정신적 임신이 어떻게 성장하느냐 하는 것은, 의식과 무의식의 경계선에서 약탈자가 아닌 환대자가 되고, 눈 멀지 않고 지각하는 일종의 각성을 일깨우는 능력에 달려있다. 뛰어난 직관인은 자신이 만들어낸 것을 허겁지겁 뒤쫓아 깨끗이 정리하거나 너무 빨리 말로 바꾸려 하지 않고, 나타나는 것을 그대로 바라보는 사람이다.

영국 시인 테드 휴즈는 1960년대 라디오 프로그램에서 젊은이들을 위한 글쓰기 연속담화를 한 적이 있다. 그는 자신의 마음을 부드럽게 관찰하는 것을 지극히 아름답게 설명했다.

학교 다닐 때 ……나는 내가 절대로 잡아내지 못하는 내 생각에 깊은 관심을 가졌다. 이따금 그것은 거의 생각이라고 부르기도 어려웠다. 무언가에 대한 아슴푸레한 느낌 같은 것 ……(그리고) 대개는 쓸모없는 것. 내가 그것을 절대로 잡을 수 없었으니까. 사람들 대부분이 같은 문제를 겪는다. 그들이 가진 생각은 그냥 떠도는 생각이다. 섬광처럼 나타났다 사라지거나, 아니면 자기가 무언가를 알고 있다는 사실을 알지만 필요할 때 그 생각을 캐낼 수 없다. 정말로 그들의 마음은 그들의 손이 닿는 곳 밖에 있는 것 같다. 내면의 삶으로 파고드는 사고의 과정은 ……우리가 배워야 할 사고의 종류로서, 어떻게든 그것을 배우지 못한다면 우리 마음은, 낚시질 못하는 사내의 연못에 든 물고기처럼 우리 손 바깥에 있게 된다. ……나는 그것을 아예 사유라고 불러서는 안 될 것 같다. 나는 그것이 어떤 종류의 기예나 기술이든 간에, 우리가 이렇듯 표현하기 어려운 아슴푸레한 생각을 잡아내고, 모아서 꼭 붙잡고, 정말로 잘 바라볼 수 있게 해주는 일에 대해 말하는 것이다.[20]

휴즈는 계속해서 자신이 이런 종류의 정신적 낚시질에 그다지 소질이 없다고 말한다. 그나마 그가 얻은 기술은 학교가 아니라 낚시질을 통해서 익힌 것이었다. 말 그대로 낚싯대와 찌를 가지고 하는 낚시질 말이다. 물가에 앉아 물속의 빨갛고 노란 점을 몇 시간씩 바라보노라면, 당신의 관심을 끌려고 경쟁하는 일상의 온갖 하찮은 일들이 차츰 사라진다. 당신은 모든 각성을 고스란히 지닌 채 가만히 찌에 주목하게 된다. 눈에 보이지 않는, 자율적인 물의 세계와 그 아래 머물며 표면을 향해, 그리고 당신의 미끼를 향해 움직이는 온갖 것들을 바라본다. 당신의 상상력과 지각력은 물 위와 물 안에 있다. 이렇게 낚시는 느긋하지만 주목하는, 지각하지만 상상하는 마음 상태를 키우고, 그런 상태가 직관을 기른다. 더불어 낚시는 이러한 정신적 태도가 의식과 심층마음을 중개하는 방식에 대한 은유이기도 하다.

직관의 열매를 해치거나 그것으로 얼른 잼이나 파이를 만드는 대신 이를 모으고 검사하는 일은, 휴즈의 말대로 사람마다 잘하는 정도나 익숙함의 정도가 다르다. 이 또한 낚시가 아니라 명상을 통해 키워질 수 있다. 의식과 무의식, 빛과 어둠, 깨어남과 잠 사이에 놓인 어슴푸레한 세계를 방해하지 않고 그대로 바라보게 만드는 명상이면 어떤 종류라도 상관없다. 마음의 어스름 속에서 조용히 바라보면, 의식적 지성의 전前형태가 놀고 있는 것을 관찰할 수 있다. 그러다 운이 좋으면 독창적이거나 쓸모 있는 한줄기 생각을 붙잡을 수도 있다. 에머슨은 '자기신뢰'에 대한 에세이에서 창의력에 대해 이렇게 말했다. "사람은 자기 마음을 가로지르는 섬광을 안에서부터 보고 관찰하는 법을 배워야 한다. ……천재의 모든 말속에서 우리는 자신이 거부한 생각을 본다. 그 생각이 낯선 장엄함으로 우리에게 돌아온다."[21] 몇몇 연구는, 사람들이 이런 공상상태에 얼마나 잘 접근하는가에 큰 차이가 있다는 것을 보여준다. 또한 공상상태와 창의성 간에 관계가 있다는 것도 보여준다. 예를 들어 자기를 잊을 정도로 공상에 마음대로 빠져들 수 있거나, 어린 시절을 감각적이고 구체적인 부분까지 기억할 수 있는 활발한 상상력을 지닌 사람은 표준적인 창의력 테스트에서도 높은 점수를 보인다.[22]

비슷한 맥락에서 미국 분석심리학자 제임스 힐먼은 후기프로이트학파의 꿈 '해석' 게임을 탄식한다. 힐먼에 따르면 꿈은 의미와 신비의 통합 혹은 어울림으로서, 누구든 꿈을 분해해 친숙한 생각의 범주로 나누려고 하면 그대로 사라지고 만다. 그냥 힌트만 주고 암시하는 것이 바로 꿈의 본성이다. "이미지는 언제나 그것의 이해보다 더 깊고, 더 강력하며 더 아름답다." 꿈에 대해서 "그것이 무엇을 의미하느냐"라고 묻

는 것은, 그림이나 시, 석양에 대해 같은 질문을 하는 것만큼이나 잘못
된 것이다. "꿈에 합리적인 마음의 의미를 부여하는 것은 ……다리 이
편에서 모든 것을 샅샅이 훑어 다리 저편으로 옮기는 것과 같다. 그것
은 무의식에 구걸하는 태도이며, 무의식을 이용해 정보와 권력, 에너지
를 얻고, 에고를 위해 꿈을 착취하려는 태도다. 내 것으로 만들자, 내 것
으로 만들자 하면서 말이다."[23] 그러면서 힐먼은 꿈에 대한 적합한 태도
는 꿈과 '친구가 되기'라고 말한다. "꿈에 동참하고, 마치 친구와 하듯
이 그 상상력과 분위기 속으로 들어가 함께 놀고, 함께 살고, 그것과 친
숙해지기" 말이다. 그렇기에 "꿈을 해석하지 않는 이런 접근법에서 맨
먼저 할 일은, 곧바로 결론으로 뛰어들거나 해결책으로 고정시키지 말
고 꿈에 시간과 인내를 내주는 것이다. ……이런 탐색방식은 꿈을 그
고유의 상상적 바탕에서 만나는 것이고, 꿈이 스스로를 드러낼 기회를
주는 것이다."

　우리가 마주치는 일상적 문제 중에서 어떤 것은 '목표'가 애초에 분
명히 설정되어 있고, '해결'의 가치는 미리 정해진 기준에 따라 측정된
다. 달리던 자동차가 시동이 꺼지면 당신은 긴급 서비스 요원을 불러
수리할 뿐이지, 그가 소파 천갈이까지 하기를 바라지 않는다. 하지만 회
사 판매고가 줄어들면 회사가 추구할 가능한 '목표'는 광고, 고객 서비
스, 시장조사, 다운사이징, 상품개발, 구조조정…… 등 잔뜩 깔려 있다.
회사의 어떤 면을 고쳐야 할지 미리 결정하는 것은 창조적 기회를 잃
어버리는 일이 될 것이다. 좋은 직관인은 이따금 이미 시작하고 난 다
음에도 자기가 어디로 가는지 결정을 미루는 능력이 있다. 이러한 태도
의 가치가 가장 분명하게 드러나는 영역이 바로 회화다. 많은 화가들이

뭐가 나올지 모르는 채로 캔버스 앞에 서는 긴장감에 대해 이야기했다. 열성적인 아마추어 화가였던 D. H. 로렌스는 이 변덕스러운 기분을 다음과 같이 서술했다.

> 텅 빈 캔버스와 젖은 물감을 가득 묻힌 커다란 붓을 들고 뛰어드는 순간이 나에게는 가장 신나는 순간이다. 그것은 연못에 풍덩 뛰어드는 것과 같다. 그런 다음 미친 듯이 헤엄치기 시작한다. 나로 말하자면, 그것은 물결의 흐름에 맞서 헤엄치는 일과 같다. 두려우면서도 매우 긴장감 넘치고, 있는 힘을 다해 덤벼드는 일이다. 알고 있는 눈길이 바늘처럼 예리하게 관찰한다. 하지만 그림은 본능과 직관, 순전한 물리적 행동에서 나타난다. 본능과 직관이 붓 끝으로 들어가면 그림이 생겨난다. 물론 그게 그림이기만 하다면 말이다.[24]

교육전문가 J. W. 게젤스와 심리학자 미하이 칙센트미하이는 시카고의 예술학교 미술부 학생들과 함께 관련 연구를 진행했다. 두 사람은 학생들이 과제를 할 때 이용하는 서로 다른 작업방식을 자세히 살펴보고, 그들의 작업방식의 어떤 양상이 완성된 그림의 질과 상관관계가 있는지를 탐색했다. 물론 작품의 질은 미술교사와 예술가 들이 평가했다. 학생들은 매우 다양한 방식으로 작업을 했다. 정물화를 그릴 때 일부 학생은 매우 광범위한 선택대상 중에서 두 가지만 골라 그렸다. 일부는 선택하기 전에 대상을 이리저리 가지고 놀았다. 그들 중 몇몇은 정말로 '놀이'를 했는데, 대상을 그냥 고르기보다는 쓰다듬고, 공중에 던지고, 냄새를 맡고, 깨물고, 부분을 움직여보고, 빛을 향해 들어보는 등의 행동을 했다. 학생들은 또한 매우 다양하게 작업 대상을 선택했다. 일부는 물건'더미'에서 가죽제본이 된 책, 포도송이 따위의 전통적인, 그야말로 진부한 정물화 주제를 골랐다. 다른 학생은 더 놀랍고 덜 진부한 대상을 골랐다. 하지만 가장 흥미로운 것은 학생들이 그림을 시작하고 난 다음 작업방식의 차이였다. 일부 학생은 꽤 한참 동안 대상과 구도를 계속 바꾸었다. 덕분에 그림의 최종구조는 창작과정의 후반부까지 나타나지 않았다. 다른 학생들은 구도를 정하고 나면 거의 종교적으로 그에 달라붙었고, 그림은 일찌감치 알아볼 수 있는 형태를 드러냈다.

이 연구결과는 명백했다. 더 많은 대상을 생각하고 더 특이한 것을 고려한 학생들, 시간을 더 많이 갖고 그림의 최종 형태를 확정하는 것을 가능한 한 오래 미루면서, 진행 도중에도 계속 생각을 바꾼 학생들의 그림이 더 큰 독창성과 '미적 가치'를 갖는 것으로 평가되었다. 나아가 7년이 지난 다음 이들 중 화가로 일하는 사람을 추적해보니, 더 장난스럽고 끈질긴 작업방식을 선택했던 사람들이 가장 성공적이었다. 이들은 분명 직관의 자극에 마음을 여는 법을 배운 사람들, 자기가 어디로 가는지 미리 알지 못하고도 편안하게 발견여행을 시작하는 사람들이었다. 그들의 좋은 친구 파블로 피카소는, 자신의 그림에 대해 이렇게 말했다. "그림은 미리 생각하고 결정하는 게 아니다. 그림은 만들어지는 동안 생각의 흐름을 따라간다."[25]

사람들이 직관을 존중하는 방식은 매우 다양하다. 따라서 직관이 피어날 수 있도록 안팎의 조건을 키우는 방법도 지극히 다양하다. 우리가 배울 수 있는 기술은 '발명의 어머니'가 되는 것이다. 우리에게 일어나는 자극과 수수께끼의 작은 씨앗과, 마음의 눈 주변을 섬광처럼 지나가는 한줄기 생각을 알아보고 더욱 진지하게 여기는 것이다. 이로써 우리가 가장 창의적이며 수용적이 되는 맥락과 기분을 알아낼 수 있으며, 삶에서 이를 위한 시간을 마련할 수 있다. 한 가지 일에 너무 몰입하고 지나치게 열심히 시도하는 것을 경계할 수 있다. 문제를 너무 일찍 매끈하게 다듬지 않는 기술, 지나치게 일찍 무언가를 '해결'이라고 여기지 않는 기술을 실천할 수 있다. 그리고 참을성을 키울 수 있다. 『도덕경』이 묻는 것처럼 말이다.

진흙이 가라앉는 동안 누가 조용히 기다릴 수 있나?
행동하는 순간이 오기까지 누가 그대로 남아있을 수 있나?
도道를 관찰하는 자는 성취를 찾지 않는다.
변화의 욕구에도 흔들리지 않는 성취를 찾지 않는다.
네 안의 모든 것을 비워라.
마음이 평화롭게 쉬게 하라.
자아가 그것을 바라보는 사이
수만 가지 일이 생겼다 사라진다.
그들은 자라나 번성하고 원천으로 회귀한다.
원천으로 회귀하는 것은 고요함이요, 이것이 자연의 길이다.

6장

너무 많이 생각하기?
: 적이자 동지인 이성과 직관

실험하는 사람은 개미와 같다. 그들은 모으고 사용하기만 한다. 생각하는 사람은 거미와 비슷하다. 그들은 자신의 본질로 거미줄을 친다. 하지만 꿀벌은 그 사이를 걷는다. 그들은 정원과 들판의 꽃에서 물질을 모으지만 자기 힘으로 변형시켜 소화한다.

프랜시스 베이컨(영국 사상가)

너무 많이 생각한다는 게 가능한 일인가? 이런저런 문제를 궁리하느라 잠들지 못하는 사람은 분명 그렇다고 대답하겠지만, 관습적인 지혜는 가끔은 아니라고 말하는 것 같다. 교실과 상담실, 중역실에서 우리는 분석적이 될수록 일을 더 잘하는 것처럼 여긴다. 설사 그렇지 않더라도 마땅히 그래야 한다고 생각하는 것 같다. 생각해야 할 구체적인 목록을 짜고 그 중요도를 재는 일은, 우리의 실제 행동노선이 취해야 할 일종의 이상적인 인지전략이다. 미국 정치가이자 과학자 벤자민 프랭클린은 영국 과학자 조셉 프리슬리에게 이렇게 써 보냈다.

> (어려운 문제에 덤벼드는) 내 방법은 종이 한가운데 세로 줄을 그어 두 칸으로 나누고 한쪽에는 찬성하는 이유를, 다른 쪽에는 반대하는 이유를 죽 적는 것이다. 그리고 사나흘 숙고하면서 다른 방향에서, 서로 다른 시간에 나타난 찬반의 또 다른 동기에 대한 짧은 암시를 적는다. ……마침내 균형이 놓인 자리를 찾아낸다. 그리고 하루이틀 더 숙고한 다음 양쪽 어느 쪽에도 새롭고 중요한 내용이 나타나지 않으면 [지금까지의 내용을 토대로] 결정한다. ……각각(의 이유가) 분리와 비교를 통해 숙고되고 전체가 내 앞에 놓이면, 나는 판단을 더 잘 하고 경솔한 행동을 하지 않을 것이라고 생각한다.[1]

이런 작업방식의 근거는 아마, 생각과 동기를 분명하게 정리함으로써 우리는 그것을 더 잘 평가하고 통합할 수 있으며, 따라서 더 나은 결정을 내릴 수 있다는 것일 게다. 아니면 결정 내리기에 대한 영향력 있는 책을 빌자면 다음과 같다. "결정분석 정신은 나누어 정복하기다. 복잡한 문제를 더 단순한 문제들로 나누고, 이 단순한 문제들을 생각해 보고 논리 풀로 그 분석을 한데 붙이면, 복잡한 문제를 위한 행동 프로 그램이 나타난다."[2] 가능한 한 명료하고 체계적으로 표현하라, 당신은 최고의 결정과 해결책에 이르는 방식으로 생각하게 될 것이다. 하지만 지금까지 살펴본 증거들을 토대로, 우리는 널리 퍼져있는 상식적인 이런 추정에 의문을 품을 이유를 가진 것 같다. d-모드와 더 느린 앎의 방식은 함께 작동하지만, 그 두 가지가 균형을 잃고 협동하지 못할 수도 있다.

피츠버그대학교 학습연구 및 발전 센터 조나단 스쿨러는 지난 몇 해에 걸쳐, 생각하기가 일상의 기억력과 결정 내리기, 직관과 통찰 등을 포함한 정신적인 기능 전체의 다양성에 방해가 되는 방식을 도표로 보여주는 일련의 연구를 수행했다. 이는 d-모드와 직관의 관계의 핵심을 보여준다. 그 중 하나는 여러 음식 가운데 우리가 좋아하는 음식을 정할 때처럼, 사람들이 몇 가지 가능성 사이에서 어떻게 선택하는가를 탐색한다. 스쿨러는 실험 참가자들에게 딸기 잼 다섯 제품을 맛보고 각각의 맛을 평가한 다음, 어느 것을 가장 좋아하는지 말하게 했다. 이 잼들은 최근 소비자보고서에서 전문가들에게 각각 1위, 11위, 24위, 32위, 44위로 평가된 것이었다. 참가자 중 일부는, 나중에 선택한 이유를 설명해달라는 요청을 받을 것이니 반응과 선호도를 신중히 검토하라는 말을 들었다. 실험결과 아무 말도 듣지 않고 마음대로 선택한 참가자들은 전문가 판단과 비슷한 평가를 내놓았다. 그러나 자신의 반응을 신중하게 분석하라는 말을 들은 참가자들은 전문가 판단과 다른 반응을 보였다.

분명히 이것이 문제는 아니다. 어쩌면 선택에 대해 신중하게 생각하는 것이 당신을 더욱 독립적으로 만들지 모른다. 군중을 따르기보다 자신에게 더 알맞은 것을 선택하는 것일 수도 있다. 조심스럽게 생각함으로써 자신의 진짜 가치와 선호도에 더 맞는 결정을 내릴 수 있다면, 사려 깊은 참가자들이 자기 선택에 **더 많이** 만족하고, 또 이런 만족이 더 오래 지속되리라고 기대할 수 있다. 그러나 불행히도 여기서는 그 반대가 되었다. 나란히 진행된 연구에서 참가자들에게 미술 포스터 다섯 종을 보여주고 그 중 하나를 집에 가져가도록 했다. 몇 주 뒤에 조사하니 가장 신중하게 고민한 사람들이 그냥 '직관적으로' 선택한 사람에 비해 자기 선택에 현저히 **덜** 만족하는 것으로 나타났다. 신중하게 잼을 고른 사람이 직관적으로 고른 사람보다 더 '개인적인' 선택을 했지만, 자기가 **진짜로** 좋아하는 것을 보여준다는 점에서는 더 못한 선택을 했다.

이 두 가지 선택은 모두 사람들의 삶에 정말로 중요한 영향을 미치는 것이 아니라고 할 수도 있다. 하지만 대학에서 어떤 과목을 선택하느냐는 분명 매우 중요한 일이다. 스쿨러는 2학년 심리학 과정을 선택하는 대학생들에게, 지난해 각 과목 수강생들의 의견과 평가를 비롯해 개설된 수업에 관한 완벽한 정보를 주었다. 그런 다음 어떤 과목을 수강할지 말해달라고 했다. 다시 일부 학생에게는 제공된 정보와 그들이 선택할 때 사용한 기준에 대해 자세히 생각해보라고 말했다. 다른 연구에서처럼 여기서도 가장 세심하게 생각한 학생들이 동료들의 추천을 받은 과목을 선택하는 경향이 더 적고, 나중에 마음을 바꾸는 경향이 더 많았다. 나중에 최종신청을 할 때 '신중하게 생각한' 학생들은 미리 얻은 의견과 일치하는 과목으로 바꾸는 경향이 있었고, 따라서 직관에 따른 학생들의 선택과 같아졌다.

이런 연구를 토대로 연구자들은, 결정을 내리기 전에 그에 대해 더 반성적으로, 분명하게 생각하라고 말하는 사람들이 일부 부정적인 효과를 만들어낸다고 주장한다. 그림이나 잼, 과목을 선택하는 문제에서 여러 가지 서로 뒤얽힌 사항이 고려되게 마련인데, 이런 고려사항은 **모두 똑같이 언어로 표현될 수 있는 게 아니다.** 그러나 직관적으로 선택할 경우, 보다 통합된 형태로 여러 사항이 다루어진다. 말로 표현하기 힘든 것도 적정한 무게를 얻는다. 이 점이 중요한 것일 수 있다. 하지만 사람들은 분석적이 되라는 압력이나 격려를 받으면, 해결할 문제를 언어로 바꾸기 쉬운 여러 고려사항으로 나눈다. 이렇게 해서 의식에 비친 문제는 어느 정도 말이 없는 방식에 대한 왜곡이 될 수 있고, 일그러진 인상에 기초해 내린 결정은 덜 만족스럽다.

무엇보다 d-모드는 **감각적**이거나 **감정적인** 비언어적 사고를 아예 빼버리거나 중요성을 낮출 수 있다. 따라서 분석적 사고는 말로 더 쉽게 표현되는 **인지적** 인자를 과대평가하는 경향이 있는데, 그 결과 인지적이지 않은 인자들을 고려하지 못한 '분별 있어' 보이는 결정을 내리게 된다. 덧붙여 여러 대안을 조심스럽게 분석할수록, 각 대안에 좋은 점과 나쁜 점이 있다는 걸 발견할수록, 더 온건하고 더 비슷한, 따라서 덜 단호한 판단을 내릴 가능성이 커진다. 그러므로 유명 전문가들의 추천과는 다른 결정에 이르고, 자기가 내린 결정에 불만을 느끼는 경향도 커진다. 쇼핑하고 집에 돌아오자마자 그 물건을 산 걸 후회해본 적이 있는 사람은 누구나 이 현상을 잘 이해할 것이다. 사람들이 '마음의 소리' 또는, 직관이나 '직감'에 귀 기울였어야 했다고 후회하는 것은, 의식적 결정과 무의식적 결정 사이에 나타나는 이러한 어긋남을 말해준다.

언어적 사고와 비언어적 사고

보통 그렇듯이 이 문제도 단순히 흑백으로 나뉘지 않는다. 현재로서는 문제가 말로 적절하게 표현될 수 있을 때, 해결책이 추론이라는 논리적 연결 끝에 나타나는 것일 때는 주로 d-모드 접근법이 효과적이고 효율적이라고 생각할 수 있을 것 같다. 반면 문제가 복잡하고 말로 표현하기 힘든 양상을 포함하거나 통찰력 있는 도약을 요구할 때는, d-모드보다 끈질기고 수용적인 접근법이 더 성공적이라고 할 수 있다. 스쿨러와 동료들은 또 다른 실험에서 이 같은 두 가지 유형의 문제를 탐색했다. 특히 적극적인 사고가 도움이 되는 경우와 방해되는 경우를 살펴보는 탐색이었다.

'통찰력 문제'는 사람들이 문제를 푸는 데 필요한 온갖 정보와 능력을 갖고 있지만 막혀 있거나 '쩔쩔 맨다'는 느낌을 갖고 있다가, 돌연 해결책이 아주 분명하게 보이는 일종의 '아하!' 체험을 하는 경우다. 이런 문제의 난점은 방해가 되는 무의식적 짐작을 하거나, 정말로 도움이 되는 지식을 붙잡지 못하는 경향에서 생겨난다. 앞서 본 '잘라낸 장기판' 문제가 대표적인데, 이런 종류의 수수께끼 두 개가 152쪽 그림 6에 있다.

왼쪽 그림은 동전으로 이루어진 삼각형이다. 문제는 동전 세 개만 움직여서 삼각형의 꼭짓점이 아래로 가도록 만드는 것이다. 오른쪽 그림은 돼지 아홉 마리를 가둔 우리를 보여준다. 여기서 문제는 정사각형 울타리 두 개를 더 그려서 돼지 아홉 마리가 각각 혼자만의 우리에 들어있게 하는 것이다.

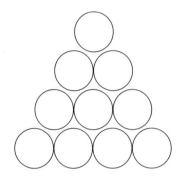 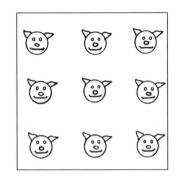

그림 6. 통찰력 문제

a) 동전 세 개를 움직여 역삼각형을 만들 것
b) 정사각형 두 개를 그려서 돼지가 각각 혼자만의 우리에 들어가게 할 것
(답은 385쪽 주석 6장 3번에 있다.)

이 두 문제를 이른바 '분석적' 문제 두 개와 대비해보라. 먼저, 당신 앞의 테이블 위에 그림을 밑으로 한 카드 석 장이 놓여있다고 상상해보라. 당신은 다음과 같은 정보를 받는다.

퀸 왼쪽에 잭이 있다.

스페이드 왼쪽에 다이아몬드가 있다.

하트 오른쪽에 킹이 있다.

킹 오른쪽에 스페이드가 있다.

당신이 할 일은 이 세 장의 카드가 무엇인지 말하는 것이다.

다음 문제. 경찰은 앨런, 밥, 크리스, 데이브 네 사람 중 한 명이 범죄자라고 확신한다. 용의자는 각기 진술을 했는데, 넷 중 하나만이 참이다. 앨런의 말은 "나는 하지 않았다." 봅은 "앨런은 거짓말을 한다." 크리스는 "봅은 거짓말을 한다." 데이브는 "봅이 그랬다." 누가 진실을 말하고 있으며, 누가 범죄자인가?[3]

분석적 문제 둘에서는 문제를 푼 사람도 추가 지식을 제공하지 않는다. 그리고 모르는 사이에 문제를 더욱 풀기 어렵게 만들 그 어떤 짐작이 만들어질 것 같지도 않다. 여기서 요구되는 것은 정보 조각을 꼼꼼하게 붙이는 것이다. 하찮지는 않아도 근본적으로 단순한 과제다. 이 일을 다 하면 답이 나온다. 사람들에게 이런 분석적 문제를 푸는 동안 생각한 것을 크게 말하라고 하면, 그들의 말은 상당히 쉽고 정확하게 그들의 생각을 따라갈 것이며, 아마 실제 해결로 이어질 것이다.

하지만 통찰력 문제에 대해서는 다른 종류의 '생각하기'가 필요하다. 무대 뒤를 살피는 더 직관적인 종류의 생각 말이다. 이 경우에 사람들에게 생각을 소리 내 말하라고 요구한다면 직관의 과정에 방해가 될 것이다. 스쿨러가 논문에서 쓴 바로는 이렇다. "말로 표현하기가 마음 '앞'에서 법석을 피우는 바람에 마음 '뒤'에 나타날지도 모르는 새로운 접근법에 주목할 수 없게 된다." 스쿨러의 연구는 실제로 실험 참가자들이 두 종류의 문제를 풀면서 말한 것을 분석했고, 예측한 내용을 정확하게 결과로 얻었다. 분석적 문제를 푸는 참가자들은 자신이 하는 일에 대해 생각하고 그것을 말로 표현하라는 요구에 도움도 방해도 받지 않는다. 하지만 통찰문제를 풀고 있을 때 자신의 마음에서 일어나는 일에 주목하고 그것을 말로 표현하라는 요구를 받자 심각하게 방해를 받았다.

이 실험의 변형실험에서 참가자들은 두 종류의 문제를 풀기 전에 한 종류, 즉 '통찰력' 문제는 전형적으로 잘 안 되는 접근법으로 이끌어 간다는 말을 들었다. 통찰력 문제의 예를 제시하면서 문제풀기가 막히면 다른 접근법이나 새로운 전망을 찾아보는 것이 도움이 될 거라는 말도 들었다. 전과 마찬가지로 일부 참가자들은 소리 내어 생각하도록 하고, 다른 사람들은 그렇지 않았다. 그러자 두 가지 흥미로운 결과가 나타났다. 첫째는, 이렇게 중요한 힌트가 통찰력 문제를 푸는 데 아무 이득도 되지 않았고, 소리 내 생각하느라 떨어진 수행능력을 벌충하지도 못했다는 것이다. 통찰력 문제에서 성공으로 이끄는 앎의 방식은 의식적 인지상태 뿐만 아니라, 의식적 통제 밖에도 있는 것으로 보인다. 직관의 과정이 통제를 벗어나 있다면, 참가자들이 '도움이 되는 힌트'를 얻어도 사용할 길이 없는 것이다.

연구자들은 또한 통찰력 문제에 관한 정보가 분석적 문제해결에 분명히 영향을 미쳤다는 사실을 알아냈다. 참가자들이 소리 내어 생각하면, 힌트는 논리적 수수께끼를 푸는 능력을 심각하게 **해쳤다.** d-모드에만 의존해서 통찰력 문제를 풀려고 시도할 때처럼 사람들의 마음에 자신의 단순함에 대한 의심을 심어주면, 분석적 문제를 푸는 힘도 방해를 받았다. 뭔가 보이는 것보다 더 까다로울지도 모른다는 의심은, 사람들이 존재하지도 않는 복잡성을 직관적으로 찾게 만들면서 d-모드를 자신 있게 사용하지 못하도록 했다. 이 결과는 올바른 인지 모드를 선택하는 것이 적합성의 문제이며, 한 가지 앎이 다른 앎에 비해 절대적인 우위를 차지할 수 없다는 사실을 거듭 확인해준다.

사람들이 소리 내어 말한 것을 녹음한 테이프를 들으면서 스쿨러와 동료들은, 두 종류의 문제를 붙잡고 씨름할 때 문제를 푸는 사람들의 생각의 내용이 다르다는 사실을 확인했다. 분석적 문제를 붙잡았을 때는 유창하게 말하고, 내용은 대개 문제와 관련된 것이었다. 하지만 통찰력 문제를 풀 때 실험 참가자들은 자주 말을 멈추었고, 멈추는 시간도 더 길었다. 그들의 마음속에서 아무 일도 진행되지 않는 듯 보이는 때도 더 잦았다. 통찰력 문제를 푸는 참가자들은 말을 할 때, 문제의 논리보다 자신의 마음 상태에 관한 언급을 네 배 정도 더 많이 했다. 그들은 이런 말을 했다. "아무거나 마음에 떠오르는 생각이 전혀 없어" "계속 말해야 한다는 건 알겠는데, 내가 무슨 생각을 하는지는 모르겠네." 이렇게 '아무것도 진행되지 않는' 경험은 통찰력 문제의 성공률과 상관관계가 있었다. 더 많이 말을 멈춘 참가자들이 더 많은 문제를 풀었다. 생각을 계속 말로 표현하는 일이 마음 뒤편에서 이루어지는 더 느리고 덜 의식적인 과정을 정말로 방해하면서 지성과 창의력을 떨어뜨렸다. 그러므로 우리는 그런 수다가 습관이 된 사람들은 더 섬세하거나 모호한 문제를 다룰 때 어려움을 겪는다고 생각해야 할 것 같다.

조나단 스쿨러의 보편적 지적은 엄청난 중요성을 띤다. 우리가 아는 것의 일부는 말과 명제로 바뀌기 쉽고, 일부는 그렇지 않다. 우리의 정신적 작업의 일부는 의식에 노출되지만 일부는 그렇지 않다. 따라서 의식적으로, 또 말로 분명하게 생각할 때 우리는 마음에서 일어나고 있는 모든 것을 진짜로 붙잡지는 못한다. 대신 자신이 아는 것 중에서 말로 표현될 수 있는 부분만 선택한다. 의식적인 알아챔[각성]이 다가갈 수 있는 인지양상만을 선택하는 것이다. 우리는 '참된' 것이 아니라 **생각할 수 있는** 것을 생각한다. 모든 문제가 d-모드 문제인양 다루는 전략은, 우리의 생각과 정신적 작업이 겉으로 명료하게 드러나는 것만 향하도록 비틀어버린다.

우리의 심리적 삶의 다른 영역도 비슷한 효과를 보인다. 기억력을 예로 들어보자. 명료한 표현을 거부하는 많은 경험이 있다. 그런 것에 대한 우리의 기억은 비언어적 기록에 바탕을 두고 있음이 분명하다. 이를테면 별 노력도 없이 놀라울 정도로 정확하게, 엄청나게 많은 사람의 얼굴을 알아보는 능력은, 말로 설명되지 않은 이런 과정의 힘과 '지성'을 증언한다. 어떤 얼굴이나 표정에 대해 말할 수 있는 것은 우리가 아는 것의 아주 작은 부분에 지나지 않는다. 얼굴을 **서술**하려는 노력이 주의력을 약화시켜서, 말로 표현될 수 있는 적은 부분만을 향하게 만들고 기억력을 심각하게 위축시킨다는 사실을 발견한다 해도 전혀 놀랍지 않다. 스쿨러는 또다른 연구에서 실험 참가자들에게, 친숙하지 않은 얼굴을 찍은 사진을 자세히 살펴보고 이에 대해 서술해보라고 말했다. 그런 다음 다른 사진을 보여주고 이번에는 설명을 요구하지 않았다. 스쿨러는 이 사진들을 매우 비슷해 보이는 다른 사람들의 사진과 섞고, 참가자들에게 전에 본 사진을 골라내라고 요구했다. 참가자들이 언어로 진술한 얼굴은 그렇게 하지 않은 얼굴에 비해 약 절반 정도만 다시 인식되었다. 이런 장애는 진술이 실제로 얼마나 자세하고 정확했느냐와는 관계가 없었다. 단순한 색깔조각보가 대상인 경우에도 비슷한 결과가 나왔다.

서술과 관련된 문제는 두 가지다. 첫째, 얼굴을 서술하려는 노력이 말로 표현되는 모습에 쏠리면서, 순수하지만 말하기는 어려운 구분법을 버리고 말로 표현되는 것에 관심을 집중시킨다. 둘째, 재인식의 순간 기억에 등록된 비언어적·감각적 기록에 의존하기보다는, 기억에서 '말로 쓰인 기록'을 되찾아 지금 보는 모습과 일치시키려고 노력할 수 있다. 이런 되찾기 효과가 문제의 심각한 부분이라면, 확인 테스트를 할 때 참가자들이 말로 된 '코드'를 사용하지 못하게 하면 수행력을 높일 수 있게 된다. 실험 참가자들의 기억판단을 매우 **빠르게** 진행한다면 아마 그럴 수 있을 것이다. **생각할** 시간을 빼앗으면 그들은 언어서술이 덮어버린 시각정보로 되돌아갈 것이고, 이렇게 해서 방해를 이겨낼 수 있다. 스쿨러가 보여준 것이 바로 이것이다. 확인결정을 재빨리 할 때, 말로 바꾸는 과정에 나타난 삭제효과가 지워졌다.

이 경우에는 '순간판단'이 심사숙고를 거친 판단보다 더 믿을만한 것이 된다. 비언어 정보를 다룰 때는 '결정 먼저, 질문은 나중에'라는 것이 올바른 전략이 될 수 있다. 생각보다 **더 빨리** 반응함으로써 생각보다 더 느리게 반응하는 것과 똑같이 d-모드의 부정적 효과를 피할 수 있는 것이다.[4] 우리가 항상 더 많이 생각하고 반성하여 이익을 얻는다고 여기는 관습적 지혜는 이 점에서도 수정이 필요하다. 목격자증언이나 범인확인을 다룰 때에도 이 연구가 실질적으로 함축하는 의미가 나타났다. 증인들에게 '조심스럽게 생각하라'고, 또 그들에게 본 것을 서술하라고 미리 요구하는 게 실제로는 사진이나 죽 늘어선 사람들 중에서 한 얼굴을 알아볼 능력을 방해할지도 모른다는 것이다.

"증명은 논리에, 발견은 직관에 따른다"

스쿨러의 연구는 말로 표현하기가 오히려 방해가 되는 일상의 정신적인 작업범위를 확대했다. 3장에서 우리는 복잡하고 익숙하지 않은 상황을 다룰 때나 압력을 받으면서 수행하는 법을 배울 때, 지적인 이해와 통제력에 너무 강하게 의존하면 모두 잘못될 수 있다는 것을 보았다. 그리고 이번 장에서 선택이나 결정을 내릴 때, 통찰력을 포함하는 문제를 해결할 때, 심지어는 단순히 얼굴이나 다른 시각적 자극을 확인할 때도 같은 일이 일어날 수 있다는 것을 알게 되었다. 하지만 다시금 우리는 d-모드의 가치를 지나치게 축소하는 덫에 빠지지 않도록 조심해야 한다. 지성을 악마로 만드는 일이 가치 있을 리가 없다. 삶에서는 명확하게 파악하는 것이 쓸모 있거나 반드시 필요한 상황이 수없이 많다. 주어진 과제를 마치려고 다른 사람과 의견을 나누어야 할 때, 우리는 가능한 한 명료하게 표현해야 한다.

하지만 오직 소통에만 d-모드가 필요한 것은 아니다. 심층마음이 위로 던져 올린 아이디어를 시험하고 가다듬는 데도 분석적 힘이 필요하다. 다른 분야에서 수행한 수많은 창의력 연구는, 최적의 인지력을 갖추려면 노력하는 목적 지향적이고 자세한 말로 된 마음의 모드와, 장난스럽고 끈질기며 암묵적인 마음의 모드 사이에 융통성 있는 균형이 필요하다는 것을 보여준다. 우리는 아이디어를 **만들어내고 평가할** 수 있어야 한다. 직관은 아이디어를 만드는 첫 번째 모드고, d-모드는 평가의 첫 번째 모드다. 이에 대해 앙리 푸앵카레는 다음과 같이 정리했다. "증명은 논리에 따르고, 발견은 직관에 따른다." 과학자에게 직관과 명상은 꼭 필요한 창의적 통찰력을 가져다줄 수 있는데, 그 앞뒤로 훈련을 통해 얻은 d-모드 과정이 나타난다. 케쿨레는 졸음 섞인 환상에서 벤젠 탄소 고리의 둥근 형태를 처음으로 보고는, 왕립학회에 제출한 발견 보고서 마지막을 이렇게 마무리했다. "신사 여러분, 꿈꾸기를 배웁시다.

하지만 우리의 꿈을 출판하기 전에 먼저 깨어있는 이성의 시험대에 올려놓읍시다." 푸앵카레는 끈기를 자랑한 다음 이렇게 말했다. "무의식적 작업조건에 대해 할 말이 더 있다. 의식적 작업기간이 앞뒤에 있으면 무의식적 작업이 가능해지고, 그럴 경우에만 확실히 쓸모 있다는 것이다."[5] 우리가 너무 많이 생각할 수 있다면, 너무 적게 생각하는 것도 가능한 일이다.

미국 심리학자 그레이엄 월러스는 1926년 『생각의 기술』에서, 푸앵카레의 관찰에서 과학적 창의력의 고전적인 공식을 뽑아냈다. 이에 따르면 창의력은 준비, 부화, 조명, 검증 등 네 가지 서로 다른 마음 모드 또는 양상의 상호작용에서 나온다. 준비단계에서 우리는 정보를 수집하고, 실험하고, 가능한 한 열심히 만족스러운 설명을 찾지만 그것은 고집스럽게 나타나지 않는다. d-모드를 끝까지 이용하고 마지막 패배를 인정하고 나면, 5장에서 본 것처럼 문제가 한쪽으로 밀쳐져 잠잠해지면서 부화단계에 들어간다. 모든 일이 잘 풀린다면, 예측할 수 없는 어떤 순간에 예상 밖의 새롭고 어딘지 유망해 보이는 아이디어가 떠오른다. 이런 떠오름[조명]에 뒤이어 d-모드가 다시 돌아와 검사와 검증을 하고 예측이 실현되었는지 검토한다. 더불어 다른 사람도 동의할 수밖에 없는 소통 가능한 형태로 바꿀 방법을 모색한다.

과학자들만 d-모드를 높이 평가하는 게 아니다. 예술가와 시인도 d-모드가 요람단계에 있는 창의적 충동을 질식시킬까봐 경계하면서도, 이것이 자신에게 필요한 도구라는 사실을 잘 알고 있다. 예를 들어 하우스먼은 이렇게 말했다. "지성은 시의 원천이 아니다. 실제로는 시의 생산을 방해할 수도 있다. 또 시가 만들어져도 지성이 이를 인정하리라

고 믿을 수 없다." 하지만 많은 창의적인 예술가들은 더 신중하고 통제
된, 의식적인 마음 모드의 가치를 인정한다. 그것은 직관의 산물 가운데
좋은 것을 가려내서 완성된 생산품으로 바꾸어주는 일을 한다. 볼프강
아마데우스 모차르트는 독창성의 조건과 선택의 조건을 구분했다. "내
가 완전히 나 자신이고, 완전히 혼자이고 기분이 좋으면 ……이것이 내
아이디어가 가장 훌륭하고도 풍부하게 흘러나오는 기회다. 그런 아이
디어가 어디서 어떻게 오는지는 모른다. 또 내가 강요할 수도 없다. 나
를 즐겁게 하는 그런 아이디어를 나는 기억 속에 붙잡아둔다."⁶ '자유롭
게 흘러나온' 모든 아이디어가 아니라 '나를 즐겁게 하는' 아이디어만
미래의 쓰임새를 위해 보존되는 것이다. 영국 시인 존 드라이든은 직관
이나 '공상'이 "사물의 잠자는 이미지를 차츰 빛을 향해 움직이게 하고
그곳에서 구별한 다음, 판단력에 따라 선택되거나 거절되는" 과정을 이
야기한다.⁷ 윌리엄 워즈워스 같은 낭만파 시인도 똑같이 말한다. "일반
적인 유기체적 감각성 이상의 것을 갖고 오랫동안 깊이 생각하는 사람
이외에는 ……가치 있는 시를 만든 적이 없다. 지속적으로 유입되는 감
정이 우리 생각의 수정과 감독을 받기 때문이다."⁸

영국 조각가 헨리 무어는 구분하는 지성의 야누스 같은 특성을 더
상세히 설명했다.

조각가나 화가가 자기 일을 너무 자주 말이나 글로 옮기는 것은 잘못이다.
그런 일은 자기 작업에 필요한 긴장감을 없앤다. 잘 다듬어진 논리적 정확
성을 끌어와 자신의 목적을 설명하려 함으로써, 조각가나 화가는 논리나
말로 발전되어 온 개념을 나열하는 이론가가 돼버릴 수 있다. 논리가 아닌

본능적이고 잠재의식적인 마음의 부분이 그의 작품에서 제 역할을 해야 한다지만, 예술가는 또한 게으르지 않은 의식적 마음도 갖는다. 예술가는 자신의 개성 전체로 집중해서 일하는데, 그 개성의 의식적인 부분이 갈등을 해소하고 기억을 조직하며, 동시에 두 방향으로 작업하지 못하도록 막아준다.[9]

활짝 피어난 창의력은 생물의 진화와 비슷한 방식으로 작동하는 듯하다. 1946년 랠프 월도 제라드는 일찌감치 상상력과 직관이 아이디어와 맺는 관계가 동물에게 나타나는 돌연변이와 비슷하다고 말했다. 상상력과 직관은 다양한 새로운 형태를 만들어내는데, 그 중 많은 것은 현존하는 것보다 생존능력이 적거나 환경의 요구에 적응할 수 없지만, 일부는 새롭고 적응력 있는 특질을 갖는다. 심층마음은 부/적합한 아이디어의 '출현'을 떠맡고 있다. 이성과 논리는 환경처럼 각 후보를 시험하고 가장 적합한 것만 살아남게 한다.[10] (더 최근에는 미국 신경과학자 제럴드 에덜먼이 '신경다윈주의' 아이디어로 두뇌의 여러 회로가 비슷한 발전과정으로 결정된다고 주장했다. 주인에게 유리하게 '작동'하는 연결은 강화되고 그렇지 않은 것은 희미해진다는 것이다.)[11] 하지만 심층마음은 이미 존재하는 것에서 나온 임의의 변형이 아니라, 복잡하고 잘 선별된 후보를 내놓는다는 점에서 돌연변이 과정과 갈라진다. 심층마음은 그냥 추측이 아니라 **좋은** 추측, **훈련된** 추측을 내놓는다. 우리가 아는 한 심층마음은 돌연변이와 달리 지적이다.

몇몇 예술가는 직관이 '막힐 때' 창작과정을 구원하려면 의식적 마음을 끌어와야 한다고 말하는데, 그리 드문 일이 아니다. 콜리지가 「쿠블라 칸」을 작업할 때처럼, 운이 좋으면 심층마음이 모든 일을 다 해버린다. 창의적인 생산품은 이미 '나타났고' 의식적 마음에 주어진 역할이라야 이를 받아 적는 것뿐이다. 하지만 일이 언제나 수월하게 풀리는 건 아니다. 직관은 잘 통제되지 않으며, 이따금 일이 끝나기도 전에 도구를 내려놓기도 한다. 에이미 로웰의 말을 빌려보자. "잠재의식은 ……극히 변덕스러운 동지다. 중요한 자리에서 자주 파업을 하고, 단 한 마디도 더 내놓지 않는다. 여기가 바로 시인의 의식적인 훈련이 나타나는 자리다. 잠재의식이 버려둔 자리를 시인이 채워야 하기 때문이다. ……그리하여 시인은 태어나고 또 만들어져야 한다. 언제든 자신을 위해 일하는 잠재의식 공장을 가지고 태어나야 한다. 그렇지 않으면 절대로 시인이 되지 못한다. 시인은 또한 자신의 구멍을 '메우기'에 충분한 지식과 재능을 가져야 한다."[12]

하우스먼은 비판적 지성의 파괴적 힘을 누구보다 잘 알고 있었으면서도 시를 끝맺기 위해 비판적 지성에 기대야 했다.

점심에 맥주 한 파인트를 마시고 ……나는 두세 시간 산책을 하러 가곤 한다. 딱히 이렇다 할 생각이 없이 길을 따라가며 주변 물건과 계절의 흐름을 바라보고 있노라면, 갑작스럽고 예측할 수 없는 감정과 한두 행, 가끔은 한 연聯 전체가 머릿속으로 흘러 들어온다. 이어서 이 시구가 만들 시의 막연한 개념이 뒤따라오지만, 개념이 먼저 오는 경우는 없다. ……집에 돌아오면 떠오른 구절을 적고 빈칸은 그대로 둔 채 다른 날 영감이 계속 나타나기를 바란다. 내가 수용적이고 기대에 찬 마음으로 산책을 할 때면 가끔씩은 정말 나타나기도 한다. 하지만 이따금 시는 손으로 붙잡아 머리로 완성시켜야 할 때도 있다. 그것은 두렵고 고생스러운 일이 되기 십상인데, 고난과 실망을 수반하기도 하고, 아예 실패로 끝나기도 한다.

내 첫 번째 시집의 마지막 시가 만들어진 과정을 뚜렷하게 기억한다. 스페인 주막과 템플 포춘 사이의 햄스테드 히스 코너를 건너는 동안에 두 개의 시련이 나중에 인쇄된 형태 그대로 머리에 떠올랐다. 차를 마시고 나서 약간 억지로 달래자 세 번째 시련도 나타났다. 시련 하나가 더 필요했지만 그것은 나오지 않았다. 마지막 시련은 내가 만들어내야 했는데, 정말 힘든 일이었다. 제대로 된 것을 얻기까지 열세 번이나 고쳐 쓰고 열두 달 이상이 걸렸다.[13]

앎의 길은 경청의 길이다

창의적인 마음은 숙고와 명상 사이에서 역동적이고 통합된 균형을 이룬다. 초점을 맞춘 분석적이고 명료한 의식적 생각 모드와, 초점이 분산된 종합적이고 아슴푸레한 직관 모드 사이를 유연하게 오갈 수 있다. 하지만 이쪽이나 저쪽, 어느 한쪽 모드에 치우치면 마음은 균형을 잃고 막히게 된다. 이런 식으로 균형이 깨지면 다시 회복하기까지 시간과 노력이 많이 든다.

마음의 서로 다른 모드 사이에서 상호보완 기능을 되살리는 과정은, 매리 필드 벨렝키 등이 수행한 연구 「여성의 앎의 방식」에 도식으로 정리되어 있다.[14] 그들은 공식 교육과정 안에서 공부하는 다양한 연령과 배경을 지닌 여성들의 경험을 상세히 연구했다. 그리고 이 여성들이 '식자(knower)'라는 자신감과 열린 교양을 향해 나아가는 여행에서 거치는 다섯 단계를 찾아냈다. 초기단계에서 많은 여성, 특히 이전 교육에서 성공적인 경험을 별로 하지 못한 여성은 합리적이고 명료한 앎의 방식 앞에서 매우 무력감을 느낀다. 그들은 자기만의 '목소리'가 없다고 느끼며, d-모드 목소리가 크고 자신감에 넘치고 권위적인 다른 사람(주로 남성)에게 두려움을 느꼈다.

하지만 어느 시점에 그들은 자신이 '안다'는 사실을 깨닫는 것 같다. 그리고 자신의 경험과 느낌, 직관에 타당성이 있다는 것도 깨닫는다. 벨렝키들이 '주관적 앎'이라고 명명한 이 단계에서 여성들은, 처음으로 자신의 '인식론적 권위'가 시작됨을 느낀다. 비록 이 권위가 합리적이고 명료하게 표현하는 능력과 결합된 것은 아니라도, '내면의 목소리'에 대한 새로운 존경심이 나타나는 것과는 결합되어 있다. '진실'은 논쟁과 표현으로 찾아지는 것이 아니라 뱃심(gut feeling)을 키움으로써 찾아진다. 마치 "바깥세계 목소리와 명령에 반대하는 입장 안에 어떤 신탁이" 있는 것만 같다.

나는 그냥 안다. 보통 그것에 대해 그다지 생각하려고 하지 않는다. 결정은 이미 당신 안에 만들어져 있으니, 시간이 되어 당신이 스스로를 믿으면 당신은 그냥 답을 안다.

최근까지도 내가 갖고 있다는 걸 나도 몰랐던 내 일부가 있다. 본능, 직관, 뭐라 부르든 간에 그것이 나를 돕고 보호한다. 그것은 지각력이 있고 잽싸다. 나는 그냥 내면에 귀를 기울이기만 하면 무엇을 해야 할 지 안다. ……배짱으로만 알 수 있다. 배짱은 내 최고의 친구다. 이 세상에서 나를 깔아뭉

개거나 내게 거짓말을 하거나 나를 밀쳐내지 않는 유일한 것이다.

이런 발견은 생생하고도 환영할 만한 것으로 경험된다. 하지만 어떤 여성들에게 이것은 과잉반응을 불러일으킨다. 충분한 생각을 거친 지식은 '멀고' '학문적'이기 때문에 경멸하고, 내면의 목소리는 '내면적'이라는 이유로 반드시 옳고 믿을만한 것이라고 여긴다. '옳다고 느껴지는'데 그것이 잘못될 리가 없다는 것이다. 그에 대해 의문을 품는 것조차 이미 불경이라는 표지를 얻거나 위반으로 여겨진다. 자신을 정확하게 아는 사람으로 여기는 것은 아주 소중하지만, 그래도 내면의 목소리는 아직 너무 미약해서 상상이나 실제의 온갖 위협에 맞서 그 원천을 보호해야 한다. 외부의 절대적 권위를 대신해 그 절대성이 내면으로 옮겨간 것이다. 모든 것을 아는 확실성의 원천이 있다는 느낌은 여전히 남는다. 그냥 자리를 바꾼 것뿐이다. 이때 논리와 명료한 표현, 과학의 영역은 완전히 거부된다. 벨렝키들은 이렇게 설명한다. "답을 얻기 위해 내면으로 향함으로써 그들은 마치 남성세계에 속한다고 느끼는 앎의 전략을 거부하는 것 같았다."

이 여성들이 앎의 도구로서의 논리나 이론에 친숙해졌다거나 그것을 거부하기로 결정했다는 것은 아니다. 그냥 그들이 느끼기에 비여성적이고 비인간적이며, 어쩌면 자신이 느끼는 능력에 해로울지도 모르는 생각의 모드에 시험을 거치지 않은 채 막연한 선입견을 가진 것뿐이다. 이런 反 합리주의적인 태도는 직관을 더 안전하고 풍부한 결실을 주는, 진리를 향한 접근법이라고 여기는 주관주의 시기 동안 여성들의 일차적 특성이 된다.

일부 여성에게서 이런 태도는, 그들이 고발하고자 하는 오만하고 공격적인 태도가 될 수도 있다.

소수 여성들은 ……고집스럽게 자신의 관점에만 빠져들어서 다른 대안을 둘러보려고 하지 않았다. 그들이 스스로를 너그럽고 감싸 안는 사람이라고 여겼을지 몰라도, 실은 다른 사람의 해석을 참지 못하고 물리치는 사람이 될 수도 있었다. 그들은 다른 사람의 관점을 만나면 쉽사리 무의미한 감탄사에 의존했다. '헛소리!' ……이들은 ……말이나 공격적인 주장으로 자신을 위협하는 권위에 맞서 전세를 역전시키는 일에 능숙한 가장 호전적인 여성들이다. 교실에서나 삶에서 그들은 타인을 고립시키고, 소리 지르고, 모욕하고, 다른 사람이 한 일을 허사로 만드는 등의 책략으로 다른 사람의 말과 영향을 막아냈다.

이런 태도는, 뒷날 여성들이 벨렝키가 말하는 '진행중인 앎' 같은 더 균형 잡히고 통합된 관점에서 이 단계를 돌아볼 때면 달라진다.

이제 그들은 직관이 속일 수 있다고 주장한다. 배짱이 무책임할 수 있고, 그 누구의 뱃심도 잘못이 없을 수는 없다고 한다. 그리고 어떤 진실이 다른 진실보다 더 진실하다는 것, 그런 진실은 자신이 한 번도 보거나 접촉한 적 없는 것을 알 수도 있다는 것, 그리고 전문가를 존중해야 한다는 것도 안다. ……그들은 진실이 즉각 접근할 수 있는 것이 아니며, 누구도 '그냥 알' 수는 없다는 사실을 배웠다. 사물은 항상 보이는 그대로가 아니다. 진실은 표면 아래 감추어져 있으니 그것을 찾아내야 한다. 앎은 조심스러운 관찰과 분석을 요구한다. 당신은 '진짜로 보고' '열심히 들어야' 한다.

그들은 내면의 직관적인 목소리, 특히 '순간판단'에 대한 부서지기 쉬운 확신에 빠졌던 일이 자기 마음에 대한 자신감을 세우고, 앎의 방식의 포트폴리오를 발전시키는 과정에서 꼭 필요한 단계였다는 사실을 깨달았다. 하지만 직관적 목소리에 대한 애착은 또한 불확실성에 대한 두려움으로 더럽혀지고, 자신이 바라는 약간의 생각보다 더 많은 생각에 이끌린 것이었다는 것도 깨달았다. '내면의 목소리'는 세상일이 당신이 원하는 대로 말해준다고 해석되기가 쉽다. 나쁜 결혼에서 벗어나 직업치료사 공부를 하던 민나(Minna)는 과거를 돌아보며 이렇게 말했다. "나는 모든 일이 혼란스러웠다. 세상일에 동떨어져 있었다. 나는 환상세계에 있었다. 당신은 모든 것을 실제 모습 그대로 봐야지, 당신이 보고 싶은 대로 봐서는 안 된다. 나는 (더 이상) 꿈의 세계에 살고 싶지 않다."

이 뒷 단계에서 앎은 복수성과 상대성, 복합성, 끈질김 등에 대한 존경심이 특징이다. 이 연구에 나온 여성들은 지금 더 명상적이고 덜 충동적인 직관의 형식을 찾아내는 중인 것 같다. 감정 실린 주관성 아니면 먼 객관성 중에서 강요된 선택이 무너지기 시작하고, 상호작용과 존경심에서 앎이 나타나고 있다. 이 단계의 여성들에게 시에 대한 관심이 다시 나타나는 것은 우연이 아니다. 그 중 한 명은 대학 4학년인데, 비평가들이 이른바 '해석'을 이용해 '아이디어를 내동댕이친 일에 대해 변명'을 한다고 경멸적인 말투로 말했다. 그녀는 텍스트를 이해하는 것은 '텍스트를 친구처럼 대하는 것'이라고 느꼈다. 그것이 '진짜'라고, 시를 '당신과 독립된' 것으로 여겨야지 '당신의 편리를 강화하기 위해 이용'해서는 안 된다고 말이다. 프랑스 사상가 시몬 베유를 빌자면, 그녀는 앎의 길이 '무엇보다도 경청하는 길'임을 알게 된 것이다. "영혼은 자기가 바라보는 것을 있는 그대로, 오직 진실의 모습 그대로 받아들이기 위해 제 안의 내용물을 모조리 비운다."[15]

7장

의식 없이 지각하기

매 순간 우리 안에는 우리가 알아채지 못하는, 성찰이 수반되지 않는 무한수의 지각이 있다. 그것은 영혼 안에서의 변화인데, 우리는 이를 알아채지 못한다. 인상의 수가 너무 작거나 너무 많기 때문이다.

라이프니츠(독일 철학자)

우리는 우리가 아는 것보다 주변세계에 더 많이 접촉하고 더 많이 영향 받는다. 1960년대 영화 관객은, 화면에서 너무 빨리 지나가는 바람에 의식적으로 깨닫지 못한 영상 메시지가 원하지 않는 청량음료를 사도록 무의식을 조종한다고 믿었다. 이런 잠재의식 광고는 효과가 너무 미미해서 이익에 반하는 행동을 하도록 우리를 설득하지 못한다는 사실이 밝혀졌지만, 실제로 잠재의식의 영향은 도처에 있다. 화면을 보거나 테이프를 들을 때만 일어나는 일이 아니다. 그런 것은 언제나 있으며, 그것 없이는 아무 일도 못한다. 심층마음은 바깥세상과 끊임없이 대화를 하지만 이런 대화의 상당수는 의식에 나타나지 않는다. 우리는 자신의 마음에서 무슨 일이 일어나는지 이해하지 못할 뿐더러, 무슨 일이 일어나는지 아예 보지도 못한다는 말이다.

잠재의식의 지각에 대해 쓰기는 어렵다. 우리 언어에는 그에 알맞은 용어가 뒤엉켜 있기 때문이다. 우리가 '의식하지 못하는 어떤 것에 의해 영향을 받는다'라는 내용을 나타낼 낱말이 없다는 사실이, 심층마음을 경시하는 문화를 특징적으로 보여준다. 다른 사람들이 쓰는 방식과 다를 수 있지만, 나는 여기서 '알아챔(awareness)'이라는 단어를 의식에 나타나든 아니든 상관없이 주변 (또는 몸의) '신호를 받아들임'이라는 일반적인 현상을 나타내는 말로 사용하겠다. 그리고 마음의 눈앞에 나타나는 것에 대해서는 '의식(consciousness)'과 '의식적 알아챔(conscious awareness)'이라는 말을 쓰기로 한다. 따라서 이런 용법으로는 '무의식적 알아챔'이라는 표현도 전혀 모순이 아니다. 이 말은, 의식에 나타나지 않는 자극에 영향을 받는 상태를 나타낸다.[1]

1989년 게티스버그칼리지 데인 피트먼과 로버트 본스타인은, 사람들이 취업희망자를 어떻게 결정하는지 탐구하는 실험을 했다. 실험에 참가하는 학생들에게 심리학과 연구조교라는 직업특성을 설명해주고, 젊은 남성 지망생 두 명(톰과 딕이라 부르기로 하자)의 지원서를 검토하고 둘 중 어느 쪽을 채용할지 추천하게 했다. 지원서는 한 가지 점에서만 두드러지게 달랐다. 톰은 컴퓨터 실력이 뛰어나지만 글쓰기가 약했고, 딕은 그 반대였다. 각 신청서에는 두 젊은이의 사진을 붙였다. 이 연구에 참가하기 전 실험 참가자들은 시각적 지각에 관한 다른 짧은 실험을 도와달라는 요청을 받았다. 그러고는 톰이나 딕의 얼굴 옆에 '좋음'이라는 말을 붙인 사진 다섯 장을 4밀리세컨드[1000분의 1초] 동안 그들에게 노출시켰다. 여기서 사용된 조명 아래 4밀리세컨드는 너무 짧아서 어떤 의식적 인상도 줄 수 없었다. 참가자들은 아무 '내용' 없이 짧게 번쩍이는 빛만 보았을 뿐이다.

그러나 실험 참가자들이 자신의 잠재의식에 노출된 지원자를 그 직업에 가장 적합한 사람이라고 뽑을 가능성은 그렇지 않았을 때보다 두 배나 높았다. 번쩍이는 빛에 노출된 것이 톰의 얼굴이었을 경우 참가자의 3분의 2가 톰을 뽑았다. 딕의 얼굴이 노출되었을 경우에는 3분의 2가 딕을 뽑았다. 결정을 내린 이유를 묻자 톰을 선택한 참가자들은, 연구조교 자리에는 컴퓨터 기술이 글쓰기보다 더 중요하다고 대답했다. 딕을 뽑은 참가자들은, 컴퓨터 기술은 누구라도 배울 수 있지만 유창하게 의사표시를 하는 능력은 그렇지 않다고 말했다.[2]

피트먼과 본스타인의 실험 참가자들은, 의식적 인식을 하기에는 너무 짧은 순간 번쩍인 얼굴과, 그 옆에 붙은 '좋음'이라는 긍정적 평가를 무의식적으로 알아챘던 것이다. 다른 방식으로는 두 지원자의 실제 행동을 평가할 수 없다는 사실이 이를 증명한다. 물론 우리가 무의식을 직접 '볼' 수 없다는 것은 무의식의 정의로 보아 맞는 말이다. 우리는 다만 관찰할 수 있는 것에 미치는 영향을 통해 무의식의 존재를 추론할 뿐이다. '블랙홀'을 사진으로 찍을 수는 없지만, 근처에서 빛이 기묘하게 휘는 것을 통해 블랙홀의 존재와 특성을 추론하는 것과 같다. 마찬가지로 잠재의식의 지각이 작동하는 법을 보려면, 사람들의 행동이나 의식적 생각, 느낌, 지각이 보이지 않는 힘과 과정에 따라 '굴절'되는 방법을 관찰해야 한다.

무의식적 지각과 심층마음

무의식적 지각에 대해서는 많은 실험실 연구가 있다. 하지만 무의식적 지각이 어디에나 있다는 사실을 확인하기 위해 꼭 과학이 필요한 것은 아니다. 이 글을 읽는 동안 당신의 몸은, 당신이 앉아있거나 누워있는 물건에 적응하고 있다. 그리고 당신이 보통 알아채지 못하는 어떤 감각에 대한 반응으로 자세를 고치고 있다. 두 손은 당신이 든 책의 크기와 단단함에 반응한다. 심지어 책을 읽는 동안에도 당신은 시계가 종을 쳐서 시간을 알리고 있다는 걸 깨닫기도 한다. 그리고 당신이 '깨어나는' 순간 전에 울린, 듣지 못한 종소리의 숫자까지도 헤아릴 수 있다.

무의식적 지각에 대한 고전적인 예는, 자동차를 운전하다보니 어느새 목적지에 '도착'하는 일이다. 지난 20분 동안 대화나 어떤 생각에 빠져서 의식적으로는 길이나 교통 흐름, 신호등 따위에 전혀 주목하지 않았다. 의식이 다른 세계에 빠져있는 동안 무의식적 '자동조종사'가 이 세상의 교차로와 신호등, 횡단보도 따위에 매우 잘 주목하면서 운전한 것이다. 정신을 '딴 데 팔고' 있는 동안 지적인 일을 유연하게 진행하는 능력은, 사람이 많은 길을 걷거나, 빨래를 하거나, 피아노를 치거나, 샤워를 하거나, 아이들의 음료를 만드는 동안에도 일어난다. 생각 없이 일하는 능력, 심지어 친구와 이야기하거나 강연을 하는 것 같은 지적으로 상당히 까다로운 일을 [아무 생각 없이] 해내는 능력은 그야말로 악명이 높다(어떤 목사가 설교를 하는 꿈을 꾸었는데, 깨어보니 진짜로 설교를 하고 있더라는 옛이야기를 기억해보라).

자동조종사는 주변에서 무슨 일이 일어나는지, 사정이 어떻게 돌아가는지 알고 있다. 비행기 자동항법 장치를 조종하는 컴퓨터가 주변상황에 민감한 것과 똑같다. 자동조종사에 의존해도 우리는 멍청한 로봇처럼 행동하지는 않는다. 지적인 존재가 그러듯이 적절하게 행동한다. 대부분은 그렇지만, 이따금 다른 데 정신을 팔다가 '정신 나간' 행동을 하기도 한다. 출근길을 절반쯤 가다가 갑자기 오늘이 휴일이라는 걸 깨닫는 것처럼 말이다. 이에 관해서는 미국 심리학자 윌리엄 제임스의 이야기가 유명하다. 파티에 가려고 옷을 갈아입으러 위층에 올라갔는데, 정신을 차리고 보니 자기가 잠옷으로 갈아입고 이를 닦고 있더란다. 의식적인 마음이 무언가에 붙잡혀 있을 때 우리는 차를 타려고 끓인 물을 설탕 병에 붓거나, 오늘자 신문에 불을 붙이고 있는 자신을 발견하게 된다.

하지만 의식이 그렇게까지 완전히 딴 데 정신을 팔지 않고 그냥 망상이나 리허설에 빠져 있는 경우라면, 우리는 돌발 사태를 알아채고 그것이 '주의력을 붙잡을' 때 깨어난다. 주차된 자동차 사이로 공이 통통

굴러가면, 우리는 속도를 늦추고 아이가 공을 쫓아 달려들지 모르는 사태에 주목한다. 의식이 지각과 행동에 다시 개입해, 대화는 중간에 끊겨버린다. 그러나 여기 다시 무의식적 지각에 대한 증거가 있다. 끊임없이 흘러들어오는 인상의 흐름에서 의식은 어떻게 알고 **이렇듯** 작은 정보를 찾아내 추적하는가? 충동적으로 고개를 돌리거나, 멈추거나, 한순간 귀를 기울여 듣다가 어떻게 거기에 주목할 뭔가가 있다는 것을 그렇게 자주 찾아낼 수 있다는 말인가? 친구의 시골 별장에서 밤에 희미하게 들리는 낯선 소리는 계속해서 잠을 깨운다. 내 런던 아파트 옆으로 밤새 택시가 덜컹거리고 지나갈 때는 세상모르고 잠을 자는데 말이다.

이런 현상에 대해 유일하게 가능한 설명은, 의식적 알아챔의 지평 아래서 심층마음이 무슨 일이 일어나는지, 무엇이 중요하거나 위험한지 계속 살피면서 '뉴스 속보'를 의식으로 내보낼 순간을 결정한다는 것이다. 물론 심층마음이 잘못하는 수도 있다. 이따금 잘못된 경보를 울리는 수도 있고(도둑이 들거나 불이 난 게 아니라 그냥 대들보가 삐걱하는 소리에 잠을 깨는 것), 중요하다고 했지만 아닐 수도 있다. 내가 여기서 강조하려는 것은 심층마음의 존재이지, 그것이 모든 걸 다 안다는 말이 아니다. 의식의 움직임과 의식이 보여주는 모습은 텔레비전 뉴스 속보처럼 편집자의 판단과 기자의 경계심을 반영한다. 우리는 그들의 존재를 짐작하지만, 얼굴을 보지는 못한다.

우리는 세상일이 실제로 어떠한가라는 측면만이 아니라, 어떠하기를 바라는가라는 측면에서도 반응한다. 의식으로 직접 들어오지는 않아도 주변에서 오는 신호에 기초해, 다음에 일어날 일에 육체적·정신적으로 대비한다. 보통 그렇듯이 이 과정이 성공적으로 계속되는 동안 우리는 그것을 알아채지 못한다. 잘못되어야만 비로소 알아채게 된다. 움직이는 에스컬레이터를 타고 내릴 때 처음 몇 번은 이상한 느낌이 든다. 하지만 경험이 생길수록 당신의 몸은 미세하게 조정해서 균형 맞추는 법을 익힌다. 그리고 그것은 당신이 에스컬레이터에 발을 올려놓는 순간 주변의 시각신호를 통해 자동으로 작동된다. 멈춰선 에스컬레이터에 다가갈 때도 마찬가지다. 올라가거나 내려갈 것을 대비해 알맞은 순간에 미세하게 자세를 조정했는데 에스컬레이터가 움직이지 않으면, 당신은 당혹감을 느끼게 된다.[3]

같은 효과를 더 확실하게 보여주는 것이 있다. 에딘버러대학교 심리학과에 가면 어떤 방에 들어가라는 권유를 받는다. 이 방의 벽과 천장은 거꾸로 매달린 상자인데, '진짜' 바닥 위에 케이블로 매달아놓은 것이다. 벽과 바닥 사이의 틈은 작아서 보이지 않는다. 당신이 방으로 들어서면 문이 뒤에서 닫힌다. 그리고 밖에서 누군가 이 '방'을 밀면 방은 바닥을 향해, 즉 당신을 향해 움직인다. 이것은 당신이 걷거나 움직일 때와 같은 시각현상을 만들어내고, 무의식적 해석에 따라 당신은 반대 방향으로 몸을 기울이며 추론에 의해 움직임을 '수정'하다가 쓰러진다.

무의식적 준비도 육체적 준비처럼 지각될 수 있다. 무게가 같은 큰 통과 작은 통을 주면 사람들은 작은 게 더 무겁다고 말한다. 크기를 보고 기대한 것보다 더 무겁기 때문이다. 누군가가 당신이 별 생각 없이 차茶라고 생각한 것을 가져다주면, 첫 모금은 이상한 맛이 난다. 그러다 당신은 그것이 커피임을 깨닫는다. 당신의 기대를 재조정하면, 첫 모금과 같은 맛인데도 이번에는 친숙하고 만족스러운 맛으로 재분류 된다.

우리는 '우리 밖에' 있는 것을 보거나 맛보거나 느끼는 것이 아니다. 의식적인 지각은 우리의 관심에 따라 '현실'을 잘못 해석하는 쓸모 있는 허구다. 책을 읽을 때 당신의 두 눈은 인쇄된 줄을 따라 건너뛰기와 정지라는 단속적인 운동을 거듭하지만, 당신이 의식적으로 보는 것은 매우 안정된 전체 페이지다. 그 책을 지금보다 두 배 먼 곳에 두어도, 책은 지금보다 별로 작아 보이지 않는다. 망막에 맺히는 상은 절반 크기인데도 그렇다. 그 페이지의 일부가 망막의 '맹시(blindsight)'에 들어간다 해도, 당신이 보는 세계 안에서는 그에 해당하는 구멍을 보지 못한다. 보통 심층마음은 데이터에 온갖 종류의 보정을 가한 다음 그것을 의식으로 넘긴다. 그렇게 하는 것이 유리하기 때문이다.

두 개의 문지방

일상에서 벌어지는 이런 무의식적 지각에 관한 사례는, 완전히 보이고 들리는 세계의 양상에 관련된 것이다. 이런 양상은 심층마음에 의해 그렇게 등록돼 있지만 의식에는 들어오지 않는다. 무의식적 지각은 우리에게 영향을 주지만 보통은 모르고 지나간다. 하지만 피트먼과 본스타인의 실험은, 지각 가능한 판 위에서 벌어지는 매우 희미하고 순간적인 자극을 이용한다. 이러한 상황은 무의식적 지각의 본성을 매우 분명하게 보여줄 뿐더러, 과학적으로 마음연구를 시작한 이래 심리학자들을 사로잡았다.

1898년의 고전적 연구에서 러시아 출신 심리학자 보리스 시디스는 사람들에게 하나의 숫자나 글자가 인쇄된 카드를 보여주었다. 카드는 멀리 떨어진 곳에 있어서 실험 참가자들은 무엇이 적혀 있는지 읽을 수 없었다. 시디스는 이렇게 보고한다. "실험 참가자들은 종종 아무 것도 볼 수 없다고 불평했다. 거무스름하게 어른거리는 희미한 점은 그들의 시야에서 사라지곤 했다." 하지만 시디스가 카드 위에 있는 글자를 말해보라고 하면, 참가자들은 추측할 때보다 훨씬 더 자주 정확한 답을 내놓았다. 심지어 온전히 추측한다고 느끼는 경우에도 그랬다. 시디스는 이 실험에 대해 '우리 안에는 깨어있는 제1자아가 볼 수 없는 것을 지각하는 반수면상태의 제2자아가 있다'라고 결론지었다.[4]

1884년 미국 철학자 찰스 샌더스 퍼스는 대학원생 조셉 재스트로와 함께 존스홉킨스대학교에서 일련의 실험을 했다. 이 실험에서 사람들은 거의 같은 무게의 물건이 실제로는 어느 쪽이 더 무거운가를 거듭 판단했다. 주관적 자신감이 거의 없었는데도 실험 참가자들은 우연에 의지하는 것보다 훨씬 더 잘 맞출 수 있었다. '어느 한 편이 다른 편보다 더 낫다고 볼 수 없는 상황에서, 대답이 무의미하게 보이는' 완전히 추측에 의존한 이런 실험을 수천 번 거듭해보니, 참가자들이 정답을 내놓을 확률은 60~70퍼센트 정도였다. 이 연구에서 흥미로운 것은 호기심이 얼마나 가치 있는 덕목인가 하는 점이 아니었다. 이 결과는 사람들의 행동방식에 대해, 예를 들어 우리가 서로 어떻게 관계를 맺는가와 같은 일에 대해 정말로 중요한 내용을 담고 있었다. 퍼스와 재스트로는 이렇게 썼다.

이러한 사실은 매우 중요한 실질적 함의를 갖는다. 너무 희미해서 스스로도 그런 감각을 갖고 있는지조차 모르고, 그런 일에 대해 우리가 어떻게 결론에 도달하는지 설명하지도 못하는 극히 희미한 감각을 동원해서 상대방의 마음에서 무슨 일이 일어나는지를 수집한다는 사실을 믿어야 할 새로운 이유를 제공하기 때문이다. 여성의 통찰력이나 특정한 '텔레파시' 현상은 이런 방식으로 설명될 수 있을 것 같다. 이와 같은 희미한 감각은 심리학자들이 철저히 연구하고, **일반인들이 열성적으로 키워야** 하는 것이다.[5](강조는 필자)

두 사람은 이런 발견이 일상생활에서 타당성을 갖는다는 것을 본 것만이 아니라, 사람들이 희미한 감각에 대한 감수성을 키울 수도 있다고 주장한다. 직관을 교육하고 날카롭게 단련할 수 있듯이, 우리가 일상적으로 보고 아는 방식의 밑에 놓인, 보통 무시되는 대규모 약한 인상을 이용하는 능력도 교육하고 단련할 수 있다는 것이다. 마치 마음이 문지방 두 개를 갖고 있는데, 첫 문지방 아래서는 아무 것도 기록되지 않고, 위에 있는 문지방을 넘어야 무언가가 의식화 되는 것만 같다. 이 두 문지방 사이에 심층마음이라는 중간세계가 있고, 여기서는 여러 인상이 활동은 하지만 의식되지는 않는다. 퍼스와 재스트로는 이 두 문지방 사이의 거리가 변할 수 있으며, 따라서 무의식 층위에서 이전에 일어난 것에 대한 **의식의** 감수성을 키우는 일이 가능하다고 제안한다.

　제1차 세계대전 피해자들을 연구한 오스트리아 신경심리학자 오토 푀츨은 일찌감치, 무의식적 지각이 의식에 나타나는 것에 미치는 영향력을 보여주었다. 두뇌에서 시각자극을 처리하는 부분에 총상을 입은 병사들을 검사하던 푀츨은, 대뇌반구 양측의 후두엽에서 이상한 점을 발견했다. 병사들의 눈은 실질적으로 멀어 있었는데, 그럼에도 그들이 '볼' 수도 없는 그림에 눈길을 고정하고 있으면, 이 '보이지 않는' 그림과 분명히 연관성이 있는 생각이나 이미지가 의식적인 마음에 나타나기 시작했다. 그림에 대한 연상이 직접적인 시각적 형태가 아니라, 멋대로 떠도는 신비스러운 파편으로 의식에 나타나기 시작하는 것이다. 퍼츨은 정상적인 시각을 가진 사람에게도 같은 효과를 만들어낼 수 있을지 궁금해서 다음과 같은 실험을 고안했다. 먼저 매우 자세한 그림을 아주 빠르게, 100분의 1초 정도로 잠깐 실험 참가자들에게 비춰주었다. 그리고 무엇이 되었든 본 것을 그리게 했다. 그런 다음 참가자들은 이튿날 다시 와서 그날 밤 꾼 꿈 이야기를 하고, 꿈의 요소들을 가능한 한 그림으로 그렸다. 이를 분석하자 실험 참가자들의 꿈은 애초에 '보이지 않는' 그림의 조각과 연상을 상당수 포함하고 있음이 발견되었다.[6]

　이 같은 초창기 연구에서 도출된 핵심결과들은 최근의 더욱 엄중한 조건 아래서도 재현되었다. 예를 들면 케임브리지대학교 마크 프라이스는, 사람들에게 어떤 낱말을 너무 잠깐 보여줘서 알아챌 수 없는 경우라도, 그 낱말이 속한 범주를 '짐작'할 수 있다는 사실을 보여주었다. 이를테면, 실험 참가자들에게 '당근'이라는 낱말을 짧게 보여주면 그 낱말이 무엇이었는지 말할 수는 없어도, 그것이 채소라고 일반적인 경우보다 더 나은 추측을 했다. 우연히 그의 실험에 동생이 참가했는데, 그를 통해 프라이스는 무심코 퍼츨 효과를 재현했다. 어느 시점에 순식간에 지나간 낱말은 '낙타'였고, 동생은 그 낱말이 무엇인지 알아내지 못했다. 하지만 다음 낱말을 보여주는 도중에 동생이 갑자기 키득거리기 시작했다. 프라이스가 대체 무슨 일이냐고 묻자, 동생은 낙타에 대한 엉뚱한 상상이 '느닷없이' 머릿속에 떠오르는 바람에 웃었다고 대답했다.

자극이 약하거나 희미해서가 아니라 시각의 중심부가 아닌 주변부에 나타나는 바람에 알아내기 어려운 자극도 비슷한 효과를 냈다. 모나슈대학교 존 브래드쇼는, 우리가 시각영역 가장자리에 나타난 낱말도 무의식적으로 읽을 수 있고, 그런 잠재의식적 지각도 의식적으로 주목하는 문제를 해석하는 데 영향을 준다는 것을 보여주었다. 그는 스크린한 가운데에 '뱅크(bank)' 같은 이중의미를 가진 낱말을 비추어 사람들에게 보여주었다. 그러면서 시각의 가장자리에 '돈'이라는 낱말을 슬쩍 비추었는데, 이는 가운데 나타난 낱말의 두 가지 중요한 뜻 중 하나와 연관된 것이었다. 주변부 낱말을 의식에서 알아채지 못했는데도 실험 참가자들은 가운데 낱말을 '강둑'보다는 '재정기관'이라는 뜻으로 해석하는 경향을 보였다.[7] 알아챔의 문지방을 넘어설 정도로 강하지만 의식이 되지 못한 정보도, 의식에 영향을 미칠 수 있는 것이다. 앞서 직관을 다룬 부분에서 보았듯이, 의식은 심층마음보다 더욱 확정적인 증거를 요구하는 것 같다.

가짜기억증후군

앞서 논의한 피트먼과 본스타인 연구의 또 다른 의미는, 실험 참가자들이 **어떻게** 잠재의식에 영향을 받는지를 모르기 때문에, 심지어는 그런 영향을 받는다는 **사실** 자체를 모르기 때문에 자신이 내린 결정의 진짜 원천을 모르고, 따라서 그런 영향을 막아내고자 무의식을 이용할 수 없다는 점이다. 참가자들은 잠재의식의 메시지가 거기 있다는 것을 모르기 때문에 그런 메시지를 쉽게 받아들인다. 그런 메시지를 통제하거나 완화시키려 할지도 모르지만, 메시지가 의식의 '레이더' 망에 검출되지 않는다면 이는 불가능한 일이다. 직관을 관찰했을 때처럼, 심층마음은 의식이 가진 것보다 더 풍부한 데이터베이스를 동원해 작동하지만, 심층마음이 짜는 양탄자는 틀리거나 유효기간이 지난 실을 포함할 수 있다. 의식의 검열이나 금지를 피함으로써, 잠재의식에 대한 자극이 실제로 우리가 분명하게 지각한 것보다 더 큰 영향을 행동에 미칠 수도 있다는 까다로운 가능성이 이렇게 해서 열린다.

C. J. 패튼의 연구가 이 사실을 도표로 보여준다. 패튼은 두 그룹의 여대생을 실험 참가자로 골랐다. 한쪽은 음식에 대해 '정상적인' 태도를 가진 여성, 다른 쪽은 섭식장애를 겪은 적이 있는 여성으로 구성되었다. 임상 데이터는 두 번째 그룹의 많은 여성이 음식에 대해 매우 이중적인 태도를 갖고 있음을 알려주었다. 그들은 음식을 위안의 원천으로 여겨 열망하면서도, 거기에 얽매여 결과적으로 과체중이 되는 자신을 미워하고 있었다. 그들은 특히 다른 사람과 함께 있을 때 먹는 욕망을 통제하려고 노력했다. 질문은 이것이다. 두 번째 그룹 여성이 두렵기는 하지만 자기가 두려워한다는 사실도, 그 원인도 모른다면 어떻게 행동할까?

피트먼과 본스타인 연구처럼 패튼의 실험도 두 부분으로 이루어졌다. 먼저 모든 여성이 '시각적 분별력 테스트'라고 부르는 것에 참가했다. 여기서 그들은 스크린에 잠깐 스쳐 지나간 문장을 확인해야 했다. 두 개의 핵심문장이 있었다. 하나는 많은 참가자에게 두려움을 불러일으킬 수도 있는 문장으로 먼저 제시되었는데, "엄마가 나를 두고 외출한다"라는 것이었다. 다른 문장은 중립적인 것으로 "엄마가 그것을 빌려준다"라는 문장이다. 이 문장들을 4밀리세컨드 동안 잠재의식에만 보여주거나, 200밀리세컨드 동안 의식에 노출시켰다. 두 그룹의 절반에 메시지 중 하나를 보여주고, 나머지 절반에는 다른 메시지를 보여주었다. 뒤이어 이들은 두 번째 실험에 참가했다. 여기서 참가자들은 세 종류의 과자 맛을 본다. 두 번째 과제를 설명한 다음 실험자는, 과자를 가득 채운 그릇 세 개 앞에 참가자만 홀로 남겨둔다. 맛 테스트라고 설명된 두 번째 테스트가 끝난 후 실험자는 각 참가자들이 얼마나 많은 과자를 먹었는지 조사했다.

그 결과 중립적인 문장은 의식에 보이든 잠재의식에만 보이든 실험 참가자의 과자소비에 어떠한 영향도 남기지 않았다. 하지만 "엄마가 나를 두고 외출한다"라는 문장을 보여준 후 섭식장애가 있는 여성은 다른 여성보다 두 배나 많은 과자를 먹었다. **다만 문장이 잠재의식에 노출되었을 경우에만 그랬다.** '정상적인' 참가자들은 노출시간에 상관이 없이, 그리고 섭식장애가 있는 참가자들은 문장이 분명히 눈에 보일 경우에는 과자 소모량이 중립적인 조건일 때와 같았다. 지각이 의식적일 때는 문장을 무시하고 충동을 통제하는 일이 가능하다. 그러나 무의식적으로 영향을 받고 있을 때는 경각심을 갖기 어렵다.[8]

우리의 주의력이 중요한 정보를 통해 분산될 경우에 비슷한 효과가 생겨날 수 있다. J. M. 달리와 P. H. 그로스는 사람들에게 가상의 아이들에 대해 다양한 정보를 주고, 그들의 지적 능력을 측정하라고 요구했다. 실험 참가자들이 받은 유일한 정보가 부모의 직업과 수입 등 '사회·경제적 지위'일 때는 판단에 영향을 주지 않았다. 하지만 또 다른 실험 참가자 그룹에는 아이들이 어딘지 애매한 모습으로 지성 테스트를 하는 모습을 담은 비디오테이프를 추가로 보여주었다. 어떤 문제는 잘 풀고 다른 문제는 잘 풀지 못하는 모습을 담은 영상이었다. 이런 상황에서 참가자들에게 관찰한 아이 중 하나가 가난한 집안출신이라는 이야기를 해주면, 참가자들은 그 아이의 지적 능력이 더 나은 집안출신으로 보이게 유도된 다른 아이의 능력보다 더 낮을 것이라고 짐작했다. 사람들은 자기가 그 정보에 의해 편견을 **가질 수 있다**는 사실을 깨달을 때는 그에 대한 보완조치를 취한다. 하지만 아이의 구체적인 행동을 해석하는 일에 초점을 맞추려고 노력할 때에는, 그 노력이 고정관념을 경계할 필요성을 깨닫는 일을 방해하는 것 같다. 그래서 그들의 억측이 모르는 사이 판단에 스며들 수 있게 되는 것이다.[9]

맥마스터대학교 래리 자코비의 연구는, 우리가 만들어내는 무의식적 해석의 깊이와, 의식적 알아챔이 이 해석을 재조직하는 힘을 모두 강조한다. 그의 연구는, 무의식도 우리가 어떤 **종류**의 경험을 하는지를 두고 헛갈릴 수 있다는 걸 보여준다. 예를 들어 어떤 자극이 새로운 지각인지, 아니면 기억인지 판단하는 부분이다. 경험의 기본 범주들은 '주어진' 게 아니다. 그런 범주들도 오해할 수 있는 판단이나 특성이다. 자코비는 이런 판단이, 무언가가 심층마음에 의해 얼마나 쉽게 또는 매끈하게 처리되느냐에 따라 쉽사리 심각한 영향을 받는다는 사실을 보여주었다. 우리는 앞서 살펴본 여러 연구를 통해, 무언가를 한 번 알아보면 그것을 다시 알아보기 훨씬 쉬워진다는 사실을 알고 있다. 처음 인식에서 어떤 효과가 남아 있다가 두 번째 인식을 손쉽게 만들어주는 것이다. 무언가가 최근에 **일어났다**는 것이 판단과정을 상대적으로 쉽게 해주는 것 같다. 어떤 경험을 새로운 지각이 아닌 [경험에 대한] 기억으로 여기는 것은, 우리가 기대보다 빨리 그 정체를 알아보고 범주화할 수 있다는 사실에 일부 기반을 둔 추론이다. 이게 사실이라면, 우리는 무언가의 처리과정을 더 쉽게 함으로써 심층마음이 그것을 기억으로 여기도록 슬그머니 속임수를 쓸 수도 있을 것이다(**데자부**에 대한 심리학적 설명의 토대다).

자코비의 실험은 바로 이런 혼란을 만들어내도록 고안되었다.[10] 그와 동료들은 실험 참가자들에게 낱말목록을 보여주고, 잠깐 쉬었다가 또 다른 긴 목록을 한 번에 한 낱말씩 보여주었는데, 여기에는 새로운 낱말과 함께 처음 목록에 나왔던 것도 섞여 있었다. 실험 참가자들은 두 번째 목록의 낱말을 보는 동안 그것이 처음 목록에 나왔던 것인지 아닌지를 표시하라는 요구를 받았다. 다른 말로 하면, 두 번째 목록에 있는 낱말을 '기억'으로 보는지 '지각'으로 보는지 구분하게 했다. 실험자들은 영리한 계략을 써서, 인쇄상태를 달리하여 몇몇 낱말을 약간 더 읽기 쉽게 만들어놓았다. 그리고 더 뚜렷하게 보이는 새로운 낱말이 원래 목록에도 들어있던 것으로 잘못 '인식'되는 경향이 있음을 밝혀냈다. 참가자들은 무의식적으로, 뚜렷하게 인쇄된 낱말을 인식하는 게 상대적으로 쉬운 이유가 방금 전 그것을 봤기 때문이라고 생각했고, 따라서 그것을 기억으로 여겼던 것이다.

'가짜기억증후군'에 대한 최근의 실험실 연구는, 어떤 경험을 상상이 아니라 '진짜'라고 판단하는 것은 경험의 특성에도 영향을 받는다는 사실을 밝혀냈다. 누군가를 더욱 생생하게 상상할수록 사람들이 훗날 이 경험을 진짜 기억으로 잘못 해석할 가능성이 높은 것으로 보인다.[11] 특히 잠에서 깬 직후에 자기가 지난밤 꿈을 기억하는 건지, 며칠 전 일을 기억하는 건지 잠시 혼란스러웠던 경험은 그리 드문 일이 아니다.

자코비의 연구에는 매우 중요한 또 다른 특성이 있다. 참가자들에게 두 번째 목록에 나오는 낱말이 조작되었다는 사실을 이야기하거나 그들이 스스로 알아채면, 기억의 착각은 사라졌다. 인식과정이 쉽지만 그것이 다른 인자의 영향을 받은 것이라는 점을 의식하면, 그들은 판단 과정에 이 사실을 고려할 수 있다. 참가자들은 두 가지 변수를 분리할 수 있는 것이다. 하지만 무슨 일이 벌어지는지 모르면 심층마음은 두 가지 서로 다른 편이성의 **원천**(기억과 명료함)을 뒤섞어서 잘못된 대답을 한다. 앞선 예에서도 보았듯이, 우리가 어떤 영향을 의식에서 깨닫고 있을 때는 그에 대해 방어를 하거나 보충할 수가 있다. 즉 우리가 하는 일이 추정인지 억측인지 살필 수 있다. 그러나 영향을 깨닫지 못하는데 그것이 잠재의식적으로 우리에게 나타나면, 즉 그것이 의식에 도착했을 때 이미 지각 안에 녹아들어 있으면, 우리는 은연중에 그것을 **믿는다.**

일상생활에서 이런 자기검열 현상은 우리가 고정관념을 만들고 다루는 방식에 큰 영향을 준다. 그 예로 오른쪽 그림 7을 보고 의사가 뭐라고 대답했을지 자문해보라.

많은 사람은 의사가 "당신은 매우 날씬한데요"라고 말할 거라고 생각한다. 그러면서 속으로는 "이거 또 신경성 식욕부진 사례인가?" 하고 생각할 거라고 말이다. 실제 의사의 말은 이렇다. "걱정 마세요. 환자분 연령대의 남성들은 살이 붙는 경향이 있으니까요." 자신이 성차별 문제에 상당히 민감하다고 자신하는 사람도, 이 그림을 보고 무의식적으로 남성이 의사일 거라고 생각한다. 고정관념이 무의식적으로 지각에 뒤

그림 7. 의사는 뭐라고 말할까?

섞이면, 우리는 수수께끼로 보이는 상황에 의미를 부여하려고 애쓰기 시작한다. 그리고 여기서 문제가 되는 것은 현실이 아니라 억측이라는 사실을 깨닫지 못한다. 하지만 그런 억측을 알아채면 전체 그림은, **문자 그대로** 완전히 바뀐다.[12]

피트먼과 본스타인의 실험이 보여주는 무의식적 지각의 세 번째 특질은, 의식이 그럴싸한 이야기를 동원해 '설명의 틈을 메우려' 한다는 것이다. 그러면서도 이런 설명이 자기가 한 것인 줄 모른다. 실험 참가자들은 컴퓨터 능력과 글쓰기 능력의 상대적인 중요성을 언뜻 합리적으로 평가하여, 이를 근거로 두 지원자 중 한 사람을 선택했노라고 '설명'했다. 참가자들은 이것을 자기 생각의 과정에 대한 판독이 아니라, 자기 마음에서 정말로 일어난 것을 중심으로 이야기하는 것으로 여겼다. 하지만 증거는 그들이 오해했음을 보여준다. 실험 참가자들의 선택은 분명하고 강력하게, 그들이 의식적으로 모르는 조작에 영향을 받았다. 참가자들이 진짜라고 믿고 있지만, 이런 선택에 대한 그들의 설명은 실은 그럴싸함에 바탕을 둔 것이다. 그러니까 실험 참가자들은 원래 컴퓨터 기술이 글쓰기 기술보다 더 중요하다고(또는 그 반대라고) 순수하게 믿는 게 아니다. 다만 자신의 선택이 어떻게 해서 나왔는지 이론적으로 설명하려고 애쓸 뿐이다.

이야기를 지어내는 이런 성향은 예외적이거나 이따금 나타나는 현상이 아니다. 우리가 생각보다 그런 일을 훨씬 더 많이 하고 있다는 증거가 잔뜩 있다. 가끔 우리는 자신이 제시한 근거에 추측이 들어있음을 인정하기도 한다. "내가 **정말 피곤했나봐**" 같은 말로 자신의 비합리적인 행동을 설명할 때가 그렇다. 하지만 우리는 자주 자신의 추론을 비판 없이, 완벽한 확신으로 받아들인다(그리고 "**피곤해서** 후딱 해치웠어"라고 확신에 차서 말한다). 지금은 수많은 실험을 통해 우리가 자신의 행동 동기를 잘못 해석하는 여러 방식이 밝혀졌다. 어떤 실험에서는 행상인이 타이츠 여러 개를 죽 늘어놓고 사람들에게 어느 것을 좋아하는지 고르도록 했다. 그러자 이 타이츠가 어떤 질서에 따라 놓이든 상관 없이, 오른쪽 맨 끝에 놓인 타이츠가 가장 자주 선택된다는 사실이 밝혀졌다. 분명히 일정한 한계 안에서는, 그게 무엇이든 상관없이 그 자리에 있는 물건을 선택하려는 통계적 성향이 분명히 존재한다. 그런데도 왜 그것

을 선택했느냐고 물으면, 아무도 "오른쪽 맨 끝에 있어서"라고 대답하지 않았다.[13]

이른바 '방관자 효과'에 대한 일련의 연구는 실제상황에서 사람들을 관찰했다. 예를 들면, 기차를 기다리는데 플랫폼에서 실험조교 한 명이 갑자기 바닥에 쓰러져 신음소리를 내기 시작한다. 누가 그 사람을 도우러 가느냐가 질문이다. 여러 가지로 조건을 바꾸며 관찰한 결과, 주변에 사람이 많을수록 도와주러 나서는 사람 수가 더 적었다. 하지만 서 있는 사람들에게 **어째서** 끼어들지 않았느냐고 물으면, 다른 사람 수는 언급하지 않은 채 온갖 이야기를 다 늘어놓는다. 그리고 구경꾼 숫자가 어쩌면 영향을 주었을지도 모른다고 말하면, 그 가능성을 거부한다. 이런 모든 경우에서 사람들은, 자신이 이야기를 지어내고 있다는 사실을 모른다. 만약 당신이 이야기를 지어내고 있다고 말하면 그들은 매우 분개할 것이다. 그들의 의식적 해석이 그들에게는 현실이다.[14]

화성어의 기원은 심층마음?

우리가 심층마음의 존재를 인정할수록, 사건을 기록하고 연결을 만들어내는 믿을 수 없는 능력을 인정할수록, 첫눈에 이상하거나 초자연적으로 보이는 정신현상에 대해 마법적인 설명에 의존할 필요를 덜 느끼게 된다. '육감'을 예로 들어보자. 당신이 관찰당하고 있다거나, 빈 방에 누군가 있다는 걸 '알게 되었다'라는 경험을 설명하기 위해 이따금 동원되는 그 육감 말이다. 하지만 여기서 작동하는 것이 육감인가, 아니면 오감에서 뽑아낸 무의식적 인상의 총합인가? 어쩌면 이런 형식의 직관은, 오감에서 뽑아낸 극히 작은 무의식적 인상의 집합으로 설명될 수도 있다. 그 하나하나가 너무 약해서 의식에 도달하지는 못했지만, 그래도 여러 개가 누적되어 설명할 길 없는 '느낌'이 되었다고 말이다. 이에 대한 경험적 연구는 없는 것 같지만, 그 가능성은 미국 작가 스콧 피츠제럴드의 『밤은 부드러워』에서 효과적으로 서술되어 있다. 피츠제럴드는 인지적 무의식의 활동에 상당히 매료돼 있었다.

> 아무도 살지 않는 방에서는 빛을 굴절시키는 물체들이 절반쯤만 보인다. 니스 칠을 한 목재, 약간 광택을 낸 놋쇠, 은과 상아, 또한 빛과 어둠을 담고 있는 수많은 물건 저편에 너무 희미해서 거의 알아보기 어려운 그림틀의 모서리, 투명하거나 중국식 장식이 된 연필이나 재떨이의 모서리가 있다. 유리공예가가 불규칙한 모양의 유리조각을 언젠가 쓸지도 모르기 때문에 보관하듯이, 우리가 잠재의식에 꼭 붙잡아두는 연상조각에 호소하는, 또한 똑같이 섬세한 시각의 반사광에 호소하는 이런 굴절작용의 총합. 이 사실이 어쩌면 로즈메리가 그런 결정을 내리기 전에 그 방에 누군가 있음을 알아챘다고 나중에야 신비스럽게 서술한 것에 대한 설명이 될지도 모른다.[15]

다른 사람에 대해, 심지어 자기 마음에 대해서도 잠재의식의 감수성을 확대하면 일부 '텔레파시' 현상을 설명할 수 있을 거라는 모험적인 설명을 해볼 수도 있다. 퍼스와 재스트로의 말을 보자. "너무 희미해서 우리 스스로도 그런 감각을 갖고 있다는 사실을 모르는 희미한 감각들로부터 상대방의 마음에서 대략 무슨 일이 일어나는지를 수집한다. ……특정한 '텔레파시' 현상은 이런 방식으로 설명될 수 있을 것 같다."

이 문제에 대한 두 사람의 생각도 1880년대 프랑스 의사이자 철학자, 심리학자였던 테오도르 플루르누아의 연구에서 직접 영향을 받은 것일 수 있다. 플루르누아는 유명한 영매靈媒 케서린 뮬러(가명 헬렌 스미스)를 연구했다. 그녀는 몰아의 경지로 들어가서 15세기 인도 공주, 마리 앙투아네트, 화성에서 온 방문자 등으로 인격을 바꾸어, 전생에 있었던 장면을 재현하곤 했다. 화성의 방문자가 되었을 때 그녀는 '화성어'를 말하고, 화성의 풍경과 식물, 사람들에 대해 아주 상세히 설명할 수 있었다. 뮬러의 모든 '인격체'는 매우 설득력이 있었고, 고객들에게 보내는 '메시지'도 보통 타당성이 높고 납득할 만한 것이었다. 플루르누아는 그녀의 신뢰를 얻어 열린 마음으로 이러한 현상에 대한 '자연스러운 설명'을 찾아갔다. 진짜 시·공간 여행자나 사기꾼으로 여기지 않고 그녀를 믿기 위한 설명이었다.

뮬러의 전생을 상세히 탐색함으로써 플루르누아는, 그녀가 가진 재료의 상당수가 어린 시절 읽고 의식에서 완전히 잊어버린 책에서 비롯된 것임을 밝혀냈다. 그녀는 몰아지경에서 자신의 행동을 '잠재의식 상상력의 모험이야기'라고 서술했다. 그녀가 보여주는 각각의 인격은 어린 시절 서로 다른 상황으로 돌아간 것이었다. 플로르누아는 그녀가 말한 '화성어'를 분석하여 프랑스어 문장규칙에 기반하고 있다는 사실을 밝혔다. 이에 앞서 언어학자 빅토르 앙리도 그녀를 연구한 끝에 화성어의 상당수 어휘가 헝가리어에서 나왔다고 주장했는데, 헝가리어는 뮬러의 아버지가 쓰던 언어였다. 그리하여 플루르누아는 다른 사람에 대한 뮬러의 지각이, 언어로 되지 않은 이른바 '준準 언어' 신호들에 대한 예리한 잠재의식적 감수성과, 의식에서 잊혀져 파묻힌 지식이 결합해 나타난 것이라고 결론지었다.

아무리 꼼꼼히 조사했을지라도 이런 조사들 중 어느 것도, 전생으로 돌아가거나 영적인 세계와 접촉하지 **않았음**을 보여주는 것은 없다. 특별한 현상은 언제나 반론의 여지를 남긴다. 하지만 이토록 조심스럽고 공정하게 수행된 연구는, 적어도 우리에게 심층마음의 힘을 존중할 것을 요구한다. 또한 신체적 현상과 임사체험, 투시력, 예언 등 특이한 현상 들을 해석하는 데 신중하라고 조언한다. 이런 체험을 초자연적 힘이나 영향력에 대한 확실한 증거라고 여기고, 삶에는 심리학에서 말하는 것 이상의 무언가가 있다는 '증거'로 이용하는 사람들이 있다. 이런 체험이 '안에서' 나왔을 리가 없다는 주장도 자주 있었다. 우리에게 말을 거는 영이 정말 있으며, 물리학과 생리학 법칙에 저항하는 텔레파시 능력이 분명히 있다는 것이다. 어쩌면 그럴지도 모른다. 하지만 이런 몇몇 이상한 경험의 존재에 대한 특수한 설명은 그만두고라도, 그것이 존재한다는 사실조차도 아직 확정되지 않았다. 적어도 몇몇 경우에서만큼은 마법적인 결론이 시기상조인 것 같다. **무의식**의 역할이 완전히 밝혀지지 않았기 때문이다.

은연중에 마음을 의식과 동일시하는 시대다. 우리가 어떤 현상에 대해 의식의 용어로 설명을 찾아내지 못하면, 또다시 비밀종교 모임은 '마음' 탓일 리가 없으니 [외부에서 온 것이 분명하다고] 억측할 것이다.

8장

자의식

아, 우리 이승의 삶에서 확실성을 뜨겁게 열망해도
영혼은 얼마나 모호한 대답을 얻는지

조지 메러디스(영국 작가)

상당한 지성과 성취를 이룬 어느 중년 고객이 심리치료 2년째에 자기 삶의 부정적인 패턴에 대한 이야기를 하고 있었다. 심리치료사 조셉 메이슬링이 [그에게] 논평했다. "당신은 스스로 행복해질 권리가 없다고 생각하는 것 같아요." 사내는 즉각 통제하지 못할 만큼 안절부절 하다가 가까스로 진정했다. 한참 침묵한 다음 그가 말했다. "뭐라고 하셨나요?" 메이슬링의 또 다른 고객은 졸업훈련 프로그램을 성공적으로 끝마치던 젊은 여성이었는데, 그녀도 메이슬링이 "당신이 성공보다 실패 이야기를 얼마나 쉽게 하는지 알고 있나요?"라고 말했을 때 거의 똑같이 반응했다. 한참이나 헤맨 다음 그녀도 메이슬링에게 그 말을 되풀이해달라고 요구했던 것이다.

심층마음은 의식보다 훨씬 풍요롭고 섬세한 인간 심리 안에서 이루어지는 활동층이다. 그것은 어떤 이유에선지 의식적이 되지 못한 사건을 기록하고 반응한다. 우리는 각자 성향에 따라 개념이 되기 전의 정보가 가득 들어있는 희미한 데이터베이스를 가지고 있다. 정보 중 상당수는 문제가 너무 많거나 신뢰할 수 없는 것으로 여겨져 의식이 거절한 것이다. 의식적 알아챔은 무엇을 타당한 것으로 받아들일지 결정하고, 그리하여 어울리지 않는 패턴과 섬세한 뉘앙스를 놓친다. d-모드에서 의식은 어딘지 조심스럽고 관습적인 세계를 우리에게 보여주려 한다. 이따금 이것은 적합한 일이다. 하지만 거기서 길이 막혀 관습적 세계를 보조하는 어스름의 세계로 통하는 열쇠를 잃어버린다면, 우리는 가장 희미한 실과 파편이 저장된 곳에서 의미를 찾아 엮어내는 소중한 앎의 방식을 이용하지 못하고 유보해두는 셈이다.

앞서 이미 의식과 무의식 사이의 이러한 불일치를 표현하는 한 가지 방법이 문지방 두 개라고 말했다. 낮은 문지방 위쪽에서 심층마음이 활동하고, 높은 문지방을 넘어야 정보가 의식으로 들어간다. 이 두 지점이 서로 가까울수록 우리는 무의식과 더 많이 '접촉'하고, 전체 정신영역에서 일어나는 일에 대한 의식적 알아챔은 더 완전해진다. 두 문지방이 멀리 떨어질수록 우리의 의식적 지각은 빈곤해진다. 두 문지방을 이렇게 양적으로 말하는 것은 거친 일이지만, 그래도 중요한 질문 하나를 요약해 준다. 문지방 두 개가 얼마나 가까이, 혹은 얼마나 멀리 떨어져 있느냐를 무엇이 결정하는가? 더 일반적으로 표현하면, 알아챔의 의식적 형식과 무의식적 형식 사이의 관계는 역동적이고 변하기 쉬운 것인가? 만약 그렇다면 그것을 통제하는 힘은 무엇인가? 메이슬링의 경우처럼, 어떤 정보는 무의식적으로 상당한 비언어적 불편함을 초래할 수 있다. 그 결과 그 정보는 의식으로 들어오지 못한다. 치료사의 말이 순식간에 의식의 문지방을 높이는 계기가 된다. 의식의 문지방을 그렇게 높이 쌓아 올리는 것은, 특히 위협적인 일일 것이다.

지각의 방어

이런 추정을 보강하는 것이 1940년대 이후 실험 심리학자들 사이에 널리 알려진 '지각의 방어' 현상이다. 한 연구에서 실험자는 참가자들에게 한 낱말을 매우 짧게, 반복해서 보여준다. 참가자가 마침내 그 낱말을 정확하게 인식할 수 있을 때까지 노출시간을 차츰 늘린다. 몇몇 낱말은 중립적이지만 다른 낱말은 어떤 식으로든 장애를 일으킨다. 그런데 문제가 된 낱말은 다른 것보다 훨씬 긴 시간 노출되어야 참가자의 의식에서 보이게 된다. 인식과 의식이 같은 것이라면 이런 결과는 이해할 수 없다. 도대체 어떻게 우리는 아직 인식하지도 못한 것에 대해 지각의 문지방을 높일 수 있단 말인가? 무의식적 지각이 유일한 설명이다. 터부 낱말은 무의식에서 인식되었지만, 위쪽의 의식의 문지방은 이 낱말이 만들어내는 위협이나 정서적 불편함에서 의식을 보호하고자 즉시 높아진 것이다.[2] 이에 대해 1940년대 무의식적 지각을 연구한 제롬 브루너는 '유다의 눈'이라는 비유를 사용하곤 했다. 유다의 눈은 무허가 술집 문지기가 사용하던 엿보는 구멍을 말하는데, 단골고객에게는 문을 열어주고 경찰처럼 원치 않는 사람이 나타나면 문을 닫아걸기 위한 것이다. 이것이 없다면 문을 열어주고 나서야 친구인지 적인지를 알아보게 되는데, 그때는 이미 늦는다.

거꾸로 우리는, 실험 참가자가 더욱 느긋하고 '안전하다'라고 느끼게 해서, 심층마음이 수상쩍게 여기는 정보와, 직접적으로 위협이 되어서라기보다 희미하거나 덧없는 것이어서 수상쩍은 정보에 쉽게 접근하도록 만들 수 있다. 이를테면 실험 참가자들이 압력이나 평가를 받는다고 느끼지 않게끔 이 미약한 정보를 '표현해보라고' 요구하는 것이다. 사람들은 대개 앞서 보여준 어떤 것을 '기억하라고' 하면, **자신이** 평가받는다고 느낀다.[3] 심리학자의 실험은 사람들이 오류를 범하게 만들 정도로 충분히 까다롭게 고안된다. 모든 사람이 모든 점에서 옳다면, 데이터는 서로 다른 조건 사이의 차이를 알아내지 못할 것이다. 하지만 이런 차이야말로 마음이 작동하는 법에 대해 흥미로운 사실을 알려준다. 어느 누구도 실수하고 싶어 하지 않는다. 일례로, 일반적인 기억력 테스트는 사람들이 실제로 얼마나 많이 알고 있는지 제대로 평가

하지 못한다. 시험을 본다는 느낌이 조심스러운 태도를 만들어내기 때문이다.

쿤스트-윌슨과 자욘스들이 고안한 실험은 이 효과를 보여준다. 먼저 그들은 실험 참가자들에게 일련의 복잡하고 무의미한 상형문자를 보여준다. 이어서 이 문자들을 같은 종류의 새로운 문자와 뒤섞어 놓으면, 실험 참가자들은 먼저 본 것을 찾아내기가 힘들다. 하지만 앞서 본 상형문자를 **찾으라고** 요구하는 대신 그냥 **좋은** 것을 고르라고 하면, 참가자들은 높은 적중률로 먼저 본 형태를 골라내는 경향을 보였다. 자존심이 걸리면 섬세한 무의식적 정보와 지성의 형식이 장애를 일으키거나 사라지면서, 우리는 서툴고 거칠어지는 것 같다. '최선의 행동'을 보이지 않아도 되면, 심층마음에서 온 희미한 지식의 빛이 지각과 행동을 더 많이 안내한다. 이따금 수신 상태가 좋으면 심층마음의 가장 희미한 방송을 찾아내 이용할 수도 있다. 그러나 우리가 스트레스를 받으면 가장 강한 방송만 겨우 잡힌다.[4]

성취도측정이 아니라 추측 게임처럼 '시험'문제를 내면, 앞서 본 것처럼 사람들을 압력에서 벗어나게 할 수 있다. 무언가를 '순수한 추측'으로 여기면 우리는 그에 대해 책임감을 느끼지 않는다. 그냥 '불쑥' 생각난 것들을 멋대로 이야기한다. 우리를 평가할만한 그 어떤 정확성이나 기준도 없기 때문이다. 처음에는 심각한 퇴행성 건망증을 겪는 사람들의 기억력을 측정하려고 고안된 것이 이런 아이디어를 탐색하는 데도 사용되었다. 퇴행성 건망증 환자는 방금 전 일을 기억하는 능력을 완전히 잃어버린 것처럼 보인다. 이들을 만나고 방을 나갔다가 5분 뒤에 돌아오면, 전혀 낯선 사람처럼 당신을 대한다. 그들에게 낱말목록을 살펴보라고 주었다가 잠시 후에 방금 본 낱말을 기억해보라고 하면, 멍한 눈길로 당신을 바라보며 "무슨 낱말?"이라고 질문할 것이다. 하지만 심리학에서는 오랫동안 이런 환자도 어떤 기억력을 갖고 있으리라고 의심해 왔다. 다만 **신중한 방식으로는** 그 기억에 접근할 수 없었을 뿐이다.

예를 들어, 19세기 프랑스 의사 에두아르 클라파레드는 퇴행성 건망증 환자들을 소개 받을 때, 손가락 사이에 핀을 숨겼다가 그 중 한 명과 악수하면서 손바닥을 쿡 찔렀다. 방을 떠났다가 5분 뒤에 돌아오자, 예상대로 환자들은 클라파레드를 한 번도 본 적 없는 사람처럼 맞아들였다. 하지만 손바닥을 찔린 환자만은 이상하게 그와 악수하기를 꺼렸다. 이런 비사회적 행동에 대해 질문을 받으면 클라파레드는 모호하게 이렇게 설명하곤 했다. "의사들 일은 절대로 모르는 거요. 이따금 그들은 당신에게 속임수를 쓰거든."[5] 무의식적으로 기록된 자극이 고통스러운 자극이었다는 것은 우연이 아니다. 심층마음은 우리의 생존과 행복을 위해 중요한 것들에 특히 민감하기 때문이다.

건망증 환자가 보기보다 더 많은 기억을 갖고 있을 것이라는 의혹은 최근 다음과 같은 방식으로 확인되었다. 실험에 참여한 환자들에게 낱말목록을 주고 그것을 기억해두라고 요구한 다음 목록을 돌려받는다. 잠시 뒤에 전통적인 방식으로 그들에게 그 낱말을 알아보거나 기억하라고 요구하는 대신, 한 낱말의 첫 두세 글자를 보여주고 이 글자들로 시작하는 낱말이 떠오르는지 물었다. 그들에게 주어진 힌트는 원래의 목록에 있던 낱말 하나를 완성할 수 있도록 고른 것인데, 이렇게 기억해야 할 낱말은 주어진 철자로 완성될 수 있는 다른 낱말들보다 일상생활에서 덜 쓰이는 것이다. 원래 목록에 있던 낱말이 'CLEAT(쐐기모양 보강재)'라면, 환자들에게는 'CLE-'라는 철자로 시작하는 낱말을 생각하라고 말한다. 목록이 없었다면 사람들은 보통 이 힌트에서 'CLEAN'이나 'CLEAR' 같은 일상적인 단어를 말할 것이다. 하지만 건망증 환자들은 '기억'하지는 못했던 잘 쓰이지 않는 낱말을 말하는 경향을 보였다.

이 낱말들은 기억되긴 했지만, 그 내용은 오직 '자유'연상에 영향을 주는 방식으로만 나타난 것이다. 오늘날 학자들은 '건망증'이 일어난 일을 기록하지 못하는 것이라기보다는, 기억이 의식에 접근하지 못하는 것과 더 많이 관련돼 있는 것으로 바라보기 시작했다. 잠재의식적 지각기술을 이용하자 같은 효과가 손상을 입지 않은 기억력을 지닌 사람들에게서도 재현되었다. 실험 참가자들에게 한 번에 하나씩, 의식적 지각이 되지 않을 정도로 아주 빠르게 낱말을 보여준다. 이어서 낱말들을 기억하라고 요구하면 참가자들은 건망증 환자처럼 '무슨 낱말?' 하고 묻는다. 하지만 똑같은 '자유연상' 게임으로 시험해 보면, 참가자들이 미처 '보지' 못한 낱말이, 임의로 작동하는 마음의 방식에 분명한 차이를 만들어낸다는 것이 밝혀진다. 참가자들은 기억력장애 환자와 정확히 똑같이 행동한다.[6]

의식이 희미한 정보를 불신한다는 사실은, 최근 케임브리지대학교 토니 마셀이 기억력이 아닌 지각에 초점을 맞춰 진행한 연구에서 잘 드러났다. 장애가 없는 실험 참가자들에게 매우 약한 빛의 깜박임을 보여주었다. 너무 약해서 뭔가가 거기 있었는지조차 말하기 어려운 수준이었다. 참가자들은 번쩍임을 보았다고 생각할 때마다 표시를 해야 했다.

그런데 마셀은 세 가지 다른 방식의 표시를 요구했다. 눈 깜박이기, 버튼 누르기, "예[봤어요]"라고 말하기 등이었다. 그리고 같은 질문에 대한 세 가지 다른 방식의 답이 서로 같지 않을뿐더러 상당히 차이가 난다는 사실을 발견했다. 눈을 깜박이라고 하면 참가자들은 말로 보고할 때보다 훨씬 더 많이 약한 빛을 '보았다.' 버튼 누르기는 눈 깜박임과 말하기의 중간 정도였다. 실험 참가자에게 눈 깜박임과 말, 두 가지로 빛에 반응하도록 요구하자 눈은 '예'를 목소리는 '아니오'를 말하는 경우가 꽤 많았다(자극과 반응 사이의 시간 간격을 조절해서 마셀은 눈을 깜박이는 단순반응에 따른 결과가 생겨날 가능성을 배제할 수 있었다).

마셀은 이 결과가 마음에 대한 우리의 상식에 얼마나 도전하는지를 지적한다. 우리에게는 '무엇이 있었나'를 기록하는 단 한 가지 의식이 있다는 것이 일반적인 억측이다. 무언가가 '거기' 있다면, 그것을 알아챌 수도 있고 보고할 수도 있다. 보고하는 방식이 그것을 '보느냐' 아니냐에 어떤 차이를 만들어내지는 않을 것이다. 우리 생각에 답변은 지각에서 '아랫방향 흐름'인데, 진행과정의 사슬에서 뒤에 오는 것이 앞서 나타난 것에 영향을 미칠 리가 없기 때문이다. 평상시 이런 추측은 잘 들어맞는 듯이 보인다. 하지만 대체 '거기'에 뭔가 있는지 없는지 극히 모호한 자극에서는 이런 방식이 무너지기 시작한다. 보고방식이 우리가 본 것에 대해 소급효과를 미치는 것이다. 정상적인 의식에 가장 가까이 있는 매체, 즉 말로 바꾸는 사태를 가장 적게 '보는' 매체이고, 가장 자동적이고 뿌리 박혀 있고 무의식적인 것이 모든 매체 중에서 가장 민감하다. **자아가 많이 개입될수록 조심스러운 의식이 더 많이 나타난다.** '틀릴까봐' 더 많이 걱정하는 것이다. 분명한 언어적 보고 "예, 깜박임이 있었습니다"나 "아니오, 없었습니다"는 단순히 눈꺼풀을 깜박이는 것보다 개인적으로 더 많이 연루된다는 느낌이 든다. 눈 깜박임은 보통 개인적인 감시를 요구하거나 자아 투자를 많이 포함하는 것이라고 생각되지 않는다.

이 실험에는 추측하기가 '시도하기'보다 더 낫다는 것을 직접 보여주는 또 다른 양상이 있었다. 마셀의 연구에서 어떤 대답방식을 이용하느냐와 상관없이, 실험 참가자가 약한 빛을 검색하는 능력은 100퍼센트에 미치지 못했다. 하지만 마셀이 깜박임이 나타나는가를 정확하게 보고하라고 말하지 않고 그냥 추측해보라고 요구하자, 참가자들의 수행능력은 놀랍게도 거의 100퍼센트로 치솟았다. '시도'는 결과를 염두에 둔 일종의 투자다. **걱정하면 신경도 쓰인다.** 그래서 당신의 노력이 성공적이지 않은 것으로 나타나면 어쩔 수 없이 '신경 쓰이는' 것이다. 하지만 순수한 추측은 공중에서 대답을 움켜쥐는 것처럼 느껴진다. 앞서도 보았듯이 압력이 줄면 당신은 이런 과제에 더 적합한 무의식적 암시의 안내를 받을 수 있다.

자의식 통과하기

25년 전 내가 옥스퍼드대학교 심리학과에서 대학원 논문을 시작할 무렵, 동료학생들 중에 조프 커밍이라는 홀쭉하고 수염을 기른 호주 친구가 있었다. 조프는 지각에서 '뒤쪽 가면 쓰기'와 '옆쪽 가면 쓰기' 효과를 탐색하고 있었다. 그는 토니 마셀과 같은 종류의 과정을 이용했다. 희미한 철자 이미지를 잠깐 화면에 내보낸다. 그런 다음 일정치 않은 시간을 잠깐 쉬었다가 다른 이미지를 내보낸다. 내보냈다 쉬었다 하는 것이 흑백의 장기판 패턴을 이루었다. 조프는 사람들이 두 번째 자극을 감지하고 처음 것을 검출해내는 능력의 다양한 특성을 관찰하고 있었다. 어떤 조건 아래서 두 번째 자극이 처음 자극에 대한 의식적 알아챔을 지웠다. 실험을 계속하는 동안 그는 매우 이상한 현상을 발견했다. 실험 참가자들은 자기들에게 좋은 속도로 대답할 때, 특수하게 결합된 조건 아래서는 목표 철자를 잘 알아내지 못했다. 하지만 가능한 한 빨리 대답하라는 독촉을 받으면, 같은 조건 아래 그들은 빠른 반응을 보이면서 목표 철자를 정확하게 알아냈다. 하지만 잠시 뒤에는 자기가 잘못을 저질렀다고 사과했다! 실험 참가자들은 매우 빠르게 반응함으로써 자신의 자의식을 그냥 뚫고 지나갔고, 그러면서 무의식적으로 처음 자극에서 얻은 희미한 정보를 이용할 수 있었던 것 같다. 하지만 이 정보가 의식에 들어올 만큼 충분히 강한 것이 아니었기 때문에, 참가자들은 소급해서 자신의 반응이 잘못되었다는 결론을 내리고 오류를 수정했던 것이다.[8]

이런 수행 과정에서 자의식에 의한 삭제효과는 특정 유형의 뇌장애에서 여실히 드러났다. 신경손상을 입은 환자들은 실제 기능하는 능력과 그들이 의식에서 알아채는 것 사이에 상당한 불일치를 보이는 수가 있다. 토니 마셀은 최근에 반신불수와 질병인식불능증을 함께 겪는 여성의 사례를 보고했다. 그녀는 뇌졸중 결과 신체 반쪽의 기능을 잃었지만 이상하게도 자신의 결함을 알아채지 못한 듯 보인다.[9] 그녀에게 자기 상태를 설명하라고 하면 마비라는 말을 하지 않을 것이다. 커다란 비치볼을 붙잡는 것 같은 두 손을 다 써야 하는 일을 잘할 수 있느냐고 물으면, 열에 여덟아홉 번은 할 수 있다고 대답하는 식이다. 직접적으로 그녀에 대해 물으면, 자기 상태에 대한 그녀의 의식정도는 매우 낮다. 하지만 그녀의 자기 이미지를 직접 건드리지 않는 방식으로 질문하면 상당히 다르게 답변한다. "당신은 이런 일을 얼마나 잘 할 수 있나요?"라고 묻는 대신 "내가 당신이라면, 나는 공을 얼마나 잘 잡을 수 있을까요?"라고 물으면 그녀는 열에 한두 번이라고 말한다.

질문의 형식이 자기 상태와 거리를 두게 만들고, 자신의 상태와 '상관없는 일'이라고 말하면, 그녀는 간접적으로 자신의 상태를 수긍한다. 이것은 단순히 '말하고 싶지 않다'라거나 의식에서 당혹감을 느끼는 문제가 아니다. 그녀가 자기 상태를 받아들이기 꺼리는 것은, 무엇이 의식으로 들어갈 것이냐를 결정하는 지하의 마음 영역에서 의식의 '위 방향 흐름'을 작동시키고 있다는 증거다. 흥미롭게도, 장애를 다른 사람에게 투사함으로써만이 아니라 퇴행적인 어린이 방식으로 말하게 해도 이런 '억제 벗어나기'를 만들어낼 수 있다. 그녀의 의자 옆에 쭈그리고 앉아 음모를 꾸미는 듯한 목소리로 "말해 봐, 몸 왼편이 **엉터리** 아니야?"하고 속삭이면, 그녀도 얼른 이 게임에 합류하며 이렇게 속삭인다. "정말 그래, 끔찍해." 이로써 무엇이 의식에 접근해도 좋은지를 훨씬 느슨하게 통제하는 어린이 모습의 하위인격이 있다고 생각할 수 있을 것 같다. 무엇보다도 아이들은 많은 것을 통제하지 않는다. 그들에게는 세상 많은 것이 말을 안 듣는다. '엉터리(naughty)'라는 단어는 제대로 작동하지 않는, 말을 안 듣는 것을 일컫는 어린이 낱말이다.

우리는 사람들이 **극단적 상황에서** 전략적 무의식으로 특이한 묘기를 부릴 수가 있다는 것을 안다. 예를 들어 '히스테리성 실명'은 무언가

끔찍한 것을 목격한 결과 시각의식을 잘라낸 경우로, 더 이상의 트라우마에서 자신을 방어하기 위한 것이다.[10] '지각 방어'와 달리 선택적이거나 극단적이지 않은 방식으로 한 가지 감각에 대해 의식의 문지방을 높이는 것도 가능한 일로 보인다. 그런 사람들은 눈이 보이지 않는데도 주위 장애물을 요리조리 피해 길을 찾아갈 수 있다. 비슷한 일로, 기능적으로 귀가 먼 사람들은 소리에 전혀 반응을 보이지 않는다. 크고 갑작스러운 소음에 놀라는 반응이 나오지 않는 것이다. 하지만 그들에게 소리를 들을 수 있느냐고 조용히 물으면 '아니요'라고 대답하는 수가 있다. 기억은 없지만 자기를 아프게 한 의사와 악수하지 않으려 하는 환자처럼, 시각을 잃은 사람이 길을 찾거나 청각을 잃은 사람이 질문에 대답하는 것도 가능한 일이다.

우리는 7장에서 예로 들었던 '무의식적 운전' 같은 현상을 잘 안다. '무의식적 보기'라는 말이 처음에는 이상하거나 역설적으로 여겨져 충격을 줄지 모르지만, 그것은 오직 마음이 작동하는 법에 대해 은연중에 품고 있는 강력한 믿음과 어긋날 때만 그렇다. 이런 불일치는 우리가 의식적 알아챔이 없는 상태로 얼마나 오랫 동안 적절한 반응을 하는지 자각하지 못하게 만들 뿐이다. 의식적 경험이 전혀 없는데도 '무의식적으로 보고' 있다면, 낯선 집의 새카만 어둠 속에서도 길을 찾아낼 수 있다면 우리는 정말 놀랄 것이다. 우리는 늘 심층마음에 의존한다. 하지만 이 사실은 의식에 있는 '구멍'이 마음을 끄는 다른 내용으로 늘 메워지면서 편리하게 감춰진다. 의식적인 마음은 우리가 의존하는 시각정보가 의식적 알아챔을 얼마만큼 우회하는지 관찰하지 못하고, 다른 것에 사로잡히곤 하기 때문이다.

우리는 지각과 행동에 미치는 '자의식'의 영향을 매우 잘 안다. 몹시 바라는 직장을 얻기 위해 면접을 보는 사람을 생각해보라, 또는, 가득 찬 찻잔을 조심해서 가져가라는 특별명령을 받은 아이를 생각해보라. 이런 상황에서는 잘못될 수 있다는 느낌, 균형이 불안정하다는 느낌이 있으며, 그 일을 성공적으로 해내기 위해 우리가 가졌다고 확신하기 어려운 기술이나 통제력에 의존하게 된다. 따라서 불안과 염려가 나타난다. 이것이 운동 제어력을 떨어뜨리고 우리를 서툴게 만들며, 더불어 주의력을 위축되게 할 수 있다. 이런 압력을 받으면 우리는 꽉 움켜쥐거나 '텅 비어' 버린다. 면접자는 지극히 직설적인 질문을 이해하지 못한다. 아이는 차를 엎지르지 않는 일에 너무 집중하는 바람에 신체 조정력이 엉클어지면서, 엉거주춤한 자세가 되고 만다. 1984년 내 반려자가 오랜 기간에 걸친 우리 관계를 끝내던 날, 나는 자살할 의도도 없이 수영장의 얕은 쪽으로 뛰어내려 머리를 바닥에 부딪치면서 큰 상처를 입었다. 열쇠 잃어버리기, 접시 깨뜨리기, 자동차에 흠집 내기 따위가 이와 비슷한 스트레스 징후다. 힘들고도 감정적인 문제에 의식이 너무 열성적으로 사로잡히면, 의식은 '1미터 깊이'라고 적힌 커다란 간판을 말도 안 되는 방식으로 지나쳐버리고 무의식이 제대로 기능하는 데 필요한 원천을 없애버린다.

의식과 심층마음의 관계를 과격하게 바꿀 수 있는 한 가지 방법은 최면이다. 최면에서 중요한 요소는 긴장풀기와 신뢰다. 자신을 최면에 내맡기는 것은, 자신의 행동을 통제하고 계획하고 노력하는 정상적인 감각을 포기하고, 다른 사람의 손에 자신을 맡기는 일이다. 최면에 걸린 사람의 의식과 무의식의 관계는 평소와 달리 불안정해지면서 서로 침투할 수 있게 된다. 최면술사는 심층마음에 직접 말을 걸 수 있다. 때로는 무의식의 어떤 양상이 의식에 접근하거나, 접근하지 못하게 할 수도 있다. 예를 들면 이른바 '최면을 통한 나이퇴행' 상태에서 당신은 오래 전 잊어버린 어린 시절 기억에 접근할 수 있다. 어떤 환각을 느끼고 그것을 '현실'로 여길 수도 있다. 또한 귀나 눈의 기능이 정지될 수도 있는데, 특정한 사건에 대해서만 그럴 수도 있고, 전반적으로 그렇게 될 수도 있다. 어떤 경우에는 의식의 문지방이 낮아져서 정상적으로는 다가갈 수 없는 기억이 의식적 알아챔의 단계로 떠오른다. 다른 경우에는 이 문지방이 아주 높아져서 일상적인 경험까지도 막아버린다.

비록 의식이 극적으로 변하거나 줄어들어도, 심층마음은 기능을 계속한다. 이를테면 당신이 의식에서 청각이나 통각을 잃는다고 해도, 정말로 감각을 기록하지 않는다는 뜻은 아니다. 의식과 무의식 사이의 문지방이 높아져서, 의식이 저 안에서 일어나는 일에 대한 일상적인 보고를 얻지 못하게 된 것뿐이다. 통증 통제를 예로 들어보자. 통증을 없애거나 줄이는 데 최면술은 효과적인 방법으로 잘 기록돼 있다.[11] 여러 연구가 아스피린과 디아제팜, 모르핀 같은 약제와 비교하여 최면이 통증완화에 효과가 있다는 사실을 보여준다. 일반인을 상대로 한 임상실험에서 최면은 50퍼센트 정도 통증을 줄여주었다. 표본이 된 사람들이 미리 최면술에 대한 감수성이 떨어진다고 말했을 경우에도 마찬가지였다.

하지만 의식적 경험이 극적으로 변한다 해도 고통스러운 자극에 대한 반응 일부는 그대로 남는다. 생리학적 측정을 통한 통증기록이 그 예다. 널리 쓰이는 흥분지표는 '갈바니 피부반응(GSR, galvanic skin response)'으로, 전류가 통과할 때 피부의 저항치를 측정한 것이다. 최면술을 통한 무통증 덕분에 고통스러운 전기 충격에 별 반응을 보이지 않는 사람도 GSR 반응은 정상치 이상을 나타낸다.[12] 그러니까 의식에서 통증의 강도가 완화되거나 사라졌어도, 통증에 대해 말하는 인격의 '감춰진 부분'에 말을 걸 수 있다는 사실이 밝혀진 것이다. 최면상태의 사람들에게 왼손을 얼음물이 담긴 통에 넣으라고 하면, 그들은 느긋해보일뿐더러 거의 불편하지 않다고 말한다. 하지만 다른 손으로 질문목록에서 자신의 신체 상태에 대해 표시하라고 하면, 그들은 자기가 '느끼지' 못하는 통증을 보고한다.

이러한 이른바 '숨은 관찰자' 효과를 가장 정확하게 보여주는 사례는, 오랜 기간에 걸쳐 학생들의 실습과정에서 최면을 연구한 스탠퍼드 대학교 어니스트 힐가드의 보고다. 적절한 주제에 따라 학생 중 한 사람이 기능적으로 귀머거리가 되곤 했다. 그는 아무 소리도 듣지 못하고, 큰 소리에도 전혀 움찔하지 않았다. 이런 상태에서 힐가드는 조용히 그의 귀에 속삭였다.

자네도 알다시피 신경체계에는 혈액순환처럼 우리가 의식하지 못하는 채로 일어나는 활동을 담당한 부분이 있지. ……그러니 우리가 모르는 지적인 과정이 있을지도 몰라. 이를테면 꿈에서 표현되는 그런 것들 말이지. 자네는 지금 최면상태에서 귀가 멀어 있지만, 어쩌면 자네의 일부는 내 목소리를 듣고 정보를 처리할 수 있을 거야. 만약 그렇다면 자네가 그렇다는 표시로 오른손 검지를 살짝 들어 올렸으면 좋겠는데.

손가락이 올라갔고, 최면상태의 학생은 자신의 검지가 올라간 것을 느끼지만 **어째서 그렇게 되었는지 모르겠다**고 말했다. 힐가드는 학생을 귀머거리 최면상태에서 풀어주고 그에게 무슨 일이 일어났다고 생각하는지 물었다. 학생은 이렇게 대답했다. "선생님이 셋을 세면 내가 귀가 멀게 될 것이고, 내 어깨에 손을 얹으면 청각이 되돌아올 거라고 말씀하신 게 기억나요. 그러자 한동안 모든 게 조용했죠. 그렇게 앉아 있는 게 약간 따분해서 요즘 작업하고 있는 통계문제를 생각했어요. 계속 그러고 있는데 갑자기 내 손가락이 올라가 있는 거 있죠."

자의식과 심층마음의 이율배반

우리의 안전은 고통스럽거나 고통을 예견하는 정보에 위협을 받지만, 그 이상의 것에는 좌절한다. 우리는 온갖 믿음을 잔뜩 갖고 있다. 그 중 상당수는 그 자체로는 의식되지 않고 표현되지도 않으면서, 상당히 완강하고 구체적으로 우리의 성격과 심리를 특화한다. 그런 믿음은 우리가 어떤 종류의 사람이냐, 개성이나 '자기 이미지'는 어떤 종류냐, 심지어는 마음이 어떻게 작동할 것이냐를 결정한다. 의식적 지각의 문지방과 본성—의식적으로 이용할 수 있는 심층마음에 있는 정보—이 그런 믿음이나 억측의 영향을 받는다는 증거가 있을까?

하버드대학교 엘렌 랑어가 수행한 연구는, 시각적 예민함 같은 기본적인 심리특성조차 우리가 자신을 어떤 사람이라고 믿느냐에 따라 결정된다는 사실을 보여준다. 그녀는 실험 참가자들이 어느 오후동안 비행기 조종사가 '되도록' 했다. 참가자들은 조종사 제복을 입고 비행

시뮬레이터에서 제트기를 '조종'할 기회를 얻었다. 전체 상황은 가능한 한 '현실'처럼 만들어졌고, 실험 참가자들에게는 단순히 조종사 역할을 할 뿐만 아니라 실제로 조종사가 **돼라**고 요구했다. 연구시작 무렵, 시뮬레이션에 대한 설명을 하기 전에 참가자들은 일종의 신체검사를 받았는데, 여기에는 일반적인 시력검사도 포함되었다. 조종사가 되어 비행 시뮬레이션을 하는 동안 참가자들은 조종석 창문으로 보이는 다른 비행기의 날개 위에 있는 표지를 읽어보라는 요구를 받았다. 이 표지는 실은 보통 신체검사에서 사용하는 시력 차트와 같은 방식의 문자들이었다. 결과적으로 '조종사' 절반의 시력이 현저히 상승된 것으로 나타났다. 같은 자극과 동기를 가졌지만 조종사 역할에 그토록 몰입하지 않은 또 다른 참가자 그룹은 그런 시력개선을 보이지 않았다. 자신에 대한 이해를 바꿈으로써 의식이 더욱 정확한 감각정보를 이용할 수 있게 된 것이다.[13]

자아는 또한 우리를 개인으로 확인해주는 심리적 특성, 종種과 문화의 심리적 특성에 대한 핵심적인 억측도 갖고 있다. 이런 핵심적인 믿음 일부는 의식에 관한 것이다. 즉 의식적 알아챔이 언제 일어나는가, 무엇을 위한 것인가, 얼마나 믿을만한가 따위다. 이런 말없는 억측을 표현한 관용구가 "우리가 보는 것은 '거기' 있는 것이고, 그게 거기 있는 **전부다**"이다. 이런 방식의 지각에 동의한다면 당신은 "의식적인 시각경험이 없다면, 나는 가시적 세상에서 일어나는 일에 대해 아무것도 알아챘을 리가 없다"라고 믿을 것이다. 만일 어떤 비극적인 사고가 일어나 의식적인 시각**경험**을 뺏겼지만 무의식적 시각정보는 뺏기지 않았다 해도, 당신은 **이런 믿음 때문에** 눈에 보이는 **사건**에 적절하게 반응할 수 없을 것이다. 본의 아니게 의식적 시력을 잃은 사람은 의식과 지각이 같은 것이라고 믿은 결과, 아직 남아있는 무의식적 시각능력을 잘라내 더욱 불리해질 것이다.

정확히 이런 일이 이른바 맹시 연구에서 일어난다. 맹시는 대뇌피질의 시각영역이 손상을 입어서 나타나는 것으로, 그 결과 환자는 시야의 일부를 볼 수 없는 '맹점'을 갖게 된다. 맹시 환자가 의식에서 시각적 알아챔이 없는데도 맹점 안으로 들어오는 자극에 적절하게 반응할 수 있다는 사실은 잘 알려져 있다. 다만, 어떤 것을 '보라'는 요구를 받지 않고 그들이 이상한 종류의 '추리 게임'을 한다고 느낄 경우에만 그랬다. 옥스퍼드대학교 로렌스 바이스크란츠는 환자들에게, 시야의 여러 부분에서 번쩍이는 작은 점을 보면 표시하라고 요구했다. 짐작대로 맹시 영역으로 떨어진 빛은 검출되지 않았다. 하지만 부조리한 어떤 것을 요구하자, 다시 말해 환자들을 존재하지 않는 빛의 가상적 위치를 표시하는 난센스 게임에 참여시키자, 놀라울 정도로 지속적이고 정확하게 그것을 알아맞혔다. 이 환자들이 정확히 **무엇에** 반응하느냐는 아직 연구 중이다. 그들은 분명히 빛의 깜박임을 명확하게 찾아내고, 원이나 십자가 같은 단순한 형태를 구분할 수 있다. 이들 중 두 명은 '볼' 수도 없는 여러 물체를 붙잡으려고 매우 적절하게 손을 움직이고 있었다.

이처럼 맹시 환자들은 시각능력의 잔재를 갖고 있지만, 토니 마셀의 실험 참가자들처럼 빛의 깜박임에 대해 말로 반응할 수는 없는 것 같다. 또한 이 정보를 일상의 목적을 위해 임의로 사용할 수는 없는 것으로 보인다. 1993년 '의식에 대한 실험적 · 이론적 접근'이라는 주제로 열린 CIBA 심포지엄에서, 니콜라스 험프리는 이 문제에 대해 통찰력 있는 의견을 발표했다.

자아 및 무의식적 과정과 자아의 관계에 대한 그의 흥미로운 발언은 ……
맹시 환자에 관한 자료로 매우 잘 뒷받침된다. ……나는 상당 기간 가로무
늬 피질(뇌의 1차 시각담당 부위)을 제거한 원숭이로 연구를 했다. 원숭이
들은 특별히 뛰어난 시각능력을 유지하고 있었는데, 가로무늬 피질에 손상
을 입은 인간에게서 발견된 어느 경우보다 더 좋은 능력이었다. 이에 대해
생각할 수 있는 한 가지는, 원숭이들이 고도로 발전된 자아개념을 갖지 않
았다는 사실이 이점으로 작용했다는 것이다. 원숭이들의 비감각적인 (무의
식적) 시지각은, 원숭이에게는 인간의 경우처럼 그렇게 놀라운 일이 아니
었다. 인간이 **자신의 것**이 아닌(자신에 관련되지 않은) 지각을 갖는다는 것
은 정말로 이상한 일이기 때문이다. 그래서 인간 환자들은 "대체 무슨 일인
지 모르겠네"라고 말하고는 자신의 보는 능력을 부인하는 상태가 된다. 원
숭이의 경우 [무의식적] 지각정보는 이런 종류의 실존적인 역설을 만들어
내지 않는다고 생각된다. 그래서 원숭이는 훨씬 더 쉽게 그것을 이용한다.
……흥미로운 점은, 내가 오랫동안 연구한 원숭이 한 마리가 특별한 조건
아래서 다시 보지 못하게 되었다는 것이다. 녀석이 겁을 먹든지 통증을 느
끼는 경우였다. **무언가가 녀석의 관심을 자아로 이끌어, 무의식적 지각을
이용하는 녀석의 능력을 훼손한 것** 같았다.[15](강조는 필자)

자의식이 강할수록 우리는 심층마음을 더욱 가로막는다. 사람은 상
처 입기 쉬워질수록 희미하거나 빠른 정보에 접근하거나 믿는 경향이
줄어든다. 신체적으로만이 아니라 정신적으로도 서툴러지고, 더 섬세한

앎의 방식에 접근할 길을 잃어버린다. 반대로 자의식이 적을수록, '그냥 있는 그대로 편안할'수록, 심층마음과 그것이 말하는 정신적 모드에 더 많이 자신을 여는 것으로 보인다. 자의식은 여러 층위를 지닌 현상이다. 더 온건하고, 더 지속적이며, 더 널리 퍼져 있다. 여기에서도 비록 정도는 약하지만, 앞서 논의한 종류의 삭제효과가 일어난다. 실험연구 결과를 외삽법으로 적용하면, 우리는 d-모드 문화권 사람들이 많은 시간을 어딘지 억눌린, 낮은 단계의 자의식 상태에 있다고 생각해볼 수 있다. 또한 이런 낮은 단계 자의식 상태에서 의식은 편집되고 조작되어 그 내용이 가능한 자아와 정신의 작동 모델에 일치하도록, 위협적이지 않도록 만들어진다고 생각해볼 수 있다. 우리는 다양성을 지닌 심층마음 세계와의 접촉을 약화시키고, 그로써 소중한 데이터를 우리에게서 빼앗는 것인지도 모른다. 실은 의식 아래 있는 아슴푸레한 현실에 민감하면서도, 마치 그렇지 않은 것처럼 행동하는지도 모른다. 우리가 그것을 믿지 않기 때문에, 그것이 말하는 것을 좋아하지 않기 때문에 말이다.

폭풍우용 전등은 사방을 비춘다

맹시 연구는 사람들이 우연히, 장난스럽거나 충동적으로 행동하는 영역이 아니라, 신중하거나 의도적으로 행동하는 영역이야말로 의식에 대한 '자아'의 효과를 찾아볼 수 있는 곳임을 알려준다. 자아의식은 우리의 의식적 목적에 봉사하도록 설계된 계획 및 행동과 가장 분명하게 결합된다. 의도는 우리가 가치 있다고 여기는 목표, 다른 말로 하면 자아에 대한 의식의 표현이다. 맹시 증세의 특징은, 환자의 의도와 그의 무의식적 시각을 분리시킨 것이다. 우리는 맹시 환자가 여전히 잔여시력을 갖고 있음을 볼 수 있는데, 이것은 그들이 의도에 기반해 행동하지 **않도록** 조성된 조건 아래서 가장 잘 드러난다. 곧 무언가를 성취하려 하거나 어떤 식으로든 자신의 능력을 입증하려 하지 않을 때다.[16]

일상생활에서도 의도의 이런 억제효과와 비슷한 것을 찾아볼 수 있다. '찾는 게 보이지 않는' 현상은 아주 흔한 일이다. 강한 의도가 의식을 너무 완강하게 계획과 기대라는 미리 정해진 틀에 집어넣는 바람에, 쓸모 있을지도 모르는, 심지어 꼭 필요한 다른 정보를 몰아내 지각의 무의식 과정으로 들어가는 것인지도 모른다. 이 경우에 그런 무의식 과정은 물론 무시된다. **의도**는 지속적으로 손상에 **주목**한다. 때로는 지성의 손상에 주목한다. d-모드에서 우리는 그냥 '바라보지' 않고 무언가를 '찾으며' 우리가 찾는 것은 어느 정도 미리 정해져 있다. 문제해결이나 목적 달성에 '타당할'지도 모르는 것을 향한 의식적 결정이 주의력을 집중시키고 통로를 마련한다. 이렇게 미리 정해진 것은 말로 분명히 표현된 것일 수도 있고 아닐 수도 있다.

1912년 프로이트는 「정신분석 치료를 행하는 의사에게 하고 싶은 조언」에서 이를 정확하게 지적했다. 정신분석 기술은 다음과 같다.

[정신분석 기술은] 어떤 것에도 특별히 주의하지 않고 '공평하게 유보하는 주의력'을 유지하는 데 있다. ……자기가 듣는 온갖 것에도 불구하고 말이다. 이런 식으로 ……우리는 위험을 피한다. 누구든 신중하게 어느 정도 주의력을 집중하면 곧바로 자기 앞에 놓인 자료 중에서 선택을 시작한다. 우리는 어떤 부분에는 특별히 강렬하게 매달리는 대신 다른 점은 간과하게

된다. 이런 선택과정에서 그는 자신의 기대나 성향을 따라가게 될 것이다. 하지만 정확하게 이것이야말로 해서는 안 되는 일이다.[17]

이런 사고의 노선은 위협이나 열망이 의식을 더 좁고 서툴게 만들 수 있다고 말한다. 또한 5장에서 위협이나 압력을 받아 직관과 문제해결에 있어 창의력이 줄어드는 것을 보여준 실험을 설명한다. 너무 많은 노력이나 지나치게 목적 지향적인 태도, 증가하는 스트레스나 두려움이 역효과를 내는 주요 이유는, 그것이 '터널 시야'를 만들기 때문이다. 주어진 어떤 순간에 사람들이 오감을 통해 주변 환경에 주의력이라는 '광선'을 비춘다고 상상해보자. 그리고 안에, 즉 그들의 생리적·정서적·인지적 상태에도 광선을 비출 수 있다고 생각해보자. 극단적인 경우 이 광선은 스포트라이트처럼 좁아질 수도 있고, 야간경기장 조명처럼 밝게 확장되거나 촛불처럼 희미하게 확장될 수도 있다.

원칙적으로 주의력은 집중된 것이든 확장된 것이든, 이 둘 사이의 여러 형태든 모두 쓸모가 있다. 바람에 꺼지지 않도록 만들어진 폭풍우용 전등은 어두운 동굴에서 넓고 희미한 광선을 사방으로 내보내는데, 그 빛은 주변의 온갖 형태와 크기를 볼 수 있게 해준다. 이것이 당신에게 가장 먼저 필요한 것이다. 섬세한 빛을 내는 회중전등만 갖고 있다면 소지품을 잘 찾을 수 없을 것이다. 하지만 일단 방향감각을 얻으면 세부를 비추는 빛이 쓸모가 있다. 이제는 스포트라이트가 필요한 차례다. 널리 퍼지는 조명은 전체 인상을 알려준다. 초점을 맞춘 광선은 분리·분석을 할 수 있게 해준다. 두 가지 다 필요하고, 적합한 정신 상태에서는 매 순간에 적합한 집중도를 채택하면서 극단을 오갈 수 있다.

지각과 주의력 사이의 이런 균형은 창의적 사고가 가장 잘 작동하는 데 필요한 신중함과 직관 사이의 균형과 평행선을 이룬다.

스트레스나 위협을 받거나 지나치게 열성적이면, 내면의 데이터베이스나 바깥세계를 향한 주의력의 광선이 너무 좁아진다. 끊임없이 불안해하는 사람은 느긋한 사람보다 더 제한된 주의력을 가졌음이 드러났다. 몇몇 연구자들은 스트레스나 두려움을 지닌 사람에게 야간시력 장애가 나타난다고 보고했다.[18] 실험 참가자들은 초점을 맞춰야 하는 작업, 예를 들어 화면 가운데서 멋대로 움직이는 점을 커서로 따라가는 것 같은 작업을 수행하면서 동시에 주변시각을 활용하는 작업, 곧 화면 가장자리에 나타나는 빛의 작은 깜빡임을 검출하는 것 같은 일을 할 때, 성공에 대한 보상이 늘어날수록 가운데에서 추적하는 작업에 더 집중하고 주변작업의 수행능력이 심각하게 떨어졌다. 주변의 번쩍임에 대해 미리 경고 받지 않았을 때는, 많은 보상을 두고 작업하는 참가자의 34퍼센트가 주변의 깜박임을 아예 알아채지 못했다. 그에 반해 적은 보상으로 작업하는 참가자가 빛을 못 본 경우는 8퍼센트에 불과했다.[19] 덥거나 시끄러운 환경에서 일을 해 스트레스 지수가 올라가도 터널 시야가 만들어진다.[20]

환경에서 오는 것이든 심리적인 것이든, 압력을 받으며 일하는 사람은 자신이 중요하다고 판단하는 양상을 골라 그것을 전체로 여기고 거기에 초점을 맞추는 경향이 있다. 프로이트가 말했듯이 이런 판단은 어느 정도 선입견이 될 수밖에 없다. 당신은 무엇이 주목할 가치가 있는지 직관적으로 결정한다. 이런 '주의력 도박'이 정확하다면 일을 더 빨리 배우거나 답을 찾아내지만, 더 폭넓은 개관을 얻지는 못한다. 그들은 자기가 보고자 한 것을 볼 뿐이다. 이렇게 스스로 만들어낸 눈가리개가 문제의 개념을 적합하게 반영하고 있다면 시간을 절약할 수 있다. 하지만 그렇지 않거나 루친스의 물병실험처럼 상황이 바뀌었는데 좁은 초점 때문에 이를 알아채지 못한다면, 스포트라이트에 집중하는 전략은 그들을 추락시킬 것이다. 동기부여의 역효과를 관찰한 제롬 브루너에 따르면 "복합적인 작업에서 높은 보상은 실험 참가자들이 더 중요하다고 해석한 부분에 선택적으로 더 많이 주목하게 만들고, 따라서 상황의 다른 특질에 대해서는 덜 주목하게 만든다."[21] 일상적이지 않고 잘 규정되지 않은, 또는 자극이 적은 상황에서는 넓고 확산된 집중력이 필요하다. 이런 상황에서 데이터는 조각나있고, 관습적인 해결책은 작동하지 않으며, 우연한 정보가 온갖 차이를 만들어낼 수 있다. 그래서 지나치게 노력하는 것이 오히려 창의력을 가로막는다.

예일대학교 제롬 싱어의 실험은 해결하려는 열망이 커질수록 지각이 더욱 거칠어지는 방식을 보여준다. 그는 실험 참가자들에게 조금 멀리 떨어진 곳에 아래로 향하는 긴 복도에 놓여 있는 정사각형의 부피를 계산하라고 요구했다. 참가자 옆쪽에 있는 스탠드에 가지런히 놓인 여러 크기의 사각형 중 하나를 골라내는 문제였다. 이것은 매우 간단해 보이지만 실제로는 상당히 어려운 문제다. 멀리 있는 사각형의 크기를 판단할 정보가 거의 없기 때문이다. 그림자와 밝기, 사각형의 시각적 질감 등 온갖 종류의 섬세한 실마리가 도움이 될 수 있을 것이다. 사각형이 시야의 정확한 지점에 놓여있지만, 참가자들이 온갖 종류의 실마리를 이용하는 광범위한 주의력의 광선을 가져야만 유리하다. 이는 다른 말로 하면, 압력이 가져오는 효과의 민감성을 입증해줄 수 있는 종류의 과제이기도 했다. 참가자들에게 단순히 판단만이 아니라 판단의 정확성을 두고 내기를 한다는 상상을 해보라고 요구하면, 그들의 수행능력은 더 나빠졌다. 진짜 내기가 아니라 단순히 상상 속에서 하는 내기인데도 그랬다. 변형된 연구에서 참가자들은 크기 테스트를 하기 전 15분 동안 풀 수 없는 문제를 풀면서 보냈고, 실험자는 그들의 성과가 형편없는 것에 대해 짐짓 놀라움과 실망을 보였다. 이것이 두려움과 좌절감을 만들어냈고, 그 결과 거리 테스트에서 여러 단서에 대한 지각을 더욱 방해하면서 수행능력을 떨어뜨렸다.

9장

움직임 배후의 두뇌

두뇌는 - 하늘보다 넓지 -
그야 - 그 두 가지를 나란히 놓아보렴 -
하나가 다른 하나를 쉽게
품을 테니 - 게다가 - 너까지도 -

에밀리 디킨슨(미국 시인)[1]

지금 우리는 지적인 무의식이 무슨 일을 할 수 있는지 상당히 많이 안다. 또한 어떤 조건 아래서 가장 잘 작동하는지도 안다. 그래도 여전히 그것이 대체 무엇인지, 물리적으로 어떤 모습을 하고 있는지, 정확하게 어떻게 작동하는지 알아낼 일이 남아있다. 지적인 무의식이 어떻게 느린 방식의 앎의 길과 잠재의식적 지각의 힘을 쓸모 있게 만드는지 말이다. 우리는 움직임 뒤에 '뇌'가 있다는 사실을 잘 안다. 하지만 두뇌는 누구인가, 또는 무엇인가?

뇌는 현재 집중적인 연구대상이다. 미 의회는 1990년대를 '뇌의 10년'이라고 명명했다. 1996년 영국과학발전협회가 주관한 '과학 페스티벌'에서 '두뇌, 마음, 의식'이라는 주제로 열린 이틀짜리 심포지엄은, 방청객을 수용하기 위해 원래 예정된 장소에서 버밍엄대학교의 가장 큰 강연장으로 옮겨야 했다. 떠오르는 '인지신경과학' 분야에서 선구적인 과학자가 새 책을 내놓지 않고 지나가는 달이 거의 없다시피 하다. 느린 앎의 길에 대한 물리적 특질을 이해하는 과정에서 뇌는 분명 가장 결실이 풍부한 출발점이다. 우리가 먼저 뇌가 무엇을 하는지, 무엇을 한다고 믿을 수 있는지 탐색한다면, 그것 이외의 다른 방법을 이용해 설명할 게 무엇이 '남는지' 볼 수 있게 될 것이다.

뇌는 동물이 움직이기 위해 협동하는 세 가지 주요 체계 중 하나다. 호르몬 체계와 면역체계와 힘을 합쳐서, 뇌가 본부인 중앙신경 체계는 온갖 종류의 지체와 감각, 신체기관이 서로 합동연주를 할 수 있게 해준다.[2] 뇌는 눈, 귀, 코, 혀, 피부에서 모든 정보를 받아 내부 생리상태 데이터와 통합하고, 이 정보와 미리 저장돼 있던 과거 기록을 대조해 봄으로써, 현재 상황에 가능한 한 효과적으로 대응하는 활동을 지시할 수 있다. 뇌는 의미를 부여하고, 우선권을 정하고, 자원을 두고 벌이는 경쟁을 조정한다. 내부에서 오는 신호에 따르는 **욕구**, 감각기관에서 보내는 환경의 **기회**(와 위협), 동작과 반응을 통제하는 여러 프로그램들로 나타나는 **능력**을 통합한다. 이 모두가 전체를 위해서다. 인간의 뇌는 이런 일을 더할 나위 없이 정교하고 성공적으로 해낼 수 있는데, 과거의 일을 기억하고 거기서 배우기 때문이다.

뇌는 두 종류의 세포, 곧 수많은 아교세포와 신경세포로 이루어져 있다. 아교세포는 주로 뇌의 유지를 담당한다. 불필요한 화학쓰레기를 치우고 뇌가 최적의 컨디션을 유지하도록 한다. 하지만 뇌가 수행하는 그 엄청난 일을 해내는 것은 약 1000억 개에 이르는 신경세포다. 신경세포는 각각 뿌리, 가지(수상돌기), 몸통(축색돌기)을 가진 작은 나무와 같다. 뇌에 있는 신경세포는 크기와 모양이 매우 다양하다. 일부는 헝클어지고 다리가 길며 뇌를 통해 여러 밀리미터 길이로 뻗은 긴 축색돌기를 갖고 있다. 다른 것은 짧고 **빽빽하고** 밀집된 수상돌기 뭉치를 갖고 있는데, 한쪽 끝에서 다른 쪽까지 길이가 1밀리미터의 수천분의 1정도밖에 되지 않는 것도 있다. 하지만 모든 신경세포는 같은 기능을 한다. 작은 전류 폭발을 한쪽 끝에서 다른 쪽 끝까지 운반하는 역할이다.

신경세포는 한데 뭉쳐 **빽빽한** 정글을 이루고, 뿌리와 가지가 만나는 곳(시냅스라 불리는 연결부위)에서 서로를 자극할 수 있다. '내보내는' 신경세포라고 부를만한 세포에서 생겨난 전기활동은, '받아들이는' 이웃 신경세포가 전기적으로 활동성이 될 가능성에 영향을 준다. 보통 받아들이는 신경세포는 수많은 내보내는 이웃세포에게서 제각기 나온 자극을 수집하고, 스스로 충분히 흥분하면 마침내 일정한 '발화문턱'을 넘어선다. 신경세포가 전기신호를 발화하면 자극이 연속적으로 축색돌기를 따라 수상돌기로 들어가고, 수상돌기에서 이 자극은 접촉하고 있는 다른 세포들의 흥분에 기여한다. 단 하나의 입력이 받아들이는 세포의 발화를 만들어내지는 않지만, 각각의 입력은 세포가 또 다른 입력에 대한 반응으로 발화할 수 있게 함으로써 전반적인 활동에 기여한다.

신경세포에서 전기 자극이 생기고, 축색돌기를 따라 이동해 다른 신경세포가 활성화하도록 하는 과정을 정교하게 서술한 대목은 20세기 과학이 이룩한 가장 주목할 만한 성과이며, 여기저기서 자세히 이야기했다. 그러므로 여기서는 짧게 줄여 설명해보자. 신경세포는 각각 반투과성 세포막으로 싸여 있는데, 이 세포막은 어떤 종류의 화학성분을 세포 안에 보존하고 다른 성분은 밖으로 내보낼 수 있다. 이 신경전달물질의 상당수는 제각기 양전하나 음전하를 띠고 있고, 정상상태의 세포막은 이 이온을 선택적으로 투과해서 전하의 경사도를 유지할 수 있다. 즉 세포 안과 밖 액체의 전하 차를 유지한다. 하지만 세포 밖 액체에 다른 신경전달 물질이 들어오면 그 영향으로 세포막의 특성이 바뀌면서 이온이 서로 통과할 수 있게 된다. 이 흐름이 일련의 사태를 일으켜 전기폭발, 곧 활동전위로 이어질 수 있다. 활동전위는 신경세포 한쪽 끝에서 다른 쪽 끝으로 이동한다.

활동전위는 어느 정도 일정한 간격을 두고 임의로 일어난다. 신경세포가 완전히 조용히 있는 법은 없다. 잠잘 때도 신경세포는 활동을 계속한다. 하지만 발화 패턴과 빈도는 다른 세포와의 연결부위인 시냅스에 나타난 일에 따라 극적으로 변할 수 있다. 내보내는 세포에서 시냅스에 도달한 전기 흐름은 [자신이 있는 곳과 자신을 받아들이는] 두 세포의 틈에 신경물질을 분비한다. 분자는 그 틈을 따라 흘러 받아들이는 쪽 세포막 수용체에 달라붙고, 이번에는 전하가 그 세포 안으로 흘러들어가 또 다른 활동전위를 불러일으킨다. 신경세포가 다른 신경세포로 전달한 자극은 억제하는 것일 수도 있고 흥분시키는 것일 수도 있다. 억제는 이웃한 신경세포의 발화 가능성을 줄이는 것을 말한다.

각 세포는 2만 개 원천에서 자극을 받아들일 수 있다. 따라서 신경세포가 밀집한 정글은 믿을 수 없을 정도로 빽빽하고 복잡하게 상호연결 돼 있다. 뇌의 외피인 피질에서만 약 10^{15}개의 연결질서가 있을 것으로 추정된다. 우리가 뇌를 말끔하게 펼칠 수 있다면, 한쪽 편에는 안팎의 감각에서 들어오는 온갖 '외침'이 있고, 다른 편에는 신체의 온갖 근육과 분비선으로 내보내는 명령이 있는 것을 보게 될 것이다. 뇌 가운데에서는 살아있는 전선의 어마어마한 뭉치가 복잡하고 끊임없이 변하는 화학물질의 욕조에 담긴 채, 이런 연결망의 한쪽 끝에서 다른 쪽 끝으로 수많은 회로와 우회로를 거쳐 메시지를 통합하고 흘려보낸다.

경험의 결과로 신경세포 사이의 전기소통이 항구적으로 변화될 수도 있다. 원래 서로에게 낯설고 '귀먹은' 상태로 있던 세포가 연합할 수도 있는데, 그렇게 되면 한쪽이 그냥 속삭이기만 해도 다른 쪽의 주의를 끌 수 있다. 경험이 신경세포가 소통하는 장기적인 흐름에 영향을 주는 방법은 수상돌기를 자라게 하는 것이다. 풍부한 자극으로 가득 찬 환경에 사는 동물은, 활기 없고 단조로운 세계에 사는 동물보다 더 무성한 신경세포를 만들어낸다는 사실이 밝혀졌다. 시냅스의 총수는 늘어날 수 있다. 하지만 시냅스는 자극을 더 쉽게 통과시킬 수도 있는데,

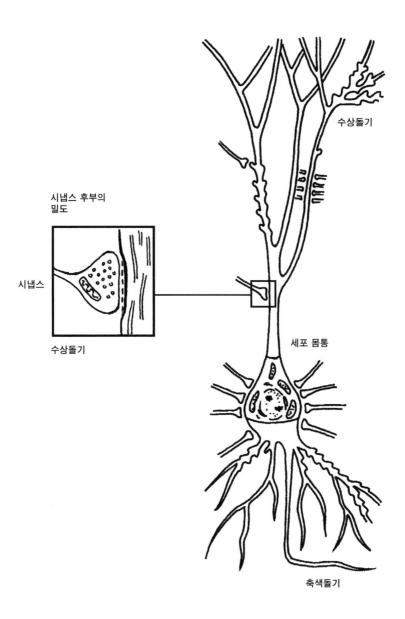

그림 8. 도식화한 신경세포

이 경우에는 다른 과정, 곧 장기증강(LTP, long-term potentiation)이 필요하다.

내보내는(활동성) 세포와 받아들이는(비활동성) 세포 사이의 시냅스 채널에 신경전달물질이 분비되면 받아들이는 쪽 세포막의 기공 일부가 열려서 전하가 쉽게 통과하게 된다. 하지만 다른 것들, 이른바 NMDA(N-methyl-d-aspartate) 수용체 자리는 더욱 꽉 압축돼 있는데, NMDA 수용체가 강하고 오래 지속되는 자극에 종속돼 있다면 오직 그런 자극에만 열린다. 한 번 강한 자극에 반응한 다음에 NMDA 기공은 한동안 훨씬 약한 신호에 반응한다. 이것은 뇌가 학습하는 기본적인 메커니즘의 하나다.[3] 캐나다의 두뇌연구 선구자 도널드 헤브는 1949년 『행동의 조직화』에서 이렇게 말했다. "세포 A의 축색돌기가 세포 B를 흥분시킬 만큼 가깝고, 계속해서 세포 B의 발화에 동참하면, 두 세포의 하나 혹은 둘 다에 어떤 성장과정이나 대사변화가 일어나, B를 흥분시키는 세포의 하나로서 A의 기능이 커진다."[4] 더 평범하게 표현하면, 함께 '달아오르는' 세포는 함께 성장한다.

LTP의 중요한 특징은 그것이 **특수화**한다는 것이다. 신경세포 하나는 다른 세포에서 수만 가지 입력을 받아들이지만, 만일 LTP를 통해 이 세포가 어떤 특별한 세포에서 나온 입력에 더 많이 반응하게 된다면, 이 세포는 다른 세포와 무차별적으로 더 가까워지지는 않는다. 따라서 신경세포 그룹 사이에서 특수한 소통경로를 발전시키는 뇌의 메커니즘이 있다. 아기가 태어나면 두뇌에 일반적인 구조를 강요하는 유전적으로 규정된 어떤 틀이 있지만, 많은 것은 아직 고정되지 않은 상태다. 뇌는 대학교 첫날 학생들이 거대한 강의실에 모여 있는 것과 비슷하다.

온갖 우정이 가능하지만 아직은 서로 낯설기만 하다. 하지만 몇 주가 지나면 학생들은 서로 다른 교유를 발전시키는 세미나, 스포츠클럽, 동아리 같은 몇 가지 모임에 속하기 시작한다. 마찬가지로 뇌의 신경세포는 제각기 더욱 발전하는 다양한 다발에 속하게 된다. 이런 다발 하나하나는 한 구성원, 또는 몇몇 구성원의 자극으로 다른 구성원을 '모집'하는 것과 비슷한 방식으로 한데 뭉친다. 그렇게 뭉치는 이유는 그들이 그저 동시에 활동적이 된다는 데 있다. 소통은 더욱 선택적이 되고, 정보는 더 안정적인 통로를 통해 신경세포 공동체 전체로 흐르기 시작한다.

뇌와 학습

마음에 대한 이해와 두뇌에 대한 이해 사이에 연결을 만들어내려면 개개의 신경세포가 아니라 신경세포 다발이나 연합의 행동이라는 측면에서 생각해봐야 한다. 분자 차원에서 세포들의 연합이 어떻게 만들어지는지, 어떻게 행동하는지 등을 이해할 필요가 있지만, 생화학으로 환원되지 않는 거대한 신경세포 연합만의 특성이 있다. 하키 팀의 능력을 개별선수를 관찰하는 것만으로 이해할 수 없는 것과 같은 이치다. 또한 하키 연습을 하는 개별 학생의 태도를 화학실험실에서 그의 행동이나 학교 카페에서의 행동으로 예측하거나 설명할 수도 없다. 신경세포 연합이 어떻게 행동하는지에 대한 몇 가지 직접적인 증거가 있지만, 그런 증거를 한데 모으기는 훨씬 더 어렵고, 그 증거가 개별세포에 대해 우리가 아는 내용과 비교되는 경우는 상대적으로 드물다. 우리는 이제 확립된 사실을 넘어 설득력 있는 가설의 영역으로 들어가야 한다. 우리가 아는 것을 기반으로, 뇌가 어떠하며 어떻게 작동하는지 더 전체적인 이미지를 만들어야 한다.*

당신이 제인(Jane)이라는 사람의 사진을 열두 장쯤 본다고 치자. 서로 다른 기분으로, 다른 옷을 입고, 전혀 다른 사람들과 함께 다양한 활동을 하는 모습이다. 제인의 모습 일부는 모든 사진에서 똑같다. 눈 색깔, 코 모양, 분명하게 표현하기 힘든 그녀만의 특성이 한데 모인다. 제인의 얼굴 패턴에 대해 뭐라 말할 수는 없어도, 당신은 얼마 뒤 어디서든 그녀를 알아보게 된다. 이런 '핵심적인 모습'에 반응하는 신경세포 다발들, 당신이 그녀를 볼 때마다 활성화되는 이 다발들은 언제나 함께 활동하며, 따라서 매우 단단히 한데 뭉친다. 이것이 당신이 제인에 대해 가진 개념 덩어리다. 형식적인 미소나 챙 넓은 모자를 쓰는 경향 등은, 중요하지는 않아도 그녀의 모습과 밀접하게 결합된다. 그래서 뚜렷한 정보가 없을 때에도 제인을 생각하면 당신은 자동으로 이런 초깃값의 특성들로 그득해질 수 있다.[5]

그보다 더욱 느슨하지만 역시 제인과 결합된 여러 모습과 연상이 있다. 하지만 이것은 제인이라고 판정할 특성이 더욱 적다. 제인의 입 주변에 묻은 초콜릿 아이스크림, 팀과 펠리시티의 결혼식에 입었던 자주색 정장 등이다. 이런 기억은 제인을 떠올릴 때 신경세포가 약간 활성화되어 어스름한 발화를 만들어내긴 하지만, 맥락이 없다면 자체로

---

* 이 책은 1998년에 출간되었고 그때까지의 연구결과를 종합하고 있다. 하지만 그 뒤로 뇌의 기능과 작동방식에 대한 놀라운 연구결과가 이미 잔뜩 나왔고, 지금도 계속 나오고 있으며, 우리말로도 꾸준히 번역되고 있다.

발화할 만큼 강하지는 않다. 따라서 전반적으로 신경세포의 제인의 표상은 분명하지 않다. 다만 분명치 않은, 희미한 모습과 연상의 집합을 이루는데, 이 중 일부는 그녀에 대한 신경세포 모임의 기능적 중심부에 매우 긴밀하게 결합돼 있고 다른 것은 느슨하게 연결돼 있으며, 특수한 기회에 제인에 대한 활성화된 신경세포 이미지의 일부를 이룰 수도 아닐 수도 있다. 핵심적이건 기본값이건 우연한 것이건 간에, 이런 모습 중 일부는 구별이 가능하거나 이름을 붙일 수 있고('코' '미소'), 다른 것들은 쉽게 분리해서 분명하게 말하기 쉽지 않은 패턴을 이루고 있다.

  '제인'이라는 개념을 더 긴밀하거나 덜 긴밀하게 연결된 광대한 신경세포 모임이라고 표현한다 하더라도, 뇌 어딘가에 단일한 '제인' 신경세포가 있어서 다른 모든 것을 그리로 안내한다거나, 신경세포의 '확장된 가족'을 뇌 안의 같은 자리에서 찾을 수 있다는 뜻은 아니다. 그런 신경세포 가족이 뇌 전체에 광범위하게 흩어져 있다는 증거가 잔뜩 있다. 시각영역과 개념은 전체적으로 여러 감각에 관여한다. 시각에만 초점을 맞춘다고 해도, 우리는 색, 움직임, 크기, 공간적 위치 등 시각의 다양한 양상이 매우 넓게 분리된 여러 영역에서 처리되는 것을 본다. 지금 판단으로는 뇌에는 적어도 30~40개의 시각처리과정 영역이 있으며, 다양한 신경세포 시스템이 매우 복잡한 방식으로 서로 연결돼 있는 것 같다. 기억, 계획, 감정 같은 다른 감각을 덧붙이면, '제인'의 흔적이 뇌 구석구석에 있다고 해야 할 것이다. 오늘날 지리적 거리가 사람들의 친밀도에 대한 느슨한 표지에 지나지 않는 것처럼, 신경세포 사이의 친밀도는 기능적인 가까움으로 나타난다.

  태어나기 전부터 경험은 끊임없이 뇌 신경세포를 결합시켜서, 신경

세포 활동의 흐름을 끌어들이거나 '붙잡는' 등 기능적인 그룹화를 이룬
다. 이런 활동의 중심은 다시 자기들끼리 연합해서 신경세포 활동이 주
로 지나다니는 통행로를 만든다. 이렇게 해서 뇌 전체가 일종의 기능적
지형을 발전시킨다. 이런 생각의 결과를 탐색하려면 '제인' '고양이' '대
학생' 같은 개념이 활동을 통해 '지반함몰'을 만들어낸다는 상상을 해
볼 수 있다. 근처에 있는 신경활동은 이 함몰된 곳으로 이끌리게 되는
데, 이는 물이 도랑을 타고 흐르는 것과 같다. 경험이 자주 지나다니는
바람에 지반이 패이면서 경사면과 도랑이 만들어지면 이것은 두뇌에서
'저항이 가장 적은 통로'를 이루게 되고, 신경활동은 그 안 또는 그 길을
따라 흐르는 경향을 갖는다.

도랑 바닥에는 그 개념의 가장 특징적인 특성이 있다. 우리가 알든
모르든 이런 특성을 통해 이 개념이 인식된다. 바닥 양 옆 경사면에는
초깃값의 특성이 있고, 경사면 위쪽으로 선택적이거나 우연한 연상이
있다. 경험은 신경세포 덩어리를 침식해 3차원 '두뇌풍경(brainscape)'을
만들어내는데, 그곳에서 '수직'차원은 그 개념상의 위치에 자리 잡은
신경세포들의 기능적인 상호연결, 서로간의 감수성과 책임정도를 나타
낸다. 깊이가 깊을수록 신경세포들이 서로 더욱 긴밀하게 연결돼 있고,
개념은 더 '깊이 새겨져' 있다. 그러니까 현실을 분할하는 방식이 더욱
깊이 새겨져 있는 것이다. 하지만 이런 도랑은 깊이와 크기, 경사도가
각기 다르다. 급경사를 지닌 골짜기는 그곳에 새겨진 개념이 잘 규정된
것이다. 여기서 중요하지 않은 연상은 상대적으로 적다. 완만한 경사는
느슨하게 연결되어 함축의미가 더 넓은 영역에 걸쳐 있다.

마음과 두뇌의 메커니즘

이렇게 대규모로 널리 분포된 신경세포 집단이 일상적인 학습과정에 어떻게 참여하는지, 살아있는 두뇌에서 탐색하는 것은 기술적으로 불가능하다. 하지만 신경세포의 특성을 그대로 흉내 낸 컴퓨터 프로그램을 만드는 것은 가능하다. 이런 프로그램은 상대적으로 적은 수의 인공 신경세포가 성취하는 학습을 탐색한다. 그리하여 이른바 '신경세포 네트워크'가 놀랄 만큼 지적이라는 사실이 드러났다. 예를 들어 신경세포 네트워크는 2장과 3장에서 논의한 종류의 학습을 매우 비슷하게 흉내 낼 수 있다. 배워서 익힌 것을 의식적으로 이해하거나 설명하지 않은 채 복합적인 감각 패턴을 찾아내고, 전문지식으로 바꾸는 일 말이다.

바다에서 잠수함이나 수뢰를 찾아내는 수중 음파탐지기를 이용한 문제를 예로 들어보자. 해상전투에서, 또는 전투가 끝난 다음 청소작업을 할 때 해저 바위와 가라앉은 수뢰를 구분하는 것은 매우 절박하고도 실용적인 문제다. 하지만 이것은 여러 가지 이유에서 해결하기 쉽지 않은 문제이기도 하다. 이 두 가지 대상에서 나오는 음향이 무심한 귀에는 식별되지 않는다. 바위인지 수뢰인지 결정되었다 해도 그 **안에서의** 변형이 엄청나다. 바위나 수뢰는 크기와 모양, 재료, 방향 등이 극히 다양하고, 그 다양성은 둘 **간의** 차이보다 훨씬 더 크다. 어떤 지속적인 특징이 있다면, 이들은 특정한 주파수 대역에서 일정한 신호의 강도라든가 하는 단일한 특성을 보이지 않고, 그런 특성이 여럿 뭉친 패턴을 보인다는 것이다.

13개 주파수 대역에서 특정한 음향을 분석해야 하는데, 각 대역에서 나오는 신호 폭을 측정한다고 치자. 13개 주파수 대역을 각기 A, B,

C……M이라 부르기로 하자. 그리고 각 대역의 신호세기는 0부터 10까지라고 치자. 이들 주파수 대역의 어느 하나도 우리에게 확정적인 지문을 제공하지는 않는다. 이를테면, H대역에서 모든 바위는 신호세기가 7 이상이고 수뢰는 7 이하라는 식으로 그렇게 답이 단순하지가 않다. 심지어는 "바위에서 나온 신호는 C대역에서의 세기가 J대역에서의 세기보다 두세 배 크다"라고 말할 만큼 단순하지도 않다. 바위와 수뢰를 구분할 수 있는 유일한 종류의 패턴은 아마도 다음과 같은 것이 될 것이다. "대역 A, D, L에서의 총 수치가 대역 E, F에서의 수치를 6의 약수 이상으로 넘어서고, 동시에 H 마이너스 K가 J 나누기 B의 절반보다 적다면 이 음향은 수뢰에서 왔을 확률이 높다. 또는 G, H, K, L의 총 수치가 A, B, C의 총합을 I와 M 사이의 차이로 나눈 값을 3.5배한 것보다 더 높을 경우 역시 수뢰일 확률이 높다." 이런 구분을 제대로 해내려면 이 정도로 복잡한 패턴을 검출해야 한다. 찾아내기는 고사하고 제대로 서술하기도 어려운 패턴이다.

실제로 인간 전문가들은 이런 판단을 상당히 정확하게 해낼 수 있다. 물론 '서서히 스며드는 배움'에 참가한 실험 참가자처럼, 전문가들도 자기가 아는 것이 무엇인지 분명하게 표현할 수는 없지만 말이다. 하지만 인간은 이런 점에서 완전성과는 거리가 있고, 여기서 실수는 비용이 매우 커질 수 있다. 바위와 수뢰 구분법 배우기는 시뮬레이션 두 뇌에는 상당히 흥미로운 현실적 도전이 된다.

겨우 신경세포 22개로 구성된 신경세포 네트워크는 놀랄 만큼 훌륭하게 이런 구분법을 배웠다. 신경세포들은 3개 '층위'로 배열된다(234쪽 그림 9를 보라). 13개 '감각' 신경세포가 배열된 첫째 층위는, 신호의 주파수를 나눈 13개 대역에 해당한다. 이들은 각자의 특수한 주파수 대역 안에 있는 신호세기를 검출하고, 실제 신경세포의 활동전위 폭발처럼 신호세기에 비례하는 신호를 내보낸다. 모든 감각 신경세포는 각 신호를 다음 층위에 배열된 일곱 개 신경세포에 보낸다. 일곱 개 신경세포는 그 출력의 복제를 마지막 층위에 있는 두 개 단위에 보낸다. 이 마지막 층위에 있는 신경세포 하나의 출력정보는 "이것은 바위다"라는 결정에 해당하고, 또 다른 신호의 출력정보는 "이것은 수뢰다"라는 것이다. 이렇게 단순화된 두뇌는 더 이상의 결합을 발전시킬 수는 없지만, 각 신경세포가 받아들이는 각각의 입력에 대한 선택적 감수성은 실제 신경세포가 하는 것과 정확히 같다.

이 네트워크가 할 '일'은 경험에 비춰 이런 감수성을 점점 더 정밀하게 다듬어서, 연결을 통한 활동흐름이 믿음직하게 '바위'음향이 나올 때마다 바위 신경세포를 활성화하고, '수뢰'신호가 나오면 수뢰 신경세포를 활성화하는 것이다. 프로그래머도 컴퓨터도 처음에는 꼭 필요한 감수성이 무엇인지 모르고, 심지어는 문제를 해결할 어떤 감수성 세트가 존재하는지 아닌지조차 모른다. 프로그래머가 할 수 있는 최선의 일은, 바위나 수뢰에서 나오는 다양하고 거대한 음향신호 세트를 얻어낸 다음, 하나씩 네트워크에 보내서 정확하든 아니든 결정이 나오면 그것을 말하게 하는 것이다. 이런 '훈련단계'에서 컴퓨터에는, 성공이나 실패의 기능인 신경세포들의 감수성을 조정하는 방법을 알려주는 비교적 단순한 '학습규칙'이 주어진다. 예를 들어 네트워크는 올바른 반응과 관련된 역사를 바탕으로 모든 시도를 한 다음, 모든 감수성을 조절하도

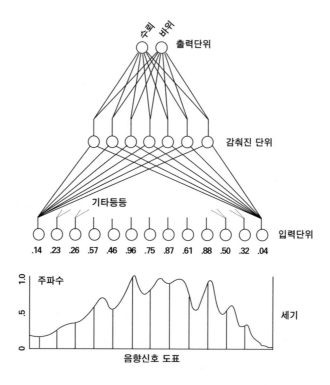

그림 9. 바위와 수뢰를 구분하기 위한 단순한 신경 네트워크

록 프로그램 돼 있을 수 있다. 나은 '실적'을 가진 단위는 조금만 조정된
다. 실적이 나쁜 것은 더 많이 조정된다. 그것이 옳았는지 틀렸는지 이
야기해주는 반응기간을 여러 번 '두뇌'에 주고 나서, 이 두뇌가 이제 어
떤 판단을 내리는지 전에 한 번도 들어본 적 없는 새로운 음향을 동원
해 시험해볼 수 있다.

    이런 예에서 이 네트워크는 인간 실험 참가자가 '서서히 스며드는
배움'의 실험에서 보인 것과 똑같이 행동한다. 단순한 신경세포 네트워

크가 이런 종류의 배움에 탁월한 모델임이 밝혀진 것이다. 네트워크는 '추측'을 시작하고 많은 오류를 범한다. 하지만 차츰 그 수행능력이 개선되면, 마침내 전에 한 번도 들어본 적 없는 것이라도 바위와 수뢰를 상당히 정확하게 구분할 수 있게 된다. 이런 시뮬레이션은 사람이 하는 일을 인공두뇌가 할 수 있음을 보여준다. 언뜻 아주 다른 광범위한 경험 안에 숨겨진, 말로 하기 어려운 복잡한 패턴을 검출하고, 이를 이용해 기술적인 행동을 안내하는 일이다. 실제 인간도, 인공적인 두뇌도 그것이 무엇이며, 무엇에 근거해 그 일을 하는지 '모른다.' 그들의 '지식'은 뇌 신경세포가 서로에게 반응하는 방식을 미세하게 조정하는 일이다. 활동의 흐름을 서로 다른 도랑으로 보내고, 서로 다른 방식으로 그것을 결합하는 일 말이다. 두뇌가 필요로 하는 것은 훈련경험과 약간의 반응, 일어나고 있는 일에 대한 명료하고 우연한, 압력이 없는 **주목** 등을 흡수하는 일이다. 그러면 두뇌의 본질적인 작동특성이 나머지를 해낸다.

바위와 수뢰 시뮬레이션에서 인공두뇌가, 장기간에 걸쳐 잠수함 수뢰제거 임무를 수행한 경험 많은 인간 음향탐지 기사를 능가하는 정확성으로 수뢰와 바위를 구분할 수 있게 되었다는 점은 주목할 만하다. 신경세포 네트워크는 그렇게 단순한데도 인간 전문가를 능가한다. 컴퓨터가 '더 영리'해서가 아니라 그냥 우리 귀가 그렇게 많은 주파수 대역으로 들어오는 음향탐지기 소리를 구분하도록 진화하지 않았기 때문이다. 같은 종류의 문제가 금속성 '핑'하는 소리 대신 아기 울음소리로 '배고픔'이냐 '위장에 가스가 찬 것이냐'를 구분하는 것이라면, 어머니들은 힘들이지 않고 컴퓨터를 이길 것이다. 거꾸로 바위와 수뢰를 구분하는 문제에서 돌고래를 훈련시킨다면, 아마 돌고래가 컴퓨터와 인간을 모두 이길 것이다.

인간의 불완전한 수행력은, 방해받지 않는 두뇌가 다룰 수 있는 복잡성에는 한계가 있다는 사실을 상기시킨다. 세계는 분명히 인간 두뇌의 섬세한 조율로도 잡아낼 수 없는 수많은 세세한 우연을 포함하고 있을 것이다. 과거 우리의 생존에 직접 중요하지 않았던 것이면 더욱 그렇다. 또는 생물의 수용도구가 검출할 수 없는 새로운 기술적·약제적·사회적 패턴이 있을 것이다. 게다가 잡아낼 만큼 쓸모 있는 정보나 패턴이 없는데도 우리가 익숙해지고 **싶어 하는** 상황도 많다. 분명한 것은 **무의식적인 신경세포 생체 컴퓨터의 기본적 디자인 특성이, 우리가 말하거나 생각할 수 있는 정도보다 더 섬세한 정보를 발견하고 기록하고 이용할 수 있게 해준다**는 것이다. 마음이 무엇보다도 의식적이고 계획적인 것이라는 관점을 지닌 채 무의식적 앎의 길의 가치나 존재를 보지 못한다면, 우리는 그만큼 더 빈곤하고 멍청해질 것이다.

두뇌풍경

두뇌는 신경세포 다발에서 또 다른 다발로, 언제나 존재하는, 하는 일이라고는 오로지 존재하는 것뿐인 도랑과 감수성 들의 패턴에 따라 활동을 찾아 헤매는 방식으로 작동한다. 연못에 조약돌을 던지면 바깥쪽으로 동심원이 생기는 것처럼, 뇌의 한 영역의 활동은 '진원지'가 된다. 이는 옥스퍼드대학교 신경과학자 수전 그린필드의 용어로, 이 진원지에서 활동이 밖으로 퍼지면서 다른 활동의 흐름과 간섭하고, 새로운 진원지를 만들어낸다. 우리는 실제로 이러한 현상이 일어나는 것을 관찰할 수 있다. 이스라엘 신경과학자 그린발드 프로스틱과 동료들은 두뇌피질의 신경세포가 전기적으로 활성화되면 형광을 발하는 특수염료를 연구에 이용했다. 동물의 눈에 빛을 비추면 신경세포 다발이 즉각적으로 형성되고, 100분의 1초 만에 크기가 두 배가 된다. 0.3초가 지난 뒤에는 넓은 영역에 걸쳐 매우 거대한 활성화된 세포 그룹이 생겨난다.

신경세포 다발의 분포성향은 독일 뇌 연구가 볼프 징어가 밝혀냈다. 징어는 시각피질에 광범위하게 나누어 분포된 신경세포가 자극에 대한 반응에서 동시적인 발화 패턴을 보이는 것을 발견했다. 따라서 앞서 이야기했듯이 활동 흐름은 이곳에서 저곳으로 움직이는 것이 아니라 끊임없이 서로 이어지는 분포된 패턴들 사이에서 이루어지고, 두뇌풍경은 물리적이 아닌 기능적인 윤곽선을 지닌다. 두뇌활동을 추적하고 단순화할 수 있다면, 우리는 밤을 통과해 달리는 불 켜진 열차가 아니라, 끊임없이 흔들리며 빛나는 만화경과 더 비슷한 것을 보게 될 것이다. 하지만 두뇌를 가로질러 빛나는 이렇듯 다채로운 패턴을 보여주는 것은 우리의 기술적 능력을 넘어서는 일이다. 빨리 움직이기 때문만이 아니다. 신경과학자 애드 에어스턴과 조지 거스타인은, 신경세포 그룹이 매우 역동적이어서 겨우 1000분의 몇 초 만에 형태를 만들고 재구성한다는 것을 밝혀냈다. 게다가 같은 신경세포가 순간순간 다른 패턴에 동참할 수도 있다. 엄청난 기술적 문제에도 불구하고 이런 신경세포 패턴의 존재와 특성에 대한 몇 가지 직접적인 증거가 있다.[6]

뇌에는 장기적인 '구조'변화가 있으며, 상대적으로 다양한, 짧은 기간 동안 반응에 영향을 주는 구조변화도 있다. 두뇌풍경의 지형적 '침식'은 훨씬 더 순간적인 영향에 의해 매우 많이 바뀐다. 예를 들어, 두뇌 반응은 욕구 상태에 영향을 받는다. 동물이 배고프거나 목마르거나 성적으로 흥분했거나 위협을 받으면, 느긋하고 만족할 때보다 더 많이 신경세포 그룹 다수가 같은 발화 패턴을 보이는 경향이 있다. 높은 흥분은 신경세포 그룹이 서로 똘똘 뭉쳐 함께 기능하는 팀을 이루게 하고, 수전 그린필드의 주장처럼 이것은 상당수의 흥미로운 결과를 만들어내며, 덧붙여 각 그룹이 더 흥분상태가 되도록 한다.

신경세포가 흥분성 연결과 억제성 연결에 함께 연결돼 있다면, 흥분이 커지면 혼합효과를 만들어낼 수 있다. 활성화된 세포의 일부 이웃에게는 더욱 쉽게 발화를 유도하고 다른 이웃은 효과적으로 억제한다. 특히 현재 활동적인 신경세포 그룹과 그 바깥에 있는 다른 그룹 사이에는 이른바 **상호억제**라고 불리는 것이 나타나는 경향이 있다. 이런 억제의 정도는 서로 다른 활동의 중심들 사이에 어느 정도 경쟁 관계를 만들어낸다. 신경세포 한 다발이 주변에 강력한 억제를 만들어내면, 다른 진원지를 억누르면서 동시에 자기 패턴 변두리를 강화하는 경향을 보인다. 광범위한 영역의 동료를 다양한 정도로 준비시키는 대신, 억제는 더욱 뚜렷한 차단을 향하며, 그럼으로써 다른 활동중심의 반발도 더욱 제한된다. 신경세포 사이의 상호억제를 가로막는 바이쿠쿨린(bicuculline, 수용체차단제)의 영향 아래서는 활동영역이 10배까지 확대될 수 있다. 흥분이 약하고, 몇몇 다른 진원지가 동시에 활동할 때는 경쟁이 덜 치열하다. 동시에 서로 다른 중심에서 나오는 활동 패턴이 젖은 종이 위 수채화 물감처럼 번질 수 있다. 그리고 수전 그린필드에 따르면, 이런 효과에서 흥분의 세 번째 결과가 나올 수 있다. 경쟁이 더 치열해지기 때문에 현재의 '승자'는 더 불안정하고, 어느 순간에라도 나타날 다음 진원지에 의해 흔들리기 더 쉽다. 그래서 생각의 열차는 더 빠른 속도로 모인다.

우리는 이런 '신경세포 조절' 효과의 바탕에 감춰진 몇 가지 화학적 메커니즘을 알고 있다. 뇌간은 두뇌의 가장 오래된 부분으로, 척수 맨 꼭대기에 꽈리처럼 부푼 형태로 되어 있다. 여기서부터 신경세포 다발이 중뇌로 나가고, 거기서 다시 피질로 들어간다. 피질 신경세포의 행동방식을 변화시키는 과정에서 욕구, 기분, 흥분 등의 역할을 뒷받침하는 것이 바로 이 신경세포다. 이 신경세포는 아민(amine)이라는 화학물질을 세포 안에 분비하고, 아민은 시냅스가 순간적으로 더 민감하거나 덜 민감하게 만든다. 세로토닌, 아세틸콜린, 도파민, 노르에피네프린, 히스타민 등이 아민에 포함된다. 예를 들어 아세틸콜린은 신경세포가 한동안 활동한 다음 불을 끄게 하는 평범한 '브레이크' 메커니즘이다. 전체적으로 보면 신경세포와 신경세포 다발은 아민의 영향으로 발화준비를 하고 민감해져서 '촉발 방아쇠'를 당길 준비가 된다.

그러므로 두뇌의 역학은 여러 가지 다른 방식으로 달라질 수 있다. 활동 **방향**은 세포 사이의 장기적인 연결 민감도에 영향을 받지만, 또한 서로 다른 어떤 영역이 발화준비가 돼 있느냐의 정도에도 영향을 받는다. 약한 통로는 일시적으로 보통 강한 통로에 주어지던 지점까지 상승할 수 있고, 이로써 '지점'이 바뀌면서 활성화의 열차가 덜 친숙한 지선으로 이끌려갈 수 있다. 한 개념의 활성화 초점 **폭**이나 정도는 좁아지거나 확장될 수 있는데, 친숙한 개념의 웅덩이는 바탕에 깔린 구조적 상호연결보다 더 판에 박히거나 유연한 것처럼 기능할 수 있다. 한 가지 기분에서 패턴은 분명하고 날카로운 경계선을 가질 수 있다. 또 다른 기분에서 그 영향력은 더 넓게 퍼지고 차츰 줄어들 수도 있다. 동시에 활성화되는 서로 다른 진원지의 숫자와 다양성도 차이가 있다. 높은 흥분 상태에서는 더 의식적이고 전통적인 단일연합 체인을 따르려는 경향이 있다. 느긋한 상태에서 활동은 서로 다른 여러 진원지에서 동시에 물결을 만들어낼 수 있으며, 예측이 덜 되는 방식으로 나타난다. 마지막으로 흐름 **속도**도 여러 가지다. 낮은 흥분상태에서 약한 활동은 한동안 네트워크의 한 영역 안에 머물러 있다가 계속 움직이거나 그대로 가라앉을 수 있다. 더 큰 흥분 상태에서 위협을 받거나 동기가 높으면, 활동은 더 빨리 개념에서 개념으로, 아이디어에서 아이디어로 흐른다.

10장

의식의 지점

처음에 인간은 어느 것도 의식하지 못한 채 덧없는 감각만을 가졌다. 심지어 자기 자신에 대해서도 그랬을 것이다. 그의 무의식적 두뇌-마음이 모든 일을 했다. 인간이 한 모든 것은 이해력 없이 이루어졌다.

랜슬롯 로 화이트(영국 철학자)

흥미로운 직관은 두뇌풍경에서 구조적으로 서로 멀리 떨어져 있는 아이디어를 결합하는 덜 집중된 생각하기의 결과로 생겨난다. 창의력은 우연한 관찰이나 생각의 씨앗에서 발전한다. 창의력에는 활동의 중심에서 밖으로 서서히 퍼져나가면서, 희미하고 산만한 의식을 만들어내는 정도로만 다른 활동의 중심과 만나고 섞이는 활성화를 허용하는 두뇌 능력이 요구되는 것 같다.

창의력이 덜 집중된 신경세포 활동과 관련돼 있다는 직접적인 증거가 있다. 메인대학교 콜린 마틴데일은, 두개골에 붙인 전극으로 두뇌활동의 수준과 유형을 기록하는 뇌파계(EEG)로 피질의 흥분을 추적했다. 사람이 흥분하면 '뇌파'는 높은 주파수에서 들쭉날쭉 '종잡을 수 없이' 움직인다. 반대로 느긋해지면 뇌파는 느려지고 더 일정하게 움직이면서, 이른바 알파파와 세타파를 내뿜는다. 마틴데일은 분석적 사고를 하는 사람의 뇌파도와 창의력 테스트를 하는 사람의 뇌파도를 각각 기록했다. 창의력 테스트는 언뜻 관계없어 보이는 항목을 연결하는 먼 연상물을 찾아내거나, "낡은 신문지로 무얼 할 수 있나요?" 같은 질문에 엉뚱한 답변을 내놓는 일 따위다. 마틴데일은 표준화된 질문을 이용해 먼저, 실험 참가자들을 전반적으로 창의적인 사람과 그렇지 못한 사람으로 나누었다. 지성시험을 보는 동안 두 그룹 모두, 대뇌피질 흥분도가 상대적으로 비슷하게 높아졌다. 창의력 테스트에서도 창의적이지 않은 참가자의 뇌파도는 지성시험 때와 같았다. 하지만 창의적인 참가자들의 흥분수준은 보통 때보다 오히려 **더 낮았다.**

이어지는 연구에서 마틴데일은 창의적인 작업을 두 단계로 나누었다. 1단계에서는 참가자들에게 판타지 이야기를 생각하라고 요구하고,

2단계에서는 그것을 글로 쓰라고 요구했다. 그가 '영감' 국면이라고 부른 1단계는 창의적인 직관에 의존한다. 2단계는 '다듬기' 과정으로, 줄거리의 함축의미를 만들고 그것을 합당한 결말로 이끌기 위해 더 의식적이고 집중된 노력을 필요로 한다. 예상했던 대로 덜 창의적인 참가자는 두 단계 모두 똑같이 높은 흥분수준을 보였다. 그에 반해 창의적인 참가자는 영감단계에서는 낮은 흥분을, 다듬기 과정에서는 높은 흥분을 보였다. 6장에서 이미 직관을 생산적으로 사용하려면 초점을 분산시켜야 한다고 말했다. 말로 표현되는 집중된 d-모드 과정과, 넓고 희미하고 덜 통제된 알아챔의 형식 사이를 오가는 능력 말이다. 마틴데일의 연구는 이런 유동성이 두뇌의 생리기능에 반영된 것을 보여준다. 창의적인 사람은 느긋하게 '뇌가 노력하도록 만드는' 능력을 지닌 사람이다.[1]

앞서 보았듯이 창의력은 준비, 부화, 조명, 검증 등 네 단계를 거친다. 마주한 문제가 평범한 것이라면 이런 모드는 충분히 해답을 만들어낸다. 하지만 그렇지 않은 경우 이런 방식의 앎은 막다른 골목에 다다른다. 엄격하게 제한된 뇌의 도랑으로 달리는 활동은 멀리 떨어진 연상을 동시에 활성화할 만큼 넓게 퍼지지 못하고, 충분히 느리지도 않기 때문이다. 창의적인 해답은 멀리 떨어진 연상에 놓여 있다.

하지만 누구든 부화단계로 들어간다면 날카로운 억제환경은 부드러워진다. 억제환경은 d-모드가 좁은 영역에 초점을 맞추면서, 완만한 골짜기를 기능적인 협곡으로 바꾸어 만들어진다. 부화단계에서는 두뇌 풍경에 넓게 퍼져있는 활동이 여러 초점을 동시에 활성화한다. 덜 집중된 뇌의 활성화 패턴은, 매끈하고 납작한 돌로 물수제비를 뜰 때 만들어지는 패턴보다는, 고요한 호수에 자갈 한 줌을 던질 때의 패턴과 더 비슷하다. 이전 준비단계의 활동 일부가 남아있다면, 다시 말해 문제가 완전히 잊히지 않은 채 마음의 뒷면에 놓여 있으면, 문제 전문화에 속하는 신경세포 다발은 아직 발화상태에 있다. 덜 집중된 상태로 들어가는 기술을 잃어버린 창의적이지 않은 사람은, 이 부위의 발화상태를 유지조차 할 수 없다. 그들은 무언가를 조리기구 뒤로 떨어뜨리지 않고는 '뒤쪽 화덕'에 올려놓는 방법을 모르는 것이다.

창의적인 사람이 일할 때는 평범한 사건에도 뇌 전체에서 개념다발 수천 개가 활동한다. 그러다 미리 연결돼있지는 않았지만 발화준비가 되어있던 부분들 사이의 연결을 우연히 촉진하고, 의식의 문지방을 넘을 수 있을 만큼 활성화가 덧붙여지면서 어떤 이미지나 은유를 의식 안으로 쏘아 보내면, '통찰' 즉 조명이 만들어진다. 마지막 검증과정에서는 의미를 더 자세히 탐색하려고 넓게 퍼져있던 활성화의 초점이 다시 집중될 수 있다.

넓게 조망하기

창의성이 널리 희미하게 분포된 두뇌활동 형식과 연관돼 있다면, 이 상태에서는 훨씬 다양한 초점이 동시에 활성화될 수 있으므로 무의식적 알아챔의 형식도 늘어날 것이다. 특히 어떤 아이디어가 무의식적으로 활성화된다면, 그와 관련된 잔물결은 의식이 만들어낸 물결보다 더 널리 퍼져 있을 것이다. 이를 증명하는 몇 가지 증거가 있다. 6장에서 바우어스와 동료들의 실험을 기억해보라. 여기서 실험 참가자들은 하나씩 주어지는 열다섯 개 낱말 하나하나와 연관된 먼 연상 낱말을 찾아내려고 노력했다. 스펜스와 홀란드는 같은 유형의 재료를 이용해 무의식적 지각의 효과를 시험해 보았다. 두 사람은 실험 참가자들에게 낱말목록 스무 개를 한꺼번에 주었는데, 그 중 열 개는 바우어스 실험의 '과일'처럼 멀리 떨어진 낱말 하나와 연결된 것이었다. 나머지 열 개는 일반적인 친밀도를 갖기는 하지만 이런 식으로 함께 연결돼 있지 않았다.

목록을 읽기 전에 일부 참가자의 잠재의식에 '과일'이라는 낱말을 노출시켰다. 일부는 의식에 나타난 '과일'을 보았고 일부는 그냥 텅 빈 스크린을 보았다. 실험 결과 무의식적으로 '과일'을 지각한 참가자가 아무 것도 보지 못했거나 의식할 정도로 분명하게 본 참가자보다 목록에 있는 연상낱말을 더 잘 기억했다. 스펜스와 홀란드는 이 결과를 이렇게 해석했다. 어떤 대상을 분명하게 의식적으로 지각하면 그 '직계가족'을 기억하는 일에서 활성화되는 연상의 범위가 줄어드는 데 비해, 의식을 위해 필요한 초점이나 집중도에 이르지 못한 자극은 더 광범위한 연상을 발화시킨다. 즉 초점을 지닌 의식은 기억 네트워크의 더 좁은 영역 안에서 제한된 '활동'에 집중하는 것과 관계가 있다.

4장에서 부화는 잘못된 출발과 개념화가 사라질 시간을 마련해 더 나은 생각, 더 나은 접근법이 나타나도록 해준다는 사실을 보았다. 이제는 뇌가 어떻게 이런 '재점검' 과정을 가능하게 하는지 살펴볼 것이다. 신경세포 네트워크에서 활동이 도랑을 따라 흐르다가 선택지점에 도달했다고 상상해보자. 그러니까 T자 갈림길에 도착했다. 어느 쪽으로 가야 할까? 정상적인 상황에서는 모든 활동이 가장 잘 닦인 길로 간다고 가정할 수 있다. T자의 한쪽 팔이 다른 팔보다 더 깊이 패어 있다면, 그리고/또는 더 높이 발화되어 있다면 그쪽을 선택한다는 말이다. 그림 10처럼 각 통로의 상대적 용이함을 선의 굵기로 표시할 수 있다. 갈림 길에서 활동은 더 굵은 선을 '선택'한다.[2]

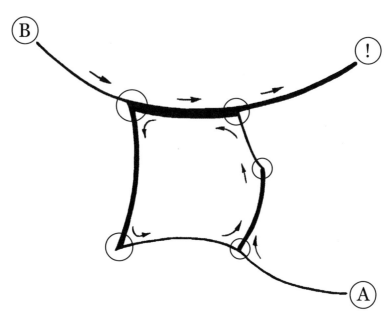

그림 10. 진입지점을 달리하면 풀리지 않던 문제가 풀리는 과정을 보여주는 신경세포 통로 지도. 갈림길이 나올 때마다 활동은 더 굵은 선을 따라간다.

어떤 문제를 생각하는데, 처음에 추론된 방식에 따라 A 지점이 생각의 출발점이 되었다고 치자. 그리고 도달해야 할 '해답'은 ! 지점이다. 더 굵은 선을 따라가다 보면 이 부분의 네트워크 특성 때문에 A를 벗어나 ! 지점에 도달할 수 없다. 그냥 같은 지점만 맴돈다. 하지만 어떤 이유에서든 A 지점에서 출발하도록 돼 있는 이 문제에 대해 생각하기를 멈추고, 우연히 다른 지점 B에서 출발해 같은 회로 안으로 들어가면 '마법적으로' 쉽게 B에서 !에 이를 수 있다. 콘라트 로렌츠라면 "삥!" 하고 외쳤을 것이다. 그러니까 당신은 '통찰'을 얻은 것이다. d-모드를 버리고 마음이 온갖 종류의 '관계없거나' '어리석은' 연상을 따라 떠다니게 버려두면서 우연히 A가 아닌 B에 대해 생각하자, 풀리지 않던 문제의 답이 갑자기 뚜렷하게 나타난 것이다. 그러니까 TOT 상태에 대한 가장 효과적인 해결책은, 혀끝에서 계속 맴돌면서 밖으로 나오지 않는 낱말을 기억하려는 노력을 그만두고, 그냥 생각이 떠다니게 하든지 다른 일을 하는 것이다. 그러면 예상치 못한 순간에 그 낱말이 갑자기 나타난다. 여기서 정면 돌파 방식은 답을 파괴하는 씨앗을 포함하는 데 반해, 심층마음이 문제에 슬그머니 접근하게 놓아두면 측면공격으로 승리를 거둔다. 브레인스토밍과 공상이 효과적인 앎의 방식인 이유다.

이러한 신경세포 모델은, 어째서 창의성이 그저 느긋한 마음만이 아니라, 적절한 정보를 갖고 있지만 정보로 넘치지 않는 마음까지도 요구하는지를 알려준다. 삶의 가장 친숙한 신경세포 네트워크 부분에는 경험이 지속적으로 반복되면서 만들어진 급경사 정신 협곡이 있어서, 흥분이 차츰 증가하고 억제가 느슨해진 순간에도 활성화 경로를 정해 놓는다. 따라서 우리는 깊이 뿌리박힌 개념 안에서 세상을 추론하는 수밖에 없다. 하지만 두뇌풍경이 흥미로운 해법을 만들 만한 윤곽을 갖되 피할 수 없을 만큼 깊이 깎여 있지 않다면, 더 넓은 초점 모드로 이동하는 것이 새로운 연상을 더 잘 떠올릴 수 있다.

두뇌풍경과 낱말풍경

어느 한 시점에 뇌 활성화 총량은 제한된 범위 안에서만 차이가 나는 것으로 널리 추정되고 있다. 그러니까 일정 정도의 활성화만 '일어날' 수 있는 것이다. 높은 흥분수준에서 전체 가동량이 늘어날 수는 있지만, 활성화가 억제되지 않고 늘기만 한다면 인지는 방향감각을 잃거나 개념정의 자체를 잃어버린다. 우리는 점점 늘어나는 연상과 암시가 만들어내는 재미있는 환각적 불꽃을 경험할 수 있지만, 순식간에 그것에 잠식되어 쓸모 있고 타당한 것과 임의적이고 하찮은 것을 구분할 수 없게 된다(특정한 종류의 뇌 장애에서 정확히 이런 일이 일어난다. 러시아 신경의사 알렉산더 루리아가 『기억술사의 마음』에서 서술한 것이 유명한 예다).[3] 뇌를 통해 활동 패턴이 이동할 때, '그 뒤의 빛을 *끄는*' 억제 메커니즘이 나타나지 않으면 안 된다.[4]

제한된 자원이라는 가설은, 왜 말로 생각하기가 언어로 이루어지지 않는 직관적이거나 상상적인 인지를 방해하는지, 왜 지혜롭기를 희생하고서야 똑똑해지는지를 설명해준다. 두뇌풍경의 개념웅덩이 일부에는 '제인'이나 '아침' '고양이' 같은 이름이 붙어 있다. 이름들은 가장 친숙하고 필수적인 개념의 모습과 패턴에 주의를 기울이는데, 경사면에 있는 모습보다 웅덩이 바닥에 있는 모습과 연관되는 경향이 있다. 두뇌풍경이라는 은유를 확장하면, 잘 구분된 개념의 중심부에 높은 깃대를 꽂고, 그 꼭대기에서 개념의 이름이 쓰인 깃발이 펄럭인다고 상상할 수 있을 것이다. 여기서 '깃발'은 개념에 연결된 신경세포 패턴들의 세트, 곧 낱말이 갖는 소리와 모습, 그것이 발언되거나 글자로 쓰이는 것에 해당하는 신경세포 패턴들의 세트를 나타낸다.

어린이가 말을 배울 때면 깃발이 급격하게 늘어난다. 깃발은 자기
들끼리 서로 연결되면서 줄줄이 늘어선 말의 깃발형겊이 되어 '낱말풍
경'을 만들고, 이 낱말풍경이 경험에 근거를 둔 두뇌풍경 위에 겹쳐진
다. 낱말은 연결되어 개인의 경험에 직접지시물이 없는, 즉 바탕현실이
없는 개념의 '이름'이 될 수도 있다. 이런 언어개념은 각 문화범주의 영
향을 강하게 받으며, 공식적·비공식적 교육을 통해 전수되고 만들어
진다. 서로 다른 언어는 경험의 세계를 다른 방식으로 새긴다. 북극 이
누이트는 '눈'을 나타내는 낱말을 열두 개나 갖고 있다. 영어에는 일본
어 '무사도'를 연상시키는 개념이 없다. 두뇌풍경 '평면'과 낱말풍경 '평
면'의 지형도와 그 둘 사이의 관계는, 차츰 진화하면서 타협한다. 직접
경험에 의해 두뇌풍경에 생겨난 침식과, 각 부분과 그룹 사이에 붙여진
언어의 명령 사이에 생겨나는 타협이다.[5]

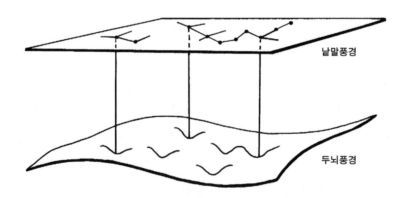

**그림 11. 두뇌풍경과 낱말풍경. 일부 개념은 명칭이 없고, 일부 명칭은 직접 경
험에 의한 토대가 없다.**

이 모델은 6장에서 소개한, 얼굴 생김새를 말로 서술하면 알아보기 더 힘들어지는 현상을 뇌를 기반으로 설명한다. 말로 서술하다 보면 하나의 독특한 전체인 얼굴에 집중해 두뇌풍경에서 신경세포 다발 사이의 풍부한 연결 패턴이 만들어지게 하는 대신에, 얼굴을 낱말깃발을 가진 관상학개념에 맞추는 일에 힘을 쏟아야 한다. '뭉툭한 코' '숱 많은 눈썹' 같은 상투적인 표현에 기초한 말을 만들어내야 하는 것이다. 거기 무엇이 있느냐보다 말로 뭐라고 할 수 있느냐에 더욱 집중하면서, 전체적인 인상보다 부분의 총합에 신경을 쓰게 된다.

신경세포 다발 하나, 즉 개념 하나가 산만하게 활성화되어도 활동의 강도가 그 개념에 붙은 이름표를 가동시키기에 충분하지 않을 수 있다. 이름을 불러내지 않고도 의식적으로든 무의식적으로든 뭔가 알아채는 것이 가능하다는 것을 우리는 이미 보았다. 하지만 적합한 자극이 개념의 진원지에 집중돼 이름표시가 활성화되면, 거꾸로 이것이 언어로 된 서술 및 언어연상 사슬을 가동시킬 수도 있다. 언어명제가 활성화되면 전체 활성화 저장소가 고갈된다. 전체의 활성화가 제한된다는 것은 두뇌풍경 안에서 한 더미 낱말풍경의 활성화가 다른 활성화와 운동을 희생한 대가로 나타난다는 뜻이다. 그래서 의식적인 이론으로 설명하려는 시도를 도우려고 낱말풍경으로 '빨려 들어간' 활성화가 많아질수록, 두뇌풍경에서는 다른 영역의 활성화가 줄어든다. 언어로 표현되는 집중된 활성화는 더 추상적인 사고방식과 개념을 뒷받침하는 대신, 더 넓은 영역의 디테일과 울림을 줄이는 경향이 있다.

특히 집중도가 낮은 널리 퍼진 활성화는 개인적인 울림과 함축을 더 많이 갖는 상황을 표현하는 데 편입된다. 연상의 잔물결이 많이 퍼질수록 활성화되는 의미의 패턴은 더 풍성해진다. [낱말이나 언어가 아니라] 지각이나 생각의 대상이 더 큰 중요성을 지닌다. 그 대상의 재현이 희망, 두려움, 계획, 흥미 등 개인이 느끼는 관심사로 가득 채워지기 때문이다. 그러므로 이런 상황은 '더 의미가 있다.' 상황이 만들어내는 감각인상이 감정에 기반을 두고 감정과 결합돼 있을 때, 우리는 지금 서 있는 자리가 어딘지 더 분명하게 안다. 주의력이 희미하게 널리 퍼져있기 때문에 이런 감정요소가 의식의 밝은 빛 속으로 나오지는 않지만, 그 활성화는 지각을 확실하게 의미로 뒤덮는다.

느껴진 의미는 직접 구현된다. 우리가 중요성을 깊이 감지하면 그것은 몸에 영향을 준다. 우리는 그냥 이해하는 것이 아니라 '건드려지고 움직여진다.' 감각의 직물 안에 함께 직조돼 들어간 의미의 날실이 그런 신체적 함축의미를 구성한다. 내부감각과 외부감각은 어디서나 두뇌활동의 흐름과 패턴에 기여하고, 이런 활동이 내장과 근육계로 널리 흩어질 때 몸으로 느낀 **정서나 욕구나 위협**이 전체로서의 표상 안에 함께 뒤섞인다.[6]

거꾸로, 활성화의 초점이 단단하면 그렇게 만들어진 세계 이미지는 더 추상적·지성적이 되고, 의미와 느낌은 덜 풍부해진다. 예일대학교 데이빗 겔런터는 초점과 정서의 연결에 대한 많은 증거를 검토하고 다음과 같은 결론을 내린다.

우리가 위로 조금씩 올라가 차츰 초점을 높이거나 강화할수록 ……생각하기는 마비되기 시작한다. 기억을 **느끼는** 능력이 차츰 줄고 단순히 증언할 뿐이다. ……생각은 생동감을 잃는다. ……마지막에는 차가운 논리의 위안만 남은 채, 우리는 강하고 예리하지만 감정 없고 창백한 생각의 흐름을 붙잡는다.

낱말풍경에서 자극을 받은 생각의 사슬도 두뇌풍경의 패턴보다 더 고집스럽고 상투적이며, 전체적으로 언어문화의 관습에 따라 규정되는 경향이 있다. 그러므로 많은 창의적인 사람이 주장했듯이, 직관보다 명제에서 독창성을 갖기가 더 어렵다. 또는 낱말풍경을 구성하는 것과 같은 방식으로 구현된 문화적 가설을 발견하고 그것에 의문을 품기가 더 어려워진다.

의식의 조건

아직 뇌 기능의 한 가지 중요한 양상을 더 탐색해야 한다. 두뇌는 어떻게, 어디서, 왜 의식을 만들어내는가? 이런 방식의 문제제기는 이미 하나의 중요한 가설을 포함한다. 즉 의식은 두뇌의 산물로서 모든 물질에 보편적인 특성이 아니며, 텔레비전 수신기가 방송 채널을 검색해 변환하는 것과 비슷한 방식으로 뇌가 찾아낸 다른 어떤 곳의 신호가 아니라는 것이다. 이 두 관점은 철학과 종교에서 모두 긴 역사를 갖고 있다. 하지만 여기서는 신경과학계가 합의한 내용을 살펴보겠다. 그에 따르면 의식은 특수한 복잡성과 정도를 지닌 신경체계에서만 일어나는 특별한 활동과 관계가 있다. 그 증거로, 우리는 직접 경험을 통해 호모 사피엔스가 의식을 지니고 있다는 사실을 안다. 반면에 아메바, 수선화, 조약돌에 의식이 있다는 생각은 억측이나 투사일 뿐이다. 우리는 또한 중앙 신경체계가 손상되면, 의식의 변화나 상실을 일으킨다는 사실을 알고 있다.

그러나 의식은 뇌의 자산일지언정 개별 신경세포의 자산은 아니다. 우리는 단일세포가 아니라 서로 뒤섞인 수많은 신경세포 그룹이 연합된 개념과 이미지로 보고 생각한다. 의식이 뇌의 특정한 영역이나 구조 안에 있을 거라는 생각도 버려야 할 것이다. 해부학적 의식기판을 찾아내려는 수많은 시도가 있었지만 단 하나도 발견되지 않았다. 그리고 그것을 기대해서도 안 된다. 단일 신경세포 다발이 뇌 전체에 넓게 퍼져 있다는 걸 안다면 말이다. 미국 과학철학자 대니얼 데닛에 따르면, 데카르트는 뇌 중앙부에 자리 잡은 송과체가 '영혼의 자리'라고 생각했다. 그는 의식이 스크린에 투사되는, 정신의 영화관으로 들어가는 입구라고 여겼다. 하지만 오늘날 우리는, 뇌에는 모든 것이 입출력되고, 모든 명령을 지시하는 '총사령부' 자리가 없다는 것을 잘 안다.[7]

그러므로 의식은 장소보다는 신경체계의 **상태**와 연관이 있다고 생각해야 한다. 그렇다면 질문은 다음과 같다. 뇌 활동을 의식적이 되도록 하는 필요한 또는 충분한 조건은 무엇인가? 짧게 답하자면, 아무도 확실히 모른다. 이 질문의 답을 찾는 일은 신경과학계의 '성배'를 찾는 일이다. 그것은 오랜 세월 철학자와 신학자들의 질문이었다. 하지만 몇 가지 실마리가 있다. 첫째, 의식은 **강도**(intensity)와 관계가 있다. 신경세포 다발에서 활성화 강도나 집중이 어떤 역할을 하는 것 같다. 크고, 밝고, 충격적인 신호는 우리 의식의 주목을 끈다. 무의식적으로 만들어진 자극은 강도가 올라가면 의식으로 '밀려' 올라간다.

예를 들어 맹시 환자도 어떤 자극이 갑자기 더 밝아지거나 더 빠른 속도로 움직이면 맹시 영역이 활성화되는 것을 직접 의식할 수 있다. 안면인식장애를 가진 사람에게 영국의 고故 다이애나 왕세자비 사진을 보여주면, 그들은 자기가 그 얼굴을 안다는 것을 모르거나 이름을 대지 못한다. 그러나 그에 앞서 찰스 왕세자 사진을 보여주면 다이애나를 알아볼 가능성이 커진다. 비록 의식의 문지방을 넘지 못했지만 무의식적으로는 찰스의 얼굴을 알아보았고, 이것이 다이애나 네트워크를 발화하는 몇 가지 활성화를 내보내기에 충분하기 때문이다. 이 활성화가 다이애나의 사진에서 나온 활성화에 덧붙여지면 그 모습이 의식에 도달할 수 있을 정도로 강해질 수 있다.[8]

하지만 강도만으로 의식을 설명할 수는 없다. 아주 강한 자극이라도 시간이 흐르면 무시될 수 있다. 역설적이지만 일부 신경세포는 의식적 자극보다 잠재의식적 자극에 더 강한 자극을 받는다는 증거가 있다. 예를 들어 뇌의 시각영역에는 깨어있을 때보다 완전히 마취된 다음에 비춘 빛에 더 활발하게 반응하는 세포가 있다.[9]

의식에 더 중요한 조건은 신경세포 활동의 **지속성**인 것 같다. 캘리포니아대학교 벤자민 리벳은 뇌에서 촉각에 관여하는 부분에 직접 자극을 가함으로써, 상당히 강한 자극도 의식적이 되려면 최소 약 2분의 1초 정도 자극의 반향을 지속해야 한다는 사실을 발견했다. 그에 반해 무의식적 과정에서는 반응이 훨씬 빨리 일어나고, 훨씬 짧은 자극에도 반응했다.[10] 의식을 위해 필요한 최소시간이 있다면, 무의식적 답변 모드에서 의식적 답변 모드로 옮기라는 요구를 받은 사람이 한쪽에서 다른 쪽으로 옮겨갈 때 반응시간이 서서히 증가하는 것이 아니라 일종의 도약을 보일 것이다. 사람들에게 불이 켜지면 가능한 한 빨리 버튼을 누르라고 요구할 때 걸리는 시간은 약 200밀리세컨드 정도다. 하지만 반응을 가능한 한 가장 조금만 늦추라고 요구하면 약 2분의 1초의 비약이 일어나, 총 반응시간이 약 4분의 3초가 된다. 둘 사이에 중간은 없는 것 같다. 본능적으로 반응하든지, 의식이 (사진처럼) 등장해서 반응하기를 기다려야 한다.[11]

의식이 나타나려면 자극이 신경세포에 미치는 효과가 충분히 길어야 하지만, 자극이 강할 경우 아주 짧아도 의식이 된다. 높은 강도가 신경세포 활동을 더 긴 시간 반향시키기 때문이다. 잘 만들어진 징소리가 공중에 오래 머물러 있는 것과 같은 이치다(이런 방식으로 보면 '강도' 조건을 '지속성' 조건 아래에 둘 수 있을 것이다). 이런 반향은 단순히 자극 강도의 결과만이 아닐 수도 있다. 런던대학교 세머 제키는, 시각에서 의식이 일어나려면 시각피질의 서로 다른 두 영역이 '대화할' 수 있어야 한다고 말했다. 캘리포니아 소크연구소의 프랜시스 크리크와 크리스토프 코흐도 비슷한 제안을 내놓았다. 중뇌의 시상과 신피질을 연결하는 반사회로가 의식을 돕기 위해 필요하다는 것이다.

세 번째 조건은 8장에서 관찰한 실험증거와도 일부 연결되는 것으로, 바로 '자아'와의 연관성이다. 우리는 종종 사람들에게 본능이 아니라 자의식에 따라 반응하라고 요구한다. 그럴 경우 사람들은 질적으로 전혀 다른, 더 느린 처리 과정으로 밀려들어가는 것으로 보인다. 이와 정반대의 효과도 있다. 앞서 보았듯이 사람들에게 약한 신호에 대해 빠르게 반응하라고 요구하면 올바른 대답을 내놓지만, 나중에 의식이 돌아오면 이를 취소한다. 이런 관점에서 보면 의식은 독특한 자의식이라고 할 수 있다.[12] 우리는 (자극이 강하거나 지속적인 경우를 빼고) 자극이 우리의 자기 이미지와 관련한 특수한 신경세포 네트워크 부분과 연결되기 때문에 그것을 의식한다. 이 자극이 우리가 스스로 자기 자신이라고 생각하는 감각과 편안하게 어울리는지, 현재의 삶과 잘 어울리는지 보기 위해서다. 이런 점검과정은 시간이 걸리고, 의식을 만들어내는 신경세포 활동에 필요한 조건을 충족시켜야 한다. 만일 이런 분석에서 정보가 위협적이거나 적합하지 않은 것으로 판정되면, 다른 검열과정이 재빨리 여기 동참하겠지만 말이다.[13]

자극이 너무 짧거나 약하면, 또는 내가 누군지, 무슨 일이 일어나는지에 대한 내 모델과 들어맞지 않으면, 두뇌가 반응을 결정하는 과정에서 제 역할을 할 수 있지만, 이 과정은 의식에 분명히 드러나기보다는 감춰진 채로 이루어진다. 인지적 무의식의 선구적 연구자 존 킬스트롬은 이 현상을 다음과 같이 요약한다.

자아에 대한 정신적 표상과, 어떤 대상 또는 사건에 대한 정신적 표상 사이에 연결이 만들어지면 지각과 기억, 생각이 의식으로 들어온다. 이 연결이 만들어지지 않으면 들어오지 않는다. 그럼에도 여전히 무의식적 지각과 기억, 이미지, 느낌 등은 진행 중인 경험과 생각, 행동 등에 영향을 미칠 수 있다.[14]

자아와 의식 사이의 이러한 연결, 그리고 의식이 뇌의 여러 회로 사이에 시간이 걸리는 반향이나 반사 등을 필요로 한다는 생각은, 뇌의 여러 영역이 의식이 나타나기까지 기다리지 않고 무의식의 층위에서 자기 일을 계속할 거라는 복잡한 가능성을 만들어낸다. 신경세포 활성화의 총량이 둘로 나뉘어 있어서, 한 부분은 자아와 공명하면서 의식적 알아챔이 나타나는 것을 돕고, 다른 부분은 제 할 일을 계속하면서 반응을 계획하는 것 같다. 시간이 부족할 때는 이것이 의미가 있다. 당신은 집을 확장하려고 공식'허가'를 기다리는 동안에도, 허가가 나올 거라고 가정하고 건축 준비를 계속할 것이다. 허가가 나오지 않으면, 진짜 건축을 시작하기 전에 계획을 중단할 수 있다. 실질적으로 '조급하게 굴지만' 않았다면 계획을 세운 시간 말고는 잃은 것이 없다. 뇌가 이렇게 이중통로 방식으로 작동할 수 있다면 우리는 의식의 기능에 대해 다시 생각해야 할 것이다. 의식은 행동의 지시자, 명령과 결정의 **원천**이기는커녕, 적어도 몇몇 조건 아래서는 다른 곳에서 이미 결정된 것을 그저 통보받는 것일 뿐이다.

"인간의 영리함은 잘 편성된 멍청함의 결과다"

벤자민 리벳의 또 다른 연구는 이렇게 마음이 둘로 갈라지는 일이 실제로 일어난다는 것을 보여준다.[15] 그는 사람들에게 손을 들고 있다가 원할 때마다 손가락 하나를 구부리라고 말했다. 그들이 이 간단한 과제를 실행하는 동안 리벳은 세 가지를 기록했다. 먼저 사람들의 머리에 붙인 전극의 도움을 받아 뇌파계로 그 행동의 전조가 나타나는 시점을 정확하게 잡아낼 수 있었다. 둘째로 리벳은, 사람들에게 앞에 놓인 시계에서 시간을 보고 동작을 하려는 시도를 처음 의식한 시점을 알려달라고 요구했다. 마지막으로 손가락 근육활동을 기록해서 신체동작이 시작된 시점을 기록했다. 이로써 리벳은 의도적 행동이 시작되는 것보다 약

200밀리세컨드 전에 의식적인 의도가 나타나고, 그보다 약 350밀리세컨드 전에 두뇌에서 의도가 시작된다는 것을 알아냈다. 이는 무엇을 할 것이며 언제 할 것인지를 결정하는 것이 무의식적 두뇌라는 사실을 분명히 보여준다. 우리가 의도라고 경험하는 것은 단순히 행동으로 이미 옮겨진 것을 **나중에** 확정하는 것일 뿐이다. 의식은 일종의 '우편물 꼬리표'를 받아들고는, 마치 이것이 원래 명령이었던 것처럼 제시한다.

이에 따르면 '의지' 혹은 '자유의지'는 의식보다는 뇌에 속하는 것으로 보인다. 하지만 이것은 의식이 전혀 아무 역할도 하지 않는다는 뜻이 아니다. 의식적 깨우침이 자아를 향한 감춰진 위협을 파악하는 과정과 관련돼 있다면, 일상적인 부추김이나 해석이 아니라 위험하다고 판단된 행동과 경험을 억제하는 일이 중요할 것이다. 진짜이거나 상상된 어떤 불규칙적 위협이 검색되면, '돌아올 수 없는 시점'이 되기 전에 계획을 실천하지 못하게 막는 거부권이 나타날 것이다. 영국 심리학자 리처드 그레고리는, 의식은 '자유의지'를 갖는 게 아니라 '하지 않을 자유'를 갖는 것 같다고 생각했다.

이런 생각은 당연히 다음 질문으로 우리를 데려간다. 그렇다면 의식은 무엇을 위한 것인가? 우리는 우리에게 위협이 될 수 있는 것을 가장 잘 의식한다(위협이 너무 크고 그야말로 위협적이어서, 경험 자체가 억제되는 경우를 뺀다면 말이다. 히스테리성 실명, 트라우마로 인한 마비, 또는 정신병적 억압 등이 이에 해당한다). 두뇌가 처음 내린 무의식적 진단이 상황을 안전하고 친숙한 것이라고 선포하면, 더 이상 거기 머물 필요가 없다. 더 자세히 살펴보라고 자아에게 말할 필요가 없는 것이다. 활성화의 흐름이 너무 빨라서 의식이 알아챌 정도의 지속시간에 이르지 못한다. 하지만 처음에 뭔가 의심이 생기면 활성화 속도가 억제되고, 이 문제가 자아의 우선권 분배 및 검증과 공명하면서 다음 데이터를 수집하거나 더 광범위한 연결체가 활성화된다. 이것이 모든 점에서 '문제없음'으로 나타나면 아무 제약 없이 행동이 계속될 수 있다. 하지만 위협으로 밝혀지면 검열기구와 자기통제가 그 하루 목숨을 구한다. 의식은 자기보호를 위한 것이다.

이런 관점에서 보면 의식적 알아챔은 근본적으로 질문과 탐색으로 나타난다. 우리는 정말로 중요한 것으로 인식되어 탐색되는 것을 의식한다. 최근 수많은 인지과학자가 주장하듯이, 초점을 맞춘 의식적인 알아챔, 곧 마음의 스포트라이트는 무엇보다도 파괴나 긴급 상황과 관계된다. 이어지는 조사와 검출, 해결활동과도 연관된다.[16] 세계의 어떤 부분이 수수께끼를 내놓으면, 높은 활성화 층위들이 신경세포 네트워크에서 [그 수수께끼에] 상응하는 영역에 집중하고, 따라서 난국의 본성이 더 완전히 구분되어 적절한 대응책을 발견할 수 있게 된다. 긴급 상황이나 집중 상태에서 이런 조사에 동원되는 (제한된) 두뇌자원의 지분이 너무 커서, 경쟁하는 다른 활동은 일시적으로 폐쇄된다. 그러니까 우리는 얼어붙고 숨쉬기도 멈춘다. 그리하여 의식은 위협이나 불확실성에 대한 집중되고 정지된 반응에서 진화돼 나타난 것이라는 주장이 도출된다.

마음에 대한 이런 관점은 상식과는 전혀 다르다. 상식적인 관점에서는 집행권을 갖는 마음의 이사회가 의식이자 '현실'이 펼쳐지는 극장으로 여겨진다. 하지만 여러 증거가 두 가지 과격한 결론을 제시한다. 첫째, 상식은 우리에게 의식이 믿을 만한 것이라고 말한다. 세계는 보이는 대로의 세계라고 말이다. 하지만 뇌 연구는, 의식이 확실한 것을 선포하는 게 아니라 의심스러운 것을 선포한다는 점을 알려준다. 초점을 맞춘 의식은 마음의 활동에서 **현재 문제가 있는 것으로 취급되는** 양상과 연관된다. 무엇이 되었든 의식적 주의력의 중심을 장악하는 이유는 그 의미, 그 중요성, 그 해석이 미심쩍기 때문이다. 무언가에 머물러 있음으로써 우리는 그에 대해 더 풍부하고 '참된' 이해에 이르겠지만, 이런 이해는 우리가 의식적이 된 결과이지 의식의 선행조건이 아니다.

둘째, 의식은 정확하게 어떤 일을 하지 않는 것이다. 의식은 두뇌마음 **전체** 작동의 특별한 모드를 따라다니고, 따라서 그 징후를 나타낸다. 현재 진행중인 행동을 멈추고, 방해의 원천이 될 것에 조심스럽게 집중하는 모드로서, 모든 하부조직이 새로운 정보에 조심스레 귀 기울이고, 우선권이 조정되며, 새로운 계획이 나타난다. 이런 상황 아래 두뇌마음이 의식적 알아챔을 '만들어내는' 것이다. 활성화의 집중적인 통합과 공명이 의식이 나타날 조건을 만든다. 의식은 어떤 실행의 책임이 없지만 그래도 아주 특수하고 쓸모 있는 마음의 모드다. 앞서 의식은 '하지 않을 자유'를 갖는지도 모른다는 관점을 제시했지만, 이조차도 의식이 본질적으로 갖지 못한 힘을 가졌다고 보는 관점이다. 행동을 거부하거나 경험을 편집하는 과정도 뇌가 수행하는 일이다. '자아'조차도 뇌 신경망의 경제 안에서 수많은 하위체계의 하나에 지나지 않는다. 무엇을 '위협'이나 '욕망'으로 여길지를 결정하는 체계로서 의식은 위협과 욕망이라는 필터를 통해 경험을 검토한다.

의식적 지성의 감독을 받지 않은 뇌가 혼자서 똑똑한 일을 해내며, 의식은 아무런 인지기능도 수행하지 않는다는 생각은 우리를 불편하게 할 수 있다. '우리'에게 이따금 아무 할 일도 남기지 않는 듯 보이기 때문이다. 그러나 이 불편한 느낌은, 느린 방식의 앎에 더 잘 접근하고 자 한다면 당연히 지불해야 하는 대가인지도 모른다. 분명 수많은 신경 과학자, 뇌는 인간지성을 위해 필요한 모든 것이라고 굳게 믿고 있다. 이런 관점을 가장 분명하게 대변하는 미국 '신경철학자' 패트리샤 처칠 랜드는 다음과 같이 썼다.

> 중요한 원칙은 ……뇌 속에 작은 사람이 앉아 내부의 텔레비전 화면을 '보고', 내면의 목소리를 '듣고' ……이유를 달아보고 행동을 결정하는 등의 일을 하지 않는다는 것이다. 인간이 본다면, 그것은 개별적으로는 맹목이고 멍청한 신경세포 덕이다. 신경세포가 적절한 방식으로 집단적으로 화음이 맞는 오케스트라를 구성하기 때문이다. ……느긋한 분위기에서 우리는 지각하고 생각하고 통제하는 똑똑한 자아 모델에 따라 여전히 지각과 생각, 통제 등을 이해한다. 뇌의 영리함은 **자아**의 영리함으로 설명되지 않는 뇌라는 신경기계의 기능으로 설명된다. ……물론 자신의 영리함이 잘 편성된 멍청함의 결과라는 사실이 상당히 충격적이겠지만 말이다.[17]

이런 생각이 불쾌감을 가져온다면, 우리를 d-모드의 습관 및 가치관 과 너무 밀접하게 동일시한 탓이다. 불쾌함을 일소하는 데 필요한 것은 쪼그라든 지성의 정의를 확장해 뇌를 지성과 재결합하는 일이다.

11장

주목하기

어느 날 한 사람이 이큐 선사에게 물었다. "스승님, 저를 위해 최고 지혜의 격언을 써 주시겠습니까?" 이큐는 즉시 붓을 잡고 '주목注目'이라는 글자를 적었다. "이게 다인 가요?" 사내가 물었다. "뭔가 덧붙일 게 없을까요?" 그러자 이큐는 '주목, 주목'이라 고 두 번 적었다. 사내가 약간 어리둥절해서 말했다. "선생님이 방금 쓰신 것에서 어 떤 깊이나 섬세함을 찾아볼 수 없는데요." 그러자 이큐는 같은 말을 세 번 거듭해서 '주목, 주목, 주목'이라고 적었다. 사내는 반쯤 화가 나서 말했다. "'주목'은 대체 무슨 뜻인가요?" 이큐가 부드럽게 대답했다. "주목이라는 뜻이오."

필립 캐플로 로시(미국 선불교 지도자)

d-모드에서 지각은 상황을 진단하기 위한 것이다. 여러 감각기관을 통해 도착한 정보의 견본을 뽑아 조사하여 '저 밖에' 무슨 일이 있는지 —'교통정체'인지 '경찰관'인지—또는 '이 안에는' 무슨 일인지—'슬픔' 인지 '두통'인지—찾아보고 분류하고 마침내 알아내는 일을 한다. 일단 진단이 내려지면 지각이 할 일은 끝난다. 다음 순서로 관심을 돌려서 이 상황이 무슨 뜻인지, 무엇을 할 수 있는지 알아본다. 이 약식 진단이 정확하고 적합하다면 생각은 확고한 토대 위에 자리 잡게 된다. 하지만 지각에 대해 이런 식으로 어설프게 접근하면, 처음에는 중요해 보이지 않지만 계속 주목했더라면 타당성과 가치를 알아봤을지도 모르는 정보를 무시할 위험이 있다. d-모드는 우리가 주목하는 방법을 결정하지만 항상 최선책은 아니다. d-모드만의 특정한 방식에 빠져든다면, 우리는 알지도 못한 채 우리에게 꼭 필요한 것을 너무 빨리 내다버릴 수 있다. 이따금 더 느리게, 더 자세히 지각에 접근하여 지금 일어나는 일에 대한 더 풍부한 정신적 이미지, 더 나은 앎의 길에 도달할 수도 있다. 만일 우리가 가능한 한 제대로 알아야 한다면, 이따금 d-모드의 빠른 속도 검사방식에서 벗어나 명상적인 지각방식으로 들어가서 세계가 제 스스로 더 풍성하게 말하도록 허용해야 한다. 이 장에서는 탐색, 내면에 초점 맞추기, 시적 감수성, 지금 여기에 주목하기 등 네 가지 주목방식 또는 '느리게 보기'를 살핀다.

증거에 가까이 다가가 끈질기게 관심을 기울이는 습관, 이따금씩 작고 사소해 보이는 파편적인 증거에 주목하는 습관은 다양한 예술과 기술에 숙달된 사람의 특성이며, 가장 전형적으로는 사냥꾼의 특성이다.

경험 많은 사냥꾼은 구부러진 잔가지, 깃털 하나, 마른 배설물 한 조각으로 어떤 동물인지, 몇 살인지, 건강상태는 어떤지 재구성할 수 있다. 이런 단편적인 정보가 그가 지닌 지식과 경험이라는 정신적 골조와 잘 어울리는 느긋한 상황에서는 특히 더 그렇다. 추적자를 재촉할 수는 없다. 찬찬히 살펴본 미세한 정보가 두뇌의 어떤 핵심, 어떤 진원지를 형성할 수 있기 때문이다. 그 진원지를 중심으로 온갖 연상과 함축의미가 천천히 합치고 뒤섞여, 풍부하고 일관성 있는 동물이나 통행로 형태로 나타난다. 이탈리아 역사학자 카를로 긴즈부르그의 에세이 「실마리」에 따르면, 땅바닥에 웅크리고 앉아 동물의 흔적을 연구하는 사냥꾼은 인류 지성의 역사에서 가장 오래된 행동을 하는 중이라고 볼 수 있다.[1] 온갖 종류의 이른바 전문 기술, 즉 무릎상태로 말의 질병 알아내기, 바람의 변화로 폭풍이 다가오는 것을 알아내기, 강물에 이는 거의 알아보기도 힘든 잔물결로 연어가 올라가는 것을 알아내기, 미간이 살짝 좁아지는 것만으로 상대방의 적의를 알아채기 등은 같은 종류의 일이다. 모두가 높은 지성의 행동으로서, 깊은 사색의 도움을 거의 받지 않고도 눈을 이용해 복합적인 과거의 지식체계를 현재에 연관시킨다.

이 과정에서 나타나는 지식은 말로 된 생각의 대상이 아니다. 지식은 말없이 전체 상황을 수집하는 감각 안으로 녹아든다. 전해져 내려오는 출처미상의 이야기를 들어보자. 어느 공장의 오래된 보일러가 고장이 나서 한 노인이 수리공으로 불려왔다. 그는 나직이 콧노래를 흥얼거리며 둘둘 감긴 파이프 사이로 이리저리 돌아다니다가, 이따금 밸브나 연결부위에 귀를 가져다대곤 했다. 그러다 공구가방에서 망치를 꺼내더니 잘 보이지도 않는 작은 모퉁이를 세게 내리쳤다. 그러자 보일러는 깊은 한숨을 내쉬고는 다시 털털거리며 가동되었다. 노인은 수리비로 300파운드를 청구했고, 공장주임은 가격이 지나치게 높다고 생각해서 항목을 상세히 적어달라고 요구했다. 청구서가 도착했고, 거기에는 다음과 같이 적혀 있었다.

망치질 값: 50페니

어디를 때릴지 알아낸 값: 299파운드 50페니

미국 상징주의 화가 제임스 휘슬러도 존 러스킨 재판*에서 비슷한 말을 했다. 판사가 겨우 몇 시간 걸려 작업한 '야상곡'에 어떻게 350파운드라는 거금을 요구할 수 있느냐고 묻자, 휘슬러는 그것은 그림 가격이 아니라 '평생에 걸친 지식'의 가격이라고 대답했다.

19세기 후반에 단서를 읽는 능력에 기댄 세 가지 직업이 등장했다. 미술품 감정, 범죄수사, 정신분석이다. 이탈리아 외과의사 출신 예술평론가 조반니 모렐리는 미술품의 전체적인 구도나 데생이 아니라, 귓불이나 손톱 같은 하찮은 세부묘사를 정밀하게 검사해 원본과 모조품을 구분하는 방법을 개발했다. 그는 대가와 복제화가가 모두 '방심하는' 하찮은 세부묘사야말로 기술의 차이가 가장 분명히 드러나는 지점이라고 주장했다. 자의식이 실린 정성스러운 글자보다 아무렇게나 휘갈긴 서명이 그러하듯이, 부주의하고 사소한 자리에서 개성이 드러난다는

---

* 영국 미술평론가 존 러스킨이 휘슬러의 '야상곡'을 혹평하면서 벌어진 법적 분쟁. 러스킨이 "어떤 어릿광대가 관객의 얼굴에 물감 한 병을 내던진 대가로 350파운드나 요구했다"라면서 악담하자 휘슬러는 명예훼손죄로 그를 고발했다. 휘슬러는 재판에서 승소했으나, 재판비용을 대느라 파산 지경에 빠졌다.

것이다. 다만 이를 알아볼 수 있는 눈에만 그렇다. 사냥꾼이 그랬듯 난외와 휘갈긴 글자에 의미가 깃들어 있음을 알아야 한다.

모렐리는 '과학'수사 발전에 직접적인 영향을 미쳤고, 과학수사는 프랑스 에밀 가보리오와 영국 아서 코난 도일 같은 당대 추리소설 작가에 의해 소설에 이용되었다. 가보리오는 주인공 르콕 탐정의 새로운 수사법과 늙은 경찰관 지브롤의 '낡아빠진 방식'을 대조해 보여주었다. 지브롤은 "겉으로 드러난 것에만 의지하고, 따라서 도무지 아무것도 보지 못하는" 사람이다.[2] 셜록 홈즈 시리즈 중 「소포 상자」는 '무고한 노처녀' 집에 잘린 귀 두 개가 들어있는 상자가 배달되면서 시작한다. 홈즈는 여기서 문자 그대로 '모렐리 짓을 한다.' 왓슨 박사는 이렇게 보고한다. "홈즈는 멈춰 섰고 나는 사방을 둘러보다가 그가 숙녀의 옆모습을 매우 유심히 바라보는 것을 보고 깜짝 놀랐다." 홈즈는 나중에 다음과 같이 설명한다.

> 왓슨, 인간의 귀만큼 그렇게 다양한 인체 부위는 없다네. ……그래서 나는 전문가의 눈길로 상자 속 귀를 자세히 살펴보고 그 해부학적 특성을 세심히 기억했지. 그런 다음 커싱 양을 바라보다가 그녀의 귀가 방금 내가 살펴본 상자 속 여성의 귀와 똑같이 생긴 것을 보고 얼마나 놀랐겠나. ……즉시 이 관찰의 엄청난 중요성을 알아챈 거지. 희생자가 같은 혈통에 속한다는 것, 그것도 매우 가까운 혈통이라는 증거였네.[3]

프로이트가 정신분석을 발전시킬 때, 코난 도일처럼 모렐리의 영향을 받았을 가능성이 크다. 실제로 프로이트가 셜록 홈즈 이야기에 빠졌다는 말을 '늑대인간'이라고 불리는 환자에게 했다는 기록이 있다. 그는 정신분석에 관련된 생각을 글로 발표하기 10년쯤 전에 모렐리의 기법에 깊은 관심을 가졌다. 1914년 「미켈란젤로의 모세상」에서 프로이트는 그 영향에 대해 쓰고 있다.

> 정신분석에 대해 말할 수 있는 위치에 서기 훨씬 전부터 나는 이반 레르몰리에프(모렐리의 가명)라는 러시아 국적의 예술 감정가가 그림의 전반적인 인상과 핵심적인 모습에서 다른 곳으로 주의를 돌려 원본과 모조품을 구분하는 방법을 보여주었다는 것을 알았다. ……그는 하찮은 세부묘사의 중요성을 강조했다. ……이런 작은 자리에서 각 예술가는 자신만의 방식으로 작업한다는 것이다. ……나는 그의 탐구방식이 정신분석 기술과 밀접한 연관성이 있다고 본다. 정신분석도 **생각지 못하거나 전혀 주목받지 못한 세부, 늘 그렇듯이 하찮은 것을 엄청나게 자세히 관찰하여 신적인 비밀과 감춰진 것을 향해 다가가는 일이다.**[4](강조는 필자)

이런 맥락에서 지난 200년 동안 의학적 진단법이 변화돼 온 과정을 살피는 것은 흥미로운 일이다. 오늘날 질병검사 및 확인과정에는 평생의 경험이 담긴 지식을 가지고 주의 깊게 관찰하는 한가한 방식이 없다. 현대 가정의는 자신이 마주한 장애의 특성과 어떤 객관적·과학적 검사를 처방하느냐에 대해 일련의 빠른 결정을 내린다. 오늘날 가정의는 너무 바쁘고 기술과 기술적인 사고방식에 깊이 매료되어서, 신중한 임상적 판단을 내릴 때 대체로 기계에서 뽑아낸 결과를 믿는다. 기계가 환자에 대한 '진짜 지식'을 우리에게 주는 데 반해, 가련한 의사는 그것을 보충하는 '소견'을 내놓는 것 이상의 일을 할 수 없게 된 것이다. 잘 훈련된 직관에 의존하는 것은 점점 더 '주관적'이고 위험하며 시대에 뒤떨어진 낡은 것처럼 보인다. 의학사가 스탠리 레이저는 이렇게 말한다.

> 무슨 일이 일어났는지도 모른 채 내과의사는 지난 200년 동안 주관적인 증거에 대한 불만족스러운 집착을 차츰 포기하고 ······기술적인 증거에만 헌신하게 되었다. ······이렇게 해서 의사는 질병에 대한 부분적 관점 하나를 또 다른 부분적 관점으로 바꾼 것이다. 진단기술을 더 많이 사용할수록 내과의사는 기계화면과 전문의들을 거쳐 자기 환자를 점점 더 간접적으로만 알게 되고, 진단과정을 통제하기를 점점 더 포기하게 된다. 이런 환경에서 의사는 환자와 **자기 자신의 판단**에서 점차 멀어지는 경향을 보인다.[5](강조는 필자)

의학의 역사 안에서 의사는 기술자보다는 추적자나 탐정과 더 비슷한 일을 해왔다. 심지어 오늘날에도 세심하게 공명하는 직관의 놀라운 사례가 여전히 나타난다. 그 중에서도 달라이라마의 주치의 예시 돈덴이 예일대학교 의과대학을 방문했던 때의 이야기는 널리 알려져 있다. 그는 병명을 모르는 한 여성 환자를 진찰해서 티베트의 전통 진단법을 그곳에 모인 회의적인 서구의사들에게 보여주었다. 예시 돈덴은 침대로 다가가면서 환자에게 아무 것도 묻지 않고 1분가량 그냥 자세히 살펴보기만 하더니, 이윽고 손을 잡고 맥을 짚었다. 내과의사 리처드 셸저도 그 자리에 있었다.

잠시 후에 그가 그 지점을 발견했다. 그리고 **다음 반시간 동안** 날개를 접은 이국적인 황금 새처럼 환자 위에 그대로 머물러 손가락으로 여자의 맥을 짚은 채 그녀의 손을 부드럽게 흔들었다. 이 남자의 모든 힘이 한 가지 목적 안으로 들어간 듯이 보였다. 그것은 맥을 짚는 촉진법이 제의祭儀의 경지로 올라선 일이었다. ……예시 돈덴의 손끝은 여자의 손목에서 전해오는 리듬과 고동을 통해 병든 환자의 몸의 소리를 듣고 있었다. 나는 갑자기 샘이 났다. 예시 돈덴이 지닌 아름답고 성스러운 재능이 아니라 그녀에게 샘이 났다. 나도 저렇게 누군가 내 손목을 잡고 촉진하며 몸의 소리를 들어주었으면 싶었다. 수많은 사람의 맥을 짚은 나는, 내가 이런 걸 단 한 번도 느껴본 적이 없다는 사실을 알고 있다.

마침내 예시 돈덴은 환자의 손을 내려놓았다. 그는 환자의 오줌 샘플이 담긴 작은 그릇을 한동안 뚫어져라 바라보고 세 번 깊이 그 냄새를 맡았다. 그리고 검사가 끝났다. 예시 돈덴은 아직 단 한 마디도 하지 않았다. 그의 진단은 내용이 무엇이든, 그가 환자 몸의 모습, 촉감, 냄새를 그토록 오래 주목한 것에만 근거했다. 회의실로 돌아와서 예시 돈덴은 통역자를 통해 이상하게 시적인 용어로 자신의 결론을 전했다. "태어나기 한참 전에 심장에 있는 방 사이로 바람이 들어와, 절대로 열어서는 안 되는 깊은 문을 열었다. 그래서 봄날에 높은 산 개울물이 폭포가 되어 흐르듯이, 그 문을 통해 환자 몸에 강물이 들어와 땅을 상하게 하고 느슨하게 만들어 환자의 숨에 홍수를 일으켰다." 그 다음으로 환자의 담당의가 자신의 진단을 내놓았다. "선천적 심장병: 심장 격벽隔璧 결함으로 인한 심장기능 부전." 예시 돈덴이 아주 운이 좋거나 미리 귀

띰을 받은 게 아니라면, 우리는 원래 회의적이던 셀저와 마찬가지로 그가 "몸의 소리에 귀를 기울인 것이고, 우리 모두는 그 소리에 대해 귀가 멀었다"라는 결론을 내릴 수 있을 것 같다. 오랜 시간 명상훈련을 통해 자신의 마음을 가라앉힌 예시 돈덴은 **아무생각 없이** 그냥 보고 듣고 느끼고 냄새 맡는다. 어떤 의미를 만들어내려 하지 않은 채, 자신의 모든 감각인상이 각각의 속도에 따라 말로 이루어지지 않은 드넓은 지식의 창고 가장 후미진 곳까지 스며들었다가, 전체의미를 이루는 이미지와 모습을 가지고 의식으로 돌아오게 하는 것이다.[6]

이런 방식의 탐색은 특정한 상황에서만 본래의 특성을 발휘한다. 뚜렷하게 표현될 수 있는 어떤 문제가 있어야 한다. 말(horse)이 지나간 지 얼마나 오래 되었나? 누가 폭탄을 쏘았나? 무엇이 열을 일으켰나? 하지만 답변은 그렇게 분명하지 않다. 이런 탐색은 '실마리'를 요구한다. 중요성은 물론 심지어 존재 여부조차 즉석에서 드러나지 않는 정보 조각이 필요하다. 그리고 타당성 있는 풍부한 정보의 데이터베이스, 말로 표현되기보다는 말로 되지 않은, 또는 경험적인 정보의 데이터베이스를 지닌 마음이 일을 한다. 이런 방식의 탐색은, 첫눈에는 그 의미가 무엇인지 모른 채 사소한 것에 한참동안 그대로 머물러 있는 특수한 마음의 모드를 요구한다. 그렇게 오래 머물러있기 때문에 뇌의 느린 활동의 잔물결이, 거기에 어떤 중요한 관련성이 있다면 그것을 찾아낼 수 있게 된다. 이렇게 끈질긴 되새김질을 하지 않고는 단서와 문제, 데이터베이스가 서로 협력하여 풍부한 결실을 내는 결합을 하지 않는다.

몸의 소리에 귀를 기울이라

성공적인 탐정은 경험의 작은 요소에서 의미를 찾아내기 위해 바깥 세상에서의 알아챔을 훈련한다. 주목하기에서 두 번째로 결실이 풍부한 방법은, 자기 몸의 미세한 활동과 암시에 집중하는 것이다. '몸의 소리를 듣는' 능력은 개인이 가진 온갖 수수께끼와 난제에 대한 통찰력을 얻는 데 매우 쓸모 있는데, 미국 심리학자 유진 젠들린은 이를 **초점 맞추기**(focusing)라고 이름 붙였다. 1960년대 시카고대학교에서 젠들린과 동료들은 대규모 연구 프로젝트를 진행했다. 심리치료사가 누구든, 무엇을 하든 상관없이, 어째서 심리치료를 받는 사람 중 몇몇은 치료효과가 좋은데 다른 사람은 그렇지 않은가를 알아내기 위해 고안된 연구였다. 수천 시간의 상담녹음을 분석한 끝에 젠들린은 마법의 요소를 찾아냈다. 이것은 처음 한두 번 만남에서 이미 알아낼 수 있으며, 환자가 효과를 얻을지 그렇지 못할지를 예견하게 하는 요소였다. 심리치료사의 학파나 기술과는 전혀 상관 없으며, 상담내용과도 상관이 없었다. 이것은 환자가 특정한 방식으로 자신의 경험을 대하는 자연스러운 성향에 따른 것이었다. 그들이 그런 태도를 보이면 효과가 있고, 그렇지 않으면 효과가 없었다.[7]

성과가 있는 환자는 이따금씩 불쑥 말을 멈추는 성향을 보이는 사람이었다. 그들은 신중하게 생각하고 분석하고 설명하고 이론화하기를 멈춘 채, 그냥 조용히 앉아서 아직 분명하게 표현할 수 없는 내면의 과정에 주의를 집중하고, 아직 적합한 낱말을 찾아내지 못한 무언가에 귀를 기울였다. 형태를 잡기에는 여전히 모호한 뭔가를 기다리는 듯이, 그것을 표현할 올바른 방법을 찾아 더듬더듬 헤매는 태도였다. 이런 말없는 수용의 시간은 약 30초 정도 지속되었다. 가끔은 훨씬 길기도 했다. 그러다가 말을 하게 되면 그들은 자기가 희미하게 알아챈 것이 목소리를 내게 만들려고 애쓰면서, 방금 나타난 자신의 이해가 새롭고 신선하고 시험적인 것이라는 듯이 말하는데, 그것은 전에 늘 나타나던 불만이나 죄의식 등 이미 닳아버린 반복과는 사뭇 달라진 내용이었다.

젠들린은 천천히 열매가 되어 나오는 이 희미한 그림자를 **의미 느낌**(felt sense)이라고 불렀다. 의미 느낌은 생각의 사슬이나 특별한 정서, 느낌의 경험과도 아주 달랐다. 그것은 내면의 바탕처럼 보였다. 충분한 시간과 미리 준비되지 않은 충분한 주목이 더해지면 이 바탕에서 여러 생각과 이미지, 느낌이 나타나는 듯싶었다. 많은 사람이 의미 느낌이 펼쳐지도록 기다려줄 능력이나 끈기가 없는 것 같았다. 대신 그들은 서둘러 답변을 찾으려고 애쓰면서 이런 진화과정을 앞지르고, 하나도 새로울 것 없는 문제의 서술을 만들어내는데, 그것은 발전이나 구원을 가져다주지 않는다.

젠들린은 의미 느낌이 머리가 아니라 몸의 가운데에서, 즉 목구멍과 위장의 중간 어디쯤에서 만들어진다는 것을 알아냈다. 여기서 알아챔은 **신체적인** 것이다. 의미 느낌이 만들어지고, 사람이 그 소리를 듣고, 어떤 구절이나 이미지 형태로 이것을 분명하게 붙잡으면, 그에 따라 신체적인 안도감이나 느긋함이 나타나는 것이다. 이는 마치 그 개인의 말로 표현되지 않은 어떤 부분, 고통에 빠진 어린이 같은 어떤 부분이 마침내 이해받았다고 느끼고는 안도의 한숨을 내쉬며 이렇게 화답하는 것 같다. "그래, 정말 그랬어. 마침내 이해를 했네. 고마워." 이런 '변화 느낌'이 생겨나면 꽉 막힌 것 같던 이전의 느낌이 풀어진다. 그리고 다시 참을성 있게 의미 느낌으로 되돌아가면, 사람들은 그것이 자기에게 무언가 이야기할 준비가 돼 있다는 사실을 안다. 조금 더 알아낼 수 있게 된 것이다.

초점 맞추기에서는 생각할 문제를 잡으면 스스로 "이 모든 것이 무엇에 관한 것인가?"를 묻고는 입을 **다문다**. 30초 정도 몸속의 알아챔을 붙잡으면 '그 모든 것'의 신체적인 느낌이 처음에는 분절되지 않은, 따라서 말로 표현할 수 없는 방식으로 만들어지기 시작한다. 껑충 뛰어 결론으로 도달하려는, 가능한 한 빨리 분명하고 설득력이 있는 이야기를 구성하려는 평소의 d-모드 성향이 뒤집어진다. '이건 분명 이런 거야'라는 확신을 달고 재빨리 나타나는 d-모드 답변은 무시된다.[8] 젠들린에 따르면, 제대로 하고 있는지 확신이 서지 않는다면 당신은 제대로 '초점을 맞추고' 있는 것이다. 거기 무엇이 있는지 당신이 아직 말하지 못하기 때문이다. "몸은 우리의 개념 전체보다 더 지혜롭다"라고 젠들린은 말한다. "몸은 그런 개념 전부를 합한 것이며 그 이상이기 때문이다. 몸은 우리가 느끼는 모든 환경까지 합친 것이다. 우리가 내면에서 의미 느낌이 나타나게 그대로 두면 이런 [통합적] 전체를 얻는다.[9]

이런 '앎의 방식'이 성공적인 심리치료에 주요한 활동요소라는 걸 미리 알지 못했기 때문에, 많은 치료사가 환자의 이런 능력을 길러야 한다는 것을 알지 못했다. 하지만 젠들린은, 누구든 그것을 알고 나면 직접 배울 수 있다고 말한다. 연습을 통해 익힐 수도 있고, 그렇게 해서 혜택을 받을 수도 있다. 사람들이 처음에 치료하려고 가져온 종류의 문제만이 아니라, 일상의 온갖 다양한 상황에서도 그렇다. 초점 맞추기를 처음 시작하면 이상한 느낌이 든다. 사람들이 가장 친숙해하는 앎의 방식과 전혀 다른 종류의 앎이기 때문이다. 엑스레이를 판독하는 법을 배우는 의학부 학생처럼, 거기 무엇이 있는지 '보고'이 낯설고 어슴푸레한 그림자 같은 주목의 대상을 붙잡기까지는 시간이 필요하다. 하지만 머지않아 시험적이고 탐험과 같은 초점 맞추기의 '느낌'을 놓치지 않고 분명히 알아볼 수 있게 된다. 내가 진행한 상담과정에서 초점을 맞춘 사람은 이렇게 말했다. "일종의 두려움이 느껴져요. 하지만 무엇에 대한 건지는 모르겠어요. 저 안에서 귀를 꼿꼿이 세우고 온통 경계하는 동물 같아요. ……뭔가가 오는 것 같고, 내 어떤 부분이 그것을 이미 붙잡아 그것을 위한 준비를 하고 있지만, 나는 아직 그게 뭔지 모르겠어요." 초점 맞추기의 특징은 아직 밝혀지지 않은 의미의 절박함에 관한 이런 느낌이다. 의미 느낌의 열매는 완전히 다듬어진 이야기라기보다는 어떤 이미지거나 뭔가를 환기시키는 구절이다. 앞서 인용한 것처럼 위험이나 모르는 어떤 것을 감지했지만 아직 그게 뭔지 모르는 놀란 동물의 이미지 같은 것이다. 여기서 나타나는 의미가 취하는 처음 형식은 분명하게 표현된 것이기보다는 시적이거나 상징적인 것이다.

초점 맞추기는 물론 새로운 발견은 아니다. 예를 들면 일본의 D. T. 스즈키가 『선禪과 일본 문화』에서 설명한 공부 개념과 매우 유사하다.

머리로 생각하는 것이 아니라 온몸이 함께 문제풀이에 동원되는 상태 ……
의문을 만들어내는 것은 지성이지만 그에 대답하는 것은 지성이 아니다.
……일본인들은 자주 '배에게 물어보라' 또는 '배로 생각하라' '배로 보고
듣기' 따위의 말을 한다. 내장 전체를 포함하는 배는 여기서 한 사람의 개
성의 총합을 상징한다. ……심리학적으로 말하자면 (공부는) 무의식에 저

장된 것을 꺼내다가, 어떤 의식의 간섭도 없이 독립적으로 일하게 하는 것이다. ……이것은 문자 그대로 어둠 속을 더듬는 일이며, 여기에는 그 어떤 명확한 지시도 없고, 우리는 완전히 미로 속에서 길을 잃었다고 말할 수 있을 것이다.[10]

젠들린의 의미 느낌은 고대 그리스의 튀모스(thymos, 심장, 의지)와도 관계가 있다. 신체의 중심부인 프레네스(phrenes, 허파, 횡경막, 배)에 자리 잡은 튀모스는, 한 사람에게 "행동의 노선을 충고하고 말을 그의 입에 넣어주는 신체부위다. 그 사람은 자신의 '심장'이나 '배'와 거의 남자 대 남자로 대화할 수 있다. 호메로스 작품의 사내에게 튀모스는 자아의 일부로 여겨지지 않는 경향이 있었다. 그것은 보통 독립적인 내면의 목소리다."[11] 다른 문화, 다른 시대에서 '배로 생각하기'는 일상적이고 매우 친숙한 앎의 방식이었던 것 같다. 사색은 빠르고 의식적이며 통제된 두뇌의 정보조작이라는 생각에 사로잡힌 오늘날 유럽의 d-모드 문화에서만 몸으로 생각하는 능력은 따로 분리해서 다시 포장하고 가르쳐야 할 새로운 기술 같은 것이 되었다.

아무것도 바라보지 않기

초점 맞추기에서 우리는 탐색처럼 미리 정해진 의제, 즉 해결하거나 밝혀내야 할 문제를 가진다. 그래서 세부사항에 그대로 머물러 있는 과정은 하나의 목적에 의해 경계가 정해진다. 활짝 열려 있고 끈기도 있지만, 그래도 여기에는 과정과 타당성을 검토하는 배경이 있다. 하지만 이

제 우리가 생각해보려 하는 세 번째 주목하기 방식인 **시적 감수성**에는, 우리의 의제를 다시 배치하거나 새로 만들어내는 능력이 있다. 어쩌면 전혀 기대하지 않은 영역에서, 또는 놀라운 방식으로 문제를 찾아내고 관심사를 드러내는 힘이다. 어떤 것을 찾거나 파악하려는 생각 없이 현재의 경험에 깊이 빠져듦으로써 우리는 더 다급한 일 때문에 옆으로 밀려났던 삶의 양상을, 아마도 더 친밀하고 덜 이기적인 앎과 바라봄의 방식을 다시 기억할 수 있게 된다. 바다를 바라보거나 구름 없는 하늘을 올려다보고, 골짜기에 울리는 염소 방울소리를 듣거나 루트비히 판 베토벤의 사중주를 듣고 있을 때, 우리는 일상의 임무 저편에 있는 무언가를 느낀다. 그동안 무시하고 지낸 우리 본성의 더욱 자연스럽고 단순한 것을 향한 쓰라리고 달콤한 향수, 일종의 모호한 아쉬움을 느낀다.[12]

시골에서 하루를 보내고 집으로 돌아오면서 사람은, 자신이 더 온전하고 더 균형 잡혀 있다는 걸 느낀다. 아무것도 이해하지 않았고 어떤 통찰이나 답변에 이른 것도 아니지만, 그래도 뭔가 변한 것처럼, 마치 치유력을 가진 중요한 무언가가 드러나지는 않았어도 가까워진 것만 같다. 특별한 기분상태에서는 일종의 지식이나 더 깊은 진리처럼 보이는 것을 슬며시 들여다보는 일도 가능하다. 그것을 가장 소중한 것으로 만들어주는 듯 보이는 특성을 잃어버리지 않고는 분명히 말로 표현되지 않는 어떤 것이다. 본질적으로 간접적이고 부수적인, 넌지시 암시하는 상징적인 종류의 지식이 있다. 그런 지식은 설명을 거부하는 방식으로 힌트를 주고, 감정을 불러일으키고, 건드리고, 움직인다. 또한 관념을 열성적으로 조작해서는 접근할 수 없고 특별한 것에 대한 느긋한 명상을 통해서만 접근할 수 있다.

현재에 흠뻑 빠져들어 자신을 잊을 때, 우리는 바로 그런 상태가 된다. 바로 자기 자신을 버리기다. 독일 언어학자이자 철학자 에른스트 카시러의 표현대로, 마음은 "현재의 경험에서 휴식을 얻는다. 현재를 느끼는 일은 아주 거대한 일이라 나머지 모든 것이 그 앞에 멈춘다. 마음이 이런 태도의 마법에 빠져든 사람에게 현재의 맥락은 그의 관심을 온전히 사로잡아 그것 말고는, 또는 그것과 떨어져서는 다른 무엇도 존재하지 않는다. 에고는 모든 에너지를 이 단일한 대상에 전부 쏟아 붓고 그 안에 살면서 그 안에서 스스로를 잊는다."[13] 자신의 근심과 관심사에서 한 발짝 물러나 순수한 현재의 일과 광경, 소리에 빠져드는 일을 영국 시인 존 키츠는 이렇게 표현했다.

허나 고요한 형식은 마치 영원이 그러듯이 우리를 생각에서
빼내나니…….

에고 또는 '자아'는 본질적으로 관심사의 네트워크다. 우리의 생존과 복지, 심지어는 그냥 편안함이라는 관심을 따르는 온갖 우선순위 세트다. 에고가 마음을 통제할 때면 우리는 명성과 지위, 옷차림, 지적 능력 등이 가장 중요한 일인 것처럼, 그리고 인기 없음, 무지 등 그 반대의 것이 끔찍한 위협인 것처럼 느끼고 생각한다. 하지만 우리가 현재에 빠져 있으면 조건이 붙은 이런 열망은 사라지고, 두려움이 가득 찬 노력은 평화로운 소속감이라는 신선한 느낌으로 바뀐다. 희망이나 두려움에 휘둘리지 않은 채 지각은 자유롭게 그냥 여기 있는 것에 몰두한다. 독일 작가 헤르만 헤세는 1917년 「영혼을 생각하기」에서 이렇게 썼다.

"욕망의 눈길은 더럽고 무질서하게 만든다. 오직 아무 것도 욕망하지 않을 때, 우리의 눈길이 순수한 명상이 될 때만 (아름다운) 사물의 영혼이 스스로 문을 열고 우리 앞에 나타난다."

이처럼 정열에 휘둘리지 않는 본성 때문에 더 친근한 앎의 방식은 의지의 노력으로 이루어지지 않는다. 그것은 스스로 불쑥 나타난다. 이 경험은 '매직아이'라는 3차원 형태를 바라보는 것과 비슷하다. 매직아이 이미지를 초점 높은 보통의 눈길로 열심히 바라보면서 '의미'를 찾아내려고 하면, 아무리 오래 봐도 그냥 롤러 형태의 매끈한 표면밖에 보이지 않는다. 수많은 세부 이미지는 보이지만 그것은 아무것도 만들지 않는다. 하지만 당신이 '거기 무엇이 있는지 보려고 하기'를 포기한 채 그 이미지를 **통해** 느슨한 눈길을 부드럽게 보내고, 한 동안 이런 이해할 수 없음의 상태에 끈질기게 머물러 있으면, 세세한 이미지가 풀어져 서로 얽히면서 새로운 종류의 이미지가 불쑥 나타난다. 이는 그림 속 '감추어진 깊이'를 드러내는 종류의 바라봄이다. 이런 드러남이 일어나는 순간이 분명히 있다. 이것은 강요할 수도, 위장할 수도 없으며 내장에 충격을 일으킨다. '농담'을 알아채자마자 웃음을 터트리는 것처럼, 미리 계획할 수 없는 신체적인 사건이다. 그러나 '생각하는' 사람은 농담을 '이해하는' 사람처럼 웃지 못한다.

시적 감수성을 명령할 수는 없어도 3D 이미지처럼 북돋을 수는 있다. 기다리는 능력, 즉 알지 못하는 것을 앞에 두고 그냥 바라보는 능력을 키워서 그것에 민감해질 수 있다. 키츠가 말한 "사실이나 이유를 알아내려고 성마르게 굴지 않고 불확실성과 신비, 의심 속에 그대로 있을 수 있을 때" 생기는 '부정적인 능력'을 키워서 그렇게 된다. 이런 방식의 기다림을 위해서는 일종의 내적 안정감이 있어야 한다. 명료함과 통제력을 잃어도 자아를 잃어버리는 게 아니라는 확신 말이다. 부정적인 능력에 대해서 키츠는, 어느 날 저녁 친구 찰스 딜크와 이야기를 한 다음 동생들에게 보낸 편지에 서술해 놓았다. 키츠에 따르면 찰스 딜크는 "모든 것에 대해 마음을 정하지 않으면 개인적인 정체성을 느끼지 못하는" 사람이다. 또한 "늘 진리에 도달하려 노력하기 때문에 살아있는 한 절대 진리에 도달할 수 없는" 사람이다.[14]

문화와 교육이 d-모드의 지배를 받는 바람에 온 사회가 찰스 딜크로만 이루어진 것 같다. 덕분에 사람들은 선천적인 인지적·미적 권리의 일부인 앎의 방식에서 멀어졌다. 아이는 분명히 어른보다 이런 시적 감수성에 더 가까워질 준비가 되어 있다. 어린 아이는 적어도 한 가지 면에서는 앎의 방식에서 매우 '시적'이라는 것이 밝혀졌는데, 큰 아이나 어른보다 훨씬 더 잘 은유를 만들어 사용한다는 점이다. 미국 심리학자 하워드 가드너와 엘렌 위너는 서너 살짜리 아이들이 일고여덟 살짜리들보다 상황에 따른 은유를 훨씬 적합하게 만들어낸다는 것, 모든 어린이는 대학생보다 불쑥불쑥 은유를 더 잘 만들고 더 유창하게 사용한다는 사실을 발견했다.[15] 워즈워스는 「불멸 찬가」에서 어린 시절의 앎의 방식을 잃어버린 것을 탄식한다.

들판, 작은 숲, 개울, 땅과
모든 평범한 것이
하늘의 빛을 입고,
꿈의 영광과 신선함을 입고

내게 나타나던 시절이 있었지,

이제 더는 그 옛날 같지 않아,

내가 어디를 향하든

낮이나 밤이나

이젠 그 옛날 보던 것을 더는 보지 못하네.

다음과 같은 논쟁을 만들어낸 것은 아마도 '지금 여기'에 빠져드는 어린이의 능력일 것이다.

"어서 와!" 하고 간호사가 여덟 살짜리 펠리시테 드 라 메네에게 말했다. "파도를 볼만큼 보지 않았니. 다른 사람은 모두 떠났어." 대답은 이랬다. "ils regardent ce que je regarde, mais ils ne voient pas ce je vois(그들은 내가 본다는 것만 보았지, 내가 보는 걸 본 게 아니야)." 이건 허풍이 아니라 그냥 조금 더 있게 해달라는 간청이었다.[16]

보통, 성년이 될 무렵에 잃어버리기는 해도 이렇게 빠져드는 기술을 이따금 되찾는 수가 있다. 우리는 자신이 조용히 사물에 빠져드는 것을 허용하고, 그냥 기다리며 바라보기 같은 꼭 필요한 수용의 태도를 기를 수 있다. 『예술과 시에 있어서의 창조적 직관』을 쓴 프랑스 철학자 자크 마리탱이 '시적인 직관'에 대해 말한 것처럼 말이다.

그것은 스스로를 향상시킬 수 없으며 그냥 경청되기를 요구할 뿐이다. 하지만 시인은 장애물과 소음을 제거하여 그것에 빠져들거나 이용할 준비를 더 잘한다. 그것을 이끌고 보호할 줄 알며, 따라서 자기 안에서 그 강인함과 순수함을 발전시킬 수 있다. 시인은 절대로 그것에 등 돌리지 않음으로써 자신을 가르칠 수 있다.[17]

많은 작가와 예술가가 끈질긴 몰입에서 나타나는 앎의 특질에 대해 말했다. 체코 작가 프란츠 카프카는 「반성」에서 이렇게 말한다. "당신은 방을 떠날 필요도 없다. 책상 앞에 앉아 귀를 기울이기만 하면 된다. 듣지도 말고 그냥 기다려라. 기다리지도 말고 그냥 조용히 고독하게 있어라. 그러면 세상은 가면을 쓰지 않고 스스로 당신 앞에 모습을 드러낸다. 세상은 별 도리 없이, 무아지경에 빠져서 당신의 발치로 굴러온다."[18] 영국 작가 T. S. 엘리엇은 「이스트 코커」에서 우리에게 "조용히 하고 희망 없이 기다려라/희망은 잘못된 것들을 향한 희망일 뿐이니"라고 명령한다.[19] 하이데거는 『생각에 대하여』에서 이를 매우 명료하게 표현한다.

우리는 기다릴 때 보통 우리의 관심을 끌거나, 우리가 원하는 것을 가져다줄 그 무엇을 기다린다. 이런 인간적인 방식으로 기다릴 때면 기다림은 우리의 욕망과 목표, 욕구를 포함한다. 하지만 기다림은 그렇게까지 정밀하게 우리 본성의 색깔을 띨 필요가 없다. 무엇을 기다리는지 모르는 채로 기다린다는 의미도 있다. 이런 의미에서 우리는 그 무엇도, 그러니까 주관적인 인간의 용어로 파악되고 표현되는 그 무엇도 기다리지 않는 채로 기다릴 수 있다. 이런 의미에서 우리는 그냥 기다리고, 여기서 기다림은 (우리를) 넘어서는 타당성을 얻게 된다.[20]

릴케는 『젊은 시인에게 보내는 편지』에서 시인 지망생에게 이렇게
충고한다.

자연을 잡고, 자연 속에 있는 단순성을 잡고, 한 사람이 보기 힘든 작은 디
테일을, 뜻밖에도 자라나 거대하고 끝없는 것이 될 수도 있는 작은 디테일
을 붙잡는다면. 또한 남에게 봉사하는 사람처럼 중요하지 않은 것에 대한
사랑을 지닌 채 빈약해 보이는 확신을 얻으려고 애쓴다면, 당신에게 모든
것이 훨씬 더 쉬워지고 더 뚜렷해지고 그 모든 것이 어딘지 당신을 다독여
줄 것이다. 이해력이라는 점에서는 아니다. 이해력은 뒤처지겠지만, 당신의
가장 깊은 내면의 의식, 깨어남과 앎을 위해서 그렇다.[21]

누구나 시적인 감수성을 얻을 수 있다. 그것은 특별한 시인, '시'라
고 불리는 언어 형식을 신중하게 만들어내는 사람의 전유물이 아니다.
시인이 된다는 것은 '시적으로' 바라보기 위해 꼭 필요한 일이다. 필요
하기는 하지만 충분한 것은 아니다. 덧붙여 시인은 시의 독자를 시인의
세계로 초대하는 것이 아니라, 처음에 이 시를 생겨나게 한 것과 같은
느린 시적인 앎으로 초대하는 방식으로 언어를 사용할 수 있어야 한다.
모든 사물을 즉시 우리의 이해관계와 연결시키지 않고 애초의 고유한
모습 그대로 바라보면, 우리는 의도와 욕망의 경계 밖에 있는 세계의
양상을 밝혀 보이는 감각과 앎, 배움의 상태에 있게 된다. 실제로 우리
의 관심을 보통 때는 감춰져 있는 더 넓은 맥락으로 옮기면, 세계는 우
리에게 자기의 지식을 줄 수 있다. 시가 우리를 빨아들이도록 허용하면,
우리는 무엇이든 개념화하여 자기와 연관시키곤 하는 일상의 습관보다

더 상위의 지각 방식으로 이끌려들어 간다. 세계를 다르게 알게 되면서 우리는 동시에 우리 자신을 다르게 알게 된다. 이렇게 보면 시는 독자에게 특별한 종류의 감수성을 불러일으키는 장치다. 폴 발레리의 용어를 빌자면 시는 "낱말을 수단으로 시적인 마음상태를 만들어내는 일종의 기계"다.

시인은 동시에 두 가지 일을 해서 그 효과를 얻는다. 그들은 우리의 관심과 참여와 동일시를 불러일으키는 그림을 그린다. 우리의 습관적인 해석을 방해하는 언어로 그렇게 한다. 우리는 시인의 말을 전체적으로 모독하지 않고는 우리 자신의 범주와 관심사의 체계를 통해 시를 바라볼 수 없다. 따라서 우리는 새롭고 이상한 무언가가 만들어진 곳에 움직임 없이 잠시 그대로 떠있게 된다. 캐나다 시인이자 학자 조지 월리는, 학교에서 시를 '가르치는' 일에 대해 쓴 글에서 시를 '체험할' 필요가 있다고 강조한다. 그에 따르면 이것은 "마치 시가 정신적 추상화가 아니고, 지각 모드로 기능해 보라고 우리를 초대함으로써 직접적인 감각으로 파악하도록 고안된 것처럼 거기 주목하는" 일이다.[22] 특히 젊은이들이 시를 해석과 설명이 필요한 것으로 여긴다면, 그러니까 확장된 십자 낱말풀이 퀴즈처럼 답을 찾아야 할 일종의 정신적인 문제처럼 여긴다면, 핵심을 놓치는 일이다. 시를 읽는다는 것은 '지각 모드로 인지활동을 붙잡는' 연습을 하는 것이다. 의미를 **찾아내는** 것이 아니라 자신을 시 속에 담고 의미가 스스로 나타나게 해야 한다. 시가 자체의 생명과 완전성을 지니기라도 한 것처럼 존중하는 마음으로 다루지 않는다면, 결국 시를 실제 삶에 대한 설득력 있는 대리로 만들어버리는 것으로 끝난다. 우리를 덜 당혹케 하는 이런 시는, 우리를 원래의 행동과 이해방식으로 되돌려 보낼 것이다.

지적으로 파악된 시는 일정한 두뇌 만족감을 만들어낸다. 하지만 진짜로 체험한 시는 겉으로 드러나지는 않아도 중요한 신체적 전율을 만들어낸다. 단순히 정신적 반응이 아니라 내장의 반응, 미적인 반응이다. 초점 맞추기 과정에서 그랬던 것처럼 몸은 정신이 이해하지 못하는 무언가를 느낀다. 하우스먼은 시의 신체적 특성을 힘 있는 유머로 서술한다.

나에게 시는 지성보다는 신체적인 것으로 생각된다. 한두 해 전에 미국에서 다른 것과 함께 시를 정의해달라는 요청을 받았다. 나는 테리어 종 개가 쥐를 정의하는 것보다 더 잘 시를 정의할 수는 없다고 대답했다. 하지만 내 생각에 개나 나는 모두 상대가 우리에게 불러일으키는 신체적 증상으로 상대방을 알 수 있다. 경험이 내게 가르쳐 준 바에 따르면 이렇다. 내 생각을 계속 주시하면서 아침에 면도를 하는데 마침 한 행이 내 기억에 슬그머니 나타나면, 피부가 벌떡 일어서는 바람에 면도칼이 동작을 멈추게 된다. 이런 특별한 증세에는 등골이 오싹하는 느낌도 수반된다. 목이 꽉 막히는 또 다른 징후도 나타나면서 눈물이 고인다. 세 번째 증세도 있는데 이것은 키츠의 마지막 편지에서 인용해야만 표현할 수 있을 것 같다. 그는 연인 패니 브론에 대해 이렇게 말했다. "그녀를 떠올리는 것은 무엇이든 내 몸을 창처럼 뚫고 지나간다."[23]

이탈리아 철학자 베네데토 크로체는 『미학』에서, 직관의 핵심을 아름다움이라는 말로 설명하려고 했다.[24] 크로체에게 아름다움은 대상이나 자연의 자산이 아니라 직관적 반응의 자산이다. 그림과 조각품, 춤을 바라보는 사람이나 시의 독자에게 미적인 반응은, 각 대상이 성공적으로 이끌어낸 특정한 방식의 바라봄, 또는 앎에 대한 느낌 선언이다. 그 어떤 범주로 나누거나 꼬리표를 붙이지 않고, 있는 그대로 바라보는 대상은 아름답다. 우리는 이 고유한 다의성과 꿰뚫어볼 수 없음을 알아보고, 견디고, 즐기고, 그 가치를 인정하는 법을 배워야 한다. 영국 시인 루이 맥니스의 표현을 빌자면 "물건이 여러 방식으로 있는 것에 취함"이다.[25] 시적 감수성과 직관은 일상의 언어보다 더 풍부하고 풍성하고 섬세하다. 언어표현을 거부하는 앎의 형식이 있다. 인상이 잘리지 않으며, 진동하는 전체로서 말하고 함께 공명한다. 이런 방식의 앎에서 아름다움과 진리, 말로 표현할 수 없음은 서로 합쳐진다. 예를 들어 아르헨티나 작가 호르헤 루이스 보르헤스는 마음의 시적인 모드를 자연스럽게 '끌어당기는 것'을 암시하면서 이렇게 말한다.

> 음악, 행복의 상태, 신화, 시간에 두들겨 맞은 얼굴, 어떤 어스름과 장소들은 우리에게 무언가 말하려고 한다. 아니면 이미 말을 했는데 우리가 그 말을 놓쳤거나, 지금 막 무언가를 말하려 하고 있다. **일어나지 않은 이런 드러냄의 절박함이 어쩌면 미적인 현상일 것이다.**[26](강조는 필자)

시적인 앎의 방식이 비록 정련된 것일지라도 그것이 일상적인 이성을 항구적으로 대체하기를 바라서는 안 된다. 그것은 마음의 여러 상태 가운데 하나로 남아야 한다. 시적인 상태에 완전히 사로잡히는 것은 d-모드에 사로잡히는 것만큼이나 끔찍한 일이 될 수 있다. 미국 신경학자 올리버 색스는 『아내를 모자로 착각한 남자』에서 정확히 이런 상태에 빠진 환자 이야기를 들려준다. 19살 레베카는 길도 못 찾고 열쇠로 자신 있게 문을 열 수도 없으며, 이따금 옷을 뒤집어 입기도 했다. 반듯한 문장과 지시문을 이해하는 데 어려움을 겪었고, 가장 단순한 계산도 제대로 하지 못했다. 하지만 그녀는 이야기, 그 중에서도 특히 시를 좋아했는데, 매우 복잡한 시에 나오는 은유와 상징을 따라가는 일은 별로 어려워하지 않았다. "감정의 언어, 구체적인 것의 언어, 이미지와 상징의 언어는 그녀가 좋아하는 세계였으며, 그녀는 상당한 수준까지 그 안으로 들어갈 수 있었다." 레베카는 일반적인 신경 테스트에서 형편없는 수준을 보였으며, 특히 전체로서의 인간을 해체해 여러 '능력'으로 나누는 테스트는 더 형편없었다. 바로 이 때문에 이런 테스트는 "진짜 세계를 지각하는 그녀의 능력"에 대해 전혀 암시조차 하지 못했다. "자연세계와 상상력의 세계를 맥락이 있는, 이해할 수 있는 시적인 전체로 지각하는" 능력 말이다. 의식적이고 신중한 지성의 영역에서 레베카는 심각한 장애를 겪었다. 그러나 개념 이전의 세계, 숙고 이전의 세계에서 그녀는 건강하고 행복하며 유능했다.

처음에 색스는 레베카에게 생활에 쓰이는 기본적인 '기술'을 향상시키려고 수업에 참가하라고 권했다. 그러나 그런 수업은 불가피하게 그녀를 부분으로 나누기 때문에 아무 소용이 없었다. 레베카에 따르면 "그런 건 나에게 아무 것도 아니에요. 나를 통합해주지 못하죠. ……나는 살아있는 카펫 같아요. 나는 저 카펫에 있는 것 같은 패턴과 디자인이 필요해요. 디자인이 없으면 나는 나뉘어서 풀리죠." 그리고 정말로 어쩌다가 자신의 전부를 참여시키는 활동에 빠져들자 그녀는 전혀 다른 사람이 되었다. 레베카는 '치료학습실'에서 극장연습실로 옮겼고, 그 일을 사랑하면서 꽃피어났다. 그녀는 차분하고 완전해졌으며, 자신이 맡은 역할을 안정적으로, 감수성과 스타일 있게 연기했다. 색스는 이 이 야기를 이렇게 마무리한다. "이제 누군가 무대 위에 선 레베카를 본다 면 그녀가 정신적 결함이 있었다고는 절대 짐작도 못할 것이다." 추상 의 세계에서 부분으로 나뉘어 갈피를 잡지 못하던 레베카는 이제 유능 하고 완전해졌다.

지금, 여기에 온전히 머물기

지각이 줄어들면 두 가지 위험이 초래된다. 내면세계와 외부세계에 서 풍부한 정보를 지닌, 영감을 주는 양상을 보지 못하는 것만이 아니 다. 우리는 함부로 지각을 뒤섞어 정당하지도 않고 필요도 없는 억측 과 신념을 만들 수 있다. 그렇게 해서 마지막에 의식에 나타나는 것은 빈곤하고 멋대로 고친, 심지어 뒤엉킨 것이 될 수도 있다. 서두르는 마 음은 제가 보고 싶은 것이나 늘 보던 것을 보는 경향이 있다. 내 이름 (Guy)이 일으키는 문제 하나는, 나를 부르지 않는 부름에 내가 늘 반응 하곤 한다는 것이다. 사람 많은 거리에서 누군가가 '하이(hi)!' 또는 '바 이(bye)!' 하고 외치면 어느 새 나는 고개를 그쪽으로 돌린다. 그런 다음 에야 내 실수를 깨닫곤 한다. 이런 방식으로 결론에 뛰어드는 것은 도 박이다. 언제라도 내 이름을 인식할 수 있도록 의식을 대기상태에 놓아 둔 덕분에 나는 재빨리 반응할 수 있지만, 동시에 수많은 '잘못된 단정' 의 오류에 빠진다. 늘 일어나는 일이 방금도 일어났다고 추정함으로써 나는 처리시간을 절약하지만, 일반적이지 않은 상황을 잘못 진단하는 대가를 치러야 한다. 이제 말할 네 번째 주목하기 방식은 자신만의 지각적 추측을 통해 바라보는 방식, 곧 지금 여기에 주목하기다.

지각된 세계가 얼마나 우리의 선입견을 반영한 것인지, 따라서 이후의 생각과 느낌, 반응이 얼마나 이런 추측에 동화되는지 얕잡아보기 쉽다. 무슨 일이 일어나는지 알아내려면 노력이 필요한데, 우리의 신념이 이미 감각기관에 녹아들어 있기 때문이다. 침을 예로 들어보자. 잠시 입속의 침에 집중해보라. 침을 조금 모아 입 안에 굴려보라. 침이 혀를 매끄럽게 만들어 치아 위로 쉽게 미끄러지게 한다. 이제 깨끗한 컵에 침을 뱉었다가 다시 마셔보라. 그리고 그에 대한 당신의 지각과 태도가 어떤지 보라. 똑같은 물질이 기적처럼 변했다. '깨끗하고 자연스러운' 것이 몸 밖에 나가자 곧바로 '더럽고 입맛 떨어뜨리는' 것이 된 것이다. 그러나 침은 변하지 않았다. 그에 대한 해석이 변했을 뿐이다.

20세기 실험심리학의 주요한 공헌은, 심리학자들이 '이론 적재성(theory-ladenness)'이라고 부르는 논거를 계속해서 새로이 이야기하고 보여주었다는 점이다(역사를 통해 시인의 기능이, 세계가 우리 생각보다 더욱 '다양하고' 새로운 해석에 열려있으며, 더욱 잴 수 없는 것임을 계속해서 보여주는 일이었던 것과 같다). 시각적 착각에 대한 상당수 실험이 이를 분명하게 보여준다. 예를 들어 오른쪽 카니자 형태*에서 우리는 '실재'하지 않는 형태를 본다. 이 형태가 있다고 우리 마음을 설득할 수 있기 때문이

---

* 이탈리아 심리학자 게타노 카니자가 만든 것으로, '카니자 삼각형'이라고도 한다. 그림 12 오른쪽에서 우리는 흰 삼각형을 보지만, 실제로 삼각형은 존재하지 않는다(왼쪽은 별 모양). 이로써 카니자는 우리가 세상을 인식할 때 상상력이 자동으로 작동하고, 그 상상이 현실에 영향을 미친다는 사실을 증명한다.

다.[28] 우리는 각 부분이 바로 앞에 있는 다른 대상에 의해 막힌 '전체'를 보는 데 익숙하다. 그래서 이런 기대가 우리를 이끌어, 환각을 동원해서라도 형태를 만들어내는 게 '의미가 있다면' 눈에 보이는 테두리를 일부러 만들어내고, 깊이와 빛의 명암이라는 인상까지 덧붙여 우리의 해석을 더욱 확실한 것으로 만든다. 이렇게 현실을 멋대로 뜯어고치는 것은, 의식적인 의도나 통제보다 훨씬 아래에 있는 마음 차원에서 늘 일어나는 일이다.

그림 12. 착각을 만들어내는 모양과 윤곽, 게타노 카니자(1979)

'고령(old age)'이라는 개념이 이보다 덜 양식화된 예를 보여준다. '늙음'은 생명체에 일어나는 현상이다. 하지만 '늙음'을 어떻게 대하느냐 하는 것은, 그것이 어떤 모습이며, 무슨 의미인가에 대한 (대체로 무의식적인) 이미지에 달려있다. 그리고 이것이 거꾸로 수많은 문화적·개인적 경험을 반영한다. 엘렌 랑어와 동료들은 나이든 사람에게서 그들이 겪은 대리체험이 만들어낸 영향을 조사했다. 어린 시절에 늙음에 대해 얻은 대리체험이었다. 랑어와 동료들은 아이가 무의식적으로 조부모에게서 늙음의 이미지를 얻고, 그 이미지는 그들이 늙었을 때 다시 되풀이될 것이라고 생각했다. 특히 조부모를 처음 만난 시점이 어릴수록 아이가 무의식적으로 흡수한 늙은 나이라는 이미지가 더욱 '젊을' 것이고, 따라서 자신의 늙음에 더욱 긍정적인 태도를 보일 것이라고 추측했다.

이 생각을 검토하고자 그들은 보스턴 근교 양로원 거주자를 인터뷰했다. 어린 시절에 조부모 중 누군가와 함께 살았는지, 만일 그렇다면 조부모가 처음으로 이사 왔을 때 몇 살이었는지를 알아보았다. 인터뷰는 연구내용을 전혀 모르는 간호사가 독립적으로 진행했는데, 그 결과 걸음마를 배우던 시절에 조부모와 함께 산 사람은 십대 때 처음으로 조부모와 함께 산 사람보다 더 민첩하고 활동적이고 독립적이었다. 이에 대해 좀더 정밀하게 해석할 필요가 있지만, 그래도 많은 사람에게 나이는 어린 시절에 얻은 늙음에 대한 추정과 신념에 상당히 직접적으로 연관된 것처럼 보인다.[29]

사람이 자신의 경험에 뒤섞어 넣는 무의식적 추측은 바꾸기 매우 어려운 편이지만, 가끔은 그냥 몇 마디 권고만으로 바뀌기도 한다. 특히 권위적인 인물이 이런 권고를 할 때 그렇다. 예를 들면, 의사가 정상적인 의식을 가진 사람에게 통증에 대한 생각을 바꾸라고 말하는 것만으로 통증경험이 극적으로 바뀔 수 있다. 가벼운 전기충격 통증을 감당하기로 한 일단의 지원자에게 이 충격을 '새로운 생리적 감각'으로 여기라고 말하자, 지원자들은 그런 지침을 받지 못한 사람보다 덜 두려움을 느끼고 맥박수도 더 적었다.[30] 큰 수술을 앞둔 입원환자들을 대상으로 한 또 다른 연구는, 해석에 따라 통증에 대한 사람들의 태도가 얼마나 달라지는지 알려주었다. 수술 전 의사는 환자에게, 축구시합 중에 타박상을 입거나 친구를 위해 바쁘게 요리하다 손가락을 베었을 때는, 다른 때 다친 것보다 덜 아팠던 기억을 떠올려보게 했다. 그리고 이에 빗대어 입원과 수술은 그리 위협적인 게 아니라는 새로운 해석을 들려주었다. 이런 훈련을 받은 환자는 그렇지 못한 다른 그룹 환자보다 수술 뒤에 진통제와 진정제를 덜 사용하고, 더 일찍 퇴원하는 경향을 보였다.

이런 실험은 랑어가 말하는 '너무 빠른 인지실행'에서 다른 사람이 우리를 구해줄 수도 있음을 보여준다. 그러니까 우리가 지각에 뒤섞어 넣은 억측을 깨닫고, 상황을 다르게 해석하는 방식을 생각해보도록 도와주는 것 말이다. 삶의 상황이 아니라 상황에 대한 인식을 바꾸도록 돕는 것은 '틀 새로 짜기(reframing)'라고 불리는 널리 시행되는 치료법이다. 예를 들어 스코틀랜드 정신의학자 로널드 렝은, 불면증에 시달리는 남자에게 잠들지 못하고 깨어있는 시간을 혜택으로 여기도록 도왔다. "저 바깥에서 '잠'에 취해 어쩔 수 없이 매일 여덟아홉 시간을 아무 것도 못한 채 보내며 고생하는 사람을 생각해보시오." 우리가 마주한 '문제'가 우리의 무의식적 첨가물로 만들어진 것이라면, 아무리 많이 좋은 생각을 하고 성실하게 노력해도 해결책을 가져오지 못한다. 이렇게 뒤틀린 생각은 근원적인 잘못을 더욱 키울 뿐이다. 이런 덫에서 빠져나오는 유일한 방법은 자신이 만들어낸 해석을 정확히 꿰뚫어보는 것뿐이다. 즉 그것이 해석이었음을 깨닫는 것이다. 그런 자각, 또는 '지금 여기에 주목하기(Mindfulness)'를 통해서만 해로운 믿음에서 벗어날 수 있다.

지금 여기에 주목하기는 자신의 경험을 조심스럽게 관찰해 부주의하게 끼어든 잘못된 개념화를 알아내는 일을 포함한다. 이러한 특질을 키우는 몇 가지 방법이 있다. 이런 방법은 모두 처음 나타나는 해석을 붙잡고 결정 및 활동방향으로 돌진해 들어가기보다는, 정신활동의 돌진을 늦추고 의식적으로 감각 세계에 초점을 맞추는 과정을 포함한다. '지금 여기에 주목하기'는 예를 들면 세속적인 명상법처럼 직접 가르칠 수도 있는데, 매사추세츠대학교 건강 센터에서 '스트레스 줄이기' 프로그램을 진행하는 존 카밧-진은 다음과 같이 말한다.

이 상태의 핵심은 완전히 지금 현재에 '있는' 것이다. 이 순간에 대한 어떤 판단이나 평가 없이, 과거의 기억을 되돌아보지 않고, 두려움에 차서 미래를 미리 기대하지도 않고, '문제를 해결'하려는 시도나 그밖에 현재상황의 어떤 불쾌한 양상을 피하려는 시도 없이 그대로 있기. 이런 상태에서 우리는 지금 순간에 대한 산만한 생각에 빠지지 않고, 어떻게든 그것을 바꾸려고 하거나 어딘가 다른 곳, 다른 시간을 향한 산만한 생각의 상태로 흘러가지 않은 채, 지금 순간의 '있는 그대로의' 현실을 깨닫고 거기에 집중하게 된다. ……지금 여기 있는 상태는 본질적으로 현재 경험하는 것, 그 함축의 미, 확대된 의미, 혹은 그와 연관된 행동의 필요성 등에 **대한** 생각이 없는 상태다. 그보다는 현재 상황을 직접 즉석에서 경험하는 것이다.[31]

지금 여기에 주목하기 훈련이 온갖 종류의 고민과 질병을 지닌 사람에게 도움이 된다는 뚜렷한 증거가 있다. 카밧-진의 프로그램은 통증과 화나는 조건을 가진 수많은 사람에게, 그 상황이 만들어내는 부차적인 두려움과 공포를 줄여줄 수 있었다. 심지어 통증도 이런 주목하기의 태도를 통해 완화될 수 있다.

지금 여기에 주목하기의 실질적 가치를 특히 잘 보여주는 예는 케임브리지대학교 임상심리학자 존 티즈데일이 보여준 것으로, 그는 만성우울증을 앓는 사람들의 재발을 막는 방법을 연구했다.[32] 복잡한 이야기를 간단히 줄이자면 이렇다. 여러 종류의 우울증에서 사람들은 화나는 일이나 느낌으로 고통 받지만, 그 느낌을 최선을 다해 직접 다루지 않고 옆으로 슬쩍 비켜나면서 부정적인 생각 세트를 가동시키는데, 이것은 곧바로 비관적 생각과 기억, 느낌, 해석이라는 아랫방향 나선형을 그리며 움직이기 시작한다. 이런 과정이 한 번 자리 잡으면 사람들은 세상과 자신을 점점 더 비판적인 눈길로 바라보게 된다. 덕분에 그들은 자신의 부족함이나 가능성 없음을 확인해주고 악화시키는 경험에만 집중하게 될 가능성이 더욱 커진다. 긍정적이거나 용기를 북돋는 일을 기억하고 바라보는 것조차 불가능하게 된다. 이때 의식적인 마음은 '이룰 수도 포기할 수도 없는 개인적 목표'에 사로잡힐 수 있다.

티즈데일은 이런 악순환을 중단하는 방법은 불만이나 불확실성의 경험을 막는 것이 아니라고 주장한다. 그것은 실질적인 대응책이 아니다. 화나게 만드는 것은 언제나 있다. 여기서 해결책은 오히려 사람들에게 생각하기와 주목하기라는 새로운 습관을 연습하게 하는 것이다. 이 새로운 습관은 자기 파괴적 패턴이 더는 마음의 통제력을 얻지 못하게 한다. 지금 여기에 주목하기는 당신이 성큼 결론으로 뛰어들고, 이런 결론을 견고하고 참된 것인 양 계속 마음에 지니는 것을 막아준다. 그것은 첫째, 당신이 '그냥 사실'에 더 가까이 있게 한다. 그래서 두더지가 파놓은 흙더미를 부풀려 거대한 산으로 만들지 않고 그냥 두더지가 파놓은 흙더미로 여기도록 한다. 둘째, 당신은 마음의 움직임에 더욱 주목하면서 이를 대하는 태도를 새로 배우게 된다. 의식에 나타난 결론을 보고 그것이 '진짜 내 모습'이라고 여기며 절망하지 않고, 그냥 '마음이 만들어낸 생각'이라고 여기게 된다. 당신은 그것이 '마음 상태'라고, '의식의 영역에서 일어난 사건'이라고 여길 뿐 '현실의 반영'이라고 해석하지 않는다. 부정적인 해석과 결론이 부글부글 끓어올라도 '지금 여기에 주목하기'는 당신이 그 미끼를 거절하고 그것이 타당한지 물어보게 한다. 나를 지켜줄 사람이 더는 '내'가 아니다. 지금 수상쩍어 보이는 것은 내 의식의 내용이다. 주객이 전도된 것이다.

존 티즈데일이 우울증 환자를 연구하고 내린 결론은, 어쩌면 더 많은 사람에게 '경종을 울릴지' 모른다.

우울증의 재발은 흔히 재발초기 쉬운 단계에서 환자가 적절한 치료와 대처를 하지 않아서 나타나는 것으로 보인다. 이 단계에서 우울증 통제는 상대적으로 성과를 얻기가 쉽다. 환자가 이 문제를 인식하거나 인정하는 것을 재발과정 후기 단계까지 미루어놓는 수가 있는데, 그렇게 되면 완전히 만개한 우울증 증세는 훨씬 다루기 힘들어진다. 지금 여기에 주목하기 훈련은 ……앞으로 나타날 수도 있는 어려움을 외면하기보다는 그런 난관을 '바라보는' 것으로 ……이 경우 증세를 탐색하기가 더 쉽고 ……따라서 가장 효과적인 시기에 치료행위를 할 가능성을 더욱 높인다.

약리적 접근이 우울증을 개선하는 데 매우 중요한 역할을 하지만,

그래도 여러 연구는 티즈데일과 카밧-진의 접근법이 항우울제 처방만큼이나 효과적이라는 사실을 보여준다. 게다가 약품에는 부작용도 따른다.

대니얼 골먼은 『EQ 감성지능』에서 지금 여기에 주목하기가 '정서적 납치'를 막는 역할을 할 수 있다고 기록했다.[33] 예를 들어 부부가 결혼'전쟁'에 들어가기 시작할 무렵 어느 한 쪽이나 양쪽 모두가 스스로 강화되는 부정적 사고 패턴에 빠지면, 상황은 점점 더 악화된다. 지금 여기에 주목하기는 너무 큰 해를 끼치기 전에 그런 패턴을 알아내 중화시켜줄 가능성을 높인다. 골먼의 보고에 따르면, 어떤 아내가 순간적인 열기에 "내 남편은 나나 내가 원하는 것에는 관심도 없지. 그는 늘 이기적인 사람이니까"라고 느꼈지만, 동시에 자신이 남편을 '악마로 만드는' 행동을 하고 있음을 알아채고는 옛 기억을 떠올렸다. "그가 방금 한 행동은 생각 없고 화나게 하는 것이었지만, 다정한 순간도 많았어." 지금 여기에 주목하기를 통해서 그녀는, 받아들였다가는 상황을 더 악화시킬 뿐인 부정적 반응이 옳다고 여기는 과장된 생각을 중화시킬 수 있었다.

마음의 속도를 늦추는 일의 가치는 일상의 여러 상황에서 분명히 나타난다. 이혼하는 부부가 아이 양육권을 두고 다투는 것을 예로 들어보자. 정서적으로 그토록 집중된 상황에서는 지각이 극히 빈약해져서 사람을 경직된 대응으로 이끌기 쉽다. 어느 한 편만 '이길' 거고, 따라서 상대방은 '질' 수밖에 없다는 방식의 대응 말이다. 일차원적인 관점에 무조건 달라붙었다가는 진짜로 어려운 문제와, 특히 양측이 실제로 얻으려는 것이 무엇인지에 대한 섬세한 분석이 사라진다. 하지만 이런 독단의 아래쪽에 전혀 다른 인자와 가치가 있을지도 모른다는 데 생각이 미치면, 아이를 비롯해 모두가 이길 수도 있다. 부모 양쪽이 모두 정말로 온종일 아이를 보살피기 원하는가? 그것이 그들이 보존하고 싶은 관계의 질인가? 양육권 문제를 상대방에 대한 형벌로 이용하는 것이 아닌가? 또는 자신이 결혼에서 잃었다고 느끼는 통제권을 되돌려 달라고 주장하는 방식이 아닌가? 파트타임 부모 노릇의 이점이 혹시 간과되고 있지는 않은가? 아이에게는 무엇이 가장 좋은가? 두 사람이 각각 참호 안에 갇힌 대립적인 위치에서 서로를 풀어주고, 사태를 더 폭넓게 바라보게 하는 일은 점점 더 상담사나 중개자의 역할이 되고 있다. 그러나 지금 여기에 주목하기 태도를 키우면, 스스로 그 역할을 할 수 있다.

지금 여기에 주목하기 태도를 키우는 데 형식적인 명상이 도움이야 되겠지만 꼭 필요한 것은 아니다. 우리 문화는, 마음이 행동과 생각 상태에서 벗어나 느긋하고 여유롭게, 그러면서도 마음의 꼬부랑길에 주목하는 상태로 이동하는 것을 격려하는 수많은 가치 있고 효율적인 비/활동을 이미 지니고 있다. 예를 들어 테드 휴즈가 말하는 민물고기 낚시는 이름만 그렇게 안 붙었지 모든 점에서 명상과 같다. 흐르는 물을 바라보면서 마음은 멋대로 떠다니고, 물 위에 비친 빛의 흔들림이나 부드러운 빗줄기를 즐긴다. 낚시꾼은 물고기가 낚시에 걸리면 거기 집중하느라 몽상을 방해받을 때 슬그머니 원망하는 마음을 느끼기도 한다. 뜨개질과 잡초 뽑기, 수영처럼 리듬이 있는 활동도 단순한 신체의 감각과 소리, 냄새에 집중하게 만들어, 문제해결에서 관심을 돌려 지각의 세계로 되돌아가게 만드는 활동이 될 수 있다. 상대적으로 중요하지 않은 시골의 크리켓 경기를 보는 것도 훌륭한 연습이다. 운동장에서 당신은 주의력을 유지하지 않으면 동작을 놓치게 되고, 그런 일은 이따금 씩 일어난다. 물론 당신은 하루 종일 집중하고 있을 수 없다. 그러나 점 차로 고양이의 집중법을 키우게 될 것이다. 느긋하면서도 깨어있는 것 말이다. 그러면 당신은 10장에서 말한 알아챔의 자유로운 '맥박'을 느 끼게 된다.

지각 샘플을 범주화해 유용한지 해로운지를 결정하기 위해서만 지 각을 경험한다면, 지각이 만들어내는 의식적 이미지는 평면적이고 둔 감하게 될 것이다. 지각의 생기를 잃어버리면, 우리는 바깥세계가 우리 를 아주 세게 뒤흔들어 지각의 강도를 되돌려주는 극단적인 상황으로 자신을 밀어 넣으려 한다. 그래서 오락'산업'은 폭력영화든 포르노든 두려움을 불러일으키는 테마파크 놀이기구든 난장 파티든 코카인이든 가리지 않고, 우리의 습관적인 마음 상태가 막아버린 투명한 생동감을 제공하려고 더욱 강력해진다. 지금 여기에 더 많이 집중하면 삶의 의식 적인 경험은 더 풍부하고 생생해진다. 지각에 머무는 능력을 되찾는다 면, 그것이 지각의 매력과 생동감을 되돌려줄 것이다.

12장

지혜의 원리

◇◇◇

학자의 지혜는 한가로울 때 나타난다. 일이 적은 사람이 지혜로워진다.

집회서* 38장 24절

---

* Ecclesiasticus. 구약성서 외경外經의 한 책.

아동심리학자 A. S. 니일이 세운 영국 대안학교 섬머힐은 일주일에 한 번씩 모이는 '토론회'로 운영된다. 학교 구성원은 다섯 살짜리 신입생부터 나이 많은 교사까지 모두가 평등하게 한 표를 갖는다. 학교규칙, 수면시간, 특별한 경우에 적용되는 벌칙 등 모든 것을 토론회가 결정한다. 1970년대 중반이었다. 창립자와 아내는 회의에서 조용히 앉아 두 소녀가 소년 중 한 명이 자기들을 화나게 한 것에 대해, 특히 타월로 찰싹찰싹 때린 일에 대해 불평하는 소리를 들었다. 모임의 분위기는 피고에게 불리하게 돌아갔다. 학생들은 돌아가며 소년을 비난했다. 가혹한 형벌이 나올 듯 했다. 니일과 그의 아내는 손을 들고 회장을 맡고 있는 열세 살짜리 소녀가 발언권을 주기만을 기다렸다. 그러다 니일 부인에게 발언권이 돌아왔다. "남자애들이 너희를 약 올리지 않는다면 생활이 얼마나 지루할지 생각해 봐라." 그녀가 눈을 반짝이며 말했다. 모두 웃음을 터뜨렸다. 그런 다음 니일이 무뚝뚝하고 간결한 목소리로 마치 전체과정의 요점을 선언하듯이 말했다. "내 생각에 이 모임이 사랑 놀음에 개입할 권리는 없는 것 같은데." 다시 모두들 웃음을 터뜨렸다. 소년과 소녀 한 명이 수줍게 서로를 바라보고 웃었다. 회의는 계속되었다.[1]

'느리게 생각해서 더 잘 알기'의 탐험은 우리를 지혜의 사유로 안내한다. 사전을 보면 지혜는 "삶과 행동에 관련된 문제에서 올바르게 판단하는 능력. 특히 실천적 문제에서 건강한 판단. 자식을 잘 사용하기"라고 설명돼 있다. 하지만 이런 설명은 그다지 도움이 되지 않는다. '올바르게 판단하기'는 무엇이며 '건강한 판단'은 대체 무슨 말인가? 무엇이 옳고 건강한지 누가 결정하는가? 어떤 종류의 지식이 필요하고, 어떻게 하면 그것을 잘 사용하는 법을 배우는가? 모든 흥미로운 질문은 빗겨나 있다. 토끼 두뇌와 거북이 마음 사이에 생기는 복잡하고, 때로는 문제 있는 관계에 대한 우리의 연구는, 많은 개념 중에서 가장 힘들고 중요한 이 개념을 더욱 잘 다룰 수 있게 해준다.

니일 부부의 반응은 지혜의 특질을 일부 보여준다. 무엇보다도 지혜는 실용적이고 '삶과 행동에 관련된 문제'를 직접적으로 다룬다. '실천적 문제' 말이다. 니일 부부는 어느 한 편을 드는 것을 교묘하게 피하는 방식으로 대립된 상황을 '새로이 정리'했다. 주인공들이 한쪽이 '이기면' 다른 한쪽이 '진다'는 세계관에 사로잡혀 있을 때, 현명한 조언자는 대립하는 위치를 통합하고 뛰어넘는 관점을 찾아낸다. 경직된 선택이 마법처럼 공동의 목표로 변한 것이다.

이렇듯 창조적인 '틀 새로 짜기'의 고전적인 예는 19세기 파리의 수많은 폭동 중 하나에서 일어났다. 군 소대 지휘관은 폭도에게 총을 발사해 광장을 깨끗이 비우라는 명령을 받았다. 그는 병사들에게 발사자세를 취하고, 라이플총으로 군중을 겨냥하라고 명령했다. 쥐죽은 듯한 침묵이 흐르는데 지휘관이 칼을 빼들더니 목청껏 외쳤다. "신사숙녀 여러분, 나는 폭도에게 총을 쏘라는 명령을 받았습니다. 하지만 여기서 보니 정직하고 존경할 만한 시민이 평화롭게 합법적인 사업을 하는 것만 보입니다. 그러니 시민 여러분께 조용히 광장을 비워주십사 부탁해도 될까요? 제가 안전하게 폭도들을 가려서 총을 쏠 수 있게 말입니다." 그러자 인명손실도, 체면손상도 없이 겨우 몇 분 만에 광장이 텅 비었다.[2]

새로운 눈길로 바라보기

지혜는 종종 지금 드러나 있는 문제 아래 도사리고 있는 진짜 문제를 꿰뚫어본다. 섬머힐 학생들은 갈등만 보았지만, 니일은 겉으로 드러난 불만과 함께 감정과 장난을 포함하는 훨씬 더 복잡한 역동적 요소를 보았다. 그의 아내는 더 긴 시간관을 넌지시 암시했다. 긴 안목으로 보면, 이런 작은 갈등을 일으키고 처리하는 일은 성장 '커리큘럼'의 중요하고 적절한 일부를 구성한다. 소녀들은 진짜지만 불완전한 노여움에서 반응했다. 니일 부인은 지금 잠깐은 잊었지만 학생들이 함께 나누는 더 큰 가치를 부드럽게 상기시켰다. 소년들이 짓궂게 굴지 않고 그대로 내버려둔다면, 소녀들의 마음 한구석에는 분명 실망이 자리할 것이다. 더 큰 규모에서 보자면, 넬슨 만델라는 1994년 남아프리카공화국 대통령 취임사에서 두려움과 열망을 새로 정리했다. 그는 이해의 한 켜를 걷어냄으로써 또 다른 켜가 드러나도록 했다.

우리의 가장 깊은 두려움은 무능함이 아닙니다. 우리의 가장 깊은 두려움은 우리가 가진 가늠할 수 없는 강한 힘입니다. 이것은 우리를 가장 두렵게 하는 어둠이 아니라 빛입니다. 우리는 스스로에게 묻습니다. 이토록 똑똑하고 아름답고 재능 있고 경이로운 존재인 나는 누구인가? 실상 우리 중에 그렇지 않은 이가 누구입니까? ……당신의 옆 사람이 불안해 할까봐 뒷걸음질 치는 것은 옳지 못한 일입니다. ……우리 스스로 빛을 발함으로써 우리는 모르는 사이에 다른 이들도 빛을 발할 수 있게 합니다. 우리가 스스로 두려움에서 벗어남으로써, 우리의 존재는 다른 이들을 자유롭게 할 것입니다.

지혜로운 사람은 '올바르게' 행동하고 판단한다. 단순한 진실과 관심에 빠져들게 하는 가치의 복잡한 중간층을 꿰뚫어보기 때문이다. 이 중간층은 거의 모든 사람을 지지한다. 그곳에서는 모두가 안전하다고 느끼고, 두려움 없이 자신을 표현하고, 세계 속에서 자기 자리와 목적을 이해하고, 온전히 행동하고, 어딘가에 소속되고, 사랑하고 사랑받는다고 느낀다. 프랑스 심리학자 기셀라 라보비-비에는 지혜에 대해 연구한 다음 이렇게 결론지었다. "예술가와 시인, 과학자를 지혜롭게 만드는 것은 전문적인 지식이 아니라, 인간 조건의 부분인 여러 문제에 대한 지식이다. 말하자면 지혜는 개인의 독특함과 특수함을 꿰뚫어보고, 나아가 우리를 공통된 인간성에 연관시키는 구조까지 꿰뚫어보는 능력이다."[3]

지혜로운 판단은 윤리적 깊이만이 아니라 거기서 비롯되는 사회적·역사적 영향도 고려한다. 편의주의적 해결책은 문제를 두고 오직 한 가지 입장만 대변하는 부분적인 분석을 따르거나 장기적 관점을 배제한다. 예를 들어 윤리적 기업을 운영하려는 사람은 종업원과 그 가족, 고객과 지역주민, 주주를 비롯한 '이해 당사자'에게 이로우면서도 미래 세대의 이해와 권리도 존중하는 결정을 내리려고 한다. 지혜는 '큰 그림'으로 일한다. 큰 그림은 아무리 불편해도 도덕적·실천적·인간관계적 세부사항을 통합하는데, 가능한 한 이런 복합성에 맞고 이를 존중하는 해결책을 찾으려 한다. 지혜는 강제로 상황을 끼어 맞출 어떤 주형鑄型이나 일반론을 위한 매뉴얼을 찾지 않는다. 그냥 도덕과 인간의 기본으로 되돌아가서 가능한 한 많은 압박과 절박한 요구를 재통합하는 맞춤답변을 찾으려고 한다.

지혜는 기본가치에 대해 타협하지 않지만, 그런 가치를 보존하고 추구하는 수단에 대해서는 유연하고 독창적이다. 때로는 놀랍고 심지어 충격적일 정도다. 어떤 선승은 추위를 물리치려고 불상을 태워 스님들을 깜짝 놀라게 했다. 예수는 당혹하고 분노한 추종자들에게 법을 따르되 영혼은 자유롭게 하라는 말로 매우 복잡한 당시의 도덕적 난제를 해결했다. "가이사의 것은 가이사에게, 하느님의 것은 하느님께"라는 말이었다. 지혜로운 행동은 관습과 심지어 이성도 무시하는 것처럼 보인다. 그러나 다른 모든 길이 막힌 절망적인 상황에서는 언뜻 부조리한 것을 행하는 것도 지혜일 수 있다.

1334년 티롤의 공작부인 마르가레트 마울타시는 오스트리아의 호흐오스터비츠 성을 포위했다. 그녀는 골짜기를 굽어보는 가파른 암벽 위에 지어진 성을 직접 공격하기는 불가능하고, 오랜 포위 끝에 굴복시킬 수 있다는 사실을 알고 있었다. 그래서 그녀는 성을 포위했다. 시간이 흘러 수비대와 티롤 군대 모두 포기 직전에 이르렀다. 수비대에게는 마지막으로 황소 한 마리와 보리 두 자루만 남았다. 티롤 군도 슬슬 느슨해져서 통제하기가 힘들었다. 이 시점에서 성의 지휘관은 제정신을 잃은 것 같았다. 그는 황소를 죽여 그 안에 보리를 채운 다음, 성벽 아래로 던지라고 명령했다. 황소는 가파른 경사면을 굴러 적군의 진영 앞에 멈췄다. 이 오만한 메시지를 받아든 공작부인은, 이렇게 극단적인 행동을 할 수 있는 사람이라면 분명 식량이 풍부하고 마음도 너그러울 것이라고 생각했고, 이에 용기가 꺾여 포위를 풀고 그곳을 떠났다.

지혜의 조건

난제가 d-모드로 풀린다면 지혜는 필요 없다. 지혜는 "힘들 때 나오는 좋은 판단"이라고 정의돼 왔다. 힘든 상황은 복잡하고 모호한 것인데, 이런 상황에서 관습적이거나 자기중심적인 사고는 극단적인 대립과 대결을 더욱 고조시킬 뿐이다. 힘든 상황에서 개인적인 가치는 갈등을 불러일으킬 수 있다. 정직을 선택하면 인기를 잃을 위험을 무릅써야하고, 모험을 선택하면 안전을 위태롭게 한다는 식이다. 앞서 말한 '방관자'에 관한 연구처럼, 공개적으로 누군가를 도우려 했다가는 약속에 늦거나 옷을 더럽힐 위험을 무릅써야 한다. 만약 이 상황이 대학생들의 못된 장난으로 밝혀진다면 바보처럼 보일 위험도 있다. 힘든 상황은 불충분한 자료를 바탕으로 중요한 결정을 내려야 하는 상황이다. 여기에는 옳은 것과 그른 것이 분명히 구분돼 있지 않다. 행동과 동기의 의미와 해석이 불분명해지는데, 그마저도 추측에 의한 것이다. 작은 디테일이 중요한 실마리를 품고 있을 수도 있다. 비용과 혜택, 장기적인 결과를 구분하기 어렵고, 많은 변수가 뒤얽힌 채 상호작용 한다.

다른 말로 하자면 지혜가 필요한 조건은 느린 앎의 방식이 본래의 특성을 발휘하는 조건이다. 지혜롭다는 것은 더 넓고 잘 발달된 앎의 방식을 갖고, 그것을 적절히 사용할 수 있다는 뜻이다. 논리적으로 분명하게 생각하는 것이 지혜의 일부이기는 하지만 그것만으로는 충분하지 않다. 지혜롭지 못한 수많은 결정이 영리한 사람들에게서 나왔다. 인간관계 같은 복잡한 영역에서는 경험을 서서히 빨아들여 그 안에 잠재된 섬세하고 우연한 패턴을 찾아내야 한다. 그러려면 이해하지도 못한 채 전체상황에 끈질기게 동참할 줄 알아야 한다. 한 가지 경험이 가르쳐주는 것에 기대려는 유혹에 저항해야 한다(영국 시인이자 비평가 매튜 아놀드는 학교 장학사를 지낼 때 어떤 동료 이야기를 하곤 했다. 동료는 자신의 13년 경험을 자랑삼았지만, 주변 사람 눈에는 그저 1년짜리 경험을 열세 번 한 사람에 불과했다는 것이다). 그리고 시간을 내야 한다. 한 가지 문제를 곰곰 생각하고, 그 세부사항과 가능성에 대한 생각에 머물러 있어야 한다. 줄여 말하면, 지혜로우려면 토끼와—또는 토끼보다는 오히려—거북이가 필요하다.

상담이나 심리치료처럼 다른 사람을 보살피는 직업에서는 스스로 지혜로워질 시간을 갖는 것이 꼭 필요하다. 영국 심리학자 로빈 스키너는 가족치료 연구소와 그룹 분석연구소를 공동설립하고, 코미디언 존 클리스와 함께 『가족과 가족을 견디고 살아남는 법』『삶과 삶을 견디고 살아남는 법』 등을 썼다. 그는 새로운 그룹이나 가족과 일을 시작할 때면 항상 나타나는 혼란에 대해 이야기했다.[5] 40년 이상의 경험을 갖고서도 첫 상담을 시작하고 몇 분 동안 언제나 완전히 길을 잃은 느낌이 들곤 한다는 것이다. 갑자기 지금까지 쌓아온 지식과 기술이 자기를 저버린 듯 보인다. 자신이 여기서 대체 뭘 하고 있는지 어리둥절하며, 심지어는 사기를 치는 듯한 느낌까지 든다. 그 어떤 지혜로운 말이나 행동도 나타나지 않는다. 하지만 스키너는 폭넓은 경험의 중요한 이점이, 이처럼 황량한 상황에서 도망치지 않을 용기를 주는 것이라고 말한다. 매우 불편하지만 그래도 이것은 꼭 필요한 '겨울' 국면이다. 아무 것도 자라지 않지만 이후에 올 봄을 예비하는 단계다. 30분 정도 흐르면 시험적인 어떤 암시와 직관이 나타나기 시작하고, 차츰 이 전례 없는 상황을 붙잡고 일을 할 수 있다는 새로운 느낌이 든다. 개개인 간의 역동성에 대한 스키너의 지식은 빠르고 확실한 처방전처럼 분명하게 드러나지 않는다. 그것과는 거리가 멀다. 그의 지식은 기다릴 용기, 아직 부서지기 쉬운 이해의 싹이 나타나는 것을 알아채고 믿는 용기로 나타난다.

지혜를 낳는 앎의 방식은 기묘하다. 그것은 전통적인 이중성을 넘어서는 것으로 보인다. 주관적이면서도 객관적이다. 거기에 말려들어 걱정하고, 다정하면서도 감정에 흔들리지 않고, 개인적인 원망이나 판단으로 흐려지지 않는다. 여기서 주목 대상은 친숙하고 '사랑스러운' 것이지만, 자기감정의 투사는 없다. 지각의 명료함을 흐리게 할 그 어떤 희망이나 두려움이 밀고 들어오지 않는다. 예를 들어 고민에 빠진 사람이 대상이라면, 지혜로운 상담자는 그 사람의 고통에 마음이 움직이면서도 그것에 마음 쓰지 않는다. 그 상황을 기술적인 상황이 아니라 인간적인 상황으로 느낀다. 그러면서도 이런 감정이입이 단순한 공감이나 공모로 바뀌지 않는다. 지금 여기에 주목하기로 자신과 상대방의 신념과 의견을 해석이라고 여기고, 설사 고민하는 사람이 투명한 진실이라고 여길지라도 그렇게 보지 않는다.

심리치료사 칼 로저스는 감정이입을 다음과 같이 서술한다.

상대방의 사적인 지각세계로 들어가 그 안에서 완전히 편안해지는 것 ……일시적으로 그 사람의 삶을 살면서 그 안에서 어떤 판단도 내리지 않고 섬세하게 움직인다는 뜻이다. ……그가 두려움을 느끼는 요소를 참신하고 겁 없는 눈으로 바라본다. ……이런 식으로 다른 사람과 함께 하기는, 선입견 없이 다른 사람의 세계로 들어가기 위해 당신이 지녀온 관점과 가치를 한

동안 옆으로 밀어둔다는 뜻이다.[6]

이렇게 까다로운 균형잡기를 위해 지혜로운 사람은 상대방의 세계에 대해서뿐만 아니라 자신의 세계에도 주목하고 있어야 한다. 초점 맞추기처럼 자신의 내적인 상태에 '귀 기울여야' 하는데, 이 상황에 대한 자신의 해석 안으로 슬그머니 판단이나 투사(projection)가 스며들지 않게 하기 위해서다. 지각이 깨끗하고 풍부할 경우에만 그의 판단이 섬세하고 공정하고 믿을만한 것이 된다. 그래서 심리치료에서 '역전이'가— 예를 들어 분석가가 분석주체에게 자신의 감정을 투사하거나 성적 매력을 느끼는 것—그토록 중요한 문제가 되는 것이다(그리고 적어도 영국에서 의사가 가족을 치료하는 게 금지되는 이유다). 하지만 이렇듯 감정에 흔들리지 않으면서도 친절하고 우월한 위치는 쉽게 얻어지지 않는다. 덴마크 철학자 키에르케고르는 이렇게 말했다. "남성 대다수는 자신에게는 주관적이고 다른 사람에게는 객관적이다. 때로는 끔찍하게 객관적이다. 하지만 진짜 과제는 자신에게는 객관적이고 나머지 모든 사람에게 주관적이 되는 일이다."[7]

지혜에 대한 경험적 연구는 거의 없다. 하지만 사람들이 지혜가 뭐라고 생각하는지에 대한 정보는 조금 있다. 예일대학교 로버트 스턴버그는 지혜로운 개인에 대한 일반적인 견해를 이렇게 요약했다.

(그녀 또는 그는) 다른 사람 말에 귀 기울이고, 충고의 무게를 헤아릴 줄 알며, 아주 많은 종류의 사람과 소통할 수 있다. 결정을 내리고자 가능한 한 많은 정보를 찾는 가운데 지혜로운 이는 행간을 읽는다. ……지혜로운 이

는 특히 명료하고 ……공정한 판단을 할 수 있으며, 그렇게 할 때 이 판단이 가져올 장·단기적 결과를 살핀다. ……경험의 명령에 따라 두려움 없이 자신의 생각을 바꾸며, 복잡한 문제에 내놓는 해결책은 대체로 올바른 편이다.[8]

지금 여기에 주목하기가 가져다주는 능력, 지혜의 전제가 되는 능력은 쉽게 발전되는 것이 아니며 아무 노력 없이 다가오는 것도 아니다. 이것은 자신의 지식과 남의 지식을 헤아리고, 개인의 구조와 사회 구조를 보고, 질문을 받고 새로운 틀에 편입될 수 있는 능력이다. 이는 특정한 지식에 대한 신념을 포기하는, 상당한 개인적인 안정감을 요구한다. 여기서 필요한 것은 자신의 지식이 늘 불완전하다는 것을 인정하는 것만이 아니다. 지식이 본질적으로 불확실하고 다의적이며, 질문과 재해석이 열려 있다는 사실을 분명히 깨닫고 있어야 한다. 하버드대학교 교육학자 로버트 키건은 『머리 위에서: 현대생활의 정신적 요구』에서, 이런 관점은 오로지 '한 인간이 자아를 문화적 환경에서 비틀어 떼어내기'라는 비용을 치르고서야 얻을 수 있다고 말한다.[9] 예를 들면 학생들에게 반성적이고 비판적인 능력을 요구하는 성인成人 교육자들은 이렇게 말한다.

그들이 자신을 이해하는 방식 전체를, 그들의 세계를, 그 둘 사이의 관계를 바꾸라고 말이다. 교육자들은 많은 학생에게 삶의 토대를 이루어 온 성실함과 헌신을 위험에 빠뜨리라고 요구한다. 우리는 오로지 공적인 권위에 대한 우리의 관계를 상대화해야만, 즉 근본부터 바꾸어야만 '개인적 권위'

를 얻는다. 이것은 길고 종종 고통스러운 여행이다. 많은 시간이 새로운 땅을 발견하기 위한 즐거운 탐험이라기보다는 오히려 폭동처럼 느껴지는 여행이다.

지혜롭다는 것은 사나운 주관주의나 자기 탐닉에 빠져들지 않은 채, 지식의 상대적 본성을 받아들일 수 있는 마음 상태의 발전을 요구한다. 프랑스 철학자 볼테르의 격언 "의심은 불편한 조건이지만 확신은 웃기는 조건이다"와 함께 살 수 있어야 한다. 하지만 이런 의심이 행동할 자유를—때로는 빠르고 단호하게—남겨준다. 지혜로운 사람은 완강한 독단론과 행동을 마비시키는 우유부단함이라는 두 가지 위험 사이의 좁은 길을 걷는다. 미국 심리학자 존 미첨이 표현한 바로는 이렇다. "절대적 진리에 대한 희망과 아무 것도 알 수 없다는 관점을 모두 포기한다. 지혜에서는 의심을 품은 채 지식으로 행동할 수 있다."[10] 미첨은 틀리기 쉬움에 대한 이런 깨달음이 없는 경우를 예로 들어 자신의 논지를 분명히 한다. 영화 〈졸업〉에서 벤(더스틴 호프만 분)은 자신의 졸업축하 파티에서 아버지의 친구 매가이어 씨에게 불려가 둘이서 이야기를 나눈다. "나하고 1분만 이야기하세." 매가이어가 말한다. "자네에게 할 말이 있어. 단 한 마디만 말하겠네. 한 마디만." "예." 벤이 대답한다. "듣고 있나?" 매가이어가 재확인한다. "예, 듣고 있습니다." 벤이 대답한다. "성형이야." 매가이어가 말한다. 두 사람은 한참 동안 서로 바라본다. 마침내 벤이 묻는다. "그게 무슨 말씀입니까?" 이 짧은 장면에서 유머는 매가이어의 지각없는 확신, 그러니까 일반적으로 말하자면 자신의 지식이 절대적으로 옳다는 확신이다. 미첨은 인식론적 환경, 즉 중고등학교나 대학교, 회사 등 확고한 태도를 보일 것을 요구하는 환경이 지혜의 발전을 가로막는다는 점을 지적한다. "모호함과 반박에 적대적인 지적 풍토는 고정관념과 편협함 같은 쉬운 해결책을 북돋는 환경이다."

무지로 앎에 다다르는 신비

지혜는 심층마음에 대한 친절하고 친근한 관계에서 나온다. '언제나 자기가 다가가서 낚아채는' 토끼보다 '무언가가 자기에게 오도록 내버려' 두는 곰돌이 푸우처럼 해야 한다. d-모드는 명료하고 통제되고 인습적이고 안전한 생각의 줄에 꼭 달라붙는다. '힘든 상황'은 특성상 그런 방식으로는 해결되지 않는다. 지혜는 자신에 대한 감각을 의식적 통제 영역 너머로 확장하여, 의식이 접근하지 못하고 의도의 영역에 거의 속하지도 않는, 또 다른 인식의 중심을 포함할 각오가 되어 있는 사람에게 온다. 에머슨의 표현으로는 이렇다. "어떤 사람이 자기 안에 자기보다 더 많이 아는 무언가가 있음을 발견한다. 그러면 그는 이내 이런 이상한 질문을 하게 된다. 누가 누구지? 둘 중에 어느 쪽이 진짜 나지? 더 많이 아는 쪽일까, 아니면 더 조금 아는 쪽일까. 작은 녀석일까, 큰 녀석일까?"

가장 뚜렷하게 지혜를 구현한 성자와 예언자 들은 에머슨의 질문에 서로 다른 두 가지 답변을 내놓는다. 유일신 전통에 속하는 사람은 자기 자신을 '작은 녀석'과 동일시하고, '큰 녀석'은 밖에 있는 권위의 원천이라고 생각한다. 그 은혜와 자비심으로 그들을 '통해' 말씀을 전하기로 하신 분 말이다. 예를 들어 유대교-기독교 전통에서 이 권위는 하느님이다. 하지만 이들 종교에도 전혀 다른 목소리가 있으니, 이 목소리는 지혜의 원천이 어디에나 있다고 주장한다. '큰 녀석'은 여기서도 하느님이라는 이름이기는 하지만, 그 하느님은 내면에 있는 가늠할 수 없는 힘이나 과정이라는 뜻으로 풀이된다. 이를테면 기독교 내 '부정신학' 전통에서는 많은 신비주의자와 현자가 이런 용어로 심층마음과의 친교를 되찾아냈다. 부정신학 전통은 6세기에 활동한 디오니시우스 아레오파기타에서 기원하는데, 그는 신비주의자를 다음과 같이 설명한다. "만질 수도 볼 수도 없는 것 안에 완전히 머물러 있는 사람. 모든 지식을 포기하고 알 수 없는 존재, 곧 하느님과 더 나은 방식으로 합일된 사람. **아무 것도 모르면서 지성을 넘어선 지식을 아는** 사람."[11] 디오니시우스에게는 "하느님에 대한 가장 신적인 지식은 모름을 통해 아는 것이다."

역사와 추종자들 사이에 '마이스터 에크하르트'라는 이름으로 알려진 에크하르트 폰 호흐하임은 아마도 기독교 신비주의자 가운데 가장 위대한 인물일 것이다. 하지만 당대 그의 저술은 교황청에 의해 위험한 이단이라고 저주 받았다. 알맞은 때에 죽는 바람에 그는 겨우 화형을 면할 수 있었다. 이런 에크하르트에게 "진짜로 완전한 사람은 **자기를 완전히 죽인 채** 하느님 속에 잠긴 사람, 하느님의 의지에 완전히 자신을 바쳤기에 **자아와 그 관심사에는 무의식이** 되고, 대신 하느님의 의식이 되는 것이 행복인 사람"이다. 영적인 훈련의 목적은 내면의 장소를 찾아내는 것이다. "성부와 성자, 성신의 차이가 전혀 없는 곳, 어느 누구의 고향도 아니지만 영혼의 불꽃이 그 자신 안에서보다 더욱 평화로운 곳"을.

도미니크 수도사이자 마이스터 에크하르트의 제자 요하네스 타울러는 14세기 중반 독일 라인란트에 살던 설교자로서, 부정신학을 받아들여 처음으로 자신의 종교적 경험을 심리학적인 해석으로 표현한 사람 중 하나다. 명상하는 삶에 대한 타울러의 실천적 가르침은 대개 그가 찾아간 수도원과 수녀원에서 행한 설교를 통해 전해진다. 그는 수녀와 수도사 들에게 내면에 헌신하는 방법을 분명하게 가르친다. 그에게는 인간이 내면을 갈망하는 것은 극히 자명한 일이었다. "모든 생명체가 거기서 유래한 신적인 바탕으로 침잠함으로써 개인적인 부활"을 갈망한다.[12] 그리고 이런 신적인 바탕이 바로 하느님의 왕국이다.

> 이 왕국은 영혼의 가장 깊은 곳에 자리 잡고 있다. 감각의 힘과 이성의 힘이 한 사람의 중심에 모일 때면—**하느님의 이미지가 들어있는, 그의 영혼의 보이지 않는 깊은 곳에**—그는 자신을 신적인 심연에 던져 넣는다. ……
> (모든 것이) 아주 **조용하고 신비와 공허에 가득 찬** 곳으로. 거기에는 순수한 하느님 말고는 아무 것도 없다. 이상한 것도, 그 어떤 생명과 이미지도, 어떤 형식도 그곳까지 파고들지 못한다.

이 왕국에 다가가는 타울러의 방법은 수동성을 신중하고 조직적으로 기르는 것이다. 의식적 자아의 영역에서 기원하지 않은 힘과 충동에 자신을 집중하는 방법이다. 그는 이것을 에크하르트의 예를 좇아, 그리고 뒤에 올 하이데거를 미리 보여주는 용어인 '내려놓음(Gelassenheit)'이라고 부른다. 이런 태도가 가진 실용적 이점에 대해 타울러는 전혀 의심이 없다. "이런 방식으로 자연과 이성은 순화되고, 머리는 강화되며, 개인은 더 평화롭고 친절하고 평온하다."

교회의 상징에 대한 타울러의 심리학적 해석은 당시의 인습적인 사람들에게는 신성모독의 경계선에 선 것으로 보였을 것이다. 예를 들어 삼위일체에 대한 관점을 보자. 성부는 더는 초월적인 존재가 아니다. 성부는 하느님이며 가장 내면의 원천, 무의식적 신비다. 성자는 이런 신적인 '무無'에서 끊임없이 생겨나오는 '무엇'을 대변한다. 꿰뚫을 수 없는 원천에서 끊임없이 용솟음치는 의식적 경험과 신체적 행동 말이다. 성령은 존재의 변형, 곧 지혜로서 '모든 이해력을 넘어서는 하느님의 평화'다. 에크하르트를 빌자면 이런 지혜는 '자신을 없애고' '신비로운 방식으로 움직이는' 내면의 하느님을 믿을 각오가 된 모든 이에게 주어진다.

현자들의 통찰이 지적이고 지혜로운 무의식에 대한 현대과학의 생각과 잘 어울린다는 것이 놀랍다. 이 사실이 널리 알려진다면, 사람들에게 자신이 지혜의 능력을 잘 키울 수 있다는 점을 더 잘 보여줄 것이다. 프로이트 이전에 무의식의 역사를 처음으로 추적한 랜슬롯 로 화이트는 다음과 같이 결론짓는다.

오늘날 신앙이 자연세계와 어떤 관계를 맺는다면, 그것은 무의식에 대한 신앙을 포함한다. 신이 있다면 신은 무의식에서 이야기 하는 것이 분명하다. 치유하는 힘이 있다면 분명 그곳에서 작동한다. ……의식적 마음은 자신의 무의식적 원천을 더 풍부하게 이해하는 것에서 기쁨을 느끼기 전까지는 평화를 누리지 못한다.[13]

중요한 세계종교 가운데 불교는, 꾸준하고 뚜렷하게 심층마음이 지

혜의 원천임을 확인해준다. 불교에서 지혜는 의식의 **모든** 활동과 내용
이 무의식적 과정의 표현에 지나지 않음을 깨닫는 일이다. 가장 합리적
이고 잘 만들어진 생각의 사슬조차 의식적인 '내'가 만든 것이 아니라,
마치 모니터에 글과 그림이 나타난 것처럼 그냥 의식에 나타난 것일 뿐
이다. 모니터는 지성이 없다. 그저 보이지 않는 마이크로칩의 세계에서
일어난 특정한 종류의 활동 결과를 보여줄 뿐이다. 불교도의 과제는 우
리 정체성의 '중심'을 의식에서 신비로운 심층마음으로 옮기는 것이다.
지금 여기 있기 방식의 명상으로 기른 세심한 주의력으로, 우리는 세세
한 감각이 스쳐지나가는 것임을 더욱 분명히 알게 된다. 의식적인 마음
의 변덕스럽고 덧없고 수상한 본성이 더욱 뚜렷해지기 시작한다. 의식
에 대해 더 회의적인 태도를 지니고, 의식이란 우리를 안내하는 별이
아니라 오히려 하나의 연극, 스쳐지나는 구경거리라고 여길 수 있어야
한다. 현대 티베트의 족첸(dzogchen, 위대한 완성) 스승의 말을 들어보자.

> 몸-마음에서 지금 일어나는 것이 무엇이든
>
> 거의 현실성이 없다.
>
> 어쩌자고 그 정체를 밝히고 거기 매달리며
>
> 그에 대해 판단하고, 우리 자신도 판단하는가?
>
> 그냥 전체 놀이가
>
> 저 혼자 일어나라고 놓아두는 쪽이 낫지,
>
> 파도처럼 솟구쳤다가 떨어지라고.[14]

심층마음을 정체성과 지성의 중심으로 재정립하는 것은 불교 중에

서도 특히 선불교 전통에서 가장 분명하다. 샌프란시스코에 선종 센터를 세우고 여러 해 동안 운영한 일본 순루 스즈키 로시 선사는 늘 이렇게 말하곤 했다. "일본에서 우리는 초심初心이라는 말을 하곤 했는데, 그것은 '시작하는 자의 마음'이라는 뜻이다. 수행의 목적은 언제나 초심을 간직하는 일이다. ……당신의 마음이 비어 있다면 무엇이든 할 준비가 된 것이고 모든 일에 열려 있다. 초심에는 많은 가능성이 있다. 전문가의 마음에는 가능성이 거의 없다."[15] 미국에 자리잡은 한국의 숭산 스님도 제자들에게 이렇게 가르친다.

> 여러분에게 묻는다. 너는 누구냐? 너는 모른다. 오직 '나는 모른다'라는 것만 안다. 언제나 이 모른다는 마음을 간직해라. 모른다는 마음이 분명해지면 그대는 이해하게 될 것이다. 운전할 때 모른다는 마음을 유지하면 이것이 운전의 선禪이다. 이야기할 때 그렇게 하면 이야기의 선이다. 텔레비전을 보면서 그런다면 텔레비전의 선이 된다. 모른다는 마음을 언제 어디서나 유지해야 한다. 이것이 바로 진짜 선수행이다.[16]

하지만 기독교에서도 그렇듯이 감춰진 마음 층위의 가치를 발견한 것은 현대의 업적이 아니다. 7세기 이미 중국 선조禪祖 제6조이자 『육조단경』의 저자로 추정되는 혜능 선사는, 추종자들에게 심층마음의 활동에 주목하라고 가르쳤다.[17] 모든 이야기를 종합해보면 혜능은 솔직하고 실제적인 인물이었다. 그는 당시 널리 퍼져있던 생각, 곧 영적인 수행은 생각을 잘라버리는 일이고, 누구든 정직하게 자주 명상을 한다면 반드시 '깨달음'이 주어질 것이라는 생각과 싸우느라 무척 애썼다. 혜능에게 영적 수행은 마음을 진정시키거나 비우는 일이 아니었다. 그것은 무슨 일을 하든 모든 순간에 의식과 무의식 사이의 역동적 관계에 주목하는 일이었다.

오 벗이여, 너희 가운데 아직 배우는 과정에 있는 자가 있다면, 그의 마음에 생각이 깨어날 때마다 의식의 원천을 밝히라고 가르쳐라. ……(의식적) 마음은 생각과는 전혀 상관없다. **마음의 근원은 비어있기** 때문이다. ……누구든 마음의 원천을 깨달으면 그것이 곧 '궁극적 깨달음'이다.

불교학자 스즈키는 의식과 무의식 사이의 접촉면을 알아챈다는 것이 무슨 뜻인지를 불교의 핵심 개념인 반야를 이용해 설명한다. 반야는 흔히 '지혜'로 번역된다.

반야는 무의식과 현재 펼쳐져 있는 의식의 세계 등 두 방향을 가리킨다. ……우리가 의식과 구분이라는 밖을 향한 방향에 아주 깊이 몰두하여 반야의 또 다른 방향을 잊으면, (지혜는) 감추어지고, 순수하고 더럽혀지지 않은 무의식의 표면은 이제 어두워진다. ……흔히 통각하는 마음은 이런 밖을 향한 방향에 너무 빠져들어 있고, 그 뒤에는 측량할 길이 없는 무의식의 심연이 있다는 사실을 잊어버린다. 그 집중력이 밖을 향하면 그것은 에고-자산에 매달린다. 집중력이 안을 향하면 그것은 무의식을 확인한다.

혜능에게 심층마음은 타울러의 신처럼, 마음의 '무엇'을 끊임없이 산출하는 '무'다. 스즈키에 따르면 여기서 기적은 다음과 같은 것이다.

"본질(무의식)의 본성은 그 자체의 의식이 되려는 것이다. ……본질의
자아 본성에서 의식이 나타난다. ……심리학적으로 우리는 본질을 무
의식이라고 부를 수 있다. 우리의 모든 의식적 생각과 느낌이 거기서
자라나온다는 의미에서 그렇다." 그리고 "자아 본성을 본다는 것은 무
의식에서 깨어난다는 뜻이다."

마츠와 다른 선사들은 '이 마음이 부처다'라고 선언한다. 그것은 의식의 깊
은 곳에 감춰진 일종의 영혼이 있다는 뜻이 아니다. 그것은 **마음의 온갖 의
식적 행동과 무의식적 행동을 따라다니는 ……의식의 상태가 곧 부처 정신
의 근본을 이룬다는 뜻이다.**

13장

심층마음 사회
: 거북이에게 일시키기

지난 200년 동안 가장 예민한 남성들에게 거듭 나타난 거대한 불안감은, 언젠가 온갖 풍요로움과 넓이를 모조리 지닌 창의성이 한 남성의 눈을 통해 그의 머리로 들어가 두뇌에 의해 일종의 공식이나 방정식으로 바뀔 때가 올지도 모른다는 것이다.

내이선 스콧

전 세계에서 모여든 교육자 1500명이 워싱턴 힐튼호텔에서 더그 로스가 묘사하는 미래를 경청했다. 클린턴 행정부에서 노동부 고용 및 훈련담당 차관보를 맡은 로스는 1994년 '글로벌 학습논의'라는 국제회의에서 폐회사를 하는 중이었다. 그는 자기가 감독하는 수십억 달러짜리 정부기구가 '학습사회'를 만들기 위해 펼치는 실용적 단계에 관해 이야기했다. 평생 배우고자 하는 사람들을 지원하는 세금감면 계획이 이미 나와 있다고 했다. 사람들이 활동기간 내내 자신의 '인지적 자산'을 발전시키는 데 투자하도록 하려는 것이다. 이를 위해 대출이나 모기지를 받기도 쉬워진다. 새로운 '직업학교' 프로그램이 고안돼, 학문적 공부와 직업공부 사이의 전통적인 구분을 없앨 것이다. 그리고 세련된 이론이 직업현장 안으로 들어올 것이다.

로스는 새로운 '빈곤층', 새로운 사회 변두리층이 배울 수도 없고 그럴 의지도 없으리라는 점에는 전혀 개의치 않았다. 학습과 수입은 이미 떼려야 뗄 수 없이 서로 얽혀 있고, 날이 갈수록 더 그럴 것이다. 미래의 일은 압도적으로 **정신적인** 일이다. 로스의 주장으로는 21세기 초에 이미 육체노동자와 블루칼라 노동자가 전체 노동력의 10퍼센트 정도를 구성할 것이라고 한다. 경제 인력은 사회에서 끊임없이 개인적으로 새로운 지식과 기술을 배우라는, 그리고 배우는 **능력**을 발전시키라는 전례 없는 압력을 받게 될 것이다. 학습자로서의 자신감과 지략, 배우는 삶을 관리하는 기술 등을 발전시키라는 압력이다.

학습에 대한 관심은 미국뿐만이 아니라 전 세계적인 현상이다. 1996년 영국에서는 정부와 대기업, 왕립예술원의 지원과 협력 아래 강력한 '학습 캠페인'이 시작되어, 회장 크리스토퍼 볼 경의 말을 빌자면

'우리가 환경과 개인의 건강을 보살피는 것과 같은 방식으로 학습도 보살피도록' 돕고 있다. 이 캠페인의 목적은 '영국에서 모든 개인이 평생 동안 공식적·비공식적 학습에 참여하는 학습사회를 만들도록 돕는 것이다. 다시 말하면 배우고자 하는 사람의 욕망을 후원하고, 이미 존재하는 학습방식을 강화하고 새로운 학습방식을 제안하는 것이다.' 이 캠페인은 대규모 여론조사를 벌인 결과 시민의 80퍼센트 이상이 학습이 중요하다고 믿으면서도, 3분의 1이 안 되는 사람만이 이를 위한 어떤 계획을 갖고 있다는 사실에서 비롯된 것이다. 오늘날 2.5파운드만 내면 누구든 캠페인 본부에서 자료 한 꾸러미를 받을 수 있는데, 이것으로 당신은 개인적 학습활동 계획을 세울 수 있다. 다른 수많은 제안이 이미 진행 중이다.

각 개인에게 학습자가 되라는 압력이 가해지는 것은 직업시장이 달라졌기 때문만은 아니다. 오늘날 고용주와 정부는 모든 사람에게 '평생 직업'을 제공할 수 없다. 20세기를 지나면서 안정과 권위를 위한 수많은 다른 문화적 자원도 나약해지고 무너졌다. '확실성의 붕괴'에 대해 말하는 것은 이제 얼마쯤 식상한 일이 되었다. 그것이 전통적인 사회가 사라졌다는 뜻이든, 지리적 이동성이 늘었다는 뜻이든, 정보와 커뮤니케이션 기술이 폭발하고 서로 다른 종족의 문화가 깊이 뒤섞였다는 뜻이든, 혹은 종교의 권위에 도전장을 내민 수많은 새로운 영적 운동과 지도자의 출현을 뜻하든, 자기가 태어난 곳의 삶의 방식과 아무 관계 없는 생활방식과 개인적인 선택을 할 자유를 뜻하는 것이든 어쨌든 그렇다. 서구사회의 많은 사람은 어떻게, 어디서, 누구와 살 것인지, 자기는 어떤 사람이 될 것인지 어느 정도 스스로 선택할 수 있을 뿐만 아니라, 그러는 것이 거의 의무가 되었다. 자기 자신을 만들어낼 자유가 환영할 만한 것이든 아니든 간에, 개인에게 스스로 배우고 더욱 성장하라면서 가하는 온갖 방식의 부담은 전례 없는 것이다.

이런 불확실성과 기회의 한가운데서 사람들이 **잘** 배울 수 있다는 자신감과 기술을 갖는 것은 매우 중요한 일이 되었다. 각국 정부는 여러 장려책과 캠페인을 동원해 평생교육을 장려할 수 있지만, 사람들이 불안감이나 지원받지 못한다는 느낌을 갖거나 배우는 기술이 부족하다면, 자기에게 주어진 학습기회에서 도망칠지도 모른다. 설사 그런 학습이 분명 자기에게 소중한 목표와 관심을 좇도록 도움을 준다 해도 그렇다. 학습은 새로운 기술을 익히거나 이혼의 충격에서 벗어나기 위한 것이거나 어쨌든 모험이고, 학습도구나 자기 확신 중에서 어느 한 쪽이라도 부족하면 그대로 정체되고 만다.

이런 맥락에서 오늘날 인지과학이, 우리가 그동안 마음의 작동법을 잊고 있었다는 사실에 우리의 관심을 집중시키는 것은 더 중요해진다. 앞서 보았듯이 현대인은 마음에 대해 일그러진 이미지를 갖고 있으며, 그런 탓에 마음이 지닌 가장 소중한 학습능력 일부를 무시하게 되었다. 우리는 두뇌가 가끔은 돌진하고 가끔은 우물쭈물 망설이게 만들어졌다는 사실을 안다. 또한 느린 앎이 이따금 더 나은 답변으로 안내한다는 것도 안다. 학습은 뚜렷하고 의식적인 생각을 통해서만이 아니라 지각과 이미지, 느낌, 암시 등을 통해서도 이루어진다는 것을 안다. 여러 실험을 통해, 복잡한 상황을 알아내려 하지 않고 그냥 상호작용하도록 놓아두면, 이성과 뚜렷한 표현에서는 나타나지 않는 종류의 이해가 나타날 수 있다는 사실도 드러났다. 또 다른 연구는, 혼란은 좋은 아이디어가 발견되기 전에 나타나는 중요한 전조현상일지도 모른다는 것을 보여주었다. 오늘날 세계의 불확실한 도전에 마주서려면, 우리는 이런 연구가 보내는 메시지에 주목하고, 배움과 앎의 방식을 더욱 확장하여 인지적 가능성의 전체 영역을 수정해야 한다.

심층마음 수난사

이것은 물론 쉬운 일이 아니다. d-모드가 20세기 문화를 그토록 강하게 움켜쥐었기 때문이다. 뿐만 아니라 그 기원이 고대 그리스까지 거슬러 올라가는 유럽 심리학의 경향이기 때문이기도 하다. 그리스 작가 호메로스에게 인간의 정체성과 지성의 자리는 이성적이기보다는 정서적이었고, 투명하기보다는 불투명했다. 심층마음, 곧 프시케(Psyche, 영혼)는 몸 안에 살아있는 실체로 경험되었고, 미국 심리학자 줄리언 제인스에 따르면 '신들의 목소리' '인간 개성의 생명요소'로 여겨졌다.[1] 하지만 플라톤 시대에 개인 존재의 무게중심은 위쪽, 곧 머리로 옮겨졌으며, 이성 및 통제력과 연관되기 시작했다. 심층마음은 여전히 정서적·직관적 힘으로 존재했지만, 부차적이고 파괴적인 것으로, 변덕스럽고 원시적이고 믿을 수 없는 것으로 간주되었다. 사람이 가장 참되고 고귀하게 자기 자신이 되는 것은 이성에서였다.[2]

심층마음과의 이중적 관계는 1000년 이상 지속되었다. 의식적인 이성이 자아의 이상이 되었지만, 더 신비롭고 이따금 더 많은 영감을 주는, 그러나 통제하기 어려운 그림자에 대한 인정은 뒤로 밀렸다. 3세기 그리스의 신플라톤주의자 플로티누스는 "느낌은 그에 대한 깨달음 없이도 있을 수 있고" "의식적 지각이 없다는 것이 정신적 활동이 없다는 증거는 아니다"라고 말했다. 1세기 뒤에 성 아우구스티누스는 유명한 말을 했다. "나는 내 모든 것을 완전히 파악할 수 없다. 마음은 충분히 크지 못해서 마음을 담을 수 없다. 하지만 마음이 담지 못한 마음의 일부는 어디 있을까?" 13세기 이탈리아 신학자 토마스 아퀴나스는 "우리가 즉시 알아채지 못하는 영혼의 과정이 있다"라고 말했다.[3]

영국 극작가 윌리엄 셰익스피어는 의식적 삶에 미치는 무의식의 대단히 다양한 영향을 분명히 인식했다. 그는 자신의 경험의 원천을 볼 수 없다고, 그 진의를 알 수 없다고 말했다. 셰익스피어가 쓴 수많은 희곡 중에서 이러한 심경을 고백하는 가장 유명한 구절은 아마도 「베니스의 상인」 처음에 나오는 안토니오의 탄식일 것이다.

실로 나는 내가 어째서 이리 슬픈지 모르겠다.
그게 나를 지치게 한다. 너는 그게 너를 지치게 한다고 말하지.
하지만 내가 그걸 어떻게 잡아 찾아내서 손에 넣는단 말인가,
그게 무엇으로 만들어졌는지, 무엇에서 태어났는지
나도 알아내야 할 판인데.
그런 위트 없는 슬픔이 나를 만들었으니
나는 나 자신을 알려고 법석을 피운다.

「헛소동」에서는 잠재의식이 지각에 미치는 힘을 말한다.

……곡예사는 눈을 속이지,

어두운 일을 하는 마법사는 마음을 바꿔놓고.

「한여름 밤의 꿈」에서는 4장에서 만난 통찰을 300년이나 앞서 짐작케 하는 간략한 이론을 펼친다.

……상상력은 모르는 사물의 모습을
만들어내고, 시인의 펜은 그것에게
형태를 주고 공기로 된 헛것에게
거주지와 이름도 만들어주지.

16세기 이전 사람이 지닌 마음에 대한 감각은 뒷날의 그것보다 더 넓고 깊다. 평온한 마음으로 자기 지식을 넘어서는 내면에 있는 힘을 받아들였으니 더 깊었고, 대개는 별 비판 없이 외부에서 지식과 권위의 원천을 받아들였으니 더 넓었다. '마음'은 개인의 소유물이 아니었다. 그것은 사회 전체에 뿌리박은 것이고, 또한 전체 안에 퍼져 있었다. 하지만 다음 200년 동안 마음의 이런 두 얼굴은 상당히 바뀌었다. 첫째, 개인이 사물에 대해 '자기 마음을 정하는 것'이 비정상적인 게 아니라 정상적인 일이 되었다. 하지만 랜슬롯 로 화이트에 따르면 1600년 무렵에는 "개인이 지닌 생각은 그가 다른 사람과 다르다는 점 때문에 금지된 사회적 기벽이기를 멈추고, 자신을 인식하고 사회를 이끌어갈 기회로 자리 잡기 시작했다." 그리고 17세기에는 "오늘날 우리 시대에 사회적 상식이 되어버린 새로운 경험의 배아와 삶의 길을 찾아볼 수 있다. 삶을 참을만한 것으로 만들어주는 전통이 없다는 실존주의적 불평 말이다. ……그 시기 이후로는 감수성과 생기를 가진 젊은이는 자신의 선택을 해야만 했다."[4] 18세기에는 스스로 생각하려는 경향과 능력이 발전의 목표로 확고히 받아들여졌으며, 성숙의 핵심적인 특성이 되었다.

밖에서, 즉 전통이나 교회나 국가의 신화에서가 아니라 안에서, 즉 자신의 정신적인 노력에서 권위를 찾으려는 경향은, '마음'의 무게를 줄여서 오로지 의식적인 이성만 마음으로 인정하는 결과를 만들어냈다. 그리고 생각이나 반성에 등장하지 않는 마음의 양상에 대해 그 정당성은 물론이요, 아예 존재 자체를 부인하게 되었다. 누구든 스스로 사물의 답을 찾아냄으로써만 **앎**을 얻는데, 곧 의식적이고 신중한 생각에 의해서만 앎을 얻는 것이다. 이것이 유일하게 존재하는 생각의 종류, 유일한 인지활동이 되었다. 난폭하고 강압적인 이런 사고방식은 흔히 데카르트 덕분으로 여겨진다. 자크 마리탱의 말을 빌면, "신비와 지성을 나누어놓은 그의 명료한 생각" 덕분이다. 그러나 실은 데카르트의 공로는 이미 상당한 운동량을 갖고 있던 지적 운동을 간략하게 요약하고, 거기에 강력한 표현을 주었다는 것이다. 데카르트는 친구 메르센에게 이렇게 썼다. "내가 의식하지 못하는 것은 그 무엇도 내 안에, 즉 내 마음 안에 존재하지 못한다. 나는 그것을 『제일철학에 대한 성찰』에서 증명했다." 지적인 무의식은 존재하지 않는다는 데카르트의 주장은 그런 확신을 표현한 것이고, 그것이 문화 전체로 스며들어 '상식'이 되었다. 모든 지성은 의식적이고, 의식적 지성, 곧 이성이 내가 된 것이다.

1690년 영국 사상가 존 로크가 다음과 같이 말했을 때, 그것은 이미 명백한 내용의 진술이었을 뿐이다. "물체가 부분 없이 펼쳐진다고 말하는 것은 무엇(anything)이 스스로에 대한 의식 없이 생각한다고 말하는 것만큼이나 지적인 것이다."『인간지성론』에서 로크는 머지않아 심리학적 정설이 될 내용을 표현했다.

> (사람은) 생각하는, 지적인 존재다. 이성과 반성을 가지고 자신을 자신으로, 곧 다른 시간 다른 장소에서도 같은 생각을 하는 존재라고 생각하는데, 생각과 떼려야 뗄 수 없는 의식을 통해서만 그렇게 한다. 그리고 내게는 그것이야말로 인간 존재의 핵심으로 보인다. ……의식이 언제나 사유를 따라가는데, 그것이야말로 모든 사람 각자가 자기라고 부르는 존재가 되게 한다.

의식적 이성이 인간 정체성의 핵심이며 정신적 진화의 최고 성취라는 억측은, 경험 과학의 성장과 그것이 만들어낸 과도한 기술적 기적의 자양분이 되었다. 기술에서 우리가 오늘날 보는 효율성 문화의 지배까지는 겨우 한 걸음이고, 이것은 앞서 보았듯이 닐 포스트먼이 '테크노폴리'라고 말한 내용이다. 곧 모든 불편한 상황은 기술적 문제로 해석되고, 따라서 목적의식이 분명한 합리적 분석과 새로운 발명을 통해 고쳐야 한다.[5] 그런 세계에서 인지는 바쁘고 의도적인 정신활동, 곧 d-모드와 동의어가 되며, '무언가가 다가오게 하기', 즉 기다린다는 생각은 모순이나 웃기는 것이 되고 만다. 생각하기는 정산표와 도표의 도움으로 정보와 아이디어를 의식으로 적절하게 처리한다는 뜻이다. 해결책이 나타나지 않으면 그것은 당신이 충분히 열심히, 분명하게 생각하지 않았다는 뜻이거나, 더 나은 데이터가 필요하다는 뜻이다. 인쇄기의 발명이 '산문'을 만들어내는 동시에 시를 이국적이고 엘리트주의적인 것으로, 발라드 시인을 불필요한 존재로 만든 것처럼, 현대 정보기술의 패권은 광범위하게 데이터를 다루는 속도와 복잡성을 높이는 동시에 되새김과 명상을 구제불능의, 비효율적이고 낡은 것으로 만들었다.

"이것은 3차 세계대전 발발보다 더 큰 위기다"

도구는 이데올로기나 심리학적으로 보아 그냥 중립적인 것이 아니다. 도구의 존재가 지성 발전의 길을 개척하고 특정한 인지적 대로를 활짝 열면서, 동시에 다른 길을 폐쇄하거나 가치를 떨어뜨린다. 우리는 도구에 의해 만들어지는데, 이 점에서 컴퓨터보다 더 강력한 것은 없다. "컴퓨터가 사람을 '정보 처리자'로, 자연을 처리되어야 할 정보로 재정의 했기 때문이다. 컴퓨터의 기본적인 은유 메시지는 간략히 말하자면 우리가 기계라는 것, 물론 생각하는 기계지만 그래도 어쨌든 기계라는 것이다."[6] 컴퓨터는 '지성'에 대해서도 객관적 자료를 바탕으로 엄격한 통제 아래 이루어지는 빠르고 말로 된, 명료한 것이라고 요약한다.

컴퓨터는 세계를 수학화하겠다는 데카르트의 꿈을 가능한 것으로 만든다. 컴퓨터는 아주 쉽게 사실을 통계로, 문제를 방정식으로 바꾼다. 그리고 이것이 쓸모가 있는 만큼 ……무차별적으로 인간사에 적용되면, 이것은 주의를 다른 데로 돌리는 것이며 위험해진다. 속도를 강조하고 특히 전례 없는 정보량을 만들고 보관하는 능력이 그렇다. 특별한 맥락에서 계산과 속도, 많은 양의 정보 등이 갖는 가치는 무엇과도 비할 바가 없다. 하지만 컴퓨터 기술의 '메시지'는 광범위하고 난폭하다. 대담하게 표현하면 컴퓨터는 우리가 개인적으로나 사회적 차원에서 마주하는 가장 진지한 문제에 대해 다

르게는 접근할 수 없는 정보에 빠르게 접근해서 기술적인 해결책을 찾는 것이라고 할 수 있다.[7]

컴퓨터가 갖는 이런 함축의미는 잘못일뿐더러 치명적이다. 우리의 가장 진지한 문제는 기술적인 것이 아니며 부적절한 정보에서 생겨나는 것도 아니다. 전쟁이 벌어진다면, 가족이 흩어진다면 그것은 (보통) 부적절한 정보 때문이 아니다. 그래도 목표가 분명히 알려지지 않은 상황에서, 정신적 게으름이나 암시적인 생각의 요소를 말하는 것은 정보기술의 이단자가 되는 일이다. 무역에서 말하는 것처럼 "그것은 계산이 되지 않는다." 컴퓨터는 혼란이나 무위의 가치에 대해서는 전혀 모른다. 컴퓨터의 질은 기억과 처리속도의 크기라는 용어로 측정된다.

컴퓨터는 마음의 계산 프레임처럼 많이 당황하지는 않는다. 1955년 하이데거는 독일 작곡가 콘라딘 크로이처의 탄생을 기념하는 유명한 연설에서 '계산적인' 생각과 '명상적인' 생각을 구분하고, 오로지 계산적인 생각에만 전적으로 기대는 일이 얼마나 위험한지 강력하게 설명했다.

오늘날 사람들은, 그 어느 시대에도 지금처럼 광범위한 계획과, 다양한 분야에서 (그토록 많은) 탐색과 연구가 수행된 적이 없었다고 말한다. 물론 그렇다. 그리고 이렇게 재능과 신중함을 드러내 보이는 일은 우리에게 굉장히 유용하다. 그런 생각이 없어질 수는 없다. 하지만 그것이 특별한 종류의 생각이라는 점도 맞다. 이런 생각의 특성은, 언제 계획을 세우고 탐구하고 조직하든 우리는 항상 ……그것이 쓰이는 특별한 목적에 대해 계산된 의도를 함께 고려한다는 사실이다. ……그런 사고방식은 설사 숫자나 계산기, 컴퓨터를 사용하지 않고 작업하는 경우에도 여전히 남는다.

사람들은 스스로 위험에 처했다는 것을 안다. ……(제3차 세계대전이 벌어지는 것보다) 훨씬 더 큰 위험이다. 즉 다가오는 원자력시대에 기술혁명의 물살이 인간을 사로잡고 매혹하고 현혹하고 미혹해서 언젠가는 **계산적 사고가 유일한 사고방법으로 받아들여지고 실행되는 상황이 올 수도 있다.** 그렇게 되면 우리에게 어떤 거대한 위험이 닥칠까? '명상적' 사색에 대한 무관심, 이에 대해 전혀 생각하지 않는 상태가 나타날 수 있다. 그러고 나면? 인간은 자신의 특수한 본성, 곧 명상적 존재이기를 거부하고 내던져버릴 것이다. 그러므로 중요한 것은 인간의 핵심 본성을 구원하는 것이다. 명상적 사유를 살려두는 것이다.(강조는 필자)

마음이 수학적 용어로 평가되는 상태가 되었다. 여러 프로젝트와 시험적인 학위과정 제도가 도입되었지만, 여전히 각 학교 학생들은 제한된 시간 안에 데이터를 처리하는 능력으로 평가받고 있다. 경영대학원 입학시험(GMAT)은 거의 미국 전역에서, 그리고 차츰 다른 곳에서도 통용되는 시험이다. 경영학석사과정 입학시험은 보통 아홉 개 분야로 구성되어 있다. 그 중 일곱 개 분야가 선다형 시험인데, 너무 길어서 조심스럽게 규정된 시간 안에는 다 풀 수 없다. 시험문제는 "기본적 수학數學능력과 기본개념에 대한 이해, 양적으로 생각하는 능력, 양적인 문제풀이, 그래픽 데이터 해석능력, 읽은 내용을 이해하고 평가하는 능력, 글쓰기를 통해 비판적으로 생각하는 능력과 복잡한 아이디어를 소통하는 능력 등을" 테스트하기 위한 것이다.[9]

이런 능력이 미래의 관리자에게 쓸모가 있다고, 심지어 꼭 필요하다고 믿지 않을 이유는 없다. 하지만 이런 능력이 다른 모든 중요한 능력을 포괄한다는 억측은, 지금까지 서술한 탐색의 빛에서 보면 말할 수 없을 정도로 근시안적이다. 반대로 창의성을 발휘하는 능력이나 정보의 작은 조각에서 의미를 찾아내는 능력처럼 여러 회사가 흔히 부족해서 죽을 지경이라고 호소하는 능력은, 빠르고 명료한 앎의 방식보다는 느리고 모호한 앎의 방식의 전문가를 요구한다. GMAT 시험은 명상적이거나 미적인 성향의 사람을 처음부터 아예 배제하려고 고안된 것으로 보인다. 곱씹어보기의 대가가 될 성향을 지닌 사람은 지원할 필요도 없다. 일반적으로 이런 '전반적 능력' 또는 '지성' 테스트는 (a) 압력을 받으며 (b) 빠르고 (c) 명료하게 정의돼 있고 (d) 단 하나의 '정답'만을 지닌 (e) 모르는 다른 사람이 작성한 (f) 추상적이고 비인간적인 문제에 대해 (g) 자신만의 힘으로 생각할 수 있는 사람을 위한 것이다.[10] 이따금 현실적 상황은 이런 능력을 요구한다. 하지만 많은 문제는 전혀 다른 것을 요구한다. 아이큐 테스트가 실제 삶이나 현장에서 발휘되는 능력과 무관하다는 사실은 전혀 놀랍지 않다(우리는 2장에서 경마 핸디캡 계원이 일곱 개까지 변수를 포함하는 매우 복잡하면서도 대개는 말로 표현하기 힘든 정신적 모델에 근거해 계산하지만, 개인적인 수행 수준은 그들의 아이큐 지수와 전혀 상관없다는 사실을 보았다).[11]

특히 비즈니스 세계에서 생각의 질은 정보의 양과 새로움에 달려있다는 가치가 완전히 지배적이다. 월급에 걸맞은 생각은 데이터를 신중하게 처리하는 능력을 포함한다는 생각이 널리 퍼져 있다. 이런 생각이 졸아들어 '정확하고 자세한 정보'가 되었다. 모든 것은 목적에 맞고, 말

로 표현되고, 계산적이고, 정보로 무장되어 있다. 유명한 경영 '구루'가
운데 한 명인 톰 피터스는 다음 구절을 긍정적인 방식으로 인용한다.

월간 『젠트리』 1994년 6·7월호. 실리콘밸리 부동산공인중개업자 알레인
피넬에게 할애된 여러 페이지 광고에는 각 중개업자의 이메일 주소가 실려
있다. 예를 들어 이런 것 말이다. Mary S. Gullixson at mgullixs@apr.com.
그 회사에서 일하는 한 친구는, 매일 아침 매리는 회사에 출근해 거의 100
통의 이메일을 본다고 말해주었다![12]

해리엇 도넬리는 출장길에 반드시 NCR 사파리 3170 노트북컴퓨터와 스
카이워드 숫자문자 호출기, AT&T 휴대전화를 들고 간다. 그녀는 회의로
하루를 보낸 다음 《포춘》에 이렇게 말했다. "호텔로 돌아와서 맨 먼저 하는
일은 보이스메일을 이용해서 할 수 있는 모든 메시지에 답신을 보내는 것
이다. 다음으로 컴퓨터를 켜서 이메일을 받는다. ……호출기로도 메시지를
받는다."[13]

(방콕에서) 어느 날 아침 나는 부둣가에서 거무스름하고 낡은 통근자용 '특
급' 보트를 기다리고 있었다. 내 옆에는 깔끔한 옷차림을 한 타이 회사원이
있었다. 기술 좋게 몸을 움직여 균형을 맞추면서 그는 휴대전화 줄을 잡고
흥분해서 이야기를 했다. 가는 곳마다 이런 종류의 소란과 이런 종류의 기
업정신, 이런 종류의 열렬함을 보았다. 솔직히 말해서 나는 미국이 경쟁심
노력에서 이미 탈락한 것 같은 느낌이었다.[14]

매리 걸릭슨이나 해리엇 도넬리가 '경쟁'하지 않아도, 그것은 미국의 비즈니스가 속도와 정보라는 측면에서 '진도를 따라잡지' 못한 탓은 아니다. 일의 성취는 아이디어에 달려있고, 아이디어는 그 **질**이나 새로움의 정도가 서로 다르며, 질은 성숙해지기 위해 시간이 필요하리라는 가능성은 여기서 거의 완전히 무시되는 듯 보인다.

유창한 무능력자와 유창한 회의론자

지금까지 어느 누구도 실제로 이 문제가 얼마나 심각한지 알아내지 못했지만, 적어도 비즈니스 세계에는 과도한 d-모드의 위험성을 지적하는 목소리가 있다. 미국 저널리스트 로이 로완은 『직관적 경영자』에서 '유창한 무능력자' 유형에 대해 말한다. 즉 그럴싸한 아이디어를 흠 없이 말하지만, 실은 내용도 없고 작동도 되지 않는 아이디어로 가득 찬 사람이다. 이런 사람은 유창한 언변으로 자신이 설득력 있어 보이게 한다. 그들은 무엇을 제안하든 사람들에게 인상적으로 들리게 할 수 있을 만큼 똑똑하다. 최소한의 관찰을 기반으로 위풍당당한 초강력 정당성을 만들어내는 경향이 있다(그리고 자기가 옳다는 것에 매우 집착하기 때문에, 미처 고려하지 못한 심각한 사항이 분명하게 나타날 때에도 여전히 자기 입장을 포기하지 않는다). 로완은 이런 '유창한 무능력' 현상의 원인을 학교 탓으로 돌리는 CEO 몇 명과 인터뷰 했다. 예를 들어 거대 출판 그룹 랜덤하우스의 회장 로버트 번스타인은, GMAT의 부적합함과 그에 기초한 '교육'을 거론했다. 번스타인은 이렇게 말했다. "그래서 우리는 경영대학원이 겁난다. 경영대학원은 학생들이 뛰어난 소리를 하도록 훈련한다. 하지만 그런 학생들의 언어 뒤에 어떤 판단이 숨어있는지 알아내는 일이 꼭 필요하다."[15]

'유창한 회의론자'는 '유창한 무능력자'의 부정적 버전이다. 이들은 다른 사람이 무엇을 제안하든 그것을 비판함으로써 자신이 얼마나 똑똑한지 보여준다. 영국 교육전문가 에드워드 드 보노는 이렇게 말했다. "지성을 비판적으로 사용하는 것은 건설적으로 사용하는 것보다 언제나 더 즉각적인 만족감을 준다. 다른 사람의 잘못을 입증하는 것은 당신에게 그 자리에서 성취감과 우월감을 준다. 다른 사람 의견에 동의하면 당신은 불필요한 아첨꾼으로 보인다. 아이디어를 제안하면 당신은 그 아이디어를 평가하는 사람의 자비심에 매달리게 된다." 본질적으로 평가자 유형의 d-모드 사람은, 앞서 나가기보다는 뒤늦게 반응한다고 보이는 쪽이 더 안전하다. 즉 상황을 신선한 눈길로 바라보고 문제가 무엇인지 개념을 재정립하기보다는, 누군가가 제시한 문제에 반응하는 쪽이 더 안전하다는 말이다. 생산적이 되려면 창의적이고 직관적이어야 하는데, 그것은 평가하는 쪽보다 더 위험하기 마련이다.

거대한 전략은 안정된 세계에서는 매우 유용하다. 그러나 비즈니스 세계에서는 변화하는 외부조건에 생산적으로 반응해야 한다. 로완은 회사 고위간부에 대해 이렇게 말한다. "그가 내린 결정이 불확실한 미래를 멀리 내다볼수록 ……그는 더욱 직관에 의존해야 한다."[17] 이는 불확실한 상황에서 지푸라기라도 잡는 심정으로 직관을 동원해 '일해야' 한다는 것이 아니다. 단단해 보이는 합리적·전략적 계획이 위안을 주는 착각에 지나지 않을 때, 시험적으로 사용되는 잘 발달된 직관이야말로 실은 이런 일을 위한 가장 좋은 도구다. 맥길대학교 경영학교수 헨리 민츠버그는 『전략적 계획의 흥망성쇠』에서, 비즈니스 세계에서 앎의 방식으로 d-모드가 충분하지 못하다는 점을 분명히 보여주었다.[18] "회사계획의 상당수는 ……주술적인 기우제 춤과 비슷하다. 이런 춤을 춰도 날씨에는 전혀 영향을 미치지 못하지만, 기우제에 참석한 사람은 효과가 있다고 생각한다. ……나아가 회사계획에 관계된 충고 상당수는 날씨가 아니라 춤을 개선하기 위한 것이다."[19]

뿐만 아니라 많은 시간과 노력과 돈이 드는 계획에 융통성 없이 매달리는 일은 회사를 둔하게 만든다. 민츠버그 말로는, 그런 계획은 말로 분명하게 표현되는 주로 양적인 문제, 곧 '탄탄한 자료'에 기초하는 경향이 있다. 그런 탓에 이런 계획은 '주변' 정보, 곧 인상과 세부, 직감, '조짐이 되는 사고(telling incidents)' 등을 고려하지 않는다. 하지만 이런 주변 정보야말로 '바람의 방향'을 알려주는 핵심적인 것이며, 직관이 힘을 쓰는 영역이기도 하다. 말쑥하고 뚜렷한 정보를 요구하기 때문에 의식은 직관만큼 풍부한 정보를 갖지 못한다. 시장의 트렌드가 분명해질 때까지 기다린다면, 시장을 앞서지 못한다. 복잡하게 얽힌 상황의 희미한 단서에 의지해 결정 내려야 하는 모든 곳에서 그렇듯이, 비즈니스 세계에서도 거북이가 토끼를 이긴다.

하지만 직관의 구경口徑은 크기 차이가 엄청나다. 직관이 d-모드의 실패에 따르는 전전긍긍하고 충동적인 반응이라면, 이런 것은 신뢰할 수 없다. TQM(total quality management, 품질종합관리)처럼 '두려워하는 마음의 품질(terrible quality of mind, TQM)'도 직관을 키우고 보살펴야 한다. 긍정적이 되려면 우리는 일등급 직관을 더 쉽게 생산하는 조건에 관심을 기울여야 한다. 이를 위해 우리는 첫째, 모든 사람이 직관의 가치, 즉 직관을 만들어내는 정신적 모드의 특성을 분명하게 이해하는 풍토를 만들어야 한다. 둘째, 직관의 가치를 보이고 인정하는 리더십을 갖춰야 한다. 느린 앎에 관한 한 '천천히 말하며 걷는' 경영자는 자체 장점으로 판단되는 아이디어의 공로를 치하한다. 그리고 처음에 아이디어를 얼마나 매끄럽고 설득력 있게 표현하는가를 보지 않는다. 비즈니스 리더는 첫눈에는 관습적이지 않아 보일 수 있는, 혹은 단순히 비유나 이미지로만 표현되는 '아이디어 싹'을 향해 마음을 열어 두어야 한다.

드 보노는 여러 책에서 '수평적 사고'를 다루었다. 그는 처음에 '바보스럽고' '유치해' 보이지만, 더 자세히 살펴보면 매우 창의적이고 적합한, 해결의 실마리를 품은 것으로 드러나는 아이디어에 관한 이야기를 풍부하게 들려주었다.[20] 한 아이가 뒤쪽 손잡이 쪽에는 바퀴가, 앞쪽에는 다리가 달린 외바퀴 손수레를 끌었다. 이런 '멍청한 잘못'은 전통적인 교사라면 아주 쉽게 고쳐줄 테지만, 실은 가파른 모퉁이를 돌 때 아주 훌륭하게 작동하는 수레를 만든 것이다(덤프트럭과 다른 종류인 덤퍼dumper는 같은 이유에서 운전석이 트럭 후면에 위치한다).

어떤 회사는 우편판매로 안경을 팔았는데 배송 중 안경파손율이 참기 힘들 정도였다. 소포를 어떻게 꾸려도, 겉에다 무슨 말을 써 붙여도 별로 나아지지 않았고, 속에다 아무리 충전물을 채워 넣어도 마찬가지였다. 그러자 누군가가 안경 상표에 주소를 붙이고, 아무 보호 장치 없이 그대로 보내자고 제안했다. 이 제안은 너무 위험하다는 이유로 받아들여지지 않았다. 하지만 그 뒤에 숨은 아이디어, 즉 우체국 직원은 화물이 깨지기 쉽다는 스티커를 붙여도 보통 그것을 무시하지만, 깨지기 쉬운 화물을 직접 볼 수 있다면 자연스럽게 화물을 조심스레 다룰 것이라는 아이디어는 훌륭했다. 이 아이디어는 창의적인 도약을 거쳐 내용물이 훤히 보이는 투명포장 디자인으로 이어졌고, 그것이 결국 효과를 보았다.

창의적인 일터는 직원들이 주의 깊게 자신의 일에 동참하도록, 자신이 무슨 일을 하는지 생각하도록 격려한다. 특히 팀 단위로 일하면서 직원들이 작업의 상당 부분을 직접 계획하고, 수행하고, 가장 훌륭하게 목표를 달성할 방법까지 스스로 결정하도록 진짜 책임을 맡긴다. 최근 **창의력 키우기**에 대해 영국심리학회가 모든 연구결과를 조사하고 내놓은 공식 보고서는 다음과 같은 결론을 내린다. "개인은 자기 일에 충분한 자율성과 통제권을 갖고 새로운 실행방식을 시도하고 개선할 수 있으면 더 창의적이 되는 경향이 있다." 또한 "팀원들이 목표설정에 동참할" 경우도 마찬가지다.[21] 사람들은 자신의 일에 어느 정도 개인적인 이해관계를 가지면 임의로 개선책을 찾고, 직장에 있을 때나 비번일 때도 자신의 생각과 인상, 아이디어가 조용히 마음의 뒤쪽 화로를 작동하게 만든다.

5장에서 우리는 일상적인 과정과 물리적 환경이 아이디어를 만드는 데 도움이 되는 것을 보았다. 작업환경에 대해 직원들에게 어느 정도 통제권을 주는 것도 도움이 될 수 있다. 비록 개인은 어떤 일을 가장 잘하느냐는 점에서 상당한 차이가 있고, 창의성에 도움이 되는 많은 조건은 전통적인 고용체계에는 잘 맞지 않는다. 나는 바닷가에서 일을 가장 잘한다. 어떤 사람은 특정한 음악을 들어야만 마음의 올바른 틀 안으로 들어간다. 이따금 사람들은 오랜 시간 고요하게 있을 때 감수성이 가장 좋아진다. 어떤 이는 조깅을, 어떤 이는 수영을, 어떤 이는 명상을 한다.

데카르트는 늦게까지 침대에 누워서 가장 빛나는 사유를 했다. 회사환경에 약간의 재주를 부린다면 이런 조건과 시간을 만들어낼 수 있다.

사람들은 안전하다고 느끼면 더 창의적이고 직관적이 된다. **창의력 키우기** 보고서는 다음 제안을 한다.

> 창의력을 주로 위협하는 것은 직장에 대한 불안감과 작업안전성이 부족하다는 느낌이다. 개인은 위협을 받으면 방어적으로 반응하고 상상력이 사라진다. ……환경을 다루는 새로운 방법을 시험하기보다는, 시행착오를 통해 입증된 상투적인 태도에 붙잡히기 쉬워진다. ……사람들은 행동 결과가 위협에서 상대적으로 안전하다고 느끼는 상황에서 모험을 하고 새로운 일처리 방법을 시도하는 경향이 있다. 1980년대 경영관행에서 일어난 혁명은 1990년대와 다음 세기의 새로운 혁명과 비교되어야 한다. 새로운 혁명은 ……일터에서의 심리적 안전을 강조하고, 또 일을 수행하는 새롭고 개선된 방법을 개발하고 완성하도록 지원해줄 것을 강조한다.

위협은 두려움과 참호 속에 웅크리는 마음가짐을 만들어낸다. 참호 안에서는 인지가 위축돼 오로지 위협을 피할 궁리만 한다. 이는 느린 앎의 작업이 요구하는 넉넉하고 열린 태도가 아니다. 사람들이 "이건 멍청하게 들릴지도 모르지만……"이라든가, "내가 잠깐만 큰 소리로 생각을 해도 될까요?" 같은 말을 해도 된다고 느낄 수 있어야 한다. 절반만 익은 아이디어가 즉석에서 산산조각 나는 곳에서 사람들은 잘 연마되고 방수 능력이 있는, 하지만 지나치게 조심스럽고 이미 때를 놓쳐버린 입장을 d-모드가 내놓을 때까지 기다리거나, 아예 아무 공헌도 하지 않는 태도를 잽싸게 익힌다.

마지막으로 시간을 가져야 한다. 느린 앎의 방식은 마음이 서두를 때는 섬세한 산물을 내놓지 않는다. 지속적으로 바쁘고 괴로운 상태에서 두뇌-마음의 활동은 친숙한 길만 가게 돼 있다. 오직 정처없이 거니는 중에만 마음은 넓게 펼쳐져 흙탕물을 휘저으면서, 알려지지 않은 틈바귀의 작은 수로를 찾아본다. 숙련기술은 습득하고 연마해야 한다. 마음은 시간에 **맡겨야** 한다. 하지만 그 독창성은 가능한 한 자신의 시간을 많이 활용하는 성향을 키우는 일에도 달려있다. 누구든 앎의 다른 방식에 더 능숙하게 접근하고 사용하는 법을 배울 수 있다. 어쩌면 경영자와 직원 들이 명상을 시도해 볼 수도 있을 것이다. 물론 그들이 명상이 무엇이고, 어떻게 도움이 되는지 이해하는 일이 전제되어야겠지만 말이다.

하지만 나라와 회사를 경영하려는 사람은 자신이 통제하려는 상황이 점점 더 복잡해지는 것에 놀란 나머지, 자기가 갖지 못한 것이 바로 시간이라고 생각하게 되었는지도 모른다. 그들의 잘못은 세상일이 빠르게 바뀔수록, 우리도 더 빠르고 착실하게 생각해야 한다고 믿는 것이다. 이런 종류의 압력 아래서 d-모드는 단 하나의 천박한 만병통치약을 받아들일 수도 있다. 유행하는 아이디어를 계속 따라갈 수도 있다. 이 모두가 많은 것을 약속하지만 실은 별다른 것을 내놓지 못하는 것이다. 비즈니스는 다시 가동되고, 서열은 무너지며, 조직은 **배우는** 조직으로 바뀌려고 한다. 회사는 '가상현실'이 된다. 회의와 일하는 시간이 늘면서 시간은 점점 더 줄어든다. 정보를 처리하고 문제를 해결하느라 너무 많은 시간이 소모되고, 회의는 마감시간에 맞춰야 하니 생각할 여유가 전혀 남지 않는다. '직관적 사유'도 배후에 감춰진 마음가짐이 바뀌지 않는다면, 실패의 운명을 지닌 또 다른 유행이 될 수 있다.

배움은 배우는 법을 배우는 일이다

느린 앎의 겉모습을 격려하는 방법을 생각하는 일은 중요하다. 하지만 사람들이 우연히 처한 특별한 상황의 메시지와는 상관없이, 다양한 앎의 방식을 모조리 사용하는 **개인적인 자질과 능력**, 장기적 **성향**을 갖게 만드는 조건을 생각하는 것이 훨씬 더 중요하다. 문화가 함축적으로 d-모드를 사용하라고 명령하는 경우에도, 사람들은 느린 앎을 사용하는 방법과 언제 그것이 적합한지 알아두어야 한다. 오늘날 이것이 교육의 진짜 기능이 되어야 한다.

일반적으로 교육기관에는 두 가지 커리큘럼이 있다. 첫째는 **내용 커리큘럼**이라고 부를 만한 것이다. 이것은 덧셈, 프랑스어, 철학, 치의학 등 사람들이 배우는 지식의 몸통이며 노하우다. 학교도 교사도 어떤 과목이며, 어떻게 평가되는지 잘 안다. 이것이 유일한 커리큘럼이라면 교사는 배움을 더 쉽고, 빠르고, 즐겁고, 성공적으로 만들 모든 수단을 써도 될 것이다. 그러나 그 아래, 잘 보이지는 않아도 똑같이 중요한 또 다른 커리큘럼이 있다. 바로 **학습 커리큘럼**이다. 이것은 학생들에게 학습에 대해 가르친다. 학습은 무엇인가, 어떻게 하는 것인가, 효과적이거나 적절한 학습법은 어떤 것인가, 학습자로서 학생은 어떤 모습인가, 그들은 어떤 것을 잘하고 어떤 것을 잘 못하는가 등등. 미국 노동부 차관보 더그 로스나 영국 '학습 캠페인' 의장 크리스토퍼 볼 경이 옳다면, 즉 개인과 사회의 미래가 사람들이 지닌 학습자로서의 확신과 능력에 달려 있다면, 두 번째 커리큘럼은 쉽게 무시될 수 없다. 학습사회는 학문적 성향을 보이는 젊은이를 비롯한 모든 젊은이에게 무엇보다 불확실성을 다루는 방법을 가르치는 교육 시스템을 필요로 한다.

사람이 어떤 학습경험을 얻으면, 학습 성과 및 문화와 연합해서 학습이 어떻게 진행되는지를 결정하는 학습능력 및 태도 세트를 지니게 된다. 이런 학습기술과 성향은 경험에 따라 바뀐다. 학습자로서의 능력, 어려움에 부딪혔을 때의 인내심, 학습에 대한 암묵적인 이해, 학습자로서의 자신에 대한 이미지 등 모든 것이 조금씩 바뀌게 마련이다. 학습 커리큘럼이 관심을 갖는 것은 이런 변화의 축적된 특성이다. 그것은 이렇게 묻는다. 이번 학습상의 도전과 만남을 어떻게 설계하고 안내해야 긴 세월을 두고 사람들의 학습능력을 긍정적인 방향으로 바꿀 수 있을까?

학습 커리큘럼은 내용 커리큘럼과 경쟁하거나 그것을 대신하지 않는다. 그저 그림자처럼 따라갈 뿐이다. 학습자로서 젊은이의 교육에 관심을 갖는다는 것은, 우리가 그들에게 특정 과목을 가르치기를 포기한다는 뜻이 아니다. 인간의 모든 특질이 그렇듯 '좋은 학습자'의 특질도 적합한 활동에 참가하는 과정에서 발전한다. 무언가에 **관해** 배워야할 내용이 있어야 한다. 내용 커리큘럼에 대한 질문은 여전히 답변되어야 한다. 하지만 학습내용을 선택하고, 바람직한 가르침과 배움의 방법을 정하고, 평가의 초점을 결정하는 기준은 두 번째 커리큘럼을 인정해야만 바뀐다. 주제가 무엇이든 교육자의 관심 일부는 특별한 기술과 내용을 익히는 일에 주어진다. 하지만 얼마간의 관심은 오래 남게 될 학습

성향과 능력에도 일부 관심이 머물러 있어야 한다.

한 가지 커리큘럼에 좋은 것이 반드시 다른 커리큘럼에도 좋다고 말할 수는 없다. 수영을 배우는 학생이 기록을 높이기 바란다면 체벌로 위협할 수 있다. 원하는 만큼 기록이 나오지 않을 때, 강제로 물에 집어 넣었다 뺐다 하는 식으로 말이다. 하지만 이것은 학생이 장기적으로 실력을 향상하는 데 그리 도움이 되지 않는다. 물에 넣었다 뺐다 하는 행동이 학생의 근력을 약화시킬 수도 있다. 실패에 대한 두려움은 학생을 긴장하고 적개심에 불타게 만들 것이다. 두 가지 커리큘럼이 이따금 이런 방식으로 서로 갈라지곤 한다는 직접적인 증거가 있다.

일리노이대학교 캐롤 드웩은 '좋은 학습'의 질에 대해 일련의 세밀한 실험을 했는데, **회복탄력성**(resilience)이라고 부를 만한 것이다. 회복탄력성은 배움의 과정에서 피할 수 없이 나타나는 좌절과 어려움을 참고, 화를 내거나 너무 일찍 포기하지 않는 능력을 말한다. 드웩은 유치원부터 대학원까지 전체 교육연령에 걸쳐 사람들의 회복탄력성 차이가 매우 크다는 사실을 알아냈다. 어떤 사람은 어려움에 부딪히면 낙담해 그것을 계속하는 대신, 재빨리 자신의 자존심을 유지해줄 다른 길을 찾아내려 한다. 이런 사람이 공부가 어렵다는 경험을 하면 이를 기피대상으로 삼는다. 드웩의 연구결과에 따르면, 내용 커리큘럼에서 상대적으로 성적이 좋은 '영리한 소녀들'이 회복탄력성이 부족할 가능성이 가장 높았다. 다른 말로 하면 학습 커리큘럼에서 '실패'할 가능성이 가장 높았다. 드웩은 영리한 소녀들이 어려움에 그대로 붙잡혀 있는 경험을 가장 적게 하고 (이따금) 성공한 학생들이기 때문에, 학습에서 가장 허약한 파악능력을 가진 그룹이라고 생각했다. '영리'하기 때문에 그들은 학습을 상대적으로 쉽게 여기고, 그래서 덜 '능력 있는' 아이보다 어려움을 겪는 일이 드물다. 그리고 소녀이기 때문에 난국에 빠지면, 특히 어릴 때는 더더욱 교사의 위로를 받고 대신 다른 활동을 해보라는 제안을 받기 쉬웠다. 그에 비해 소년들은 '어려움을 그대로 붙잡고 있으라'는 권고를 받는다. 그래서 영리한 소녀들은 '학습근육'을 만들 기회가 가장 적고, 그들의 끈기는 지속적으로 약한 상태로 남아있게 된다.[22]

회복탄력성이 부족한 학습자는 학습이 잘 진행되는 동안에는 아무 문제가 없지만, 학습이 힘들어지면 무너지기 쉽다. 드웩에 따르면, 이런 허약함이 그들에게 보수적인 학습 선택을 하게 만든다. 부족한 회복탄력성은 그들이 잘할 수 있다고 생각하는 과제를 선택하게 만들고, 교사가 규칙을 바꾸거나 다른 종류의 덜 친숙한 학습 경험을 제공하면 겁을 먹는다. 그 결과 그들은 가장 성공 가능성이 높은, 폭 좁은 학습 경험만 갖는 경향을 보인다. 학교에서 잘하는 것이 말로 분명하게 설명하는 능력이라고 규정되어 있다면, 오로지 d-모드만을 연습하고 발전시킨다. 회복탄력성이 없는 경우 몇몇 '성공'한 학생의 학습능력 중 일부는 지나치게 발전하고 다른 측면은 무시된다. 상대적으로 '실패'를 겪은 사람은 아예 학습자가 되기 어렵거나 심지어 퇴행한다. 가장 나쁜 일은 발육부진과 편향된 성장 사이에서 피할 수 없이 하나를 선택하는 것이다.

그러므로 학습 커리큘럼은 무엇보다도 회복탄력성을 강화하는 데 집중되어야 한다. 이것은 학생들에게 학습과 마음, 그리고 자신의 여러 얼굴에 대한 분명한 관점을 알려주는 일이다. 예를 들면 학습은 이따금 혼란을 포함한다. 그러므로 학생들에게 혼란을 겪을 기회, 혼란을 생산적으로 다루는 방법을 배울 기회를 체계적으로 뺏는 내용 커리큘럼을 만드는 것은 잘못이다. 또는 암묵적으로 혼란을 피해야 할 것으로 여기고, 학습은 혼란 없이 이루어질 수 있으며 그래야 한다고 여기는 학습 문화를 만드는 것도 잘못이다. 학습자가 자신의 가치는 감정의 명료함에 달려있으며, 무지함 때문에 무너진다고 느껴서도 안 된다. 아이들이 무지에 의해 위협받는다고 느끼면 회복탄력성은 약해진다. 실패나 좌절의 위협을 받아도 마찬가지다.

캐롤 드웩은 회복탄력성이 '지성'에 대한 잘못된 관점으로도 붕괴된다는 것을 보여준다. 드웩은 지성이나 '능력'에 대한 두 가지 일반적인 관점을 구분했다. 첫째, 언어로 표현하는 능력은 확장 가능한 종류의 학습과 앎의 도구상자로 여겨진다. 사람은 공부하면서 공부하는 방법도 공부한다. 즉, 더 나은 학습자가 된다. 그러나 불행히도 교육에 대한 논의에 스며든 또 다른 관점은 '능력'을 선천적으로 주어진, 다용도의 두뇌 파워로 여긴다. 그리고 두뇌 파워는 우리가 기대할 수 있는, 또는 성취하리라고 기대하는 최고 자리를 차지한다. 어떤 아이에 대해 "키가 크고 갈색 눈에 매우 영리하다"라고 말한다면, 이것은 암묵적으로 뒤의 관점에 동의한다는 뜻이다. 이런 관점에서는 아이의 편에서 아무리 노력해도 키, 눈 색깔, 타고난 '능력'은 바뀌지 않는다.

드웩은 마음에 대한 이러한 결정론적인 관점이 학습의 회복탄력성을 떨어트릴 수 있다는 사실을 밝혀냈다. "더 영리해질 수 있다"라고 생각하는 어린이는 학습에서 더 끈질기고 모험을 할 가능성이 있다. 어째서? 유동적인 지성'이론'은 어린이가 자신을 펼치도록 격려하고, 그럼으로써 아이는 더 영리해질 수 있기 때문이다. 이것은 그 아이에게는 가능성이다. 그러나 능력이 고정된 것이라고 생각하는 어린이는 자기가 잘못할 때마다 당황할 것이다. 사람이 변하지 않는 일정량의 영리함을 지니고 있다고 느낀다면, 그 아이에게 실패나 혼란은 자신의 능력이 적합하지 않다는 증거로만 해석될 것이다. 이런 경험으로 괴로워할수록 아이는 더욱 위축되고, 숨고, 방어하고, 공격적이 될 것이다. 학습 커리큘럼에 대한 이 연구의 교훈은, 교사가 학습 능력의 유동적인 본성을 이해하고, 이런 관점을 아이들에게 전달하는 언어를 사용해야 한다는 것이다.

내용 커리큘럼과 학습 커리큘럼

마음을 확장할 수 있다는 이런 관점이 원칙적으로 정립되고 나면, 학습 커리큘럼이 다음으로 할 일은 앎과 배움의 모든 영역을 연습할 기회를 주는 것이다. 회복탄력성에 기초하면 더 큰 지략도 세울 수 있다. d-모드를 발전시키고 더 정련해야 하지만, 직관의 힘과 상상력, 말로 되지 않은 세심한 관찰 또는 몸의 말 듣기, 통찰의 작은 씨앗 찾아내기, 꿈과 공상의 신화적 세계에 느긋하게 머물기, 이유를 모른 채 움직이기 등의 능력도 마찬가지로 가다듬어야 한다. 교사가 이런 일의 가능성과 가치를 더 잘 알고 있다면, 자신의 가르침이 격려하거나 요구하는 여러 학습 모드를 더 다양하게 변화시킬 기회를 충분히 찾아낼 수 있을 것이다. 이는 특히 중등학교 이상의 교사가 귀담아 들어야 할 내용이다. 우리가 지금까지 탐색해온 앎의 길 중 많은 것이 초등학교 학생과 교사에게는 친숙한 것이다. 하지만 전통적인 내용 커리큘럼은 이런 방식을 '유치하게' 여기고, 가능하면 빨리 더 분명하게 말로 표현된 인지형식으로 바꿔야 한다고 생각해 왔다. 이런 태도는 근본적으로 잘못이다. 더 느린 앎의 방식은 다른 것으로 대체되어야 하는 것이 아니다. 이런 방식은 어른이 되기까지 더욱 자양분을 주어 키워야 하는 것이다. 그리고 나중에 시작되는 보다 형식적인 앎의 길로 보충될 필요는 있지만 완전히 어둠속으로 밀려나서는 안 된다.

예를 들어 직관을 학습 안에 명시적으로 포함시켜서 연마할 수 있다. 최근의 과학 학습에 대한 연구를 보면, 아이들이 세상이 어떻게 움직이는지에 대한 직관을 실험실 안으로 가져와 그것을 나누고, 탐색하고, 실험하게 하면, 더 풍부하게 과학을 이해하고, 과학적 사고를 더 확고하고 유연하게 받아들인다. 4장에서 보았듯이 직관은 자연과학에서 아주 중요한 앎의 방식이다. 직관을 무시하지 않고 작업하면, 아이들은 지식의 몸통인 과학뿐만 아니라 과학자처럼 생각하는 법도 배운다.[23]

'사물이 들어오도록 할' 수 있는 느긋한 마음 태도를 키우는 것도 교육이 할 수 있는 일이다. 몇몇 학생은 스스로 핵심을 찾아낸다. 다른 학생은 약간의 가르침이 필요할 수도 있다. 윌리엄 템플 대주교는 전자에 해당하는 사람이었다.

소년시절에 나는 라틴어로 시를 써오라는 숙제를 받곤 했다. 상당히 어려운 숙제였다. 하지만 나는 촛불을 켜고 작업을 했는데, '막혀서' 올바른 구절을 찾을 수 없을 때면 양초 옆구리에 붙은 촛농을 한 줄기 떼어내 천천히 불꽃 속으로 밀어 넣었다. 그러면 막힌 구절이 나타나곤 했다.[24]

상상력은 평생에 걸쳐 학습도구가 된다. 스포츠 같이 힘든 시합을 위해 신체기술을 익히는 것이든 자신의 가치와 신념을 정리하는 것이든, 생생한 상상력과 이미지로 바라보는 능력은 이성적인 독백보다 훨씬 더 효과적이라는 사실이 여러 번 증명되었다.[25] 상상력을 발휘하고 환상을 품는 것은 어린 아이들이 자연스럽게 잘하는 영역이다. 이 점에서 그들의 학습능력은 자라면서 손쉽게 정련하고 발전시킬 수 있다. 반대로 타고난 상상력이 공격적으로 무시받아 위축되면 학습 능력은 줄어든다.

지금 여기에 주목하기는 어떤가? 어린이가 내용 커리큘럼을 잘 하기 바란다면, 우리는 지식이 확실한 거라고 가르칠 수 있다. 이런 종류의 가르침에서는 '교과서' 접근법을 도입하는 게 더 효율적일 것이다. 지식과 그것을 다루는 적절한 방법이 (대부분) 합의되어 있고 안전한 것인 듯이 행동하는 일이다. "뭐하러 '지식의 사회적 구조'에 대한 자유로운 이야기로 아이들을 혼란스럽게 만들지?"라는 질문은 아주 적절한 것이다. 하지만 학습 커리큘럼에서 보면 학생들은 지식의 소유권 및 지식을 만드는 과정에 더 큰 감각을 발전시키도록 도움을 받아야 하는데, 이것은 지식을 더욱 다의적인 것으로 보여준다는 뜻이다. 항상 질문과 수정이 가능한 인간의 생산품이라고 말이다. 목적지가 아무리 멀어도 아이들이 지혜의 방향으로 나아가는 여행을 시작하기 바란다면, 우리는 약간의 인식론적 불확실성을 만들어내는 위험을 감수해야 한다. 이런 위험은 실제로는 그리 크지 않다.

엘렌 랑어는 고등학생과 대학생을 서로 다른 그룹으로 나누어 같은 정보를 서로 다른 방식으로 제공하는 일련의 연구를 수행했다. 예를 들면, 랑어는 대학생들에게 도시 이웃관계의 진화에 대한 이론을 서술한 논문을 읽게 했다. 한 대학생 그룹에는 이 이론이 진실인 것처럼 쓰인 글을 주었다. 다른 그룹에는 이것이 그냥 하나의 이론인 것처럼 서술된 논문을 주었는데, '이 데이터를 이런 식으로 바라볼 수 있다'라거나 '~라고 볼 수 있다' 등의 표현을 사용했다. 랑어는 학생들이 얻은 지식을 사용하는 능력을 검사했는데, 두 그룹의 기억력이 같은데도 '~라고 할 수 있다'라는 표현을 읽은 그룹이 정보를 더 유연하고 창의적으로 사용하는 것을 보았다. 교사가 지식의 내용이 바뀔 수 있다는 사실은 개인적인 우유부단함 때문이 아니라 그것이 지식의 본질이기 때문이라고 말하는 것이, 아이들에게 지식에 대한 불확실성을 만들 수 있다는 두려움은 근거가 없었다. "(이런 식으로) 조건적이라고 배운 아이들이 **더** 안전하다. 부정적이거나 예상치 못한 결과가 나올 것에 더 잘 대비되어 있기 때문이다."[26]

　　내용 커리큘럼과 학습 커리큘럼 사이의 구분이, '칠판에 쓰면서 설명'하는 방식 대 '발견학습'을 놓고 벌어지는 낡은 토론과는 어떤 관계가 있는가? 내용 커리큘럼의 관점에서 보면, 아이들이 배워야 할 수많은 '바퀴'가 있는데 '바퀴를 새로 발명'하느라 허둥대게 하는 것은 끔찍하게 비능률적인 일로 보일 수 있다. 중요한 것이 바퀴라면 이는 전적으로 옳다. 하지만 학습 커리큘럼에서 가장 중요한 것은 바퀴가 아니라 발명이고 발명의 힘을 강화하는 것인데, 이것은 발명해보도록 허용하고 격려함으로써만 생겨난다. 누군가 쉽게 답을 알려주거나 정보를 줄수도 있는 상황에서 스스로 그것을 발견하느라 보낸 시간은, 탐험가로서 더 큰 자신감과 능력이라는 결과를 얻기만 한다면 아주 훌륭하게 보낸 시간이다. 발견학습은 '서서히 스며드는 배움'의 힘을 이끌고 발전시킨다. 직관과 상상력처럼, 자신이 무엇을 하는지 꼭 말하지는 못해도 경험에서 패턴을 찾아내는 이런 능력은, 평생을 통해 말할 수 없이 유용하다. 지식을 쌓는 일과 학습능력을 익히고 발전시키는 일은 모두 중요하다. 어린이건 어른이건 학습자가 배움의 시작 단계에서 필요한 도구도, 지식도 없다면 비생산적으로 허둥대기만 할 수 있다. 학습 커리큘럼의 진짜 적은, 어느 쪽을 옹호하든 독단론이다.

지략을 갖추려면 학습 자원의 모든 영역, 여러 가지 앎의 방식을 마음대로 사용할 수 있어야 한다. 각각의 방식에 어울리는 문제 종류와 각각의 방식이 제공하는 지식의 종류를 직관적으로 감지하는 능력을 키워야 한다. 지략 있는 학습자는 수수께끼 상황을 정밀함과 집중력으로, 그러면서도 느긋한 산만함으로 살펴볼 수 있다. '사물이 말하게' 할 수 있고, 정말로 무엇이 거기 있으며, 무엇이 거기 있지 않은지 볼 수 있다. 헤르만 헤세의 표현대로 모든 것을 "너 자신의 소망이라는 흐린 거울 안에서" 바라볼 수 있다. 또한 단서와 힌트를 잘 사용할 수 있다. 분석하고 자세히 음미할 수 있지만 동시에 몽상과 되새김질도 할 수 있다. 질문하고 공동작업을 할 수 있지만 침묵하고 명상에 잠길 수도 있다. 정확한 표현과 은유를 다 이용할 수 있고, 말로 표현하기와 그림으로 보기를 할 수 있으며, 과학적이면서도 시적일 수 있다. 프랑스 과학자 마리 퀴리를 알면서 에밀리 디킨슨도 아는 것이다. 지략 있는 학습자가 되려면 이 모든 앎과 배움의 방법을 다 동원해 놀고, 탐험하고, 실험할 기회를 가져야 한다. 그렇게 해서 자신의 힘과 정밀함, 타당성을 두루 찾아내야 한다.

지략 있는 학습자는 자신의 학습 계획을 위한 좋은 '경영자'가 되는 능력도 발전시켜야 한다. 문제에 접근해도 별 소용이 없을 때가 언제인지, 방향을 바꿀 때가 언제이며 포기해야 할 순간이 언제인지 판단할 수 있어야 한다. 좋은 학습은 **반성** 능력을 요구한다. 자신의 학습과 앎을 위한 전략적·전술적 관점 갖기, '사태가 어떻게 돌아가는지', 또 다른 대안적 접근법이 있는지 잘 알기 같은 것 말이다. 그래서 학습 커리큘럼은 학습자가 무엇을, 언제, 어떻게 학습할까를 스스로 결정하고, 자신의 노력을 평가하는 문제에서 어느 정도 적절한 진짜 책임감을 갖기를 요구한다. 어떻게 알 것인가를 아는 일은 실제 삶의 학습 영역에 적용해서, 서로 다른 학습 스타일과 전략의 강점과 약점, 한계를 알아냄으로써 발전한다.

이미 말했듯이 '학습'을 내용 커리큘럼에 추가할 새로운 '과목'처럼 다룰 수는 없다. 예를 들어 '학습기술' 프로그램은 학습전략을 직접 가르칠 수 없다는 사실을 보여준다. 학습기술의 어떤 이점도 말로 설명하고 가르쳐서 임의로 사용하게 할 수는 없다.[27] 학습능력은 경험을 통해 자란다. 그것을 공식으로 바꿔 말로 가르쳐서 누군가의 머릿속에 이식할 수는 없다. 내용 커리큘럼은 빡빡한 스케줄과 감독을 요구하지만, 학습 커리큘럼은 학생들이 스스로 탐색할 수 있도록 어느 정도의 시간과 자유와 격려를 제안한다. 내용 커리큘럼에서는 '객관적' 기준에 따라 학습자가 얼마나 잘 하고 있는지 말해주는 것이 중요하다. 그런 피드백은 그들의 발전을 알려주고 '동기부여'를 할 수도 있다. 하지만 학습 커리큘럼에서는 학습자가 자신의 노력의 가치를 돌아보도록 일정한 책임과 격려, 도움을 주는 일이 중요하다. 오직 그렇게 해야만 그들은 질을 판단하는 직관적 '후각'을 발전시킬 것이기 때문이다. 자기 자신을 위한 가치라는 측면에서, 무엇이 '좋은 공부'인지 스스로 말할 수 있는 능력 말이다.

내용 커리큘럼에서는 학생들이 따분해 할 너무 쉬운 문제나, 실패하면 자존심을 다치게 할 너무 어려운 문제를 내는 것이 해로울 수 있다. 그러나 학습 커리큘럼에서는 학생들을 어려움에서, '씹을 수 있는 것보다 더 많이 물어뜯는 것'에서 보호할 필요가 줄어든다. 씹으려는 노력을 통해 학습 능력이 강하고 넓어질 것이기 때문이다. 당신은 열 살 때 미국 시인 토머스 엘리엇의 『재의 수요일』을 음미함으로써 많은 것을 배울 수 있다. 마치 당신이 아직 너무 어려서 낚싯대를 들어 올리지도 못하는데 누나를 따라 낚시를 하러 가거나, 힌트를 풀지도 못하면서 어머니의 십자 낱말풀이를 '도와주는' 일을 못하게 할 필요가 없는 것과 같다. 항상 당신의 수준에 맞게 잘 손질된 문제만 다룬다면, 당신은 어수선하고 모호하고 잘못 구상된 상황에서 가장 잘 작동하는 느린 직관적 방식의 앎을 발전시킬 기회를 뺏기는 것이다.

확장된 극장

학습사회가 발전하려면, 앞서 간략히 말한 직장윤리와 교육방법의 실질적인 변화가 이루어져야 한다. 하지만 더 깊은 층위에서 우리는 인간의 마음을 새로운 방식으로 파악하라는 요구를 받는다. 데카르트가 20세기를 향해 남긴 유산은 마음이 '의식의 극장'이라는 이미지다. 의식의 극장은 정신적 삶의 활동이 펼쳐지는 환하게 조명을 받은 무대다. 또는, 지적인 경영자가 앉아서 냉정하게 증거를 살피고 결정을 내리고 문제를 풀고 명령을 내리는 불이 훤히 켜진 사무실이다. 이런 사장실에서는 인간의 지성과 의식, 정체성 등이 모두 하나로 합쳐진다. 모두가 실질적으로 같다. '내'가 경영자고, '내'가 조명을 받으며 일한다. 나는 내 '지성'을 구성하는 모든 문서에 접근할 수 있다. 내가 보지 못하거나 충분히 통찰하지 못하는 것은 존재하지 않거나, 단순히 '물질'에 지나지 않는다. 자신의 이익을 위해 아무 것도 하지 못하는 몸뚱어리의 벙어리 물질이다. 그것은 감독자도 없이 소화와 호흡, 혈액순환 등 허드렛일을 하고 있지만, 무언가 똑똑한 일을 하기 위해서는 두뇌 사무실에서 나오는 지시를 기다려야 한다.

이런 이미지가 우리 마음과 잠재력, 자원에 대한 감각을 계속 활성화하면서 일상을 형성하는데, 이것은 모든 점에서 잘못이다. 이런 이미지의 기반이 되는 마음-몸 이원론은 철학적으로 파산했고 과학적으로도 신뢰를 잃었다. 무의식적 지성은 이미 입증된 것이다. 영감을 만들어내기보다는 기다려야 한다는 요구는 부정할 수 없는 것이다. 의식적 자아는 의식이 접근할 수 없는 작업장에서 만들어진 선물을 기다려야 한다. 오늘날 우리는 무의식의 새로운 개념을 필요로 한다. 무의식에 지성을 되돌려주고, 자아의 감각 안에서 그것을 재가동시킬 개념이다. 무의식과 결합된 앎의 방식을 되찾으려 한다면 말이다. 의식, 통제, 말로 표현하기 등과 연관된 앎의 방식을 집중 조명한 것이 지난 200년 동안의 폭발적인 과학적 사고와 기술적 성과를 가능하게 했다. 하지만 그 대가로 우리는 없어서는 안 되는 마음의 다른 영역을 불구로 만들었다. 랜슬롯 로 화이트의 표현을 보자.

자의식을 지닌 개인이 의존할 수 있는 유일한 인자인 불굴의 의지와 회의적 이성을 지닌 채 숙명과 마주선다는 유럽과 서양의 이상은, 아마 지금까지 공동체가 받아들인 가장 고귀한 목적일 것이다. ……하지만 이런 이상이 도덕적 실책이며 지적인 오류라는 것이 분명해졌다. 그것이 개인의 알아챔이 지닌 윤리적·철학적·과학적 중요성을 과장했기 때문이다. 이런 부적합한 이상을 폭로하는 주요 인자가 무의식적 마음의 (재)발견이다. **무의식 개념이 오늘날 지극히 혁명적인 개념**인 이유다.[28](강조는 필자)

이런 무의식 개념, 심층마음은 20세기 유럽 문화가 전반적으로 받아들인 무의식과는 상당히 다르다. 곧 너무 끔찍하거나 위험해서 의식으로 들어가지 못하는 경험과 충동, 생각이 들어가 박힌 마음의 오물구덩이를 가리키는 프로이트의 무의식 개념과는 다르다. 무의식을 이렇게 보는 것은 병리적이고 억압적이다. 이 개념은 의식이 지적이고 통제된다는 데카르트의 기본 전제를 수용한 것이며, 따라서 무의식이 의식과는 다르고 의식에 대립한다는 것이 당연한 결과일 수밖에 없다. 그러니까 무의식은 감정적이고 비합리적인 낯선 것이다. 무의식은 '나'가 아니라 '그것'이 될 수밖에 없다. 프로이트가 원래 표현한 'das Es(그것)'가 영어로 '이드(the Id)'로 번역되면서 쓸데없이 신비화되었다.

19세기와 20세기에 임상실습과 심리치료 발전이 이루어지면서, 인간의 경험과 행동의 여러 양상을 설명하기 위해 우리가 이런 무의식 개념을 정말로 필요로 했다는 사실을 보여주었다. 하지만 이런 어둡고 파괴적인 마음의 외딴 곳이 의식적 알아챔의 저편에 있는 **유일한** 부분이라고 추정하는 잘못을 계속한다면, 데카르트의 이미지가 근본적으로 그대로 남아있는 것이다. 심지어 헝가리 출신 작가 아서 케스틀러가 스위스 심리학자 카를 구스타브 융에 대해 말한 것처럼, 우리가 근본적으로 병리적인 이런 모습에 이국적인 '신비한 후광'을 덧붙인다 해도 의식과 지성, 정체성의 핵심적 동맹관계는 그대로 살아남는다. 이래서는 간신히 살아남아 현대 문화의 중심으로 재부상한 무의식 이미지는, 우리가 우리 자신에 대해 생각하는 방식을 계속 통제한다는 이미지를 단순히 다듬은 것이거나 거기에 덧붙인 주석일 뿐이다.

하지만 지난 350년 동안 일련의 또 다른 목소리가 있었다. 그 목소리는 우리가 지닌 마음의 관점에서 심층마음이 원래의 중심부로 돌아오기를 요구하고 있었다. 데카르트의 『제일철학에 대한 성찰』이 출판되고 채 20년도 지나지 않아 프랑스 수학자 블레즈 파스칼은 우리에게 "심장은 어떤 이유에서인지 자신이 모르는 자체 이성을 가진다"라고 알려주었다. 17세기가 끝나기 전에 케임브리지대학교의 철학자이자 과학자 랠프 커드워스는 이렇게 썼다. "인간의 영혼이 스스로 제 안에 지닌 것을 늘 의식하지 못한다는 것은 분명하다. 심지어는 잠자는 기하학자도 어떤 식으로든 자기 안에 기하학 이론을 지니기 때문이다. 우리는 모두 의식하지 못한 채로 많은 행동을 하는 것을 경험한다." 독일 낭만주의의 영향을 받은 최초의 영어권 철학자 중 하나인 윌리엄 해밀턴 경은 "우리 의식이 변화하는 영역은, 그보다 훨씬 더 넓은 행동과 정열의 영역 중앙에 있는 작은 원일뿐이다. 전체 영역에 대해 우리는 오직 그 효과를 통해서만 의식한다."

1870년 프랑스 역사가이자 비평가 이폴리트 텐은 『지성에 대하여』라는 에세이에서, '데카르트의 극장' 이미지에 무의식적 배경을 더해 신중하게 다듬었다.

그러므로 인간의 마음을 무한한 깊이를 가진 극장에 비교할 수 있다. 극장
에서 앞무대는 매우 좁지만, 극장 [전체의] 무대는 이보다 훨씬 크다. 조명
을 받는 앞무대에는 겨우 배우 한 명이 들어갈 자리밖에 없다. 배우가 와서
잠깐 연기하고는 앞무대를 떠난다. 또 다른 배우가 등장해 또 다른 연기를
한다. ……장면 사이에, 그리고 멀리 떨어진 무대 뒤쪽에는 알기 어려운 많
은 모습이 있고, 그 중 한 명이 무대로 불려 나오는데, 심지어는 앞무대 조
명이 켜지기도 전에 온갖 종류의 배우들 사이에 끊임없이 그 어떤 진화가
일어나서 우리 눈앞에 한 명씩 스쳐가는 배우를 공급해주는 것이다.

이제야 우리는 마음에 대한 데카르트의 이미지가 스스로에게 맞서
게 할 수 있다. '스포트라이트를 받는 생각'이라는 이미지만으로는 '극
장'에 대한 우리의 이해에 잘 맞지 않기 때문이다. 데카르트의 이미지
는 극장이 극장일 수밖에 없는 두 가지 요소를 빠뜨렸다. 바로 무대의
양쪽 측면과 연극의 본성이다. 무대에서의 연기는 오직 등장과 퇴장이
라는 맥락에서만 의미가 있다. 배우들은 무대에서 태어나는 것이 아니
다. 그들은 **등장하고** 얼마 뒤에는 **퇴장한다**. 우리는 그들이 어딘가에서
이리로 왔으며, 어딘가로 떠난다는 것을 안다. 분장실, 기술진, 소품과
장식품 등 '무대 뒤'가 있고. 마지막에 의상을 입고 박수를 받으며 무대
에 등장하는 것보다 훨씬 더 유동적이고 시험적으로 해석과 공연이 진
행되는 리허설과 토론이라는 감춰진 세계가 있음을 모른다면, 우리는
'극장'이 무엇인지 전혀 이해할 수 없다. 눈에 보이는 공연은 눈에 보이

지 않는 대규모 장비와 활동을 전제로 한다.

마찬가지로 우리가 배우와 그가 맡은 역할을 구분하지 못한다면 엄청난 혼란을 겪게 된다. 극장에서 구경하는 것은 시뮬레이션이며 허구이고, '실제 삶'을 비슷하게 흉내 낸 것이다. 그러니까 실제 삶을 **연극화**한 것이다. 요점을 강조하기 위해, 또는 효과를 위해 비틀고 돋보이게 하고 고치고 필요하다면 오도한 것이다. 무대에서 벌어지는 일이 '현실'이 아니라는 것을 잊는다면, 악당이 총을 빼 드는 순간 당신은 여주인공을 구하려고 무대 위로 기어 올라갈지도 모른다. 좋은 '연극'은 당신의 주의력을 사로잡아 공감을 이끈다. 당신은 한동안 그 세계에 '완전히 빠져' 있겠지만, 궁극적으로 당신이 연극과 현실의 차이를 말하지 못한다면 곤란에 빠질 것이다. 의식이 우리에게 문자 그대로의 완전한 진실을 보여준다고 억측하는 것은 정확하게 이런 잘못을 범하는 일이다. 그래서 극장 은유를 분석하자마자 저절로 분명해지면서 오류가 사라졌다. 우리는 심층마음이라는 측면무대 없이는 아무것도 못한다. 의식에서 벌어지는 일을 액면가 그대로 받아들일 수는 없다.

확장된 극장이라는 이미지는 우리가 찾고 있는 의식과 무의식 사이의 새로운 관계를 위한 감정을 전달할 수 있다. 하지만 d-모드 문화에서 그런 이미지는 그다지 무게를 갖지 못한다. 과학과 이성만이 진짜 권위를 갖는다고 모두가 억측하는 세계에서는 철학과 시, 비유적 표현의 목소리는 상대적으로 약하다. 그래서 앎의 비과학적 방법을 불러들이는 것은 역설적이게도 과학이다. d-모드가 스스로 제한되어 있을지도 모른다는 생각을 받아들이게 하려면, d-모드 언어를 이용해 말을 걸어야 한다. 느린 앎의 방식과 심층마음의 인지능력에 대한 경험적 연구는, 마음

에 대한 우리의 이해에 꼭 필요한 변화를 만들어내도록 중요한 기여를
할 수 있다. 이런 연구가 계속 운동량을 모으면 전체적으로 문화 속으
로도 스며들 것이고, 교육자와 경영자, 정치가가 스스로 맞닥뜨린 까다
로운 일에 더 잘 어울리는 마음의 도구를 사용하게 할 수 있을 것이다.
또한 그렇게 희망하지 않을 수 없다. 토끼 두뇌는 돈을 위해 잘 달려왔
다. 이제는 거북이 마음이 제 일을 할 시간이다.

평생학습 시대를 살아가는 이들을 위한 실천적 안내서

학술적으로 꽤 묵직한 내용을 다루고 있는 『거북이 마음이다』는 언뜻 보기와는 달리 실용적 목적을 담은 고급 실용서다. 고급이라는 말을 붙인 것은 여기서 추구하는 목적이 일반적인 실리가 아니라 '직관'과 나아가 '지혜' 같은 정신적·영적 가치를 지향하기 때문이다.

직관이나 지혜는 개념 정의 자체가 그리 쉽지 않은 말들이다. 하지만 저자는 탄탄한 인지과학의 지식을 토대로 이 힘든 낱말들을 뇌과학의 관점에서 새롭게 정의한다. 이 책에서 특히 우리의 관심을 끄는 부분이다. 곧 이것은 뇌과학 또는 인지과학의 관점에서 본 직관 혹은 창의력이란 무엇인가를 다룬 책이다. 과학적으로 직관의 정의를 내릴 수 있다면 직관을 키우는 방법도 찾을 수가 있을 텐데, 실제로 이 책은 그 방법을 제시하고 있다. 그래서 실용성을 갖는다. 물론 정확히 이해하고 실천할 수 있는 사람에게만 실용적이다.

이 책을 쓴 사람은 영국 심리학자이며 교육학자이고 나아가 인지과
학자인 가이 클랙스턴이다. 인지과학은 '뇌과학, 철학, 인공지능, 실험
심리학을 결합한' 통합학문이다. 인문학과 자연과학을 통합하고 있어
서 장래도 꽤 유망해 보인다. 세계적으로는 물론 현재 우리나라에서도
인기 있는 학문분야이기도 하다. 여기서 간략하게 책의 논의를 따라가
보자.

1. d-모드 생각

세 가지 속도의 생각이 있다. 첫째 보통 우리가 생각하는 것보다 비
할 바 없이 빠른 생각으로 거의 본능에 해당하는 것이 있다. 둘째로는
우리가 흔히 생각이라고 말하는 것, 그리고 마지막으로 이보다 훨씬 느
리게 진행되는 전혀 다른 종류의 생각이 있다. 첫 번째 종류의 생각은
우리의 통제력 밖에 있다. 그러므로 우리 책에서는 두 번째와 세 번째
종류의 생각을 다룬다.

문제는 우리가 세 번째 종류의 생각이 있다는 사실을 제대로 알아
채지 못한다는 것이다. 우리가 흔히 생각이라고 말하는 것과는 전혀 다
른 방식으로 느리게 진행되는 이런 생각은 직관, 창의력, 지혜 등에 연
결되는 것으로 놀라운 생산성을 보일 수가 있다. 그러니까 절대로 포기
할 수 없는 소중한 종류의 것이다.

이것을 더욱 분명히 보여주기 위해 저자는 먼저 우리가 통상적으로
'생각'이라고 여기는 것을 정밀하게 검토하는 것으로 시작한다. 이것을
d-모드 생각이라 부르고, 이에 대한 세밀한 설명이 1장에 제시된다. d-

모드는 오늘날 각급 학교에서 다루는 대부분의 내용과 연관되는 것으로, 무엇보다 명료한 언어와 공식으로 이루어진 지성이다. 이것은 인간의 감각인식이 혼란스럽지 않다는 전제에서 출발한다. 그리고 무슨 문제든 빠른 속도로 해결하는 효율성을 지향한다. 물론 d-모드는 우리에게 매우 중요한 지성이다. 그 점을 부인할 수는 없고, 잊어서도 안 된다. 하지만 d-모드가 우리 지성의 전부는 아니다.

무엇보다도, d-모드는 우리 삶에서 가장 기본을 이루는 배움의 방식이 아니다. 예를 들면 갓난아기는 d-모드가 없이도 세상을 탐색하고 걷기를 배우고 말을 배운다. 어린아이만이 아니라 온갖 동물과 곤충도 d-모드가 없는데도 제각기 자신의 삶을 잘 꾸려갈 수 있을 만큼 충분히 지성적이다. 즉 d-모드는 지성을 위한 유일한 모드가 아닌 것이다. 생명체가 생명의 유지를 위해 필요로 하는 기본지성은 d-모드가 아니라 서서히 스며드는 배움의 방식으로 작동한다.

어린 시절만이 아니라 자란 다음에도 서서히 스며드는 배움은 여전히 우리 삶에서 중요한 배움의 방식이다. 다만 오늘날 우리는 그런 지성을 제대로 인식하지 못하거나, 아예 d-모드로 바꾸어 버리려 한다. 경험을 통해 몸으로 익혀야 하는 기술 대부분이 여기 속한다. 골프를 정말로 잘하는 것과 그것을 말로 잘 설명하는 것은 전혀 다른 일이다. 처음 들어간 모임이나 직장에서 전체 분위기를 파악하는 일은 말로 되는 것이 아니라 시간을 두고 몸으로 익히는 것이다. 이런 능력도 엄연히 지성이다. 실은 생존을 위해 매우 중요한 지성인 것이다.

하지만 생각이나 행동에 대해 말로 표현하는 것을 특히 중요하게 여기는 현대사회에서는 지나치게 일찍부터 말로 생각하기를 거의 강요하고, 그러다보니 서서히 스며드는 배움의 영역마저 d-모드 방식 지성의 지배를 받게 되었다. 그런 탓에 우리는 d-모드 이외 지성의 일부를 잃어버릴 위험에 놓여 있다. 이것은 더욱 심각한 결과를 빚는다. 현대사회에서 몹시 중요하게 여기는 직관과 창의력도 d-모드와는 다른 방식의 생각에서 나오는 것이기 때문이다. 직관이나 창의력은 일상적인 우리의 의식적 생각을 통해 짜내질 수 있는 것이 아니다. 이것은 주로 의식의 바깥 또는 의식의 아래쪽, 곧 무의식이나 심층마음에서 나오는 것으로 보인다. 이것을 더 정확하게 알아내기 위해 저자는 우선 우리가 지각과 생각의 주체라고 여기는 의식(consciousness)에 대한 상세한 탐색을 시작한다.

2. 의식과 자의식—뇌과학의 설명

우리는 의식 없이 지각하는 경우를 일상에서도 자주 경험한다. 자동차를 운전하면서 옆 사람과 이야기를 하다 보니 어느새 집에 도착해 있더라는 경험 같은 것이다. 정신을 딴 데 팔고 있었는데, 내 속에 있는 자동항법 장치가 운전을 계속한 것이다. 여기서 무의식적인 지각이 일어나고 있었다.

저자는 무의식 단계 - 심층마음 단계 - 의식 단계를 구분하고, 이 세 단계 사이에 두 개의 문지방이 놓여있다는 이미지와 용어로 이 현상을 설명한다. 두 문지방 사이, 즉 가운데 있는 심층마음 단계는 밖에서 들어오는 인상이 즉시 우리에게 작용하기는 하지만 의식은 되지 않는 상태를 말한다. 무의식이나 심층마음은 의식보다 훨씬 더 광범위하게 활동하면서도 의식에는 잡히지 않는 부분이다. 그런데 우리의 생존은 의식의 활동과 더불어 무의식과 심층마음의 활동에도 의존하고 있다.

의식, 특히 자의식은 심층마음의 활동을 가로막는 경향이 있다. 스트레스가 심한 상황에서 의식은 좁은 영역에만 주의력을 집중시킨다. 이런 집중된 주의력도 이따금 필요하다. 하지만 이렇게 초조하게 집중된 상태에서 심층마음의 작용은 심각하게 위축된다. 심층마음은 느긋한 상태에서 잘 작동하기 때문이다.

의식과 자의식을 정밀하게 탐색하기 위해서 저자는 의식의 뒤에서 실제로 활동하는 두뇌를 탐색한다. 곧 뇌과학의 지식을 동원한다. 의식의 탐색을 위해 먼저 신경세포의 구조와 활동 메커니즘, 신경세포 다발들이 연합하여 활동함으로써 비로소 만들어지는 구체적인 개념들, 그 개념들이 다시 모여서 만들어지는 표상 – 예컨대 '제인'이라는 한 인물에 대한 전체적인 표상 등이 서술된다. 뇌과학 지식을 이미 어느 정도 갖추고 있는 사람은 여기서 간단히 복습을 하면 되고, 지식이 전혀 없는 사람은 여기서 예습하고 다른 책을 조금 더 찾아볼 필요가 있다.

우리 두뇌가 받아들인 사물의 모습을 나타내는 두뇌풍경과, 사물을 개념과 낱말로 붙잡은 낱말풍경이 정확히 일치하지 않는다는 것이 여기서 핵심이다. 물론 낱말풍경도 신경세포 다발들의 활동으로 이루어진다. 거칠게 말하자면, 언어표현을 중시하는 d-모드는 주로 낱말풍경을 기반으로 삼는 반면, 심층마음과 무의식은 두뇌풍경과 더 많이 연관된다.

어느 한 시점에 뇌 신경세포 활성화의 총량은 어느 정도 제한된 범위를 유지한다. 그러므로 낱말풍경과 연관된 신경세포 다발들이 활성화되면, 그것만으로 뇌의 활성화 총량 대부분을 소진하기 때문에 두뇌 풍경과 연관된 신경세포 다발들의 활성화가 매우 위축된다. 그러니까 무엇인가를 말로 생각하거나 표현하면, 두뇌 넓은 영역의 디테일과 활성화가 떨어진다는 말이다.

뇌의 활동을 의식이 되도록 만드는 조건은, 첫째로는 자극이 신경세포들을 충분히 강력하게 활성화하는 것이다. 둘째는 활성화 강도보다 더 중요한 조건으로, 활성화가 충분히 오래 지속되는 일이다. 셋째로는 자아, 곧 자의식과 연관된 자극이다. 뇌과학의 이런 관찰은 다음과 같은 흥미로운 결론으로 이어진다.

우리는 흔히 의식이 우리 행동의 지시자이며, 결정의 원천이라고 생각한다. 하지만 뇌과학의 설명은 다르다. 자극이 두뇌에 미친 작용에 따라, 즉 뇌 신경세포의 활성화 강도나 지속성에 따라 의식이 나타나거나 나타나지 않는다. 두뇌에서 지각된 내용 일부는 의식에 나타나지 않는다. 그러므로 의식의 내용보다 두뇌가 지각한 내용이 훨씬 더 많고 풍부하다. 다시 말해 두뇌풍경에는 낱말풍경에 드러난 것보다 훨씬 풍성한 자료가 넓게 퍼져 희미한 상태로나마 들어있다.

의식, 특히 자의식은 원래 우리에게 위험이 될 수 있는 것을 알아채는 일에 관여한다. 즉 위험이 있는지 검출하고, 있다면 그것을 피하도록, 또는 위험을 더욱 키우지 않도록 적절한 대응을 하는 과정에 개입한다. 따라서 자의식은 위험의 검출과 제거라는 주로 부정적인 활동에 관여한다. 생존에 필요한 방어력의 일부로서 긍정적인 창의력과는 약간 거리가 있다.

3. 직관과 창의력

자극의 강도와 지속성의 결과 나타나는 의식과는 달리, 직관과 창의력은 두뇌풍경에서 덜 집중된 생각의 결과로 생겨난다. 이것은 본질적으로 느린 생각의 과정을 포함한다. 두뇌풍경에서 보자면, 활동의 진원지에서 밖으로 멀리 퍼져나가면서 희미하고 산만한 의식만을 만들어내고, 그러면서 다른 활동의 중심들과 만나고 섞이는 느긋한 상태에서 창의력이 생겨난다. 이것은 창의력 테스트 과정에 뇌파계를 측정한 결과로도 입증되었다.

준비, 부화, 조명, 집중의 네 단계를 거치는 창의력은 빠른 문제해결 방식을 추구하는 d-모드와는 본질적으로 다른 시간대에서 움직인다. 모든 단계에 순간적인 직관이 작용할 수 있다. 일종의 영감 같은 것이다. 하지만 올바른 영감이나 직관이 이미 긴 시간을 두고 잘 보이지 않게 무르익은 느린 생각의 결실일 가능성이 매우 크다. 올바른 직관과 창의력은 비슷한 과정을 거쳐 생기거나 길러지며, 용어는 달라도 그 본질이 상당히 비슷하다.

특히 준비과정은 직관이나 영감이 아이디어를 촉발시키면서 시작될 때가 많다. 준비 다음에 이어지는 부화단계에서 때로는 오랜 시간이 걸린다. 경우에 따라 여러 해가 걸리는 수도 있다. 부화단계에서 뇌는 덜 집중된 활성화 패턴을 보인다. 두뇌풍경에 넓게 퍼져있는 활동이 여러 초점을 동시에 활성화하는 것이다. 또한 어떤 아이디어는 무의식 상태로 활성화되기도 한다. 물론 조명과 집중단계에서는 d-모드의 도움도 필요하다.

결국 창의력이 어떤 결실을 맺기 위해서는 직관과 느린 방식의 생각과 d-모드 등 모든 종류의 생각을 다 동원해야 한다. 오늘날 학교가 d-모드에 지나치게 치우친 탓에 젊은이들은 느린 생각이나 직관을 이 용하는 법을 제대로 익히기가 어렵다.

d-모드의 지식은 우리 삶에 꼭 필요하다. 하지만 더 느리게, 더 자세 히 지각에 접근함으로써 더 나은 앎의 길에 도달할 수도 있다. 느리게 보기를 통해 우리는 더 나은 직관, 또는 이따금 지혜에 도달하는 길을 찾아낼 수 있다. 우리 책의 11장과 12장은 이 방법을 상세히 안내하고 지혜의 본질을 탐색한다. 이 책에서 가장 어려우면서도 실천적인 내용 을 담은 부분이다.

4. 느리게 보기와 지혜의 원리

네 가지 느리게 보기 방식이 여기서 다루어진다. 첫째 탐정 노릇, 둘 째 내면에 초점 맞추기, 셋째 시적 감수성, 넷째 지금 여기에 주목하기 등이다.

탐정 노릇은 옛날 선사시대부터 활동하던 사냥꾼의 특성에서 가장 잘 드러난다. 주변에 남겨진 극히 작은 흔적만으로 동물의 종류와 나이, 건강상태 등을 알아내는 경험 많은 사냥꾼이 대표적인 예다. 셜록 홈즈 의 탐정노릇이나 지그문트 프로이트의 정신분석도 이 계열에 속한다. 미술품의 진품 여부를 감정하는 것도 마찬가지다. 끈질기게 미세 정보 를 관찰하고 탐색하여 본질적인 문제에 접근하는 방식이다. 달라이라 마의 주치의 예시 돈덴이 미국에서 촉진만으로 환자의 질환을 알아낸 일화도 재미있다.

내면에 초점 맞추기는, 심리치료를 받는 환자들이 자신의 상태를 말로 표현하려는 노력을 멈추고 자신의 내면이 말하는 소리를 듣는 경향을 보일수록, 치료에서 성과를 얻을 가능성이 커진다는 사례를 통해 설명된다. 그렇지 않은 환자들은 심리치료의 효과가 거의 없다고 한다. 이것은 주절주절 말하기를 멈추고, 조용히 자신의 신체의 소리에 주목하는 일이다. 우리의 의식이 말하는 것이 아니라, 몸이 말하는 소리를 듣는 일이다.

시적 감수성은 말 그대로 시를 읽고 느끼는 능력이다. 이 세상의 사물을 이기적인 목적으로 재빨리 움켜쥐는 것이 아니라 그냥 세계가 우리에게 말을 하도록 하는 일이고, 세계의 말에 귀를 기울이는 일이다. 그럼으로써 세계 안의 한 존재, 자연의 한 부분인 우리의 원래 상태를 회복하는 일이다. 일상의 이기심에서 벗어나면서 우리는 원래 인간성을 되찾는다. 현대사회와 이기적 욕망의 부품이 아닌 전체로서의 인간으로 되돌아가는 일이다. 잠시라도 이런 상태를 되찾는 것은 우리 삶과 존재의 균형을 위해 꼭 필요하다.

지금 여기에 주목하기는 본디 명상이나 깊은 몰입에 필요한 태도지만, 현실에서 실질적인 효과를 보여주기도 한다. 심각한 통증의 완화나 우울증 치료에 직접 도움이 된다. 통증이나 우울증의 원인이 되는 내용을 확대재생산 하지 않고, 있는 그대로 바라보기만 해도 이미 통증과 우울증이 완화된다.

우리는 이 네 가지 주목하기의 방식을 정확히 이해하고 나아가 배우고 실천할 수가 있다. 그럼으로써 지혜에 한 걸음 더 가까워질 수도 있다. 지혜는 '힘든 상황에 나타나는 좋은 판단'이다. 여러 가치들이 충돌하는 힘든 상황에서 그 가치들의 중간층을 꿰뚫어볼 때 좋은 판단이 나온다. 스스로 안정돼 있고 다른 사람의 어려움에 공감하기는 하지만 거기 휩쓸리지 않은 채, 난제의 해결방안을 찾아내는 일이다.

지혜는 예로부터 성자와 예언자들의 행적을 통해 가장 잘 드러난다. 중국 혜능선사는 심층마음에 주목하라고 가르쳤다. 오늘날 심리학의 용어를 빌어 표현하자면, 수행은 마음을 비우는 일이 아니라 매 순간에 우리의 의식과 무의식 사이의 역동적 관계에 주목하는 일이다. 즉 무조건 생각을 비우는 것이 아니라, 자의식의 작용을 세세히 주목하는 일이다. 이것이 세계가 정말로 내는 소리가 아니라 그냥 자의식(에고)의 소리임을 알아내는 일이다. 매 순간 세계는 자의식의 소리와는 다른 소리를 내고 있다. 이런 주목을 통해 우리는 편협한 자의식의 생각을 버리고 균형 잡힌 세계인식을 얻을 수 있다.

일본 불교학자 스즈키도 반야(지혜)가 두 방향을 가졌음을 밝힌다. 즉 반야는 현재 펼쳐진 의식의 세계와 무의식의 심연 두 방향을 동시에 가리킨다. 스즈키에 따르면 "마음이 부처다"라는 명제는, 마음의 온갖 의식적 행동과 무의식적 행동을 동시에 따라다니는 의식의 상태가 곧 부처 정신의 근본이라는 뜻이다.

이런 관찰방식에 따르면 선불교 전통에서 수행이나 명상은, 너무 커져서 저 혼자만 우세해진 자의식(에고)을 세계 안의 원래의 작은 자리로 조용히 되돌려 보내고, 너무 줄어들어 잘 들리지 않는 무의식의 소리에 귀를 기울이는 연습인 셈이다. 이런 수행을 통해 자의식의 소리와 무의식의 소리를 균형 있게 들을 수 있게 되면, 자신의 존재와 세상을 다른 눈길로 바라볼 수 있게 된다. 자의식이 지닌 이기적인 욕심이 없이 이렇게 바라보는 눈길은 부처의 경지에 가까워진 영적인 눈길이기도 하다.

5. 평생학습 시대를 위하여

오늘날 전 세계적으로 평생직업의 개념이 사라지면서 평생학습이 중요해졌다. d-모드 위주의 학습은 계산적인 사고를 주축으로, 실리적인 목적을 가장 효율적으로 성취하기 위한 것이다. 이것은 눈에 잘 보이지 않는 심각한 위험을 품고 있다. 곧 인간의 본성에서 '명상적인' 특성을 잃어버릴 수도 있다는 위험이다. 실용성과 돈 계산만이 중요한 사회에서는, 이런 위험에 대한 사색의 가능성 자체가 이미 사라진 것인지도 모른다.

마지막에 저자는 학습의 중요한 특성 한 가지를 지적한다. 모든 학습 과정에는 내용의 습득(내용 커리큘럼)과 나란히 다른 특성 하나가 더 있다. 곧 배우는 방법 자체를 배우는 일(학습 커리큘럼)이다. 우리는 내용만 익히는 것이 아니라 배우는 방법도 배운다. 이 두 번째 부분은 내용을 효과적으로 빨리 배우는 것(d-모드)과는 대립할 수가 있다. 스스로 공부하는 법을 익히려면 얼른 많은 답을 아는 것이 아니라, 답을 얻는 과정이 더 중요하다. 스스로 답을 얻기 위해서는 여러 가지 시행착오와 방황이 필수다. 이것은 서서히 스며드는 배움의 과정으로서 심층마음에서 일어나는 일이다.

처음에는 느려도 일단 스스로 공부할 수 있게 된다면, 나중에는 오히려 속도와 효율성이 비할 바 없이 좋아진다. 심층마음과 무의식에 감쳐진 직관과 창의력을 동원할 수 있기 때문이다. 이렇게 공부하는 방법을 익힌 사람이라면 평생학습 시대를 위해 이미 준비가 된 사람이다. 명상과 수행도 여기서 멀지 않으니, 심지어 지혜로움을 얻을 수도 있다.

2014년 9월

안인희

주석

|1장|

1. Fensham, P. J and Marton, F., 'What has happened to intuition in science education?', *Research in Science Education*, Vol. 22 (1992), pp. 114-22를 보라. 이 구절은 앞으로 논의를 펼치면서 내가 풀어내고 증명해 나가려는 주장을 담고 있다.

2. Norberg-Hodge, Helena, *Ancient Futures: Learning from Ladakh* (Shaftesbury: Element, 1991).

3. Postman, Neil, *Technopoly* (New York: Knopf, 1992).

4. 마음에는 '무의식적 지성'의 원천이 있으며, 우리가 이 원천의 과정과 자산에 대해 이야기할 수 있다는 사실을 보여주는 것이 우리 책의 중요한 논지다. 그러니만큼 이런 과정은 하나 또는 여러 개의 이름이 필요하다. 때로는 그것을 '무의식'이라고 부르기로 하겠다. 이것은 억눌린 기억을 가리키는 프로이트의 용어와는 다르다. 프로이트의 표현은 이 책에서 '잠재의식(subconscious)'이라고 쓴다. 대립을 더욱 부각할 필요가 있을 경우에는 '지적 무의식(intelligent unconscious)' 또는 '인지적 무의식(cognitive unconscious)'이라고 표현할 것이다. '무의식'이라는 용어가 피할 길 없이 함축적인 의미를 만들어낼 위험이 있다고 느낄 경우에는 내가 만들어낸 '심층마음'라는 표현을 쓰기로 한다. 무의식적 지성이 진짜 살아있는 인간에 의해 구현되고 만들어지는 과정을 논하면서 나는 앞으로 '무의식적 생체 컴퓨터'나 '두뇌-마음' 같은 말을 하게 된다. 이렇듯 서로 다른 일련의 용어를 사용해서만 '지적인 무의식'의 여러 얼굴과 기능을 제대로 보여주는 복합적인 그림을 완성할 수 있게 될 것이다.

5. 현재 의식이라는 주제에 대해서 대중적 또는 학문적 관심이 폭발하고 있다. 지난 몇 년 새 출간된 의식적인 마음의 본성, 진화, 기능 등을 다룬 책 수십 권 중에

네 권만 꼽자면 Julian Jaynes, *The Origin of Consciousness in the Breakdown of the Bicameral Mind*, Daniel Dennett, *Consciousness Explained*, Roger Penrose *Shadow of the Mind*, Robert Ornstein, *The Psychology of Consciousness* 등이 있다. 내 책은 이런 열광의 물결을 얼마정도 반영하면서도 얼마정도 그에 맞서는 것이다. 물론 나는 의식이 무엇이며 무슨 기능을 하는지 등에 대해 말할 내용이 있다. 하지만 어둡고 접근할 수 없는 층위들, 마음 뒤의 마음, 즉 마음의 바탕에 깔려 있으면서, 마음이 거기서 나오는 그 층위에 대해 더 나은 표상을 갖지 않고는 의식적인 마음의 본성을 이해할 수 없다는 점을 강조하고자 한다. 의식은 무의식과의 연관성 속에서만 이해될 수 있다. 우리가 계속 의식에 기초해 의식을 이해하려 든다면, 의식을 가장 중요하게 여기는 마음의 방식만을 보면서 덜 의식적이고 덜 사색적인 방식을 무시하거나 얕잡아보게 될 것이다. 또는 마음에 대해 전혀 다른 표상을 가져야만 눈에 보이고 이해할 수도 있게 되는 방식을 얕잡아 보게 될 것이다. 의식에 대한 이런 연구나 사색의 상당수가 매우 매혹적인 것이긴 하지만, 여전히 이런 탐색의 물결은 의식적 지성에 사로잡힌 우리 문화의 특징일 뿐 그것을 수정하는 것은 아니다. 이런 책 중에서 단 한 권도 의식과 무의식의 관계를 다시 개념화하는 것이 우리의 심리에 미치는 실질적인 효과에 대해 제대로 말해주는 것은 없다.

6. 분명히 해두어야 할 점이 있다. 여기서 내가 말하는 것은 몇 년 전에 두뇌의 잃어버린 능력에 대한 사고방식으로 인기를 끌었던 '좌뇌'와 '우뇌' 구분을 살짝 위장한 새로운 버전이 아니라는 것이다. '대중심리학' 목록에는 버젓이 들어있지만 이런 구분은 이미 효력을 잃었다. 첫째, 소수의 불운한 사람을 빼면 두뇌는 전체적으로 기능한다. 두뇌는 기능적으로 절반씩 두 개로 분리돼 있지 않다. 사람들에게 '좌뇌'의 사고에서 '우뇌'의 사고로 전환하라고 요구하는 것은, '엔진 자동차'에서 '핸들 자동차'로 전환했다고 주장하는 일과 비슷하다.

둘째, '우뇌'에 대한 사람들의 열망이 광범위하게 통제를 벗어났다. 과학탐구가 정당화해줄 수 있는 정도를 벗어나 훨씬 앞서 나가버렸다는 말이다. 대부분의 오른손잡이에게 두뇌의 오른쪽 반구보다 왼쪽 반구에서 더 큰 언어 능력이 나타난다는 것은 분명하다. 하지만 과학적 탐구는 왼쪽에도 언어가 있으며, 오른쪽 반구에도 똑같이 '전체적'인 자질이 있음을 보여준다. 미국 신경과학자 마이클 가차니가와 노벨의학상 수상자 로저 스페리는 1985년 이미 절망에 빠져서 한 목소리로 다음과 같이 썼다. "제한된 보편성을 지닌 일부 실험실에서의 발견이 대체 어떻게 이토록 정신 나간 오해를 만들어냈단 말인가? ……뇌의 한편이 어떤 일을 하고 다른편이 전혀 다른 일을 한다는 이런 이미지가 (대중적인 문헌에) 나타났고, 이것이 혼란스러운 개념이라는 사실이 아무런 차이도 만들지 못한 것 같다." (Gazzaniga, M., *The Social Brain: Discovering the Networks of the Mind*, New York: Basic Books, 1985).

내가 여기서 '거북이 마음' '심층마음' '지적인 무의식' 등에 대해 이야기할 때는 새로운 종류의 두뇌를 가리키는 것이 아니다. 무엇보다도 덜 바쁘고, 목적을 덜 의식하고, 문제해결을 덜 지향하는 마음의 환경을 요구하는 전혀 다른 마음의 모델을 가리키는 말이다.

| 2장 |

1. Gardner, Howard, 'The theory of multiple intelligences', Presentation to the Annual Conference of the British Psychological Society Division of Educational and Child Psychologist, York, (January 1996).

2. Goleman, Daniel, *Emotional Intelligence* (New York: Bantam, 1995).

3. Rozin, Paul, 'The evolution of intelligence and access to the cognitive unconscious', in Sprague, J. M. and Epstein, A. N. (eds), *Progress in Psychobiology and Physiological Psychology*, Vol. 6 (New York: Academic Press, 1976). 로진은 '인지적 무의식'이라는 용어를 맨 처음 사용한 사람 중 하나다. 그밖에 그의 독창적인 논문에 나오는 다른 주장과 예도 빌려왔다.

4. Woodbridge, D., *The Machinery of the Brain* (New York: McGraw Hill, 1963)을 보라.

5. Aronson 연구(1951), Rozin, op cit, p. 252.

6. Smith, Ronald, Sarason, Irwin and Sarason, Barbara, *Psychology: the Frontiers of Behavior*, 2nd edition (San Francisco: Harper and Row, 1982), p. 273을 보라.

7. 이 차이들을 확정한 연구가 최근에 요약되었다. Reber, Arthur, *Implicit Learning and Tacit Konwledge: an Essay on the Cognitive Unconscious* (Oxford: OUP, 1993).

8. 이러한 결론으로 이끄는 몇몇 연구는 8장에서 논의할 것이다.

9. Carraher, T. N., Carraher, D. and Schliemann, A. D., 'Mathematics in the street and in schools', *British Journal of Developmental Psychology*, Vol. 3 (1985), pp. 21-9. Ceci, S. J. and Liker, J., 'A day at the races: a study of IQ, expertise and cognitive complexity', *Journal of Experimental Psychology: General*, Vol. 115 (1986), pp. 255-66.

10. Berry, Dianne C. and Brodabent, Donald E., 'On the relationship between task performance and associated verbalizable knowledge', *Quarterly Journal of Experimental Psychology*, Vol. 36A (1984), pp. 209-31. 이 결과에 대한 최근 개요는 Berry, Dianne and Dienes, Zoltan, *Implicit Learning* (London: Lawrence Erlbaum Associates, 1992)를 보라.

11. Watzlawick, Paul, Weakland, John and Fisch, Richard, *Change: Principle of Problem Formation and Problem Resolution* (New York: Norton, 1974).

12. 이 저술의 핵심은 Lewicki P, Hill, T. and Czyzewska, M. 'Nonconscious acquisition of information', *American Psychologist*, Vol. 47 (1992), pp. 796-801에 요약되어 있다.

13. Reber, op cit.

| 3장 |

1. 발달심리학자 Annette Karmiloff-Smith가 *Beyond Modularity: a Developmental Perspective on Cognitive Science* (Cambridge, MA: MIT, 1992)에서 같은 관찰을 보여주고 있다.

2. 이 연구들은 Berry and Dienes, op cit에서 광범위하게 검토되고 있다.

3. 말로 설명하는 것이 능력의 척도라는 우리의 믿음이 '실제 세계'에서는 잘못된 것임을 보여주는 연구가 있다. 예를 들어 의학부 학생들이 필기시험에서 보인 능력은 그들의 임상기술이나 임상적 판단과는 상당히 무관하다. 하지만 그 훌륭한 구식 시험에 대한 우리의 암묵적인 믿음은 여러 세대를 걸쳐 우리가 학생들에게 주입한 것이다. 다음 책을 보라. Skernberg, R. T. and Wagner, R. K. (eds), *Mind in Context* (Cambridge: CUP, 1994).

4. Wason, Peter, and Johnson-Laird, Philip, *The Psychology of Reasoning: Structure and Content* (London: Batsford, 1972)를 보라.

5. Coulson, Mark, 'The cognitive function of confusion', paper presented to the British Psychological Conference, London (December 1995).

6. Lewicki *et al*, op cit.

7. Master, R. S. W., 'Knowledge, knerves and know-how: the role of explicit versus implicit knowledge in the breakdown of a complex skill under pressure', *British*

Journal of Psychology, Vol. 83 (1992), pp. 343-58.

8. 노하우의 은유로서 정극 플래니미터는 Runeson, Sverker, 'On the possibility of "smart" perceptual mechanism', *Scandinavian Journal of Psychology*, Vol. 18 (1977), pp. 172-9에 설명돼 있다.

9. Bourdieu, Pierre, *In Other Words: Essays towards a Reflexive Sociology* (Stanford, CA: Stanford University Press, 1990).

10. Huxley, Aldous, *Island* (London: Chatto, 1962).

11. 앨프레드 코집스키는 '일반의미론'으로 알려진 지적 운동을 창시한 미국 논리학자다. 언어와 인간의 경험 사이의 관계를 탐색한 일반의미론은 1940년대와 1950년대에 상당한 영향력이 있었다. 예를 들어 코집스키의 *Science and Sanity* (New York: W. W. Norton, 1949)를 보라.

| 4장 |

1. Ghiselin, Brewster (ed), *The Creative Progress* (Berkeley, CA: University of California Press, 1952)에 인용된 Spencer, Herbert, *An Autobiography*에서.

2. 이런 의미의 '직관'은 오랜 전통을 두고 이어진 종교적·철학적 저자와 연관된다. 저 뛰어난 스피노자와 앙리 베르그송도 여기 들어간다. 베르그송은 직관이 보다 고차원적인, '영적인' 진리에 이르는 왕도라고 보았다. 스피노자의 용어에서 직관은, 사람과 대상 사이에 깊은 명상적 교섭을 통해 생겨나는, '사물의 본성'에 대한 직접적이고 깊이 있는 이해와 연관된다. 스피노자에 따르면 이런 '직관'은 지극히 정교하다. 그것은 의심의 여지없는 확실성과 권위를 지니며, 목적의식을 지닌 이성의 탐색이 고갈되고 난 다음에야 나타난다.

3. 처음 세 문제는 모두 제일 큰 단지에 물을 가득 채우고 나서 중간 단지에 한 번, 제일 작은 단지에 두 번 물을 따라내면 해결된다. 그러면 큰 단지에 원하는 양의 물이 남는다. 이 연구에 대해서는 Rokeach, Milton, 'The effect of perception time upon the rigidity and concreteness of thinking', *Journal of Experimental Psychology*, Vol. 40 (1950), pp. 206-16을 보라.

4. 학교에서 배운 수학에서 원둘레는 반지름의 6.28배라는 사실만 기억하면 된다. (즉 2x 반지름x파이 3.14).

매끈한 지구의 반지름이 R이라고 치면

원래 끈의 길이는 6.28 곱하기 R

우리가 구하는 틈새의 크기를 r이라고 치면, 새로운 반지름은 R+r,

새로운 끈 길이는 6.28 곱하기 (R+r)

이것은 원래 길이 6.28R + 2미터, 또는 200센티미터

그러므로 6.28(R+r) = 6.28R + 200

방정식의 양쪽에서 6.28R을 빼고 양쪽을 6.28로 나누면

r = 200/6.28, 또는 약 32센티미터

5. 이성과 직관 사이의 긴장관계는 고대부터 알려져 있었다. 예를 들면 아테네 장군 니키아스가 이탈리아 시라쿠사를 포위했을 때, 그는 월식에 대해 '더 나은', 즉 합리적인 판단 대신 직관적인 해석을 따르기로 결심하고 전술적 후퇴를 미루었다. 직관에 대한 믿음은 결국 결정적인 패배로 이어졌다.

6. 이를테면 McCloskey, M., 'Intuitive physics', *Scientific American*, Vol. 248 (1983), pp. 114-22을 보라.

7. Ceci, S. J. and Bronfenbrenner, U., 'Don't forget to take the cupcakes out of oven: strategic time-monitoring, prospective memory and context', *Child Development*, Vol. 56 (1985), pp. 175-90.

8. 이 예는 이번 장의 핵심인 직관에 의한 배움보다는 '서서히 스며드는 배움'에 더 어울린다. 하지만 이런 점이 느린 생각의 두 종류에 적용되는 요점을 사실적으로 드러내 준다.

9. Kahneman, Daniel and Tversky, Amos, 'Intuitive prediction: biases and corrective procedures', in Kahneman, D., Slovic, P. and Tversky, A. (eds), *Judgement under Uncertainly: Heuristics and Biases* (Cambridge: CUP, 1982).

10. 여기 인용문은 1992년 물리학, 화학, 생물학 등 83명의 노벨상 과학부문 수상자에게 "당신은 과학적 직관을 믿는가?"라는 질문을 던지고 얻은 답변이다. 대다수 과학자에게 발견에 이르는 과정에서 핵심 단계는 의심할 여지없이 실험결과나 나아갈 방향을 정할 때 직감에 귀를 기울이는 일이었는데, 이것은 합리적인 방어나 설명이 불가능한 것이다. Fensham, Peter, and Marton, Ference, 'What has happened to intuition in science education?', *Research in Science Education*, Vol. 22(1992), pp. 114-22.

11. Spencer Brown, George, *Laws of Form* (London: Allen and Unwin, 1969).

12. Noddings, Nel and Shore, Paul, *Awakening the Inner Eyes: Intuitive in Education*

(New York: Teachers' College Press, 1984).

13. Lowe, John Livingston, *The Road to Xanadu* (Boston: Houghton Mifflin, 1927).

14. Ghiselin, op cit에서 Gerard 인용.

15. Coleridge, Samuel Taylor, 'Prefactory note to Kubla Kahn'. Ghiselin, op cit에서 인용.

16. Woodworth, R. S. and Schlosberg, H., *Experimental Psychology* (1954), Smith, S. M. and Blankenship, S. E. 'Incubation and the persistence of fixation in problem-solving', *American Journal of Psychology*, Vol. 104 (1991), pp. 61-87 인용. 이에 더해 Smith, S. M., Brown, J. M. and Balfour, S. P., 'TOTimals: a controlled experimental method for studying tip-of-tongue states', *Bulletin of the Psychonomic Society*, Vol. 29 (1991), pp. 445-7; and Smith, S. M., 'Fixation, incubation and insight in memory and creative thinking', in Smith, S. M., Ward, T. B. and Finke, R. A. (eds), *The Creative Cognition Approach* (Cambridge, MA: Bradford/MIT Press, 1995)를 보라.

17. Yaniv, I. and Meyer, D. E., 'Activation and metacognition of inaccessible stored information: potential bases for incubation effective in problem solving', *Journal of Experimental Psychology: Learning, Memory and Cognition*, Vol. 13 (1987), pp. 187-205.

18. 이 연구들은 다음에 보고되어 있다. Bowers, K. S., Regehr, G., Balthazard, C. and Parker, K., 'Intuition in the context of discovery', *Cognitive Psychology*, Vol. 22 (1990), pp. 72-110. Bowers, K. S., Farvolden P. and Mermigis, L., 'Intuitive antecedents of insight', in Smith, S. M. *et al* (eds), *The Creative Cognition Approach*, op cit. 그림 퍼즐의 해답은 다음과 같다. 1A는 카메라, 2A는 낙타를 보여준다.

19. 1A의 모든 낱말은 '촛불'을 연상시킨다. 2B의 낱말은 '카펫', 3A의 낱말은 '파이프'를 연상시킨다.

20. 열다섯 개 낱말의 공통 연상물은 '과일'이다. 이런 종류의 연상 중 몇몇에 슬그머니 반감을 느낀다면, 그것이 모두 미국 대학생을 대상으로 광범위한 조사를 한 결과 통계적으로 낮은 빈도의 연상으로 잡힌 것이라는 사실을 기억할 것.

| 5장 |

1. Skinner, B. F., 'On "Having" a Poem', reprinted in *Cumulative Record* (New York: Appleton-Century-Croft, 1972).

2. Ghiselin, op cit에서 인용.

3. 마지막 두 가지 예는 1996년 9월 1일에 4채널에서 방영된 〈리처드 도킨스와 함께 과학적 장애물 돌파하기〉라는 텔레비전 프로그램을 설명하고자 사용되었다.

4. James, Henry, 'Preface to *the Spoils of Poynton*', in Ghiselin, op cit.

5. Canfield, Dorothy, 'How Flint and First Started and Grew', in Ghiselin, op cit.

6. Simonton, D. K., *Genius, Creatively and Leadership: Historiometric Inquires* (Cambridge, MA: Harvard University Press, 1984).

7. 예를 들어 Schooler, Jonathan and Melcher, Joseph, 'The ineffability of insight', in Smith, Stephen et al (eds), *The Creative Cognition Approach*, op cit의 논의가 있다. 지력과 창의력이 뒤집은 U자 곡선을 이룬다는 것을 증명하는 일반조사는 Simonton, op cit에 나와 있다.

8. 웨스트코트의 '성공적 직관인'은 카를 구스타프 융이 '내향적 직관인'이라고 규정한 유형과 비슷하다. 이들은 웨스트코트의 직관인처럼 사회적으로 내향적인 것만이 아니다. 융에 따르면 내향적 직관인은, 자신의 무의식과 가장 밀접한 관계를 맺고 있다. 이를테면 융의 *Psychological Types*(translated by H. G. Baynes, London: Routledge, 1926)을 보라. 융에게 직관은 네 가지 기본적 정신 기능 가운데 하나다. 다른 세 가지는 '생각' '느낌' '감각'이다. 이것은 세부사항을 생략한 채 전체주의적 방식으로 가능성과 내포의미를 탐색한 상당히 모호한 특성이다. 융의 관점은 모든 사람이 이 네 가지 모드 중 하나를 가진다는 것인데, 그 하나가 다른 것보다 더 발달했거나 아니면 다른 것에 앞서 이용된다. 예컨대 어떤 사람은 생각하는 유형이거나 직관적 유형이라는 식이다. 이런 네 가지 기능에 덧붙여 융은, 우리의 기본적인 방향성이 외부세계를 향한 것인지 내면세계를 향한 것인지, 즉 어떤 사람이 '외향성'인지 '내향성'인지도 구분하자고 제안했다.

　　잘 알려져 있다시피 융은 무의식세계도 두 층위로 나누었다. 즉 개인적 무의식과 집단적 무의식이다. 개인적 무의식에는 경계선을 넘어 의식으로 들어가기에 너무 약하거나 억압된 기억과 지각이 들어있다. 집단적 무의식은 원형을 포함하는데, 원형은 우리의 동물조상에서부터 오늘날까지 이어 내려오는 인류의 보편적 지식이다. 집단적 무의식은 어디 있든 상관없이 인간의 상황과 관계에 대해 우리가 지닌 내면의 이해력이나 보편적 상징체계를 통해 알 수 있다. 융의 도식에서 '내향적 직관인'은 집단적 무의식의 기본지식과 상징적 삶에 더욱 친밀한 관계를 맺고 있는 덕분에 다른 유형보다 '더 높은' 지식에 접근할 수가 있다.

융의 도식과 이에 기초한 마이어스-브릭스(Myers-Briggs)의 성격유형 목록 같은 다양한 개성 테스트는, 무의식이 직관을 생성하는 방식에 대한 경험적 근거를 가진 오늘날의 더 나은 이해에 비추어보면 오히려 조잡하게 보인다(융은 직관이 무의식의 산물이라기보다는 오히려 무의식을 들여다보는 길이라는 관점을 지녔다). 그밖에도 융의 선구적 저술을 대체하는 또 다른 방식이 있다. 융은 거의 운명론적으로 네 개의 기본적 개성유형이 타고 나는 것이며 따라서 대체로 바뀔 수 없는 것처럼 이야기하곤 했다. 오늘날 우리는 직관적 앎의 길이 교육 가능한 것임을, 더욱 키우고 예리하게 만들 수 있는 것임을 알고 있다. 이런 이유에서 이 책에서는 융의 생각을 일부 독자의 기대보다 적게 받아들인다.

9. Westcott, Malcolm, *Toward a Contemporary Psychology of Intuition* (New York: Holt, Rinehart & Winston, 1968).

10. Schon, Donald, *The Reflective Practitioner: How Professional Think in Action* (New York: Basic Books, 1983).

11. Rokeach, op cit.

12. Cowen, Emory L., 'The influence of varying degrees of psychological stress on problem-solving rigidity', *Journal of Abnormal and Social Psychology*, Vol. 47 (1952), pp. 512-9.

13. Combs, Arthur and Taylor, Charles, 'The effect of perception of mild degrees of threat on performance', *Journal of Abnormal and Social Psychology*, Vol. 47 (1952), pp. 420-4.

14. Kruglansky, A. W. and Freund, T., 'The freezing and unfreezing of lay inferences: effects on impressional primacy, ethnic stereotyping and numerical anchoring', *Journal of Experimental Social Psychology*, Vol. 19 (1983), pp. 448-68.

15. Wright, Morgan, 'A study of anxiety in a general hospital setting', *Condition Journal of Psychology*, Vol 8 (1954), pp. 195-203.

16. Prince, George, 'Creative, self and power', in Taylor, I. A. and Getzels, J. W. (eds), *Perspectives in Creativity* (Chicago: Aldine, 1975).

17. Fischbein, Efraim, *Intuition in Science and Mathematics* (Dordrecht, Holland:

Kluwer, 1987), p. 198.

18. Viesti, Carl, 'Effect of monetary rewards on an insight learning task', *Psychonomic Science*, Vol. 23 (1971), pp. 181-3.

19. Bruner, Jerome, Matter, Jean and Papanek, Miriam, 'Breadth of learning as a function of drive level and mechanization', *Psychological Review*, Vol. 62 (1955), pp. 1-10.

20. Hughes, Ted, *Poetry in the Making* (London: Faber, 1967).

21. Emerson, R. W., 'Self-reliance', in *The Collected Works of Ralph Waldo Emerson*, Vol. II (Cambridge, MA: Belknap Press, 1979).

22. Lynn, Steven and Rhue, Judith, 'The fantasy-prone person: hypnosis, imagination and creativity', *Journal of Personality and Society Psychology*, Vol. 51 (1986), pp. 404-8; and Bastick, Tony, *Intuition: How We Think and Act* (Chichester: Wiley, 1982).

23. Hillman, James, *Insearch: Psychology and Religion* (Dallas, TX: Spring, 1967); and *Archetypal Psychology: A Brief Account* (Dallas: Spring, 1983).

24. Lawrence, D. H., 'Making pictures', in Ghiselin, op cit.

25. Ghiselin, op cit, Zervos, C., 'Conversation with Picasso'에서 인용.

| 6장 |

1. Goodman, N. G. (ed), A Benjamin Franklin Reader (New York: Crowell, 1945)에서, Wilson, Timothy and Schooler, Jonathan, 'Thinking too much: introspection can reduce the quality of preferences and decisions', *Journal of Personality and Social Psychology*, Vol. 60 (1991), pp. 181-92 인용. 이 장 첫 부분에서 논의한 실험은 Schooler, Jonathan and Engstler-Schooler, Tonya, 'Verbal overshadowing of visual memories: some things are better left unsaid', *Cognitive Psychology*, Vol. 22 (1990), pp. 36-71; Schooler, Jonathan, Ohlsson, Stellan and Brooks, Kevin, 'Thought beyond words: when language overshadows insight', *Journal of Experimental Psychology: General*, Vol. 122 (1993), pp. 163-83; and Schooler, Jonathan and Melcher, Joseph, 'The ineffability of insight', in Smith *et al* (eds), *The Creative Cognition Approach*, op cit 등 스쿨러(Schooler)와 그의 협회에서 발표한 여러 논문

에서 가져왔다.

2. Raiffa, H., *Decision Analysis* (Reading, MA: Addison Wesley, 1968). Wilson and Schooler, op cit에서 인용.

3. 두 개의 '통찰력' 문제의 답:

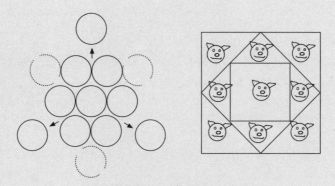

그림 13. 152쪽 동전과 돼지우리 문제의 답

'분석적' 문제의 답:

a) 카드 석 장은 왼편에서 오른편으로 하트 잭, 다이아몬드 킹, 스페이드 퀸

b) 봅이 진실을 말한다. 앨런이 범죄를 저질렀다.

4. 늘 그렇듯이 사태는 우리가 바라는 것보다 더 복잡하다. d-모드에서 '충동적으로' 대답하기로 이동하는 일도 위험을 내포한다. 감정이 개입된 상황에서는 특히 그렇다. 대니얼 골먼은 『EQ 감성지능』에서, 충동성의 습관은 "정글에서는 우리에게 훌륭하게 봉사했겠지만 오늘날에는 지극히 위험하고도 반생산적일 수 있는 반사작용에 의해 감정적으로 강탈당할" 가능성을 우리에게 열어놓는 일이라고 지적했다.

5. Henri Poincaré, Ghiselin, op cit에서 인용.

6. Mozart, 'A letter'. Ghiselin, op cit에서 인용.

7. Dryden, John, 'Dedication of "The Rival-Ladies"', Ghiselin, op cit에서 인용.

8. Wordsworth, William, 'Preface to Second Edition of Lyrical Ballads'. Ghiselin, op cit에서 인용.

9. Moore, Henry, 'Notes on sculpture'. Ghiselin, op cit에서 인용.

10. Gerard, R. W., 'The biological basis of the imagination', *Scientific Monthly* (June

1946).

11. Edelman, Gerald, *Natural Darwinism: The Theory of Neuronal Group Selection* (New York: Basic Books, 1992). 뇌 메커니즘에 관한 이후의 논의는 9장 '움직임 배후의 두뇌'에서 다루겠다.

12. Lowell, Amy. Ghiselin, op cit에서 인용.

13. Houseman, A. E., 'The Name and Nature of Poetry'. Ghiselin, op cit에서 인용.

14. Belenky, Mary Field, Clinchy, Bythe McVicker, Goldberger, Nancy Rule and Tarule, Jill Mattuck, *Women's Ways of Knowing: The Development of Self, Voice and Mind* (New York: Basis Books, 1986).

15. Weil, Simone, *Gravity and Grace* (London: Routledge, 1972). Belenky *et al*, op cit, p. 99에서 인용.

| 7장 |

1. 무의식적 지각의 존재는 오늘날 인지과학자들에 의해 거의 보편적으로 받아들여진다. 한두 명이 완강하게 버티고 있는데, 더글러스 홀렌더 같은 사람이다. 그는 1986년에 쓴 상당히 긴 리뷰에서 무의식적 알아챔을 보여주는 모든 연구에서 방법론적인 결함을 찾아내려는 시도를 했다. 잠재의식 과정 분야의 일인자 노먼 딕슨은 다음과 같은 말로 홀렌더의 글에 대한 반응을 마무리했다. "홀렌더의 글에서 우리의 주목을 끄는 가장 흥미로운 현상은, 우리가 알아채지 못한 것에 의해 영향을 받을 수도 있다는 생각에 대해 일부 사람이 아직도 갖고 있는 극단적 반감이다. 이런 일이, 지구가 둥글다는 새로운 이론을 맞이했을 때 '평평한 지구 이론'이 지녔던 회의론을 연상시킨다고 말한다면 너무 지나친 표현일까?" Holender, D., 'Semantic activation without conscious identification in dichotic listening, parafoveal vision and visual masking: a survey and appraisal', *Behavioral and Brain Sciences*, Vol. 9 (1986), pp. 1-23; Dixon, N. F., 'On private events and brain events', *Behavioral and Brain Sciences*, Vol. 9 (1986), pp. 29-30을 보라.

2. 이 연구는 다음 논문에 서술되어 있다. Pittman, Thane, 'Perception without awareness in the stream of behavior: processes that produce and limit nonconscious biasing effects', in Bornstein, R.F. and Pittman, T. S. (eds), *Perception without Awareness: Cognitive, Clinical and Social Perspectives* (New York: Guildford Press,

1992).

3. 이 현상은 다음 논문에서 논의된다. Simpson, Brian, 'The escalator effect', *The Psychologist*, Vol. 5 (1992), pp. 462-3.

4. Sidis, B., *The Psychology of Suggestion* (New York: Appleton, 1898). Merikle, P. M. and Reingold, E. M., 'Measuring unconscious perceptual proxesses', in Bornstein and Pittman, op cit에서 인용.

5. Pierce, C. S. and Jastrow, J., 'On small differences in sensation', *Memoirs of the National Academy of Science*, Vol. 3 (1884), pp. 75-83. Kihlstrom, J. F., Barnhardt, T. M. and Tataryn, D. J., 'Implicit perception', in Bornstein and Pittman, op cit에서 인용.

6. 푀츨의 연구와 최근의 후속연구는 모두 다음 논문에 서술되어 있다. Ionescu, M. D. and Erdelyi, M. H. 'The direct recovery of subliminal stimuli', in Bornstein and Pittman, op cit.

7. Bradshaw, John, 'Peripherally presented and unreported words may bias the perceived meaning of a centrally fixated homograph', *Journal of Experimental Psychology*, Vol. 103 (1974), pp. 1200-2.

8. Patton, C. J., 'Fear of abandonment and binge eating: a subliminal psychodynamic activation investigation'. Masling, Joseph, 'What does it all mean?', in Bornstein and Pittman, op cit에서 인용. "엄마가 나를 두고 외출한다"라는 것에 대한 잠재의식적 지각이 행동에 그토록 극적인 효과를 만들어낼 수 있다는 사실을 의식적으로 받아들이기가 매우 어려울 수도 있다는 것 자체가 이미 패튼 효과의 또 다른 증거가 된다.

9. Darley, J. M. and Gross, P. H., 'A hypothesis-confirming bias in labeling effects', *Journal of Personality and Social Psychology*, Vol. 44 (1983), pp. 20-33.

10. Whittlesea, B. W., Jacoby, L. L., Girard, K. A., 'Illusions of immediate memory: evidence of an attributional basis for feeling of familiarity and perceptual quality', *Journal of Memory and Language*, Vol. 29 (1990), pp. 716-32.

11. Schacter Daniel (ed), *Memory Distortions: How Minds, Brains and Societies Reconstruct the Past* (Cambridge, MA: Harvard University Press, 1995).

12. 무의식적 억측에서 자신을 보호하는 방법에 대해서는 11장에서 더 자세히 말하겠다.

13. Nisbett, R. and Wilson, T., 'Telling more than we know: verbal reports on mental

processes', *Psychological Review*, Vol. 84 (1997), pp. 231-59을 보라.

14. Latane, B. and Darley, J. M., *The Unresponsive Bystander: Why Doesn't He Help?* (New York: Appleton-Century-Crofts, 1970).

15. Fitzgerald, F. Scott, *Tender is the Night* (New York: Scribner, 1934).

16. 플루르누아와 헬렌 스미스의 사례는 Ellenberger, Henri, *The Discovery of the Unconscious* (New York: Basic Books, 1970), p. 316에 논의되어 있다.

|8장|

1. Masling, Joseph M., 'What does is all mean?', in Bornstein and Pittman, op cit.

2. Bruner, Jerome and Postman, Leo, 'Emotional selectivity in perception and reaction', *Journal of Personality*, Vol. 16 (1947), pp. 69-77.

3. 우리 사회에서 잘 교육받은 성인들이, 얼마나 자주 어떤 종류의 심리적 트릭이나 테스트가 자신들의 정신적 힘에 대해 달갑지 않은 점을 폭로할지도 모른다고 두려워하는지 놀라울 정도다. 예를 들어 텔레비전 퀴즈쇼는 사소한 것을 재빨리 알아내는 것이 '지성'의 지표라는 어처구니없는 억측을 반영하고 조장한다. 위장을 조금 더 하지만 학교도 같은 덫에 빠져든 것인지 모른다.

4. 자욘스의 연구와 비슷한 설명이 Reber, op cit에 나와 있다.

5. Reber, op cit, p. 18에서 인용.

6. '드러나지 않는 기억'에 대한 연구는 Schacter, Danial, 'Implicit memory: history and current status', *Journal of Experimental Psychology: Learning, Memory and Cognition*, Vol. 13 (1987), pp. 501-18에 이해하기 쉽게 설명돼 있다.

7. Marcel, Tony, 'Slippage in the unity of consciousness', in CIBA symposium 174, *Experimental and Theoretical Studies of Consciousness* (Chichester: Wiley, 1993).

8. Cumming, Geoff, 'Visual perception and metacontrast at rapid input rates', *DPhil thesis*, University of Oxford (1971).

9. Marcel, op cit.

10. '기능적 설명'에 대한 여전히 가장 훌륭한 논의는 Janet, P., *The Major Symptoms of Hysteria* (New York: Macmillan, 1907)에서 볼 수 있다. 윌리엄 와턴은 *Last Lovers* (London: Granta, 1991)에서 소설형식으로 경이로운 서술을 해주고 있다.

11. Wall, Patrick, in CIBA Symposium 174, op cit을 보라.

12. Sutcliffe, J. P., '"Credulous" and "Skeptical" view of hypnotic phenomena: experiments in esthesia, hallucination and delusion', *Journal of Abnormal and Social Psychology*, Vol. 62 (1961), pp. 189-200.

13. Langer, E., Dillon, M., Kurtz, R. and Katz, M., 'Believing is seeing', unpublished paper, Harvard University, referred to in Langer, Ellen, *Mind-fullness: Choice and Control in Everyday Life* (London: Harvill, 1991).

14. 맹시 연구에 관한 글은 Weiskrantz, Lawrence, *Blindsight: A Case Study and Its Implications* (Oxford: Clarendon, 1986)을 보라.

15. 니콜라스 험프리의 견해는 CIBA Symposium 174, op cit, p. 161에 있다.

16. 한번은 토니 마셸에게 목마른 맹시 환자가 임의로 자신의 맹시 영역에 있는 물잔을 잡을 수 있느냐고 질문한 적이 있다. 그는 실제로는 이것은 실행이 거의 불가능한 실험이라고 지적했다. 이들 환자 중 아무도 전체 시각영역이 '눈먼' 것이 아니기 때문에 그들은 보통 때 늘 눈을 자유롭게 움직여서 정상적인 시각영역을 통해 자신의 세계에서 중요한 물건을 곧바로 포착한다. 하지만 (이것이 중요한데) 그런 환자들을 오래 다루다보니 그들이 물잔을 찾아내지 못할 것이라는 게 그의 강력한 직관이라고 했다.

17. Freud, Sigmund, 'Recommendations to physicians practising psychoanalysis', in Strachey, J. (ed and trans), *The Standard Edition of the Complete Psychological Works of Sigmund Freud*, Vol. 12 (London: Hogarth Press, 1958/1912).

18. Granger. G. W., 'Night vision and psychiatric disorders', *Journal of Mental Science*, Vol. 103 (1957), pp. 48-79.

19. Bahrick, H. P., Fitts, P. M. and Rankin, R. E., 'Effect of incentives upon reactions to peripheral stimuli', *Journal of Experimental Psychology*, Vol. 44 (1952), pp. 400-6.

20. Bursill, A. E., 'The restriction of peripheral vision during exposure to hot and humid conditions', *Quarterly Journal of Experimental Psychology*, Vol. 10 (1958), pp. 113-29.

21. Bruner, J. S., Matter, J. and Papanek, M. L., op cit.

| 9장 |

1. Dickinson, Emily, 'The Brain', in *Complete Poems* (Boston: Little, Brown, 1960), reprinted in Mitchell, S. (ed), *The Enlightened Heart* (New York: Harper & Row, 1989).

2. 오늘날 우리는 이 세 개의 '체계'가 서로 단단히 통합돼 있어서 그들을 단일체계의 효과를 내는 것의 세 양상이라고 보는 것이 더 정확하다는 사실을 알고 있다. 느린 앎의 방식의 신체적 토대를 제대로 평가하려면 신체라는 맥락에서 두뇌를 다시 가동해야 한다. 이 작업을 10장에서 할 것이다. 하지만 먼저 두뇌에서 시작하는 것이 이치에 맞는다.

3. 해마라고 불리는 중뇌 영역에서 LTP를 보인 세포는 원래의 고집스러운 상태로 되돌아가려는 성향을 갖기 때문에 평생의 기억을 담당하지 못한다. 얼마 전에 피질세포를 서로 밀착시키는, 비슷하지만 훨씬 항구적인 메커니즘이 발견되었다. 하지만 현재로서 이것은 기술적으로 탐색 가능한 영역 저편에 남아있는 부분이다.

4. Hebb, D. O., *The Organization of Behavior* (New York: McGraw Hill, 1949).

5. 이를테면 Minsky, Marvin, *The Society of Mind* (London: Picador, 1988)을 보라.

6. 이 증거는 Greenfield, Susan, *Journey to the Centers of the Mind* (Oxford: Freeman, 1955)에서 검토되고 있다. 뇌 조직에 대한 내 생각의 처음 버전은 *Cognitive Psychology: New Directions* (London: Routledge, 1980) 초판에 실려 있다. 내 생각은 많은 점에서 수전 그린필드와 비슷하다. 이런 우연은 우리가 1970년대 옥스퍼드대학교에서 함께 대학원시절을 보냈다는 사실과 무관하지 않을 것이다. 주요 차이는 나의 모델이 언어를 위한 자리를 찾아보려는 것이라는 점이다. 흥분의 역할에 대한 견해에도 약간의 차이가 있다.

| 10장 |

1. 이 증거는 Martindale, Colin, 'Creativity and connections', in Smith, Ward and Finke, op cit 에 검토되어 있다.

2. 이 그림은 Edward de Bono, *The Mechanism of Mind* (Harmondsworth: Penguin, 1971)에서 인용한 것이다.

3. Luria, A. R., *The Mind of a Mnemonist* (Harmondsworth: Penguin, 1975).

4. 이 분명한 가설에 대한 직접 증거가 있다. 다음을 보라. Grossberg(1980), cited in Martindale, op cit; Kahneman, D., *Attention and Effort* (Englewood Cliffs, NJ: Prentice Hall, 1973); Baddeley, A. D. and Weiskrantz, L. (eds), *Attention: Selection, Awareness and Control* (Oxford: Clarendon, 1993).

5. 실제로는 문화와 경험의 영향은 이 그림이 보여주는 깔끔한 방식으로 구분될 수 없다. 낱말에 대한 어린이의 직접 경험은, 전부는 아니라도 상당수가 문화의 '대리인'이 중개하고 문화적 관습에 깊이 젖은 것이다. 부모, 언니와 오빠, 교사는 끊임없이 어린이의 집중을 이끌고, 은연중에 무엇이 주목할 만한 것인지, 이렇게 선별된 경험이 어떤 중요성을 갖는 것인지도 가르친다(아이들은 어른의 반응을 관찰해서 그런 가치판단을, 예를 들어 공포증 같은 것을 재빨리 받아들인다). 심지어 현실적으로 그 어떤 대리인이 없어도 어린이의 세계는 문화의 가치와 주장을 구현하는 물건과 경험으로 가득 차 있다. 장난감, 게임, 온갖 종류의 인공물과 여러 의식儀式 등이 그런 것이다. 심지어 아이가 사는 건물과 아이가 움직이면서 보는 풍경조차도 문화적 의미의 저장소다.

여기 제시한 평면 모델 두 개는 현재 많은 신경세포 네트워크 이론가가 탐색하는 '혼합' 모델이다. 예를 들면 Chruchland, P. S. and Sejnowski, T. J., *The Computational Brain* (Cambridge, MA: Bradford/MIT Press, 1992)을 보라.

6. 다음에 이어지는 몇 단락에서 겔런터의 생각 몇 가지를 서술한다. Gelernter, David, *The Muse in the Machine: Computers and Creative Thought* (London: Fourth Estate, 1994).

7. Dennett, Daniel, *Consciousness Explained* (London: Viking, 1992).

8. Young, A. W. and De Haan, E. H., 'Face recognition and awareness after brain injury', in Milner, A. D. and Rugg, M. D. (eds), *The Neuropsychology of Consciousness* (London: Academic Press, 1992).

9. Greenfield, op cit에서 인용한 설문.

10. Libet, Benjamin, 'The neural time factor in conscious and unconscious events', in CIBA Symposium 174, op cit.

11. 젠슨의 실험(1979). Libet, op cit에서 인용.

12. 나는 다음 논문에서 이 논의를 상세히 설명했다. *Noises from the Darkroom: the Science and Mystery of the Mind* (London: HarperCollins, 1994).

13. 이런 주장에 대한 더욱 상세한 설명은 내 논문 'Structure, strategy and self in the fabrication of conscious experience', *Journal of Consciousness Studies*, Vol. 3 (1996), pp. 98-111을 보라.

14. Kihlstrom, John, 'The psychological unconscious and the self', in CIBA Symposium 174, op cit, p. 152.

15. Libet, op cit.

16. 나는 다음 책에서 이 관점을 더욱 상세히 다루었다. *Noises from the Darkroom: the Science and Mystery of the Mind* op. cit; and Mandler, George, *Mind and Emotion* (New York: Wiley, 1975). 이 주장은 Oatley, Keith, *Best Laid Schemes* (Cambridge, CUP, 1992)과 매우 비슷하다.

17. Churchland, Patricia, *Neurophilosophy* (Cambridge, MA: MIT Press, 1986).

| 11장 |

1. Ginzburg, Carlo, *Myths, Emblems, Clues* (London: Hutchinson Radius, 1990).

2. Ginzburg, op cit, p. 211에서 인용.

3. Conan Dolyle, Sir Arthur, 'The Cardboard Box', first published in the *Stand magazine*, Vol. 5 (1898), pp. 61-73. Ginzburg, op cit에서 인용.

4. Freud, Sigmund, 'The Moses of Michelangelo', in *Collected Papers* (New York: Hogarth Press, 1959). Ginzburg, op cit에서 인용.

5. Reiser, Stanley, *Medicine and the Reign of Technology* (Cambridge: CUP, 1978). Postman, op cit에서 인용.

6. Seltzer, Richard, *Mortal Lessons* (New York: Simon and Schuster, 1974)에서. Feldman, Christina and Kornfield, Jack (eds), *Stories of the Spirit, Stories of the Heart* (San Francisco: HarperCollins, 1991) 재판再版.

7. 이 설문과 초점 맞추기 과정에 대한 자세한 정보는 Gendlin, Eugene, *Focusing* (New York: Bantam, 1981)에 기재되어 있다.

8. 나는 초점 맞추기 훈련과정을 두 번 거쳤기 때문에 그 효과를 보장하거니와, 그 섬세하고도 붙잡기 어려운 특성에 대해서도 장담할 수 있다. 몇몇은 다른 사람보다 더 쉽고 빠르게 파악한다. 이를 터득하려면 가르침과 반응, 모범 등이 필요하며, 직접적인 수업도 필요하다. 초점 맞추기를 배우려면 와인 감별, 엑스레이 판독, 동물 추적 같은 다른 섬세한 지각기술을 배우는 것과 같은 어려움을 겪는다.

9. Gendlin, op cit.

10. Suzuki, D. T., *Zen and Japanese Culture* (Princeton, NJ: Princeton University Press, 1959), pp. 104-5, 109, 157.

11. Dodds, E. R., *The Greeks and the Irrational* (Berkely, CA: University of California Press, 1951). Onians, R. B., *The Origines of European Thought* (Cambridge: CUP, 1951)도 보라.

12. [일본어] 유젠幽玄처럼 이런 감정은 일본 선불교의 영향을 받은 화가와 시인이 높이 평가하는 것이다. 시인 세아미는 유젠에 대해 이렇게 말한다. "꽃으로 덮인 언덕 뒤로 저무는 해를 바라보기, 돌아갈 생각 없이 깊은 숲속을 하염없이 거닐기, 바닷가에 서서 멀리 떨어진 섬 사이로 사라지는 배 한 척을 바라보기, 기러기 떼가 날아서 구름 사이로 사라지는 것을 생각하기." 앨런 왓츠는 *Nature, Man and Woman* (London: Thames and Hudson, 1958)에서 이에 덧붙여 이렇게 말했다. "하지만 탈탈 털고 쓸어서 신비를 깨끗이 밝혀낼 각오가 되어있는 일종의 성마른 정신적 건강함이 있다. 그래서 기러기 떼가 어디로 갔는지 정확하게 밝혀내고야 만다. ……그리고 정오의 환한 빛 속에서 풍경의 진짜 얼굴을 보는 것도 여기 해당한다. 모든 전통문화가 서양인을 참지 못하는 것은 바로 이런 태도다. 그런 태도가 요령이 없고 잘 다듬어져 있지 않기 때문이 아니라 눈이 멀었기 때문이다. 그것은 표면과 깊이의 차이를 밝히지 못한다. 그래서 표면을 갈라서 그 깊이를 구한다. 하지만 깊이는 스스로를 드러낼 때만 알 수 있는 것인데, 그렇게 정밀하게 조사하는 마음 앞에서는 뒤로 물러서고 만다."

13. Cassirer, Ernst, *Language and Myth* (New York: Harper, 1946).

14. Scott, Nathan, *Negative Capability: Studies in the New Literature and the Religious Situation* (New Haven, CT: Yale University Press, 1969)에서 인용.

15. Gardner, Howard and Winner, Ellen, 'The development of metaphoric competence: implications for humanistic disciplines', in Sacks, S. (ed), *On Metaphor* (Chicago: University of Chicago Press, 1979).

16. Dimnet, Ernest, de la Mare, Walter, *Behold this Dreamer!* (London: Faber & Faber, 1939), p. 647에서 인용.

17. Maritain, Jacques, *Creative Intuition in Art and Poetry* (London: Harvill, 1953).

18. Scott, op cit에서 인용.

19. Eliot, T. S., *Four Quartets* (London: Faber & Faber, 1959).

20. Heidegger, *Discourse on Thinking* (New York: Harper and Row, 1966)의 John Anderson의 머리말에서.

21. Rilke, Rainer Maria, *Letters on a Young Poet*, translated and introduced by R. Snell (London: Sidgwick, 1945).

22. Whalley, George, 'Teaching poetry', in Abbs, Peter (ed), *The Symbolic Order* (London: Falmer Press, 1989), p. 227.

23. Houseman, A. E. Ghiselin, op cit에서 인용.

24. Croce, Benedetto, *Aesthetic,* translated by Ainslie Douglas (New York: Noonday/Farrar, Straus, 1972).

25. MacNeice, Louis, 'Snow', reprinted in Allott, Kenneth (ed), *The Penguin Book of Contemporary Verse* (Harmondsworth: Penguin, 1962). 흥미롭게도 현재 우리 논의의 맥락에서 앨로트는 맥니스에 대해 다음과 같이 말했다. "그는 너무 열성적이고 참을성이 없어서 자신의 주제를 조용히 받아들여 이해할 수 없었다. 그는 그것을 붙잡아 여러 형태 안으로 밀어 넣고 어떤 틈이든 말과 이미지를 이용하는 자신의 요술쟁이 기술로 잘 연마하여 자신의 지각으로 만들어버린다."

26. Borges, Jorge Luis, *Labyrinths* (Harmondsworth: Penguin, 1970).

27. Sacks, Oliver, 'Rebecca', in *The Man who Mistook his Wife for a Hat* (London: Duckworth, 1985), pp. 169-77.

28. Kaniza, G., *Organization of Vision: Essays in Gestalt Psychology* (New York: Praeger, 1970).

29. 이것을 비롯해 이 장에 나오는 삽화 몇 개는 Langer, Ellen, *Mindfulness*, op cit에 나온 것이다.

30. Holmes, D. and Houston, B. K., 'Effectiveness of situation redefinition and affective isolation in coping with stress', *Journal of Personality and Social Psychology*, Vol. 29 (1979), pp. 212-18.

31. Teasdale, John, Segal, Zindel and Williams, Mark, 'How does cognitive therapy prevent depressive relapse and who should attentional control (mindfulness) training help?', *Behavioral and Therapy*, Vol. 33 (1995), pp. 25-39.

32. Teasdale et al, op cit.

33. Goleman, Daniel, *Emotional Intelligence*, op cit.

| 12장 |

1. 이 사건은 1970년대 캐나다 국립영화위원회가 찍은 섬머힐에 관한 영화에 담겨 있다.

2. 이 이야기는 Watzlawick, Paul, Weakland, John and Fisch, Richard, *Change: Principles of Problem Formation and Problem Resolution*, op cit에서 언급되었다.

3. Labouvie-Vief, Gisela, 'Wisdom as integrated thought: historical and developmental perspective', in Sternberg, R. J. (ed), *Wisdom: its Nature, Origins and Development* (Cambridge: CUP, 1990).

4. Kekes, J. Kitchener, Katen and Brenner, Helene, 'Wisdom and reflective judgement', in Sternberg, op cit에서 인용.

5. 로빈 스키너는 1992년 6월 슈마허칼리지에서 열린 세미나에서 프리초프 카프라와 이에 대해 논의했다.

6. Rogers, Carl, *A Way of Being* (New York: Houghton Mifflin, 1981).

7. Kierkegaard, Soren. Pascual-Leone, Juan, 'An essay on wisdom: toward organismic processes that make it possible', in Sternberg, op cit에서 인용.

8. Sternberg, Robert J., 'Implicit thoeried of intelligence, creativity and wisdom', *Journal of Personality and Social Psychology*, Vol. 49 (1985), pp. 607-27.

9. Kegan, Robert, *In over our Heads: the Mental Demands of Modern Life* (Cambridge, MA: Harvard University Press, 1994).

10. Meacham, John, 'The loss of wisdom', in Sternberg, op cit.

11. 이 장에 인용된 이런저런 문구는 원문에 강조를 더한 것이다.

12. 타울러의 세세한 인생과 인용문은 Moss, Donald M., 'Transformation of self and world in Johannes Tauler's mysticism', in Valle, R. S. and Eckartsberg, R. (eds), *The Metaphors of Consciousness* (New York: Plenum Press, 1981)에서 가져왔다.

13. Whyte, Lancelot Law, *The Unconscious before Freud* (London: Julian Friedmann, 1978), p. 10.

14. *Free and Easy: A Spontaneous Vajra Song* by Lama Gendun Rinpoche에서 발췌.

15. Suzuki, Shunryu, *Zen Mind Beginner's Mind* (New York: Wetherhill, 1970).

16. Sahn, Seung, *Dropping Ashes on the Buddha*, S. Mitchell (ed) (New York: Grove Press, 1976).

17. Suzuki, D. T., *The Zen Doctrine of No Mind* (London: Rider, 1969); and Yampolsky, Philip, *The Platform Sutra of the Sixth Patriarch* (New York: Colombia

University Press, 1967)에서 인용.

| 13장 |

1. Jaynes, Julian, *The Origin of Consciousness in the Breakdown of the Bicameral Mind* (Boston: Houghton Mifflin, 1976).

2. Dodds, op cit.

3. 인용구는 모두 Whyte, op cit에서 가져왔다.

4. Ibid, pp. 41-2.

5. Postman, op cit.

6. Ibid, p. 111.

7. Ibid, pp. 118-9.

8. Heidegger, Martin, Discourse on Thinking, op cit에서.

9. Graduate Management Admission Council, Princeton, NJ에서 출간한 1996~1997년 GMAT Bulletin의 GMAT 설명.

10. 미국정신분석협회 리뷰를 보라. 'Intelligence: knowns and unknowns', chaired by Ulric Neisser, published in *American Psychologist*, Vol. 51 (1996), pp. 77-101.

11. Ceci and Liker, op cit.

12. Peters, Tom, *The Pursuit of Wow! Every Person's Guide to Topsy-Turvy Times* (New York: Vintage, 1994).

13. Peters, Tom, 'Too weird for daydreaming', *Independent on Sundry* (February 1994).

14. Peters, *The Pursuit of Wow!*, op cit.

15. Rowan, Roy, *The Intuitive Manager* (Boston: Little, Brown, 1986).

16. De Bono, Edward, *De Bono's Thinking Course* (London: BBC, 1985).

17. Rowan, op cit.

18. Mintzberg, Henry, *The Rise and Fall of Strategic Planning* (New York: The Free Press, 1994).

19. Quinn, Brian. Mintzberg op cit에서 인용.

20. De Bono, op cit을 보라.

21. West, Michael, Fletcher, *Clive and Toplis, John, Fostering Innovation: A*

Psychological Perspective (Leicester: British Psychological Society, 1994).

22. 드웩의 작업을 요약한 것은 다음 책을 보라. Chiu, C. Hong, Y. and Dweck, C. S., 'Toward an integrative model of personality and intelligence: a general framework and some preliminary steps', in Sternberg, R. J. and Ruzgis, P. (eds), *Personality and Intelligence* (Cambridge: CUP, 1994).

23. 자연과학 교육의 예와 논의에 대해서는 다음을 보라. Claxton, Guy, *Educating the Inquiring Mind: The Challenge for School Science* (Hemel Hempstead: Harvester/Wheatsheaf, 1991); Claxton, Guy, 'Science of the times: a 2020 vision of education', in Levinson, R. and Thomas, J. (eds), *Science Today: Problem or Crisis?* (London: Routledge, 1996); Cosgrove, Mark, 'A study of science-in-the making as students generate an analogy for electricity', *International Journal of Science Education*, Vol. 17 (1995), pp. 295-310; Osborne, Roger and Freyberg, Peter (eds), *Learning in Science* (Auckland and London: Heinemann, 1985).

24. Watts, Alan, *In my Own Way* (New York: Vintage, 1973)에서 인용.

25. 이를테면 Gallwey, Timothy, *The Inner Game of Tennis* (London: Cape, 1975); Clark, Frances Vaughan, 'Exploring intuition: prospects and possibilities', *Journal of Transpersonal Psychology*, Vol. 3 (1973), pp. 156-69를 보라.

26. Langer, E., Hatem, M., Joss, J. and Howell, M., 'Conditional teaching and mindful learning: the role of uncertainty in education', *Creativity Research Journal*, Vol. 2 (1989), pp. 139-50.

27. Nisbet, J., and Shucksmith, J., *Learning Strategies* (London: Routledge, 1986)을 보라.

28. Whyte, op cit.

찾아보기

지은이 · 가이 클랙스턴 Guy Claxton

가이 클랙스턴은 옥스퍼드대학교에서 심리학 박사학위를 받고 20년 이상 학습 및 마음에 대한 저술과 강의로 국제적인 명성을 얻었다. 창의적 사고법부터 불교철학에 이르기까지 다양한 주제를 통해 '서서히 스며드는 배움'의 효용과 가치를 역설하고, 평생교육에 내몰린 사람들을 위한 효과적인 학습법을 탐색하고 있다. 지은 책으로는 『전체적 인간』(1981), 『탐색하는 마음 키우기』(1991), 『어두운 방에서 들려오는 소음: 마음의 과학과 미스터리』(1994), 『다루기 힘든 마음: 무의식의 친밀한 역사』(2006), 『학교의 핵심은 무엇인가』(2008), 『포괄적인 교육』(2013) 등 10여 권이 있으며, 'Times Educational Supplement' 'New Scientist' 'Arena' 등 여러 학술지에 기고문을 냈다. 영국 윈체스터대학교에서 현실 세계 학습센터(Centre for Real-World Learning)를 설립하고 연구소장을 역임했으며, 현재 학습과학 명예교수로 재직 중이다. 영국 심리학협회 회원으로 있으며 학습과 마음, 창의성에 관한 컨설팅과 강연을 하며 활동 중이다.

옮긴이 · 안인희

인문학자이자 영어와 독일어권 대표 번역가. 한국외국어대학교 독일어과를 졸업하고 같은 대학 대학원에서 박사학위를 받았으며, 독일 밤베르크대학에서 공부했다. 『게르만 신화, 바그너, 히틀러』(2003년 올해의 논픽션상), 『안인희의 북유럽 신화』 등을 짓고, 『히틀러 평전』, 『이탈리아 르네상스의 문화』(한국번역가협회 번역대상), 『인간의 미적 교육에 관한 편지』(한독문학번역상, 개정판 제목 『미학 편지』), 『데미안』 등을 옮겼다.

거북이 마음이다
크게 보려면 느리게 생각하라

1판 1쇄 인쇄 2014년 10월 20일
1판 1쇄 발행 2014년 10월 25일

지은이 | 가이 클랙스턴
옮긴이 | 안인희
펴낸이 | 백길엽

편집 | 조영주
표지 일러스트레이션 | 안 빈
디자인 | 김상보   본문조판 | 김기분

펴낸곳 | 황금거북
출판등록 | 2011년 12월 9일 제25100-2011-345호
주소 | 121-829 서울시 마포구 독막로 65-1 일앤집 빌딩 503호
전화 | 02-337-8894   팩스 | 02-323-3314
전자우편 | gtpub@naver.com   홈페이지 | www.gtpub.com

ISBN 979-11-952374-0-1 03180
값 18,000원

이 도서의 국립중앙도서관 출판예정도서목록(CIP)은 서지정보유통지원시스템 홈페이지(http://seoji.nl.go.kr)와 국가자료공동목록시스템(http://www.nl.go.kr/kolisnet)에서 이용하실 수 있습니다. (CIP제어번호: CIP2014028949)